U1005441

2021—2035年国家古籍工作规划重点出版项目
全国少数民族古籍工作『十四五』规划重点项目

「译音对勘」的材料与方法

孙伯君　麻晓芳　主编

全国百佳图书出版单位
时代出版传媒股份有限公司
黄山书社

前　言

2019年12月2—3日，中国社会科学院民族学与人类学研究所与中国民族古文字研究会合作举办了"'译音对勘'的材料与方法国际学术研讨会"，来自日本神户市外国语大学、青山学院大学，俄罗斯科学院东方文献研究所以及台湾"中研院"语言学研究所、台北故宫博物院、南开大学、中国人民大学、山西大学、首都师范大学、暨南大学、安徽师范大学、宁夏大学西夏学研究院、四川师范大学等高校及科研院所的专家学者参加了大会。

这次会议是在远藤光晓先生的提议下举办的。2017年底至2018年初，受荒川慎太郎先生的邀请，我有幸在东京外国语大学亚非语言文化研究所做短期访问。其间，远藤先生带我浏览了东洋文库丰富的藏书，参观了美丽的富士山，并提议在中国举办一次"译音对勘"的材料与方法国际学术研讨会。经过一年多的准备，在以竹越孝、林英津、胡进杉、刘广和、聂鸿音、曾晓渝、储泰松、张铁山、冯蒸、王为民等先生为代表的国内外专家和中国社会科学院民族学与人类学研究所领导的大力支持下，会议得以成功举办。

会上，与会专家紧紧围绕以下议题展开了热烈讨论："译音对勘"的原则与方法，"译音对勘"研究法在汉语方言研究中的运用，"译音对勘"研究法在民族语研究中的运用，汉字古音在民族语与域外对音中的变读。所涉对音资料包括日译汉音、越南译音、藏汉对音、蒙汉对音、八思巴汉对音、夏汉对音、回鹘汉对音，以及"华夷译语"的汉字标音规律等。会议全面而深入地探讨了"译音对勘"研究的材料与方法，在学界产生了不小的反响。这本论文集就是在会议主要研究成果的基础上汇集而成的。

众所周知，汉语音韵学研究主要有两个任务，一是对古音音类的分析，二是对音值的构拟。汉语历代韵书和韵文资料可以帮助我们完成前一项任务；而由于汉字本身无法标示具体的读音，后一项任务则需要我们在对音资料中去寻绎，对音资料的重要价值即在于此。

佛教传入中国以来，经师们用汉字为陀罗尼对音，并在实践中整理出很多梵汉对音规则，为汉语的音值分析提供了非常有价值的材料。19世纪末，艾约瑟最早把梵汉对音材料引入古代汉语语音的研究当中，接着，钢和泰的《音译梵书与中国古音》开始大量利用梵汉对音资料研究汉语语音。汪荣宝的《歌戈鱼虞模古读考》，首开国人用外文对音资料研究中国古音的历史，由此产生的"梵汉对音"研究法使得汉语音韵学从观点、材料、方法到目的都发生了变化，走向了向现代音韵学发展的道路。此后，马伯乐

《唐代长安方言考》利用梵汉对音、日译汉音、越南译音、藏汉对音等多种语言与汉语的对音材料研究唐代长安话；罗常培《唐五代西北方音》利用敦煌发现的藏汉对音资料研究了唐五代西北方音，两者都是在“梵汉对音”研究法指引下完成的典范之作。不仅如此，两部著作还进一步把汉字的域外译音和汉字与民族语的对音材料汇入“梵汉对音”的研究框架之下，不仅丰富了汉语通语与方言研究的材料，还为古代民族语研究找到了一条新的研究路径。

20世纪下半叶，日本学者开始关注佛典里的梵汉对音，这方面的研究以水谷真成的《慧琳的言语系谱》《慧苑音义音韵考》为代表。不过他们的研究一般立足于单一的资料，集中论述的也是个别的音韵现象，还缺乏对某个时代全部资料的整理分析。这一领域的研究在20世纪80年代得到了很大的发展，其标志是俞敏先生发表的《后汉三国梵汉对音谱》。俞先生将梵汉和藏汉对音资料与汉语古书的记载相结合，系统研究了汉字古音，进一步细化了“梵汉对音”研究法，使之趋于成熟与完善。同时，在俞先生的教导下，刘广和、施向东、聂鸿音、储泰松、尉迟治平等先生利用梵汉对音资料分别研究了唐初中原方音、中唐长安话、唐五代以长安话为中心的关中方音和周隋长安话等，用“梵汉对音”研究法进行了一系列汉语通语与方言的研究实践，形成了研究团队。此后，庄垣内正弘、西田龙雄、聂鸿音、龚煌城、沈钟伟、竹越孝、远藤光晓、曾晓渝、林英津、胡进杉、冯蒸、张铁山、李建强、王为民等先生进一步把日译汉音、契丹汉对音、夏汉对音、蒙汉对音、回鹘汉对音、八思巴汉对音、于阗汉对音、满汉对音、明清时期编定的“华夷译语”等材料汇入，极大地推动了中古和近古汉语通语、方言与古代民族语研究。

如果说“译音对勘”研究法是架设在汉语和域外语言、民族语之间的桥梁的话，上述学者就是架设这座“鹊桥”的喜鹊，当然，参加这次会议的还有正在为这座“鹊桥”衔泥搭桥的小鹊，他们在不久的将来也会担当重任。

作为此次会议的回响，我们还于2020年10月申请了国家社科基金“冷门绝学”研究专项学术团队项目，课题名称是“基于汉语通语与方言研究的番汉对音数据库建设”。该课题研究的主要目标是全面系统搜集整理梵文、藏文、回鹘文、契丹文、西夏文、八思巴文、蒙古文、女真文、察哈台文、满文等十余种文字与汉字的对音资料，建立直接服务于汉语通语和方言、语言接触、各民族之间的互动交流研究的语音数据库。这项研究所涉及的文字文献横跨10—19世纪，主要研究内容包括以下几个方面：

（1）系统整理“译音对勘”资料，弥补汉语韵书《切韵》和《中原音韵》等汉字归类字书之不足，为拟定汉字音值提供宝贵材料。自从艾约瑟《汉字研究导论》最早把梵汉对音材料引入古代汉语语音的研究当中以来，梵汉对音材料为古代汉语研究提供了丰富的语料。自20世纪20年代开始，学者把藏汉对音、夏汉对音、八思巴汉对音等材料汇入，这些资料与汉语韵书的分类相结合，为进一步明确从唐五代汉语西北方音到元明时期北方话的诸多声韵规律和音值提供了重要参考。但由于这些材料都分散于各种文字文献当中，学者的整理研究也分散于各自的文章当中，参考起来颇为不便。系统整理“译音对勘”资料，从学理上系统分析这些对音所反映的汉语通语与方言的语音规律，无疑将会进一步加强对汉语古音研究。

（2）系统整理历史上汉语的各种民族“变体”，为明确汉语与民族语的接触情况、现代汉语通语形成的历史、汉语方言语音层次提供宝贵材料。学界探索《切韵》到《中原音韵》之间近古官话的语音变化，离不开辽金时期遗存的对音资料、诗文押韵与契丹小字、女真文所记录的汉语语音，也离不开元代编订的《蒙古字韵》与明初编订的《元朝秘史》《华夷译语》《女真译语》等。研究现代汉语的演化也越来越离不开满汉对音材料。现代东北话和北京话在内的北方话的形成，与汉族和阿尔泰民族长期接触的语言背景有关。正如林焘先生曾指出的：“公元936年，石敬瑭把燕云十六州割让给契丹，北京地区从此脱离中原汉族的统治，成为辽金两代少数民族政权的南方重镇。……这种情况延续达三百年之久，和外族语言长期密切接触，和广大中原地区的本族语言反而关系疏远。……这种语言背景对北京话的发展起了很大的推动作用，使得北京话在辽金时期就可能已经成为我国发展最快、结构最简单的汉语方言。”同样，学界探索现代“兰银官话”和山西话的语音层次，更是要到唐宋时期的长安话和河西方音有关资料中去寻找源头，而这也离不开不空学派的密咒对音、敦煌藏汉对译写卷和西域发现的粟特文、回鹘文等为汉字记音的资料，更离不开黑水城发现的《番汉合时掌中珠》等含有记音材料的民族古文字字书。

（3）为解决古代民族语拟音问题提供关键资料。作为“死文字”的西夏文、契丹文、女真文的拟音问题一直困扰着学界，这些文字的读音往往要仰赖汉字标音去拟定。以契丹小字为例，从康丹的《契丹语和契丹文》开始，尝试使用一种规范形式解读契丹文，即把知道读音的字标上读音，不知道读音的字只标字义，并用大写字母排出以示区别，如“郎君行记”的第一行，其中文意思是“大金国皇弟都统经略郎君”。

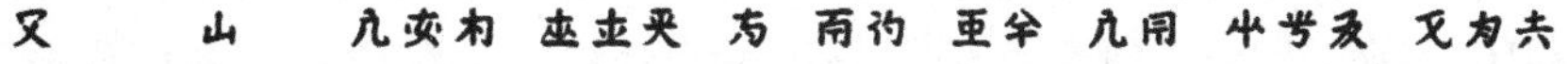

GREAT GOLD g.úr:en　qa.ha:an deu cau.ji hur.ú　g.iŋ　l.iau.u　ś.a.rí

这种格式为不认识契丹小字的学者提供了语音指向，但实际上，由于契丹字没有字典，更没有韵书存世，加之这些读音并未经过语言学家的系统拟构，这些标音存在很大风险。系统搜集和梳理契丹小字与汉字的对音资料无疑是解决这一问题的重要途径。同时，古代民族语与汉语对音时，总会涉及一些汉语中有、而本族语中没有的“此方无”音节，由于没有准确的语音形式与之相对，民族语往往会选用相近的形式加以标注，其中或多或少地会出现基于本族语语音特点的"番式"变读。这些变读不仅可以反映两种语言之间音节构成的差异，而且能够反映该民族语中所不具备的音节结构特征，对于像契丹语、西夏语这样没有现代语言可资参考的"死语言"的拟音也具有重要的参考价值。

（4）融通"汉语言文学"与"中国少数民族语言文学"两大学科体系，构建"中国古文字"的大框架。此前各大院校中文系设立的"中国语言文学""中国文字学"等课程实际上只包括汉字、汉语的教学与研究，很少涉及少数民族语言文字，而民族院校研究少数民族语言也很少涉及古汉语，更谈不上运用传统的考据学方法从事民族古文字文献的研究。该课题致力于搜集整理民族古文字所记录的汉字音，并着眼汉语与民族语的接触与影响，为分析汉语通语与方言的语音变化提供实证，目的是把"民族古文字"纳入"中国古文字"的大框架，把"民族古文字文献"研究纳入"中国语言文学"的大学科体系。

（5）依托"译音对勘"资料，培养兼通汉语与民族古文字的通才。国家之所以把西夏文、契丹文、女真文、满文等民族古文字纳入"冷门绝学"范畴加以保护支持，是因为这些文字均为"死文字"，即曾经使用这些文字的民族已经融入汉族或其他少数民族，现在已经没有一个民族主体使用它来记录自己的语言。而这些文字又曾作为"入主中原"王朝的"官方文字"，其文献内容是中国历史上各民族共同书写的，更能呈现中华民族形成的历史过程。西方国家往往把契丹、西夏、回鹘等民族的历史放在中亚史的范畴，如果我们不培养该领域的人才，放任民族古文字成为真正的"绝学"，无人可识，势必把该领域的话语权拱手让人，任其随意解读和构建。

新形势下，民族古文字文献学科既面临挑战，也迎来了新的发展机遇。民族古文字与汉文字有相同或相近的发展规律，少数民族古文字也是"中国古文字"大系的重要组成部分。少数民族语言文字与汉语、汉字的互证代表了当前学术发展的一个重要趋势。新形势下，民族古文字研究肩负新的使命，可概括为：促进民族古文字文献的本体研究和相关人才的培养，传承绝学，建构和发展本学科的基本理论；于民族古文字文献研究中贯彻汉字研究的考据学方法，把民族古文字纳入"中国古文字"研究的大框架；利用"译音对勘"研究法深入分析对音资料，为汉语古音和民族语研究提供参考；深入挖掘民族古文字文献中各民族文化交往交流交融的历史，揭示中华文明交流互鉴的实情，为构建中国各民族共同书写的历史文化大系提供支撑。

孙伯君
2021 年 7 月 1 日

目录 CONTENTS

第一章

“译音对勘”的原则与方法

研究梵汉对音材料须知

刘广和

（中国人民大学 北京 100086）

【提要】梵汉对音研究要避免机械对音，需要注意多方面的问题。元音 i、e 之间，u、o 之间或者 o、au 之间混淆可能涉及梵语元音的阶变，汉语浊声母字偶尔对梵语清辅音，要考虑一定条件下梵语清辅音浊化的可能；有些汉语音译词反映出的是古印度俗语、巴利语或中亚语言的面貌；同一部经可能有不同的梵本，同一个梵词也会有新译和旧译；汉语和梵语各有各的音系系统，有时免不了音近代替；对音文献流传到现在，难免会有一些文字的误写。

【关键词】梵汉对音；材料；音译

一、i、e、ai 混淆，u、o、au 混淆

梵汉对音里头有 i、e 之间混淆，u、o 之间或者 o、au 之间混淆的现象。

请先看看译经师们给这些根本字的对音。

	i	ī	e	ai	u	ū	o	au
法显《大般泥洹经·文字品》	短伊	长伊	咥		短忧	长忧	乌	炮
昙无谶《大般涅槃经·如来性品》	亿	伊	咥	黔	郁	优	乌	炮
僧伽婆罗《文殊师利问经·字母品》	伊	长伊	堅	翳	忧	长忧	乌	燠
玄应《一切经音义·大般涅槃经文字品》	壹	伊	黳乌奚反	蔼	坞乌古反	乌	污乌故反	奥
地婆诃罗《方广大庄严经·示书品》	伊	伊	翳	爱	乌上声	乌	乌	懊
善无畏《大毗卢遮那成佛神变加持经·字轮品》	伊	缢	翳	蔼	坞	乌	污	奥
不空《文殊问经字母品》	伊上	伊引去	曀	爱	坞上	污引	污	奥

译经师给梵文 i、ī（长 i）对音用汉语脂韵伊字，有的对 ī 在伊字下头加注“长”或者“引”表示长音，说明由东晋到盛唐脂韵系元音就是 i。昙无谶用亿字对 i，《集韵》亿字有之韵跟入声职韵两读，假定用了之韵音，说明当时之韵元音也是 i 或者极像 i，要是用的职韵音，说明职韵主元音是 i，同时拿入声韵里头元音在听觉上的短促表示

梵文 i 音之短，这就跟后来玄应拿质韵壹字给 i 对音是同一个道理。善无畏挑缢字对 ī 有点特别，缢字在《集韵》有寘韵和霁韵两读，不该拿霁韵音对 ī，应当用寘韵音对 i。

给梵文 e、ai 对音，得分两组，东晋南北朝一组，唐朝一组。东晋法显给 e 对哩（《龙龛手镜》乌奚反，齐韵），对 ai 的一段文字漏刊了；北朝昙无谶对 e 用齐韵哩字，对 ai 也用齐韵黳（《龙龛手镜》乌奚反）；南朝僧伽婆罗对 e 用霁韵堅字，对 ai 用霁韵翳字。时间靠前的这一组，对 e、ai 倾向不加分别地混对齐韵系字。唐朝这一组对 e 拿齐韵系字黳翳曀，对 ai 用泰韵蔼、代韵爱字，分得清清楚楚。

给梵文 u、ū 对音还得分两组。东晋南北朝对 ū（长 u）用尤韵字忧或者忧字加注“长”，说明当时尤韵的 u 音色响亮。对 u（短 u）也使唤忧字或者屋韵郁字。唐朝一组迥然不同，对 u、ū 全部改成模韵系字，对 u 用姥韵坞字或者乌字加注“上声”；对 ū 用模韵乌字或者污字加注“引”。

给梵文 o、au 对音依旧分成两组。东晋南北朝对 o 音统一用模韵乌字，对 au 音用肴韵炮字或者号韵燠字。唐朝对 o 音拿模韵污乌二字，对 au 音拿号韵奥懊二字。

由打对音字表能够发现，东晋南北朝对音对 e、ai 都对汉语齐韵系字，出现梵语 e 和 ai 混淆；唐朝对音对 u、ū、o 都用模韵系字，出现梵语 u、ū、o 的混乱。

以上是给单个字母对音的情况，下面看看咒语和梵语名词的对音情况。

请看唐朝不空法师的对音。在咒语对音里，眼下搜集到脂韵系的伊鼻毗地尼腻利唎器弃胝旨至致擻墀尸矢私一般对 i、ī 或者 y，跟字母对音一致。伊字有一次对 e。在名词对音里例外比较多，比如译音常用字毗，在 Vemacitra 里对 ve，在 Vairamaka 里对 vai。也就是说，译咒对音偶尔有 i 跟 e 的混淆，译名对音见过 i 跟 e、ai 的混乱。

再看空公用模韵系字在咒语里的对音情况。咱们收集到的乌呜邬坞一律对 u，污（加“引”）对 ū，补对 u、ū、o，布对 ū，步对 u，怖对 o，部对 u、ū、o，普对 u、o，菩对 u、o，谟对 u、o，暮对 o，慕对 u、o，都对 u，睹对 u、（加“引”对）o，堵对 u，度对 u，妒对 o，土对 u，吐对 ū，菟对 o，努对 u、（加“引”对）o，怒（加“引”对）o，嚧对 u、o，砮对 u、o，鲁对 u、o，噜对 ū、o，粗对 o，路对 ū、o，嘚对 o，护对 u、（加“引”对）o，虎对 u，户对 u，祖对 u、o，苏对 u、ū，素对 u。模韵系字又对 u、ū，又对 o 音，乱成一片，咒语对音如此，名词对音也一样。

造成这些混淆的主要原因在哪儿？从汉语方面想，不大可能出现蟹摄内部齐韵系跟咍泰韵系混同的情况，南北朝跟唐朝都应该能分别这二者的读音，南北朝对音混淆

e、ai 应当从梵语音读上找原因。有意思的是，东晋南北朝对音还会拿尤韵系字对 u、ū，拿模韵系字对 o，界限清楚，到了唐朝忽然间统一用模韵字系字给 u、ū、o 对音，绝不会是到唐朝的时候模韵系的字音突然冒出来元音可 u、可 o 的两种念法，唐朝对音 u、o 混乱也可以由梵语语音方面找到原因。

日释安然《悉昙十二例》就讲到“诸梵语中伊（按指 i）翳（按指 e）通用，或伊处用翳，或翳处用伊。何以知之？如 virocana，或云 verocana，又如 sumiro 又云 sumero①……其例巨多”。照着他的分析，造成入唐的日本人带回去的悉昙众本音韵不同，原因是“传悉昙者音韵各异……注梵音者随闻即录……故知，乍见汉字伊翳之转，难定梵字伊（按指 i）翳（按指 e）之转。”他告诉我们，唐朝的时候，传入日本的悉昙梵本已经有 i、e 之间的混淆了。

依着安然和尚的说法，梵汉对音里头 i、e 出现混乱，是传承梵音的时候口传、耳闻、笔记产生的误差。

为什么梵汉传译当中会产生 i、e、ai 混淆和 u、o、au 混乱？我想，可能跟梵语的语音、语法有一定关系。先请看一个元音转换表：

简单元音		i、ī	u、ū
二合元音（guṇa）	a	e	o
三合元音（vṛdhi）	ā	ai	au

梵语学者认为，i 或者 ī 上面加上一个 a 成为 e，这是 Guṇa，e 上面再加上一个 a 成为 ai，这是 Vṛdhi；u 或者 ū 上头加上一个 a 成为 o，这是 Guṇa，o 上面再加上一个 a 成为 au，这是 Vṛdhi。i 和 e、ai 之间，u 和 o、au 之间，存在转换关系。另外，梵语构词的时候有元音替换现象。比方说，形容词 śiva（亲切的、仁慈的）和 śeva（亲切的、亲爱的），mitra（阳性：朋友；中性：友谊）和 maitra（友情；形容词：友情的），guha＝guhā（阳性：洞、隐匿处）和 goha（阳性：隐匿处，禽兽巢穴），gotama（阳性：圣仙名）和 gautama（阳性：gotama 的；形容词：跟 gotama 有关的）。在这种观念影响之下，无论 gotama 或者 gautama 都能译成汉字瞿昙或者乔答摩，混淆 o、au。

① 此处原文为悉昙字，本文用拉丁转写。Virocana 是太阳神，Sumeru 即须弥卢山。

二、梵语清音浊化

说到梵语辅音的对音，通常是拿汉语清声字母给梵语清辅音对音，用汉语浊声母字给梵语浊辅音对音，可是也有例外，有的浊声母字偶尔对梵语清辅音。比方说，咒语的梵汉对音里头，不空用定纽字大弟递驮弹荡殿地邓顿淡钿达定提昙特第睇陀堕谈度钝鞞二十五个字对 dh，蹋地柁豆四个字对 d，浊声母字对梵文浊辅音，完全合乎规律，可是定纽悌字偶尔对过梵文清辅音 t，bute subute 对音没悌苏没悌。这可以有三种解释，第一种解释成梵本传抄出了问题，把 bude 抄成 bute；第二种解释成汉语浊声母已经清音化，定纽的 d ＞ t，可是绝大多数定纽字对梵文浊辅音的事实不大支持这种猜想；第三种解释成梵语清音浊化，印欧语言里存在两个元音夹着的清辅音产生浊化的现象，上头的例子就是 u 和 e 夹着的 t 浊化＞ d。

名词的梵汉对音也有类似的例子。比方说，释尊说法的一处地方，山名叫 Gṛdhrakūṭa，Gṛdhra 鹫，kūṭa 峰、顶、头，意译鹫峰，对音是耆阇崛，崛是浊声母群纽物韵字，对 kūṭ ＞ gūṭ，k 在 a 和 ū 的中间浊化＞ g。再说一个例子，过去佛教徒的言语里头常说“施主”这个词，它的梵音是 dānapati，dāna 施舍，pati 主人，对音檀越，檀对 dān（a），越对 pat（i）＞ vat（i），越字是云母月韵字，对 vat 正好，这个 v 是两个 a 中间的 p 浊化＞ b 再擦音化＞ v。

三、非经典梵文音

由汉译佛典的梵汉对音资料看，汉译大都反映了梵文音，可是也有一部分反映了非经典梵文音。这些非经典梵文音我们用 prakṛta（方言、俗语）概括。为了更简括，把巴利文、中亚于阗文等等的读音也放在这个小节里说。

有的汉译反映的 prakṛta 到底是哪种方言俗语，咱们还说不清楚，比如过去七佛的第四佛 Krakucchanda 对译成“俱留孙”或者“拘留秦”。可以肯定汉译“俱留”“拘留”不是由 kraku 对出来的。比如梵文的 kṣ 连缀，后汉三国把 bhikṣu 译音为比（bhi）丘（kṣu），把 kṣa 音对成“差”，直接念 kṣ 为 [tʂ‘]，这不是正梵文音，是一种方言形式，真正对梵文音是唐朝咒语里的 kamalākṣi 对“迦么攞引乞史二合”，对 kṣi 是乞对 k，史对 ṣi。

有的汉译也许跟巴利文有牵连。比方说梵文 kalpa，早期对音“劫”，刘宋求那跋陀罗的《杂阿含经》对“劫波”，与其说“劫”（见纽叶韵）对了 kalp，不如说“劫”对 kap，“波”对 pa，S.kalpa 到了巴利文是 kappa。再比如地名 Vaiśālī，在中印度，是七百圣贤第二次结集的地方，《杂阿含经》对成毗耶离①，可是大正藏所注的梵语拉丁转写音是 Vesālī，梵文的 śā 变成了 sā，象巴利文的音。

梵语 arhat 的单数体声 arhan，后汉三国对成阿罗汉，与其说阿罗汉对的是梵文，不如说它对的是古代于阗话的 arahan；后汉“萨”字对（v）tha，应该是中亚方音，波斯人发祥地 parthia 后来成了民族名，希腊文写成 perses。②

四、同一部经可能有不同的梵本

日本新修大正藏第十九卷有南朝梁代僧伽婆罗译《孔雀王咒经》、唐朝义净译《佛说大孔雀咒王经》、唐不空译《佛母大金曜孔雀明王经》，这三部作品是同一部经的不同译本。我们比较之后发现，他们的译音虽说大都一致，也有不同，不同之处可能反映他们各自根据的梵本有某些差别。

比方说，译文里头都有阿难四方夜叉大军主十六个名字，其中五位名称的对音有分歧：

	梵本音	僧伽婆罗	义净	不空
东方	Pūrnaka	分那柯	晡啭拏	布啰$_{\text{二合}}$拏迦
南方	Siṃha	僧伽	僧诃	僧贺
南方	Nanda	旃陀那	旃惮那	难那
西方	Piṅgala	冰伽罗	水伽罗	劫比罗
北方	Viṣnu	别伽那	吠率怒	尾瑟弩

第一个译名，大正藏给的梵本音跟罗、空二公汉译相合，净公汉译当对 Pūrṇa，虽然 Pūrṇa 跟 Pūrnaka 都有“圆满”这个义项，毕竟还是词形不同的两个词。第二个梵本音 Siṃha 狮子跟净、空二公汉译一致，罗公的僧伽该对 Siṃgha，是众、多的意思。第三个梵音 Nanda 跟空公的汉译一致，罗公旃陀那、净公旃惮那都能对 Candana，白檀树的名儿。第四个梵音 Piṅgala 跟罗、净二公汉译一致（净公的“水”字是冰字误写），黄褐色的意思，空公的劫比罗该对 Kapila，也是褐

①Vaiśali 的 ś 音，声明学家描写成硬腭音，应当是[ç]，夹在两个元音中间浊化为[j]，正是 y。

② 参见俞敏：《后汉三国梵汉对音谱》，《中国语文学论文选》第 314 页注 40，日本光生馆 1984 年。

色的。第五个梵音 Viṣṇu 跟净、空二公的汉译一致，罗公汉译别伽那眼下还没找着可对的梵音。

再比方说，咒语的对音分歧也不少。拿《孔雀明王经》的开头来说，空公叫“启请法”那部分咒语，梵本有断句，前十五个小句里头，罗公就比空公少了四句，另外还有四句两者有分歧：

	第五句		第六句		第十二句	第十三句
	kamalākṣi	hārīti	harikeśi	śrīmati	yamarākṣasi/ mahārākṣasi	bhutagrasani
罗公译	柯摩罗起柅	诃梨底	诃梨枳试		夜摩洛叉死	部娑柅
空公译	迦么攞$_{\text{引}}$乞史$_{\text{二合}}$	贺$_{\text{引}}$哩$_{\text{引}}$底	贺哩计$_{\text{引}}$施	室哩$_{\text{二合引}}$么底	摩贺啰$_{\text{引}}$乞洒$_{\text{二合}}$枭	部多孽啰$_{\text{二合}}$萨

第五句头一个词罗公对音多出一个“柅”字音。第六句罗公没有第二个词的对音。第十二句罗公译音合乎大正藏拉丁转写的梵本音，空公译音跟悉昙字梵本音一致。第十三句罗公对音跟传本梵音不完全匹配，空公对音跟传本梵音严格相符。

假定罗、空二公的汉译传世本没有大的误漏，他们的对音存在参差的重要原因可能是各自所据的梵本有差别。

五、新译旧译不同

汉译佛典当中无论是译名还是译咒，都有前朝旧译跟后代新译的材料。产生新译、旧译差别的原因有种种不同。

第一种是旧译有省略，新译是详尽的对音，比如十大弟子的 Ānanda，旧译阿难，省略尾音 da，唐译阿难陀；Kaśyapa，旧译迦叶，迦对 ka，叶对 śyap，省略尾音 a，唐译迦叶波，又以波对 pa。阿难的弟子 Madhyantika，旧译末田地，略去尾音 ka，唐译末田地迦，以迦对 ka。一位圣仙叫 Gotama，旧译瞿昙，省下尾音 a，唐译乔达摩，又拿 ma 对摩。佛典里经律论的论字是 abhidharma，旧译阿毗昙，阿对 a，毗对 bhi，昙对 dharm，减省了尾音 a，唐译阿毗达磨，达对 dhar，磨对 ma。

第二种是反映语言的历史音变。有的反映汉语韵母历史音变。比方说，一种恶魔名字叫 Asura，旧译阿修罗，唐译阿苏罗或者阿素洛，对 su 的汉字由修转换成苏、素；印度有条河叫 Sindhu，旧译辛头，唐译信度，对 dhu 把头换成度；佛的儿子、十八罗汉之一的 Rahula，旧译罗睺罗，唐译罗怙罗，对 hu 把睺字换成怙；四大部洲的北 Kuru 洲，旧译鸠娄，唐译拘卢，两字全改了；有个菩萨叫 Vasubandhu，旧译婆薮盘豆，唐译伐苏畔度，对 su 由薮换成苏，对 dhu 由豆换成度。旧译对 u 元音用了修头睺鸠娄薮豆这些尤侯韵系字，唐译改用了苏素度怙拘卢这些模虞韵系字，这个现象提示咱们，模虞韵系的主元音在唐朝的时候是 u，南北朝的时候不是 u，南北朝的尤侯韵系的元音含有响亮的 u 音，从南北朝到唐朝汉语韵母的读音有这么一个变化。有的新旧译文反映汉语声母的历史音变。比方说，菩萨 Māñjuśrī 旧称文殊师利，文对 mañ，殊对 ju，师对 ś，利对 rī，唐译曼殊师利，最重要的改动是把文对 mañ 改成曼对 mañ；一个国名叫 Vaiśālī，旧译也叫毘舍离，唐译改成吠舍离，毗字改成吠字。这两个例子都反映了唐朝声母轻重唇分化。m 是汉语中的重唇音，mañ 旧译用轻唇微纽文这个字对音，是南北朝轻重唇不分，唐朝轻重唇分了，才改用重唇明纽字曼对 mañ。v 在汉语可以对应唇声分化以后的轻唇奉纽音，唐朝有人就换成奉纽吠字对梵音 vai，南北朝並奉不分，因此用並纽毗字对 vai①。还有反映汉语匣母历史音变的例子，比方说，闻名于世的 Gaṅga（恒河）旧译恒伽，唐译殑伽，恒属匣纽开口，对音显示匣纽合口对 v 开口对 g，是后汉三国语音格局，可是唐朝晓匣合流，多数法师拿它们对 h 了，因此唐译改恒为殑（群纽）。类似的还有，比如小乘经的总名 Agama，旧译阿含，含也是匣纽开口字，对 gam，虽说后来有新译阿笈摩，也没流行开。一直到 21 世纪的今天，咱们不论印度人听咱们叫“阿含经”“恒河”对味不对味，照说不误。

第三种是反映对音根据的是不是正梵文。比如创立印度孔雀王朝的 Aśoka 王，旧译阿育王，新译阿输迦等。旧译的育字是以纽屋韵字，对的不是正梵文 śok，是对（ś 夹在两个元音中间浊化成 y 的）yok。四大洲的南 Jambu 洲旧译琰浮，琰字对的不是 Jam，是 J 擦音化变成的 yam，可能是一种方音，唐译赡部，赡字禅纽艳韵，对 jam 合适；西 Godānīya 洲，旧译瞿耶尼，唐译瞿陁尼，唐译跟正梵文吻合，陁对 dā 正合适，旧译更像对的巴利文 Goyānīya，耶对 yā。

---

① 这个问题有点复杂，梵文 v 古代也念 b，似乎到了唐朝还有一些法师有 b、v 不分的时候。

六、梵汉音近代替

汉语和梵语各有各的音系系统，对音的时候免不了有音近代替的现象。

有个典型的例子。梵文的C组音，欧洲梵文学者主张念[tʃ]组音，c念[tʃ]，ch念[tʃ]，j念[ʤ]什么的。这种音跟普通拟测的中古音精组念[ts]组音、章组念[tɕ]组音都接近，又都不完全一样。这种学说能在悉昙学文献中找着证据，唐朝智广的《悉昙字记》给梵文C组对音的小注说：

者　ca　止下反，音近左可反

车　cha　昌下反，音近仓可反

社　ja　杓下反，音近作可反

给梵文c、ch、j对音用章纽止、昌纽昌、禅纽杓，又用精纽左、清纽仓、从纽作，正好说明C组音在汉语章纽（[tɕ]组）跟精组（[ts]组）之间。

梵汉对音史实际情况是法显、僧伽婆罗、义净等法师根据承传的梵音多用章组字对C组音，不空、慧琳法师根据承传的梵音多用精组字对C组音，这两派应当都是用近似C组的汉语字音对音。

另外一种典型的证据是对音字加反切小注。唐朝的梵汉对音体系比前朝更严密，有时候找不着合适的对音汉字，就选一个跟梵音比较接近的汉字，再用小号字写上自造的反切小注，力求更好地表示所对梵音。例如

siṅ[siŋ]对僧思孕反。僧字原反切是苏增切，心纽登韵字，普通构拟唐朝音念[səŋ]，该对梵文saṅ。空公加注思孕反，孕字是三等蒸韵系字，可以构拟成韵母[ieŋ]，更接近梵文的iṅ音。蒸韵系没有心纽字，只好新造一个反切来注音。

ṭu[tu]对跓胝鲁反。跓字原反切是直主切，澄纽麌韵字，麌韵唐朝音可以构拟成[iu]，带i介音，对单纯的u韵母不合适。对梵文ṭ该用知纽字，汉语一等模韵又没有知纽字，就造个知纽胝跟模韵鲁拼合的反切，力求逼真表示ṭu音。

thi [t‘i]对体听以反。体字原反切是他礼切，透纽荠韵字，齐韵系韵母可以拟成[iei]，主元音是e，对梵文的单纯i元音不合适。汉语支脂之三个韵系在盛唐中唐虽说可以拟成i韵母，可它们没有透纽字，只好拿齐韵系的“体”字音近代替，加小注听以反，听是透纽，以是之韵系上声，能确切地表示thi音。

dhim [d‘im]对朕地淫反。朕字原反切是直稔切，澄纽寝韵字，侵韵系唐朝音可以拟

成 [im]，可是澄纽唐朝音一般拟成 [ḍ] 或者 [ḍʻ]，跟所对梵音 [dʻ] 不合，可惜侵韵系没有舌头音字，只能加注地淫反，地是定纽，淫是侵韵字，对 dhim 正合适。

śud[çud] 对秫诗聿反。秫字原反切是食聿切，船纽术韵字，船纽浊声母，对清音 ś 不合适，聿是术韵字，韵母一般拟成 [iuet] 跟梵音 ud 音比较靠近，但是术韵没有可对 ś 音的书纽字，只好借用之韵的书纽字诗来对 ś。

七、译音汉字误写

译音汉字大多数对音正确，也有少数对音错乱。对音错乱的汉字大多数应该属于形近相混，也有极少数错得离谱。

先看翻译梵名的例子。波（帮纽）、婆（並纽）、迦（见纽）、伽（群纽）、陀（定纽）是对音里头最常见的，也是最容易产生形近误写的。请看南朝时期译经的例证。国名 Campa，同一人译的同一部经里，前面写瞻波，波对 pa 正合适，后面抄成瞻婆，误用婆对 pa；佛的一个弟子 Upatiṣya，陈朝真谛对优波低舍，波对 pa 正合适，可大正藏别本抄成婆；八寒地狱之四 Apapa，僧伽跋陀罗、真谛都对阿波波，以波对 pa，可是《智度论》十六刊为阿婆婆，误拿婆对 pa。人名 Kālasumana 在汉译同一部经里有时候写迦罗须末那，迦对 kā 正合适，有时候又改写伽罗须末那，误用伽对 ka；佛经神话传说的金翅鸟 Garuḍa（> ḷa > la），一部经里，宋本、元本对伽楼罗，以伽对 ga 正合式，可明本刊成迦楼罗，误以迦对 ga。如来十个称号的一个 Tathāgato（体声 aḥ > o）真谛译的一部经里对成多他阿伽睹，他字对 tha 正合适，另一部经里写成多陀阿伽度，把“他”抄成“陀”，陀当对 da、dha，对 tha 对错了，佗他是异体字，像是佗误写成陀。梵文词义金花鬘的 kāñcana mālā，梁朝一部经对成千遮那摩罗，千（清纽）对 kān 不合适，应当是干（见纽）字写错了；八识之一 Ālaya 在真谛译的三部经里都多次出现，对音复现率最高的是阿黎耶，阿对 ā，黎（郎奚切，来齐韵）对 lay，耶对 ya，很合适，经里有的抄成梨（力脂切来脂），梨对 li 才合适，它是黎字的误写，还出现一次阿黍耶，可以肯定黍是黎的错字。

再看翻译咒语的例子。阿（影纽）一般对 a，也有过对 ha，该是呵（晓纽）字误抄。梵音 hat 对曷（匣纽）是正例，一处对葛（见纽），葛应当是曷字误刊。鸡（见纽）对 ke 是正例，一处对 he，可能是奚（匣纽）或者溪（《集韵》有匣纽一读）字错写。

梵音 r 多对嚟（来纽），一处对哩（影纽），哩字像嚟字误写。帝字（端纽）通常对 te，一处对 dhe，怀疑是定纽字禘或者缔之讹。你（泥纽）字在不空译音当中一般对 ni、di、dy，一处对 jī，应该是尔（日纽）字多加了单立人，空公日纽字多数对 j 音。时字市之切属禅纽之韵，对音应该对 ji，可是对了 dh，怀疑它是特字误刊。也有错得莫名其妙的，比如语（疑纽语韵）字，照不空法师的规矩，该对 gu、ghu、go、gho 一类的音，居然对了 ya，可是大正藏给了谜底，别本是“野”字。野，羊者切，以纽马韵，正对 ya 音。让人纳闷，要不是抄经的人走神、打盹，怎么能把野字抄成语字呢？修大正藏的人也太有意思了，偏偏挑了个错字当正宗的。

译音中音素替代的相似度问题

聂鸿音

（中国社会科学院民族学与人类学研究所 北京 100081）

【提要】在音译外民族词语时常会遇到目标语里没有的音，这时就不得不用现有的音来替代。在目标语使用者听来，有些替代音与原语极为相似，有些音则与原语略有差别，其间的相似程度可以参照发音部位、发音方法、清浊和是否送气四个方面来认识。在现代汉语这种没有清浊辅音对立的语言里，辅音在听觉上的相似度由高到低分成清浊音的替代、相近发音部位的替代、发音方法的替代和送气与否的替代四个层级。在英法德俄等有清浊辅音对立的语言里，送气与否和清浊两项在音素替代的相似度排列中要互换位置。

【关键词】汉语；外语；音译；古音构拟

很少有两种语言的声韵系统完全相当，所以人们在音译外民族词语的时候，总会遇到有些音是目标语里没有的。面对这种情况，译者自然会寻找另外的音来替代[①]。使用哪个替代音是译者根据听觉的下意识选择，但其中存在一定的必然性，可以显示出哪些音在目标语使用者听来最为相近。此前在利用"对音法"的古音构拟研究中，学者或者认为形成对译关系的音完全相等，可以直接用作最终的构拟结论，或者认为形成对译关系的音都不过是大致近似，不可能精确表现古代语言中纷繁复杂的现象[②]。事实上，如果能够正确理解译音中的替代规律，则可以在构拟古代语音时免除此类误会，从而得出正确的认识。

---

① 传统上还可能采用另一种方式，即造出专门的字符来对应汉语里没有的音，例如唐代密宗翻译咒语时会给来母汉字(l-)加上"口字旁"来表示梵文带r-的音节，有时也会把两个汉字拼成一个"切身字"。详见孙伯君：《西夏新译佛经中的特殊标音汉字》，《宁夏社会科学》2007年第1期，第97—103页。

② 例如高本汉曾经认为佛经的梵汉对音很不精确，不能用作构拟汉语古音的参考。见 Bernhard Karlgren.(1918). Prononciation ancienne de caractères chinois figurant dans les transcriptions bouddhiques. *T'oung Pao*, 19,2.

一

在音译外民族词语时，难免要或多或少地使用目标语现有的音来替代目标语没有的源语音。这些替代音的实际音值与源语相似但不相同，而目标语使用者却往往体会不到它们之间的差别，至少是认为其差别比其他的音要小。以双唇塞音声母为例，常见的汉、英、德、法、俄等语言各有两套，但音值存在差异，如现代汉语有 p、p‘ 而没有 b，英语和德语有 p‘、b 而没有 p，法语和俄语有 p、b 而没有 p‘，于是我们看到翻译里出现了下列情况：

汉语 p‘= 英语 p‘（*Princeton* 普林斯顿）[①]，德语 p‘（*Preußen* 普鲁士）

汉语 p= 英语 b（*Boston* 波士顿），德语 b（*Berlin* 柏林）

法语 b（*Balzac* 巴尔扎克），俄语 b（*Bol'shevik* 布尔什维克）

毫无疑问，汉语用 p‘ 来对译英文和德文的 *p* 是最自然的，而各自剩下的一个音位尽管有清浊的区别，可是在译音时已经别无选择，中国人只能用 p 来对译英文和德文的 *b*。事实上像 b 和 p 这类清浊对立的音在一般的汉语使用者听来是相同的，至少其差别可以忽略不计。如所周知，中国人在初学外语的时候，总是习惯把英德法俄等语言的浊塞音念成相应的清塞音，丝毫不觉得自己的发音不准确，例如他们把 *Boston* 念成 pɔstən，把 *Berlin* 念成 pəːlin。这就是说，在汉语这样没有清浊对立的语言里，语言使用者关注辅音是否送气的意识比关注清浊的意识强烈。

既然普通的汉语使用者认为浊音 b 与清音 p 没有差别，那么汉语里剩下的一个 p‘ 就也可以用来对译法语和俄语不送气的 p。于是在音译中就出现了下面的情况——法语和俄语的 p 既可译成汉语的 p 又可译成汉语的 p‘，当然，那肯定是出自不同人之手：

法语 p= 汉语 p/p‘（*Paris* 巴黎 /*Pierre* 皮埃尔）

俄语 p= 汉语 p/p‘（*Peterburg* 彼得堡 /*Pushkin* 普希金）

汉语用 p 来对译法语和俄语的 *p* 按说是最准确的，可是这样就不能区别于后两者的浊音 b。如果用 p 和 p‘ 来同时音译法语和俄语的 *p*，则会混淆源语的音位对立，所以像上例的“皮”和“普”那样，用 p‘ 来对译法语和俄语不送气的 *p* 也是一种不错

① 为了避免方括号的频繁使用，本文用正体字表示音标，用斜体字表示西文字母和俄文的拉丁转写。

的选择。这样做的好处是原样保持了源语的音位对立，缺点是其音值在汉语使用者听来稍有异样[①]。

与此相对，在英德法俄之类有清浊对立的语言里，语言使用者分辨辅音清浊的意识比分辨是否送气要强烈，例如英美人不认为*peak*里的p‘和*speak*里的p有什么区别，所以威妥玛（Thomas Wade，1818—1895）把汉语的p写作*p*，把汉语的p‘写作*p’*，用一个附加的小撇强调清辅音的送气，而完全不使用表示浊音的b[②]。

这些事实使我们初步相信，在有清浊之分的语言使用者中间，同部位辅音声母在发音时声带是否振动是区分的首要因素，而是否送气则处在很次要的位置。在没有清浊之分的语言使用者中间，同部位辅音声母在发音时是否送气是区分的首要因素，而声带是否振动则处在很次要的位置。也就是说，译音中音位替代的相似与否首先取决于源语和目标语各自的音位格局。

二

以上说的是同部位声母数量相等而音值不尽相同的情况。如果两种语言同部位声母的数量不等，就不得不用一种语言的一个辅音同时对应另一语言的两个辅音，这会给古代语言的构拟带来一些困扰。例如梵文有清浊和送气不送气这全部四套塞音，古汉语只有全清、次清和全浊三套塞音，那么在唐代以前的汉译佛典里，汉语的全浊音就既可以对译梵文的不送气浊音，也可以对译梵文的送气浊音，例如：

汉语b＝梵语b——婆罗门*brāhmaṇa*，佛陀*buddha*

汉语b＝梵语b‘——薄伽梵*bhagavan*，苾刍*bhikṣu*

汉语d＝梵语d——檀那*dāna*，提婆*deva*

汉语d＝梵语d‘——达摩*dharma*，陀罗尼*dhāraṇi*

很明显，如果没有其他材料的佐证，仅据这些音译词无法判断汉语全浊声母的送气与否。所幸唐代僧人在各自的著作里对梵语这两套浊辅音做出了两类不同的说明。

① 一般说来，对于法俄等语言里的*p*，早年汉语译音多用p而近年多用p‘。其间的缘故还可以有另一种解释——这也许是因为早年的译音全凭对源语的听觉，后来的译音则很可能受了英语的影响。由于现在世界上法语和俄语远不及英语那样普及，所以有些人是用英语的字母读法来读法语和俄语，即把法语和俄语的不送气清塞音读成了送气。事实上这也正是英美人说法语和俄语时的习惯。

② 在当代的外文著作里，汉语的p一律写成*b*，汉语的p‘一律写成*p*，这是直接搬用了汉语拼音，不在本文讨论范围。

其一见杜行顗译《佛顶尊胜陀罗尼经》：

ba 婆，*bha* 婆上重

da 陀，*dha* 陀上重

注平上去入者从四声法借音读……注重者带喉声重读[①]。

音译梵语不送气塞音的时候只用一个汉字，音译送气塞音的时候则多写了“上”“重”两个字。这个特别注出的“上重”显然是在比况梵语辅音发音时的送气，也就是说，汉语的全浊塞音声母本身是不送气的。

另一类说明是公元 8 世纪以后兴起的所谓“不空学派”（唐密）的口音：

ba 么，*bha* 婆

da 娜，*dha* 驮

这里没有为梵语送气塞音专门注出送气，表明汉语的全浊塞音声母本身就是送气的，与用汉语鼻音字翻译的不送气音形成了清晰的音位对立[②]。这两种不同的译音模式很可能是汉语不同方言的反映，也许不宜像马伯乐那样，将其视之为唐代长安话在一个多世纪内的演化结果。

唐代显教经师口中的汉语有送气清音和不送气浊音，但没有送气浊音。在这种情况下，音译梵文的送气浊音时可以有两种选择：其一是在送气清音基础上变读，如可以把 *pha* 解释成“颇，浊声”；另一种就像杜行顗那样，在不送气浊音基础上变读，即提示读者把母语的浊声母加上送气。杜行顗之所以选择后一种方式，无疑是因为他觉得不送气浊音比送气清音更近似送气浊音。也就是说，如果是认识音素替代中的相似度，在声母既有清浊之分又有送气与否之分的语言使用者看来，清浊的一致比是否送气更加重要。

反过来说，如果目的语的音素数量多于源语，则会给古代语言的构拟带来另一些困扰。阿尔泰诸语言的塞音声母只有两套，那么与古汉语三套塞音声母的对音就可能引发一些新的问题。以《切韵》同时代的鲜卑语为例，据《魏书·官氏志》载，鲜卑语的职官名称有“比德真”“朴大真”“乞万真”“可薄真”“契害真”

① 对音例选自《大正藏》T19, p0353c-0354a。

② 更详细的例证见 H. Maspéro.(1920). Le dialecte de Tch’ang-ngan sous les T’ang. *Bulletin de l’Ecole française d’Extrême-Orient*, 20,2. 本文征引据聂鸿音译：《唐代长安方言考》，北京：中华书局，2005 年，第 29—34 页。

等，姓氏有“渴烛浑”“屈突”等①，其中译音汉字“比”“德”带全清声母，“朴”“乞”“可”“契”“渴”“屈”“突”带次清声母，“大”“薄”带全浊声母。再以时代略早的匈奴语为例，《史记·匈奴列传》载，“匈奴谓贤曰‘屠耆’”；《汉书·匈奴传》载，“匈奴谓天为‘撑犁’，谓子为‘孤涂’”，其中“孤”带全清声母，“撑”带次清声母，“屠”“耆”“涂”带全浊声母。尽管这些鲜卑语词和匈奴语词的原始形式大都还不能确定②，但现在的问题是，迄今所有的研究都证明阿尔泰诸语言的塞音只有两套，一般用拉丁字母标作 *b*、*d*、*g*，*p*、*t*、*k* 等。按照常理，古汉语应该只用三套声母中的两套与之对音，另一套全然不会出现，但我们却清楚地看到，对音汉字里竟出现了古汉语的全部三个塞音声母。造成这一事实的缘故令人费解，对此，可能的答案有两个，其一是古阿尔泰语存在清不送气、清送气和浊不送气三套声母，而不是现代语言中保存的两套；其二是古汉语的不送气浊声母在西北方言里实际读作相应的送气清声母，就像汉藏译音本《大乘中宗见解》和回鹘文译本《玄奘传》那样③。当然，这个问题还需另行论证。

三

要在已知两种语言的音位格局下认识译音中辅音替代的相似度，可以考虑的因素有四个。除了以上讨论的清浊和送气之外，还应该加上发音部位和发音方法。一般说来，这四个因素中有任意三个相同，就可以认为是最相似的，译者甚至感觉不到其中的区别。下面是现代汉语译音的几个类型：

发音部位、发音方法、送气相同但清浊不同，例如“戴高乐”（*de Gaulle*）的“戴”（t-）和“高”（k-）是以清音替代法语的浊音。

发音部位、发音方法、清浊相同但送气不同，例如“皮尔卡丹”（*Pierre Cardin*）的“皮”（p‘-）和“卡”（k‘-）是以送气音替代法语的不送气音。

发音部位、清浊相同但发音方法不同，例如“佛罗里达”（*Florida*）的“里”（l-）

① 词例选自白鸟库吉：《东胡民族考》，原连载于日本《史学杂志》第21—24编。本文参考的是方壮猷译本，上海：商务印书馆，1934年。

② 白鸟库吉：《东胡民族考》确定了一些鲜卑职官名词与现代阿尔泰部分语言的对应关系，但对应关系不一定等于原始形式。事实上仅凭现存的有限文献资料全面复原鲜卑语是不可能的。

③ 罗常培：《唐五代西北方音》，《国立中央研究院历史语言研究所单刊》甲种之十二，1933年，第16页；聂鸿音：《回鹘文〈玄奘传〉中的汉字古音》，《民族语文》1998年第6期，第62—70页。

是以边音替代闪音，“列宾”（*Repin*）的“列”（l-）是以边音替代俄语的颤音。

发音方法、清浊相同但发音部位不同，例如“哈佛”（*Havard*）的“哈”（x-）是以舌根音替代喉音，“弗里德里希”（*Friedrich*）的“希”（ç-）是以舌面前音替代德语的舌面中音。

在以上四种情况中，清浊不同的替代和相近发音部位的替代最为自然，而送气与不送气以及不同发音方法的替代在中国人听来会略有异样，但也可勉强接受。

如果在可考虑的四个语音特征中有两个不同，则听来就有些别扭：

发音部位和清浊不同，例如“佐治亚”（*Georgia*）的“佐”（ts-）是以舌尖前清塞擦音替代舌叶浊塞擦音，“治”（tʂ-）是以舌尖后清塞擦音替代舌叶浊塞擦音。

发音方法和清浊不同，例如“左拉”（*Zola*）的“左”（ts-）是以同部位的清塞擦音替代法语的浊擦音。

发音部位和发音方法不同，例如“居里”（*Curie*）里的“居”（tɕ-）是以舌面前塞擦音替代法语的舌根塞音，“里”（l-）是以舌尖前边音替代小舌颤音[①]。

如果在可考虑的语音特征中有三个不同，则译音字的选择当是另有原因：

发音部位、发音方法和清浊都不同，例如“卓娅”（*Zoya*）里的舌尖后清塞擦音tʂ-（卓）对应俄语的舌尖前浊擦音z-，“巴尔扎克”（*Balzac*）里的舌尖后清塞擦音tʂ-（扎）对应法语的舌尖前浊擦音z-。这大概是译音者的方音所致——把“扎”念成tsa在现代汉语方言里是很常见的。

发音部位、发音方法和送气都不同，例如“肯塔基”（*Kentucky*）里的舌面前不送气塞擦音tɕ-（基）对应舌根送气塞音k‘-，这显然是译音者无奈的选择——因为现代汉语里没有k‘i这个现成的音节。这是所有译音类型中最让汉语使用者感到异样的。

对辅音相似度的区分在少数民族语言的音译词里也可以看出来，阿尔泰语古代文献表现出了同样的规律。从现代资料看，阿尔泰语的塞音应该有不送气清音和送气清音两套，则这些语言的使用者对中古汉语清浊的敏感程度不及送气，与此相对的是，中古汉语的塞音多出了一套浊音，这使得阿尔泰语言必须用一个清音声类来权充替代。例如回鹘文《玄奘传》里有d [t]、t [t‘]两个对立的辅音，前者用来对译汉语端母字，

① 舌尖边音l与小舌颤音R的发音部位相距过远，按说不宜用为替代。这可能是因为译者把R当成了舌尖颤音r，就像俄国口音的法语那样。

后者兼用来对译透定两个声类[①]：

t' ＝ 透母：t'o 汤（*huito* 禹汤），t'ai 泰（*šintay* 神泰），t'ai 太（*tay qyu* 太后）

定母：t'ai 大（*tayto* 大唐），t'o 唐（*tayto* 大唐），t'o 道（*toyïn* 道人）

为了在听觉上更接近汉语的全浊声母，回鹘人选择的替代音是送气的 t' 而不是不送气的 t，这说明汉语的全浊声母在当时读送气音。

以上情况表明，在现代汉语使用者的听觉中，辅音的相似度由高到低分成四个层级。其中被认为最相似的是清音替代浊音，可以认为是第一个层级。第二个层级是相近发音部位的替代，第三层级是发音方法的替代，第四层级是送气与否的替代。这最后一个层级的例子在实际译音中出现得较少，即使出现也仅仅是为了保持不同音位的对立，就像上述用送气音对译法语和俄语的不送气音那样，这仍然说明汉语使用者对塞音和塞擦音是否送气是最敏感的。

① 字例选自聂鸿音：《回鹘文〈玄奘传〉中的汉字古音》。附带说，回鹘文 *b*、*p* 两个辅音的译音情况与此不同——前者用来对译汉语没有鼻韵尾的明母字，如 *bayuŋ*（马融）里的 *ba* 译"马"，后者则只能同时用来对译帮滂並三个声母，如 *paočosï*（宝昌寺）里的 *pao* 译帮母的"宝"，*puhin*（普贤）里的 *pu* 译滂母的"普"，*pučiu*（蒲州）里的 *pu* 译並母的"蒲"。

梵汉对音研究应该注意文献校勘[①]

李建强

（中国人民大学 北京 100086）

【提要】梵汉对音研究诞生以来，前辈学者勾画了历代音系的基本轮廓，建立了梵汉对音研究的基本范式。当前文献的刊布极大丰富，新一代的学者有条件进行对音材料的文献文本校勘与考证工作。语言研究和文献考证相辅相成，前辈学者描写出的历代对音音系是文献考证的背景知识，文献考证反过来可以深入分析语言特点；梵汉对音研究作为音韵学的一个分支，与传统音韵学的研究相辅相成，取长补短。《涅槃经》中e的对音就涉及文献校勘的问题,也能窥探汉语语音的发展变化。梵汉对音研究,前景广阔。

【关键词】梵汉对音；文献；校勘；语音变化

梵汉对音研究从20世纪初诞生至今，已经将近100年了。钢和泰、汪荣宝、罗常培、陆志韦、俞敏、柯蔚南、刘广和、施向东、聂鸿音、储泰松等诸位先生发表了一系列文章及著作，历代音系的对音规律已经得到大体的描写。在这个过程中，前辈学者建立了梵汉对音研究的基本范式，对音规律和文献校勘考证相结合，是这个范式的根本要求。

俞敏先生梵汉对音研究的代表作《后汉三国梵汉对音谱》，对梵本的校勘是附带说明的。他在谈音系之前曾经举支谶《佛说阿阇世王经》的一段译名为例来说明如何校勘考证梵本。这部经中有一段音译梵名，音译之后同样的内容用意译的方法又说了一遍，西晋竺法护、宋法天的译本也是用意译。俞先生把这几个本子对照，根据梵语字典考证出梵词，又校勘出各译本可能有错的地方，校勘考证过的材料才能用来进行对音研究。“对音字表”部分有的地方有简单的校勘，但是没有完整的词形分析。俞先生发表过考证梵文的文章《梵语千字文校本》。从中可以看出，除了总结对音规律之外，俞先生实际上做了大量相关的文献考证和整理的工作，可能是因为当时发表或

① 本文受中国人民大学科学研究基金项目（15XNL014）资助。

出版的条件有限，这些工作成果大多数没有公布出来。虽然俞先生的弟子刘广和、施向东、聂鸿音、储泰松、张福平等诸位先生曾用梵汉对音材料勾勒出了汉语历代音系，但和梵汉对音研究相关的文献考证较少发表。这在一定程度上，不利于人们对梵汉对音研究深入了解和运用。

当前在资料获得方面，和前辈学者相比，我们有很大的便利条件。除了《大正藏》之外，汉文大藏经的一些珍贵版本得到刊布；在国家大力支持下，关于敦煌、吐鲁番、黑水城等地出土文献的丛书陆续出版；另外，“国际敦煌项目”网站亦刊布了大量图片。所以新一代的学者从事梵汉对音研究，在继承前辈学者成果的基础上，有条件对研究材料做些文献文本的校勘与考证。语言研究和文献考证相辅相成，前辈学者描写出的历代对音音系是文献考证的背景知识，文献考证反过来可以深入分析语言特点；梵汉对音研究作为音韵学的一个分支，与传统音韵学的研究也是相辅相成的，各有特点，取长补短。下面打算结合《涅槃经》中 e 的对音简单说明这层意思。

《涅槃经》有对梵文字母读音的翻译，分别在东晋法显《大般泥洹经·文字品》、北凉昙无谶《大般涅槃经·如来性品》、昙无谶译梵、宋沙门慧严、慧观同谢灵运再治本《大般涅槃经·文字品》中。罗常培先生《梵文腭音五母的藏汉对音研究》据缪子才《悉昙字母表》作《四十九根本字诸经译文异同表》、李荣先生《切韵音系》转录了这个表，由于所用佛经底本不同，译音文字稍有改动。梵文元音 e、ai 的译音，三个译本存在的版本校勘问题都不少，如果不加校勘，可能会影响对音研究的结论。

一、版本校勘发现的问题

《大正藏》法显《大般泥洹经·文字品》相关语句如下：

> 咽者，是也，言是佛法，如来泥洹亦说是法。
> 咽者，如来也，有来去义，以是故说如来如去。（T12，No376，P888[①]）

《大正藏》此处没校勘记。《高丽藏》《赵城金藏》（据《中华大藏经》所收）

①T 指册数，No 指经号，P 指页码。下同。

《碛砂藏》《永乐北藏》《乾隆大藏经》《频伽精舍藏》这两句中“咽”均作“哩”。这个异文容易理解，因、垔二字可相通，比如《说文》：“禋，洁祀也。”《集韵》就收有一个异体字“裀”。“咽”字《广韵》乌前、於甸、乌结三音，放在法显字母对音的环境中都不合适。哩，玄应《一切经音义·大般泥洹经》“乌奚反”，《碛砂藏》所收的《大般泥洹经随函音义》一兮反，俱是齐韵。齐韵对 e，符合译经习惯。此处即使写作“咽”字，也读为齐韵音。而《永乐北藏》和《乾隆大藏经》中的《大般泥洹经随函音义》“哩，乌前反，与咽同”，那恐怕是受了“咽”字习见音的影响，同时也说明，这些注家已经不能正确理解梵汉对音的规律了。

法显译梵文元音 e、ai，都用齐韵字“哩”。李荣先生《切韵音系》所附“根本字译文表”中，法显的字母对音，e 对咽、ai 空缺，大概是认为两个“咽”都是对应梵文的元音字母 e，梵文 ai 没有译出来。这个看法是种误解，因为两个“咽”所代表的梵词不同，第一个应该是 evam（是也），第二个“咽”对应的梵词语义为“如来”，其他译本也用不同的字对应，显然是译与 e 不同的梵音，那就是 ai 了。

《大正藏》昙无谶译《大般涅槃经·如来性品》相关文字如下：

> 哩者即是，诸佛法性涅槃，是故名哩。
>
> 野者谓如来义。复次野者，如来进止屈伸举动，无不利益一切众生。是故名野。（T12，No374，P413）

据《大正藏》的校勘记，“野”宋元明本（指《思溪藏》《普宁藏》《嘉兴藏》）又作“黟”，宫内省图书寮本（旧宋本）作“野”。《高丽藏》作“野”（T16，P71），《中华大藏经》以《高丽藏》为底本，校勘记云：“（《碛砂藏》《普宁藏》《永乐南藏》《径山藏》《清藏》）诸本作黟。”(T14，P88)《永乐北藏》亦作（T32，P878）。

《大正藏》昙无谶译梵、宋沙门慧严慧观同谢灵运再治本《大般涅槃经·文字品》相关语句如下：

> 哩者即是，诸佛法性涅槃，是故名哩。
>
> 野者谓如来义。复次野者，如来进止屈申举动，无不利益一切众生。是故名野。（T12，No375，P654）

依《大正藏》的校勘记，"野"宋元明本又作"黳"。《高丽藏》作"野"（T68，P539），《中华大藏经》以《高丽藏》为底本，校勘记云："（《资福藏》《碛砂藏》《普宁藏》《永乐南藏》《径山藏》《清藏》）作黳"（T14，P551）。《永乐北藏》亦作黳（T33，P956）。另外，《房山石经》贞观五年（631）刻慧严改治本《大般涅槃经》作"黔"（T1，P165）。"野"和"嘢"的异文，本文暂不讨论了。

二、版本用字差异，要结合语音史来分析

梵文字母 e 用齐韵字对，法显、昙无谶、慧严三译本均用"哑"。据（梁）释僧佑《出三藏记集》，法显 (334—420) 东晋"义熙十三年十月一日于谢司空石所立道场寺出此《方等大般泥洹经》，至十四年正月一日校定尽讫"。据（唐）释云公撰、慧琳删补《大般涅槃经音义序》，昙无谶译《大般涅槃经》始于玄始三年（414），"至玄始十年方得周备"，译于姑臧。上述对音字的差异，得放在汉语语音历史发展中才能解释清楚。

（一）"哑""黳"字的上古音来源可能不同

根据《玄应音义》《龙龛手镜》及悉昙藏中相关注音，"哑"读影母齐韵，可是这个字音在佛典之外的韵书、字书中几乎没有记录。《王三》齐韵影母鷖小韵收十字：鷖翳瞖嫛磬堅妹繄黳黟。绝大多数是殹声字。法藏敦煌文献 P2015 增加了"詅羥"，《广韵》与 P2015 大体相同。《集韵》鷖小韵收 22 字，垔声字增加了两个：歅硜，依然没有"哑"字。《篆隶万象名义》"哑"作为"咽"的古文，放在"咽"的字头下，於见反。《玉篇》哑咽同，於肩切。字母对音对 e 放着常见的"翳黳"之类的字不用，偏用"哑"，暗示着这两类字读音或有差异。

上古来源的追索有助于理解东晋南北朝时期"黳"与"哑"读音的差异。

先说"哑"。"哑"字《说文》未收，字书、韵书中一般是作为"咽諲"的异体读阳声韵，未见收录阴声韵的读音。不过，这个对音字显然是从口垔声，它的读音应该和垔声字密切相关。《说文》："垔，塞也。《商书》（大徐本作"尚书"，此依段注）曰：'鲧垔洪水。'从土，西声。"大徐於真切。段玉裁归十三部，朱骏声、王力归文部，《上古音手册（增订本）》归真部，《汉字古音表稿》归文部。垔从西得声，"西声"段玉裁《六书音韵表》在十三部，江有诰在元部（元部和文部音近），

朱骏声、王力《汉语音韵》《诗经韵读》都归文部。邵荣芬（1997:81-85）专门讨论过西声、垔声的归部，认为该归上古文部。总的看来，“哽”字齐韵一读和文部读音关系极为密切。具体“哽”字而言，《集韵》“哽”字三读，作为“諲”的异体字，伊真切，“敬也”；於闲切，“哽然，语声”；作为“咽”的异体字，因莲切，“《说文》嗌也，谓咽喉也”。《汉字古音表稿》把《集韵》“因莲切”的“哽”归为文开四，又把《广韵》“乌前切”的“咽”归为真开四，并加小注“咽喉”。这也容易理解，这说明表示“咽喉”之义的词上古有影母平声真开四和文开四两读。《说文》收“咽”而不收“哽”，可能真部的方音势力较强，从这个词可派生出质部的“噎”。《山海经·中山经》：“其上有木焉，名曰‘天楄’，方茎而葵状，服者不哽。”郭璞注：“食不噎也。”“哽”表示食塞，应该是“咽喉”一词派生出来的，读入声。《广韵》：“噎，食塞。又作咽。乌结切。”这重关系多位学者都有论及。郝懿行《山海经笺疏》：“《玉篇》哽同咽。《广韵》‘楄’字两见……一云‘食不噎’，一云‘食之不咽’。盖咽、噎声转，或古字通也。”朱骏声《说文通训定声》：“噎字亦作饐作哽。……《中山经》‘堵山有木名曰天楄，服者不哽’，字亦或以咽为之。”王力先生《同源字典》咽与噎同源，是真质对转。按照音变构词的理论，属于变韵构词或复杂的音变构词。

中古的齐韵系字垔声字和上古的真文部字有音转关系的，不止这一个例子，还能找出“羥歅”二字。《广韵》山韵乌闲切收有下列相关字：“黰，染色黑也。羥，黑羊。殷，赤黑色也，《左传》云：左轮朱殷。黫，黑色，出《字林》。”真韵于真切：“骃，白马黑阴。”这些都明显有黑色的共同义素。其中“羥、殷、骃”上古文献中就出现，《说文》：“羥，群羊相积也。一曰黑羊也。”《尔雅·释畜》：“阴白杂毛，骃。”《汉字古音表稿》把“羥殷黫”归上古文部开口二等，“骃”归真部开口三等。“羥”字在 P2015（乌兮反）、《广韵》（乌奚切）中又有齐韵读音。《庄子·徐无鬼》有个善相马的人叫“九方歅”，《庄子音义》：“歅，音因，李（轨）乌鸡反，又音烟。”《汉字古音表稿》“歅”归文部。

要是不限声旁，中古齐韵系字和上古文部字音转的证据还能举出一些。洗，先礼切，荠韵，从先得声，先声在文部。西，先稽切，齐韵；洒，先礼切，荠韵；栖，苏计切，霁韵；都从西得声，西声在文部。

上古文元旁转，有一些齐韵系字语音来源和歌部元部有关。

𪏭，奴低切，齐韵，见于《王三》《广韵》；人兮切，齐韵，见于 S2071（切三）、

《王三》、P2015、《广韵》；诺何切，歌韵，见于P2011、《王三》、项跋本王韵、《广韵》；《集韵》还有咍韵的汝来切。《说文》臡正字作腝。段玉裁耎声难声都在元部。《上古音手册（增订本）》《王力古汉语字典》"臡"归脂部，《汉字古音手册（增订本）》《汉字古音表稿》"臡"归歌部。

黳，影母齐韵，见于《王三》（乌鸡反）、P2015（乌兮反）、《广韵》（乌奚切），《上古音手册（增订本）》归支部，《王力古汉语字典》《汉字古音手册（增订本）》《汉字古音表稿》归歌部。

磾，端母齐韵，见于S2071（当嵇反）、德藏TIVK75（丁兮反）、P2011（当兮反）、《王三》（当 反）、《广韵》（都奚切），《广韵》引《说文》云："染缯黑石，出琅邪山。"今本《说文》无此字。《上古音手册（增订本）》《王力古汉语字典》《汉字古音表稿》归脂部，单声在元部，磾字旁对转入脂部。

类似的还有"鷤"。《楚辞·离骚》："恐鹈鴂之先鸣兮，使夫百草为之不芳。"补注："鹈音提，鴂音决。一音弟桂，一音殄绢。"弟声在脂部，夬声在月部，殄在文部，绢在元部。《汉书·扬雄传·反离骚》："徒恐鷤搗之将鸣兮，顾先百草而不芳。"注："搗，鴂字也。……鷤音大系反，搗音桂。鷤字或作鶗，亦音题。鴂又音决。"鷤，在此读霁韵，又读齐韵。"鷤"读特计反，出现在P3696、P2011、《王三》、项跋本王韵、蒋藏本《唐韵》《广韵》。《上古音手册（增订本）》《王力古汉语字典》"鷤搗"之"鷤"归支部。《汉字古音手册（增订本）》《汉字古音表稿》只收录"鸛鷤"之"鷤"，元部。

从上面的材料可以看出，中古的部分齐韵系字和上古的文部、元部有音转关系，其中有一些字在上古时期就读阴声韵。大概是因为这类字不多，王力《古韵脂微质物月五部的分野》指出脂微分部时，"齐韵应划入古音脂部"，微部中，没有给齐韵系字留位置，用旁对转来解释中古的部分齐韵系字和上古的文部、元部相关涉的现象。但是这么处理，也会遇到一些麻烦，比如上古的文部开口四等心母上声存在苏典切"铣洗$_{\text{姑洗}}$跣毨洒$_{\text{肃敬}}$"和先礼切"洗洒$_{\text{洗雪}}$"的对立，如果不加以区别，就不方便解释后来是如何分化的。孙玉文《上古汉语韵重现象研究》认为可能"洗"之类的字上古就发展出文部和微部的两个读音，微部读音对应的是中古的齐韵音，上古应该是微部开口四等。如果上古微部四等可以安排齐韵字，那么前面提到的"臡磾鷤"等也宜归到微部，这样更方便解释音转关系。

至于“西”字，情况稍微复杂。虽然大家对“西声”先秦归文部看法比较一致，但是“西”字一般归脂部，大概是因为和“棲”存在异文。《说文》：“西，鸟在巢上，象形。日在西方而鸟棲，故因以为东西之西。”“鸟在巢上”这个用法《说文》又作“棲”，而“妻”声字入脂部。王力《上古韵母系统研究》把“棲”字归脂部，“西声”和“西”字都归谆（文）部，但是于脂部仍录“西”字。《上古音手册（增订本）》《王力古汉语字典》《汉字古音表稿》“西棲”字归脂部。罗常培、周祖谟《汉魏晋南北朝韵部演变研究（第一分册）》把“西”兼收真脂两部，指出汉代韵文大半与本部（真部）字相押，惟王逸《九思·怨上》以“玑低霏凄棲徽依西（蝼蛄兮鸣东，蠽蠽兮号西）怀悲摧”为韵。罗、周二位先生的两汉音系是脂微、真文、质物分别合流，这一点，邵荣芬先生不同意。邵荣芬《上古阳声韵若干字的归部问题》指出，汉代《易林》及其他文献中“西”字多押入元部和文部。赵团员《“灑”“汛”“洒”“洗”辨》补充了叠韵联绵词、声训的材料，进一步证明“西”在汉代有脂部一读。把这些研究综合起来看，我们觉得，从先秦到两汉，“西方”之“西”阳声韵的读法势力很强，比如《大雅·桑柔》四章叶“慇辰西（自东徂西[①]）痻”，《大雅·绵》“率西水浒”，《永乐大典》卷一一一三三《水经》之七作“率先水浒”。邵荣芬引述的例子中，“西”皆表示“西方”之义。但是在汉代的一些方言中，“西方”之“西”有读阴声韵的，《说文》把“西”“棲”关联在一起，是着眼于“西”字阴声韵一读。具体方言中，“西”字读脂部或微部都有可能，因为先秦时期，脂微合韵的比例本来就不小，两汉时期，这个比例进一步加大。《说文》“西”又作“棲”或许可这么理解。

法显、昙无谶、慧严译本中用来对 e 的“喓”是齐韵字，这个音很可能直接来源于上古的微部，或者至少是从上古文部音转而来，那可以理解成间接源于微部。

齐韵影母常见是殹声字，比如“鷖翳黳繄”等，归脂部。王力《汉语音韵》《诗经韵读》脂部收矢声，矢声有“翳”字。《汉字古音表稿》“鷖翳黳繄”等归脂部开口四等。殹声字和文部关涉较少，这是和垔声字显著区别的地方。

法显等人译音选用一个较为生僻的“喓”而不用较为常见的“鷖黳”等，根源可追到上古的脂微分部。由于上古音来源不同，在法显、昙无谶等人的时代，“喓”和“鷖

① 今本《诗经》作“自西徂东”。顾炎武认为“东”不入韵，江永认为“东”字转德真切乃从方音偶借，段玉裁认为九部的“东”字与十三部合韵；朱骏声、江有诰认为该句诗当作“自东徂西”，王力《诗经韵读》从朱骏声、江有诰。

鷖"等语音应该还有差异。

（二）梵汉对音与诗文用韵研究相结合，分析语音演变的大势

探讨"嚥""鷖鷖"等字的语音差异要着眼于齐部的演变历史。中古齐韵系字有不同的上古来源，而且演变的进程并不同步。用韵研究能够看出韵部演变的大势。根据周祖谟（1996）的研究，上古的脂部在晋宋时期分为脂皆两部，脂部含脂微，皆部含皆咍灰齐。晋代，皆部当中的齐韵系字有：齐跻哜、泥、黎、迷、西栖、妻棲淒萋、夷、梯、羝、稽；体礼醴、济荠、弟涕、启、陛、萋、抵、米眯；济第。宋北魏时期，皆部当中的齐韵系字有所扩大，增加了一些从支部变来的齐韵系字：齐、泥、藜、迷、西栖、凄淒棲萋、荑、梯绨、低、稽；礼醴、济；<u>蹊谿鸡醯犀嘶提题啼笄闺袿睽畦珪携陛</u>。下加横线者是从支部变来的。

上古支部在魏晋时期包括支、佳、齐（奚）三类字，三国晋时支部中的齐韵系字有：谿蹊蹄崹啼笄麑畦闺麗圭袿、丽、盠儷底繄帝蒂隶羿睨。刘宋北魏时代，这部分齐韵字和皆部中的齐韵字合并。

罗常培、周祖谟（1958）研究两汉音系立了祭部，包括"祭泰夬废怪霁"几类字。到三国时候分成祭泰两部。三国时候的祭部中的霁韵字有：契嘒系惠戾继慧。晋宋北魏时期祭部中的霁韵字有：翳计递惠戾髻替继蒂契蕙蓟沴慧繐系係诣丽繄济谛计闭遰。到齐梁陈隋时期，虽然皆部中的齐韵字独立成一个部，但是周祖谟（1996）列的齐部只有平声和上声，去声字还是归在祭部，那是因为霁和祭押韵的比霁、祭独用得多。

梵汉对音研究实践不但能够反映这个变化的轮廓，也能使人从中可推测语音变化的轨迹。

俞敏先生的后汉三国梵汉对音研究是以梵文作为架子来考察汉语的元音，不用上古韵部为框架，描写对音现象时，汉字的分类是用《切韵》，最后再从对音看当时的韵部。俞先生的弟子后来在做两晋六朝对音时也是按照这个思路。我们现在使用这些研究成果分析问题的时候，是把相关汉字放在当时的韵部之中。

俞先生后汉三国时期齐荠霁的对音要是按照上古的韵部来划分，情况如下：

脂部：嵇 ke，底 ti，黎 ti。质部：逮 de、rya，替 ti。支部：麛 me，题 ti、tī、tya，蠡 ri，醯 he。确实如俞先生所说："一部背拉不上二十个，还有什么证明价值呢？"（见俞敏《后汉三国梵汉对音谱》）

西晋齐荠霁对 i、ṛ、e、ay，对音字按两晋时的韵部分类如下。皆部：泥犁黎。支部：

堤提醯蠡。（见刘广和《西晋译经对音的晋语韵母系统》）

东晋齐类字对音按照两晋时的韵部分类如下。皆部：梨 re、ray，犁 ray，黎 ray，梯 the，洗 se。祭部：翳 e。支部：鸡 ke，提 de，题 dey，褅 de，陛 vai，鞞 ve、vai、vaji、vi、bi，醯 he、hi，奚 hi（见刘广和《东晋译经对音的晋语韵母系统》）。上述例子中，端组字对 i 都没算在内。因为当时脂部和皆部已经分化，脂旨至类对 i，脂部包含脂微两系，不拼端组，相应的梵文音只能用齐韵字来音近替代。

十六国时期从时间上看，大体对应西晋、东晋，依然可按照两晋的韵部来对对音字分类。除去“唖嘢”两字，齐韵其他字的分类如下。皆部：低坻帝黎泥对 i，犁对 ya。支部：提醯 i、e 两对，鞞对 i。祭部：闭逮对 e（见施向东《十六国时代译经中的梵汉对音》）。其中“低坻帝”是端组字，对 i 大概是音近替代。

宋齐时代，支部中的齐系字已经合到皆部，译经中出现的齐系字如下：涕黎西哂对 e，黎对 ai，提醯对 e 也对 i 或者 ī，低帝谛泥鸡对 i（见刘广和《南朝宋齐译经对音的汉语音系初探》）。“低帝谛”对 i 可能是音近替代。

梁代齐韵系从皆部独立出来，在僧伽婆罗的译咒中，齐韵的对音情况相对比较单纯，主要是对 e。泥柢涕第鬣、鞞陧提丽醯渧谛隶对 e。其中提泥也对 i。帝底对 i，壂对 ai（见刘广和《南朝梁语韵母系统初探》）。储泰松《中古佛典翻译中的“吴音”》指出，“泥柢第提谛醯”对 e 加注了反切改读支韵系读音，一般是用去声切下字。这些字多数是舌音端组，支部无端组字，所以用齐韵系字音近替代。这说明当时齐韵的主元音和 e 还有些差距，而支韵和 e 更接近。齐梁时期支部与佳部已经分化，支部应该已经朝着元音 e 迈进了。

北朝对音，齐韵系字表现出明显的规则，“薜逮帝谛鸡犁黎隶璨泥提梯醯犀黟”规则对音是 e，i，ī，例外对音是 ey，ay，ya，ṛ，a。（见施向东《北朝译经反映的北方共同汉语音系》）

周隋时期，齐荠霁韵主要对梵文的 e，有一些字是 i、e 两对，比如“鸡”。（见尉迟治平《周隋长安方音初探》）

总的来看，梁代之后，齐韵系字对音相对集中到 e、i 上。之前对音稍显复杂，对 a、ai 较多。当然这有的可以用梵文元音的三合变化来解释，不过一是数量有差异，二是梵文元音的二合、三合的阶变是有条件的，在没分析具体的语境之前，谈梵文元音的阶变只是一种可能。上面的研究成果来源于不同先生的著作，体例上有差异，所用的材料也有参差。为了便于说明问题，我们再把东晋对音和梁代对音单独拿来比较。东晋对音主要使用法显和佛驮跋陀罗的材料，梁代对音主要使用僧伽婆罗的译咒，材料来源相对单一，又都是在南方译音，其他因素的影响相对较小。

东晋皆部的齐韵字对 e、ay，支部的齐韵系字对 e、i、ei、ai。梁代的齐系字主要对 e、i。二者的差别很明显。东晋时，齐韵字尚在皆部、支部中，对 ei、ai 的多一些；梁代齐韵系独立，对 e 最多，虽然有不少字改注成了寘韵，但是也说明齐韵的主元音接近 e。由此来看，齐韵从皆部独立伴随的是主元音高化的过程。独立之后齐部音值大概是 [ei] 的范围；在此之前，皆部、支部中的齐系字主元音应该比后来齐韵系的 [e] 低。

王力先生把上古脂部拟为 [ei]、支部拟为 [e] 是音位构拟，除了 [i] 作介音、[a] 作鱼、歌部主元音外，并没有其他前元音与 [e] 对立，这个 [e] 音位在具体的方言中实际音值可以理解得偏低一些。王力《古韵脂微质物月五部的分野》对微部的拟音有个说明：“也许微部竟是一个 ɐi（相应地，物部 ɐt，文部 ɐn）。”对支部拟音也有说明：“我们本来可以设想支部为 ɛ（其入声锡部为 ɛk），让它与歌部的 ai 比较接近，但是由于支耕对转的关系，终于拟成了 e。这个问题没有解决得很好，留待来哲讨论。”可见王力先生在上古音构拟时就考虑到了这一点。我们现在补充的是，从东晋和梁代的梵汉对音对比来看，东晋时代皆部、支部中的齐韵字的主元音比后来梁代齐部的低。王力先生推测的“支部为 ɛ”（从音位上看，脂与支没必要设立两个主元音，那么脂部也该是 ɛ）的看法比较方便解释从东晋到南朝齐系字主元音的高化。

（三）从语音史动态演变的角度分析“吴音”

昙无谶的译音传到南朝之后，“哩”“野”或“黟”字下加了音注，比方说《悉昙藏》引的谢灵运的相关论述“哩音乌溪反。溪字音宜吴音，野音乌鸡反”，都注成齐韵音，但是对 e 加“吴音”，对 ai 不加。储泰松《中古佛典翻译中的“吴音”》认为通语音系支韵系读 e，齐韵系读 ai，吴音齐韵系读 ei。下面是储先生的相关例证。比如僧伽婆罗《孔雀王咒经》译咒对 te 用齐韵字“谛”，但是要加上小注“都豉反”改读成寘韵音。齐韵系也不读 i，比如对 ti 用齐韵字“帝”，但是要加上小注“当利反”改读成至韵音。而齐韵对 ai 则不加注，如“醯摩”对 haima，说明齐韵是个复合元音 ai。前面讲的都是通语的情况。真谛《金光明经·陀罗尼最净地品》，对 e 用齐韵字小注加上“吴音呼”，比如 de：弟吴音呼弟；te：底吴音呼底；se：细吴音呼细；bhe：陛吴音呼陛；le：詈吴音呼弟，留弟切；me：米吴音呼弟，无弟切；te：体吴音呼体。詈，寘韵，但是要改读成“留弟切”

才能对 le，而“弟”字齐韵系。储先生的观点是从静态说的，要是从齐部发展的动态过程来看，可能会揭示出一些细节。真谛《金光明经·陀罗尼最净地品》，对 e 用齐韵字小注加上“吴音呼”的功用和上文僧伽婆罗译咒中齐韵字改注成支韵来对 e 的现象恐怕不同。僧伽婆罗译咒是因为支部无端组，对 te、de 之类的音只能用齐韵系字音近替代。而真谛的译音中，心母、並母、来明、明母也用齐系字，这些声母本来可以拼支韵的，却不选支韵系字，这说明真谛译经团队在这里关注的是另外一个语音现象。以上这些字，要是按照晋宋的归部，都在皆部。据《续高僧传》，真谛译《金光明经》是在梁元帝初年（552）[①]，这个时代是齐部开始从皆部中独立的时代。“弟底细陛米体”加注“吴音”才能更准确地对 e，一是说明独立之初的这部分齐韵系字主元音可能还没有高化到 [e]，二是说明“吴音”中这类字的读法主元音更接近于 e，即齐部主元音的高化在“吴音”中跑得更快。

所谓与“吴音”对立的“通语齐韵系读 ai”，那反映的是齐部独立之前还在皆部或支部的旧音，或者是齐部独立之初的状态，共同的特点是主元音没有后来的 [e] 高。谢灵运等人对 e 加小注“乌溪反，溪字音宜吴音”，对 ai 加小注“乌鸡反”，不加“吴音”，这些材料充分说明了这重关系。在刘宋时，“溪鸡”字已经从支部转到皆部，齐部尚未独立，此时皆部主元音大概还接近 [ε]，描写梵文 ai 是合适的。“吴音”中，齐部独立的进程较快，主元音高化接近 [e]，描写梵文的 e，就得把“溪”字读成“吴音”。僧伽婆罗《孔雀王咒经》中还有一些齐韵系字对 ai，而且不加注，比如醯摩、提携、鞞雉舍、鞞阇延多、黳罗婆那，但是这些对音字都是出现在译名当中。按照通常的情况，译咒更加讲究对字音的准确描摹，而译名有时会继承旧译，保留一些较早的语音面貌，译名中的齐系字对 ai 正好是体现皆支部旧读。值得注意的是，这些对音材料，都是产生于南方的。

回过头来看看法显、昙无谶、慧严等人均用“哩”来对梵文字母 e，而不是用常见的齐韵字“黳、翳”等，那是因为“黳、翳”之类的字还在当时的皆部，主元音要比 e 低。而“哩”这个字，从声旁上看，来源于上古文部，也可能就来源于微部。直接或间接来源于上古微部的齐韵字主元音高化可能比来源于脂、支部的更快。在王力、李方桂等先生的构拟中，微部主元音都是较弱的央元音，如果介音和韵尾的音色较为

①《续高僧传》卷 1：“会元帝启祚，承圣清夷，乃止于金陵正观寺，与愿禅师等二十余人翻《金光明经》。”

突出，容易把主元音盖住。高本汉构拟的《广韵》音系四等有 i 介音，在这个基础上，他构拟的上古音系，四等也有 i 介音。王力、李方桂先生上古四等的 i 介音，应该是在高本汉学说基础上设立的。从《广韵》反切上字的分组来看，四等和一二等是一类，与三等不同类，许多学者取消《广韵》音系四等的 i 介音，相应的，上古四等 i 介音也应该有所调整。孙玉文《上古汉语韵重现象研究》为上古四等介音构拟为 E，是一个前部的中元音。在这个音的作用下，微部四等的 [əi] 或 [ɐi] 容易变成 [ei]。

三、余论

徐通锵先生《历史语言学》评价用梵汉对音的方法拟测古音是“方法简单，易于掌握”，这恐怕是个误解。从上面的分析来看，梵汉对音所涉及的材料，前人多未有深入细致的校勘，需要研究者结合语音研究进行不同版本的取舍；利用对音材料研究汉语音系，要有语音史的观念，并且和传统的研究相结合，发现问题所在，用多重证据去解决问题。梵汉对音研究，前景广阔。

“华夷译语”汉字注音法考源

孙伯君

（中国社会科学院民族学与人类学研究所 北京 100081）

【提要】 在汉语拼音出现之前，用汉字为民族语和外国语注音时，如何标注“此方无”音节的读音是古往今来翻译家面临的最大难题。唐宋时期的经师们往往用“加口旁”、创制“切身字”和加注“二合”等形式为梵文陀罗尼注音，并逐渐形成了梵汉对音规范。梵汉对音法在西夏新译汉文佛经陀罗尼中得以继承，并被巧妙地运用于《番汉合时掌中珠》的夏－汉对音和西夏文佛经陀罗尼的梵－夏对音当中，且用“大字加小字”注音形式代替了加注“二合”的形式。本文梳理了西夏对梵汉对音法的系统继承与创新，并认为西夏首次创造性地把梵汉对音法运用于汉语与民族语、民族语与梵语对音中，开启了元明清时期汉语与民族语对音字书的注音体例。明代编订的《蒙古秘史》《华夷译语》《同文韵统》中少数民族语和汉语对音、《西番译语》藏－汉对音、清代“西洋馆”编订的“华夷译语”类字书为英、法、德、拉丁、意大利等语言注音，均延续了唐宋以来定型的梵汉对音法，并吸收了西夏“大字加小字”的拼合注音形式。

【关键词】 梵汉对音；切身字；大字加小字；“华夷译语”

一

在汉语拼音出现之前，用汉字为民族语和外国语注音时，如何标注“此方无”音节的读音是古往今来翻译家面临的最大难题。尤其是东汉佛教传入之后，为了用汉字准确标注梵文中的复辅音和汉语中没有的颤舌辅音 r- 等音节，人们想了很多办法。特别是隋唐之际，玄奘、不空、慧琳等更是创立了很多注音体例，归纳起来有两种：

第一种是创制一些特殊标音汉字，可分为两类：

一是在当用汉字前加"口"旁，如：梵文中的颤舌辅音 r 或颤舌元音 ṛ，用来母字加"口"旁来比况，如：梵文 rājñā，不空《孔雀明王经》译作"啰(引)枳娘(二合)"，"啰"对 ra；amṛta，不空《孔雀明王经》译作"阿密嘌(二合)多"，"嘌"对 ṛ。

二是创制新的"切身"字。所谓"切身"即古人所说的"自反"，用两个当用汉字合成一个新字，其读音是自身的反切，左半表声，右半表韵。顾炎武《音论》卷下"南北朝反语"中曾经论及"切身"，认为佛经对音中的"切身"源自古人反切中的"自反"，曰："赵宧光曰：'释典译法真言中此方无字可当梵音者即用二字聚作一体，谓之切身'，乃古人自反之字则已先有之矣。"① 如：梵文 tadyathā，菩提流志《不空罥索神变真言经》卷 10 译作"怛𩑶他"，"𩑶"注音为"宁也反"，译 dya②；buddhya，法天《佛说一切如来乌瑟腻沙最胜总持经》卷一译作"没𠼿"，"𠼿"译 dhya③；śākyamuni，法天《七佛赞呗伽他》译为"设枳也(二合)母𩕳"，"𩕳"译 ni④。

历代经师在梵汉对音中所用的"切身"字见收于《龙龛手镜》，郑贤章《龙龛手镜研究》有所整理⑤。"切身"字的注音原理取法反切，上字取声，下字取韵，但与反切注音法有根本区别。首先，反切是给汉字注音的方法，"切身"字是给外语或民族语注音的方法，表示的是汉语"此方无"的音节；其次，反切注音法是用两个当用汉字为一个汉字注音，注音字占两个字的空间；"切身字"是用两个字拼合成一个字，写出来占用一个字的空间，有时还在其后进一步注明"切身"二字。上文提到的"𩑶""𠼿"和"𩕳"都是切身字。

第二种是加注"二合"形式，或在对音字下加注"转舌""弹舌"之类的话来描写颤音的发音方法等，如梵文 brāhma，慧琳《一切经音义》对音作"没啰(二合)憾摩(二合)"，brā 对"没啰(二合)"，hma 译"憾摩(二合)"，并注曰："啰(ra)，罗字上声，兼弹舌声"⑥；梵文 sva，慧琳译作"娑嚩(二合)"。

这种注音法在西夏新译佛经陀罗尼的梵汉对音中得以继承和发展，主要表现在以下几个方面：

当用汉字前加"口"旁，既用于表示梵文中的颤舌辅音 r 或颤舌元音 ṛ，又用于

① (清)顾炎武：《音学五书》，中华书局 1982 年重印观稼楼仿刻本，第 52—53 页。
② (唐)菩提流志译：《不空罥索神变真言经》，《大正藏》卷 20，第 277 页上栏。
③ (宋)法天译：《佛说一切如来乌瑟腻沙最胜总持经》，《大正藏》卷 19，第 408 页上栏。
④ (宋)法天译：《七佛赞呗伽他》，《大正藏》卷 32，第 769 页下栏。
⑤ 郑贤章：《龙龛手镜研究》，长沙：湖南师范大学出版社，2004 年，第 74—75 页。
⑥ 慧琳：《一切经音义》，《大正新修大藏经》第 54 册，No.2128。

表示梵文的全浊声母。如梵文 sūtra，德慧《佛说圣佛母般若波罗蜜多心经》译作“须嘚啰”，“啰”对 ra；hṛdaya 德慧《佛说圣佛母般若波罗蜜多心经》译作“吃哩（二合）嗏也”，“哩”对 ṛ、“嗏”对 da；garbhe，译作“遏哩（二合）唅（重）”，“唅（重）”对 bhe；梵文 padme，《密咒圆因往生集》译作“钵嚨铭（二合）”，“嚨”对 -d①；vijaya，宝源《胜相顶尊总持功能依经录》译作“觅啰也”，“啰”对 ja。

西夏佛经陀罗尼对音中也使用“切身”字，但与唐宋时期梵汉对音所涉音节多有不同，如梵文 anuśaṃsa，宝源《胜相顶尊总持功能依经录》译作“啊寗六（切身）蟾萨”，“寗六（切身）”对 nu；梵文 hetu，智广编《密咒圆因往生集》译作“形丁各（切身）”，“丁各（切身）”对 tu；梵文 dveṣa，《密咒圆因往生集》译作“革永（切身）舍”，“革永（切身）”对 dve；梵文 sid**dhim**，《密咒圆因往生集》对“西泥林（切身）”，“泥林（切身）”对 **dhim**；梵文 **duni**，对“豁（切身）你”②，“豁（切身）”对 du；梵文 **catur**bhyo，《佛说大白伞盖总持陀罗尼经》对“摎丁六冷灭舌上重”，“丁六”对 tu；梵文 gandharb**ebhyaḥ**，《佛说大白伞盖总持陀罗尼经》对“葛（能）嗏（冷）唅辟”③，“辟”对 **bhyaḥ**。

唐宋时期加注“二合”标注梵音的注音形式，西夏时期仍然沿用，如梵文 sra，宝源《胜相顶尊总持功能依经录》译作“厮啰（二合）”。

梵汉对音法在西夏还被巧妙地移植到《番汉合时掌中珠》（以下简称《掌中珠》）等字书的夏 - 汉对音当中，如：

《掌中珠》在来母字前加“口”旁比况西夏语颤舌音 r-，如：嗽 ra、哴 ro、呤 rie、嘌 ri、嚬 rie、吢 rio、噜 ru 等；在鼻音声母字前加“口”旁比况党项语同部位的浊塞音，如“唅”b-、“嗏”d- 等；在精母字前加“口”旁比况同部位的浊塞音，相当于中古汉语从母字，如“啨”dz-、“哆”dz- 等；“嗝”“吃”字的声母对应党项语浊塞音 g-；“哆”字比况的是党项语声母 z-。

《掌中珠》中大量使用“尼 ~”“宜 ~”“夷 ~”“日 ~”等“尼卒”型“二合”字标注汉语中没有的党项语读音。龚煌城先生曾对比分析了《掌中珠》中用“尼卒”型“二合”字注音的西夏字在《同音》中的所属声类，认为：《掌中珠》中用“尼则”“尼足”“尼精”等标音的西夏字在《同音》中属于第六类齿头音，拟作 *dz；以“尼正”“尼周”“尼

① 智广编：《密咒圆因往生集》，《大正藏》卷 46，第 1007—1013 页。
② 智广编：《密咒圆因往生集》，《大正藏》卷 46，第 1007—1013 页。
③《佛说大白伞盖总持陀罗尼经》，《大正藏》卷 19，第 404 页。

长”等标音的西夏字则属于第七类正齿音，当拟作 *dź；以“啰则”“啰足”“啰将”“啰作”“啰全”等注音的则应与用“啰”注音的字合成一类，拟作 z-；以“日知”“日率”“日责”等注音的西夏字当拟作舌齿音 ź-①。当时西北方音中从和床这两个全浊声母已经清化了，当地的汉语音韵系统中已经没有 *dz 和 * dʑ 了，所以骨勒茂才无法用汉语的从母和床母来与党项语的 *dz 和 * dʑ 两个声类对音，只好写上“卒”“足”“祖”等清声母字，再在前面冠上一个鼻声母的“尼”字，想通过连读来使这些辅音浊化②。

《掌中珠》中还有加注“重”“轻”等字来区分党项语颤舌辅音 r- 和 l-，以及党项语鼻音和浊塞音字的情况。加注“重”的对音汉字共有五个：“马”“能”“讹”和“领”“浪”，加注“轻”的对音汉字有八个：“么”“没”“末”“磨”“莽”“遏”“普”和“缧”，这些汉字大致可分为两类，一类是来母字，另一类是西北方音中读 mb-、nd、ŋ g- 的鼻音字。来母字加注“重”表示的是党项语的颤舌辅音 r-，如“领（重）”“浪（重）”等，来母字后加注“轻”表示的是边音 l-，如“缧（轻）”；西北方音中读 mb-、nd、ŋ g- 的鼻音字右下方注“重”的字读浊塞音，注“轻”的字读鼻音③。

西夏仁宗时期（1139—1193 年在位）还创造性地把梵汉对音法用于佛经陀罗尼的梵夏对音中，并把梵汉对音加注“二合”的形式改进为“大字加小字”的拼合形式。如梵文 prasanaṃ，《吉祥遍至口合本续》对译作“祀(形)䋞䄶”，以“祀(形)”对 pra④；梵文 staṃbhani，对音为“彨(缬败)綘菀”，以“彨(缬败)”对 staṃ⑤。梵文 tra，《妙法莲华经》初译本据汉语“陀罗”译作“𤾾麓”thow^{1} lo^{1}，而校译本则改作“刻(形)”t-rjar^{1}；梵文 kṣa，初译本据汉语“叉”译作“燚”tśhia^{1}，而校译本则改作“𢒲(鮀)”k-śja^{1}⑥；梵文带长元音的 nā，初译本译作“䄶”nja^{2}，而校译本则改作“䄶(毹)”nja^{2} 引⑦。

概括起来，西夏用“大字加小字”的拼合形式标注的梵文音节有以下三种：（1）

---

① 龚煌城：《西夏韵书〈同音〉第九类声母的拟测》，载龚煌城：《西夏语言文字研究论集》，北京：民族出版社，2005 年，第 13—30 页。
② 聂鸿音：《西夏语音商榷》，《民族语文》1985 年第 3 期，第 50—61、80 页。
③ 聂鸿音：《〈番汉合时掌中珠〉里的“重”与“轻”》，载祁庆富主编：《民族文化遗产》第 1 辑，北京：民族出版社，2004 年，第 100—103 页。
④ 宁夏考古研究所编著：《拜寺沟方塔》，北京：文物出版社，2005 年，第 44 页，图版 F018—13 左面。
⑤ 宁夏考古研究所编著：《拜寺沟方塔》，北京：文物出版社，2005 年，第 46 页，图版 F018—16 右面。
⑥ 据西夏文：《过去庄严劫千佛名经》卷尾发愿文，西夏翻译佛经始于景宗元昊开国的戊寅年间（1038），到天祐民安元年（1090），经景宗元昊（1038—1048 在位）、毅宗谅祚（1048—1067 在位）、惠宗秉常（1067—1086 在位）、崇宗乾顺（1086—1139 在位）四朝皇帝，历 53 年，共翻译佛经 362 帙，812 部，3579 卷，这一时期翻译的佛经被学界称作初译本。后来，仁宗（1139—1193 在位）命与南北经重校，学界往往把经仁宗敕校的写刻本称作校译本。
⑦ 孙伯君：《西夏仁宗皇帝的校经实践》，《宁夏社会科学》2013 年第 4 期，第 89—98 页。

表示梵语的复辅音，如梵文 tra，《妙法莲华经》校译本译作“[illegible]”；（2）表示梵文长元音，在音节后加注小字“[illegible]”，如梵文 nā，西夏文译作“[illegible]”；（3）表示梵文中的收尾辅音 -n、-ṃ、-ṇ、-ṭ、-r，分别在音节后加注小字“[illegible]”“[illegible]”“[illegible]”“[illegible]”“[illegible]”等。上述梵文音节在唐宋经师的译著中往往加注“二合”两字来标注，如梵文 tra，唐不空译作“怛啰（二合）”；nā，唐不空等加注“引”字译作“娜引”；vajraṃ，法天《佛说一切如来乌瑟腻沙最胜总持经》对音为“嚩日览（二合）”，raṃ 对“览（二合）”。

这种“大字加小字”拼合注音法巧妙地运用文字的大与小的书写形式，用以提示人们拼读时注意不要把两个字都读成完整音节，从而避免了加注“二合”两字的繁复，可谓是对中原梵汉对音加注“二合”形式的创造性改良。

二

西夏创立的这种“大字加小字”的注音方法在元代译经中得以沿用。居庸关六体石刻中西夏文《佛顶尊胜陀罗尼》《如来心陀罗尼》的梵-夏对音也使用了这一拼合规则，如：居庸关西壁《如来心陀罗尼》中梵文 saṃ，西夏文对音作“[illegible] sja^{1} [illegible] ŋə^{1}”①。元代刊行的《金光明最胜王经》卷四有梵文 vitohanti，西夏文对音作“[illegible] bji^{2} [illegible] ror^{2} [illegible] xã^{1} [illegible] njɨ^{2} [illegible] tjijɨ^{1}”，其中 han，用大字“[illegible] xã^{1}”加小字“[illegible] njɨ^{2}”来注音②。

同时，这种注音法在元代还用于为汉语“此方无”音节注音，如居庸关东壁汉文《造塔功德记》有“大都留守安赛罕资政院使金刚义太府太卿”，相应的西夏文翻译如下③：

[illegible]	[illegible]	[illegible]	[illegible]	[illegible]	[illegible]	[illegible]	[illegible]	[illegible]	[illegible]	[illegible]	[illegible]	□	[illegible]	[illegible]	[illegible]
thej^{1}	tu^{1}	lji^{1}	·u^{2}	śji^{1}	·u^{2}	ŋa^{2}	ŋə^{1}	sã^{1}	·jij^{1}	khia^{1}	njɨ^{2}	□	tśhji^{2}	ŋə^{1}	ɣjwã^{1}
大	都	留		守		安		赛		罕		资	政		院

[illegible]	[illegible]	[illegible]	[illegible]	[illegible]	[illegible]	[illegible]	[illegible]	[illegible]	[illegible]
rjr^{2}	kji^{1}	ŋə^{1}	kja^{1}	gji^{1}	thej^{1}	xu^{1}	thej^{1}	khji^{2}	njɨ^{2}
使	金		刚	义	太	府	太	卿	

① 村田治郎编著：《居庸关》第 1 卷，京都大学工学部，1957 年，第 184 页。
② 王静如：《金光明最胜王经卷四夏藏汉合璧考释》，《西夏研究》第 2 辑，银川：宁夏人民出版社，第 182 页。
③ 村田治郎编著：《居庸关》第 1 卷，京都大学工学部，1957 年，第 292 页。

其中“留”对音作“□ lji¹ □·u²”“守”对“□ śji¹ □·u²”“安”对“□ ŋa² □ ŋə¹”“赛”对“□ sã¹ □·jij¹”“罕”对“□ khia¹ □ nji²”等，均采用“大字加小字”的对音形式。

这种“大字加小字”的注音法在明代其他文献中也有使用，如明代西夏后裔在西夏文《高王观世音经》发愿文中翻译藏族、蒙古族和汉族专名时，由于西夏语的元音和辅音韵尾不如藏语、蒙古语和明代北方汉语发达，为求准确，遇到元音和辅音韵尾时，使用了“大字加小字”的拼合形式，小字往往代表的是大字的韵尾。如“□ sju² □ nji² □ tew¹ □·jij¹”，曾被译作“须能斗盈”，实为明代汉语“宣德”年号的音译①；“□·ju² □ nji² □ tja¹ □ nji² □·jar¹ □ mji¹ □ tsho²”，为藏文 Yon-tan rgya-mtsho 的音译，明代汉语译作“缘旦监剉”②。

“大字加小字”拼合法也被借用到蒙 - 汉对音中，明代洪武十五年（1382）翰林院侍讲火源洁和编修马沙亦黑奉命编译的《华夷译语》，为“此方无”音节注音大量采用这种方法。《华夷译语》卷首刘三吾序详细说明了编写功用，其后有凡例六，特别解释了几则汉字译写蒙古语的拼合体例，即涉及“用汉字译写胡语，其中间有有声无字者”，悉采用“大字加小字”的形式，曰：

用汉字译写胡语，其中间有有声无字者，今特借声音相近字样，立例于后。读者依例求之，则无不谐矣。

字傍小注中字者，乃喉内音也。如中合、中忽之类。

字傍小注舌字者，乃舌头音也，必弹舌读之。如舌儿、舌里、舌剌、舌鲁、舌仑之类。

字傍小注丁字者，顶舌音也，以舌尖顶上腭（音鄂）读之。如丁温、丁兀、丁豁、丁斡之类。

字下小注勒字者，亦与顶舌同。如冰呼莫勒孙之类。

字下小注黑字者、惕字、克字者，皆急读带过音也，不用读出。

字下小注卜字、必字者，皆急读合口音也，亦不用读出。

① 李范文：《关于明代西夏文经卷的年代和石幢的名称问题》，《考古》1979 年第 5 期，第 472—473 页。
② 聂鸿音：《明刻本西夏文〈高王观世音经〉补议》，《宁夏社会科学》2003 年第 2 期，第 68—70 页。

《华夷译语》中所采用的这种“大字加小字”的拼合注音法，实际参考了《蒙古秘史》，这一点栗林均先生早就指出过①。《明实录》卷141“洪武十五年正月丙戌”条也明确谈及这一点，曰②：

命翰林院侍讲火原洁等编类华夷译语。上以前元素无文字，发号施令但借高昌之书制为蒙古字，以通天下之言。至是乃命火原洁与编修马沙亦黑等，以华言译其语，凡天文、地理、人事、物类、服食、器用，靡不具载。复取元秘史参考，纽切其字，谐其声音。既成，诏刊行之。自是使臣往复朔漠，皆能通达其情。

乌云高娃曾详细归纳过这些注音形式在《华夷译语》中所标记的蒙古语形式，并比较过与《蒙古秘史》中所用注音汉字的异同③。可见，西夏首次创造性地把梵汉对音法运用于汉语与民族语、民族语与梵语对音的这种实践，尤其是梵-夏对音中所采用的“大字加小字”的拼合注音形式，在元明时期又被进一步借用到汉语与蒙古语的对音当中，起到了承上启下的重要作用。

三

“大字加小字”的拼合注音形式一直到清朝均有所遵循，用于梵汉对音、藏汉对音以及标注“西洋馆”各种语言的读音。清朝编定的《同文韵统》卷一《天竺字母后说》规定④：

其有本字呼声应长者，三经内用“引”字为记。今照十二字头内有余音字例，将本字叠书，**而下一字微小，合为一字**。其本字下带别音者，即于本字下将别音字细书，合为一字。其汉字内有音无字者，照释典本身切例，将所切二字并书，合为一字。其一字有二音者，如上音分数多、下音分数少，或下音分数多、上音

① 栗林均：《〈华夷译语〉（甲种本）蒙古语全单词、语尾索引》“前言”，东北亚研究中心丛书第10号，2003年3月，第1页。
②《明实录》第4册《太祖实录》，“中央研究院”历史语言研究所1961年校印本，第2224页。
③ 乌云高娃：《洪武本〈华夷译语〉韃靼馆来文汉字音译规则》，《西部蒙古论坛》2013年第4期，第58—128页。
④《钦定同文韵统》卷一，文渊阁“四库全书”本，第10页。

> 分数少，则将分数多之字正书，分数少之字细书，合为一字，照国书合声切法急读之，即成一音。

其中的“正书”即指用大字，“细书”即指用小字，具体而言，涉及梵文长元音和复辅音等这类无法用单个汉字标音的情况时，均须用大字加小字的形式加以标注，如：ā 译作“阿阿”；kā 译作“嘎阿”；kri 译作“基唎”，kla 译作“嘎拉”等[①]。

同时，这种注音形式还广泛地运用于故宫藏《西番译语》的藏 - 汉对音中，如：藏文 sprin，对译作“毕哩安”，srab，音译作“斯喇补”。就此，施向东曾指出，乾隆时官方编写《同文韵统》，规范了梵文和藏文的译音规则[②]。

清代编译的“西洋馆”各种“华夷译语”也普遍采用这种注音方法。据“Welt-bott”记载，1749 年前后，在京传教士曾奉敕编纂拉丁、法、意、葡、德与汉语对译词典，其中德国传教士魏继晋 (Florian Bahr) 撰德文部分。《清实录》一三，卷 324，“乾隆十三年（1748）九月上”曰：

> 谕。朕阅四译馆所存外裔番字诸书，虽分类音译名物，朕所识者，西番一种，已不无讹缺。因思象胥鞮译，职在周官，𬨎轩问奇，载于汉史。我朝声教四讫，文轨大同。既有成编，宜广为搜辑，加之核正。悉准重考西番书例，分门别类，汇为全书。所有西天及西洋各书，于咸安宫，就近查办。其暹罗、百夷、缅甸、八百、□□、高昌等书，著交与该国附近省分之督抚，令其采集补正。此外，如海外诸夷，并苗疆等处，有各成书体者，一并访录。亦照西番体例，将字音与字义，用汉文注于本字之下，缮写进呈，交馆勘校，以昭同文盛治。著傅恒、陈大受、那延泰总理其事。

尽管交付传教士或督抚采集访录，但显然“西洋馆”编订的拉丁、法、意、葡、德与汉语对译的词典，其注音体例遵从了《同文韵统》的规定，如记录法语的“弗喇安西雅话”，“弗喇安”，对 Fran；“月”，Lune，对译作“吕讷”；“天”，Ciel，注

① 聂鸿音：《〈同文韵统〉中的梵字读音和汉语官话》，《满语研究》2014 年第 1 期，第 5—10 页。
② 施向东：《清抄本〈西番译语〉藏汉对音译例研究》，《民族语文》2019 年第 4 期，第 3—14 页。

音作“西额勒”等，均是用“大字加小字”形式标注[1]。此外，大阪大学藏清代道光二十九年（1849）《华英通语》英 - 汉对音也采用了这种拼合注音形式，如：six（六），音译作“昔时”；look，音译作“碌忌”、soft，音译作“梳乎地”[2]。

此外，“西洋馆”编订的系列字书也同时沿用加“口”旁的注音方法，如西洋馆编定的六种“译语”中《暎咭利国译语》的“暎咭”加“口”旁，提示人们这是表音字；《弗喇安西雅话》中“喇”字加“口”旁与 r- 对音等，也与梵汉对音法一脉相承。

四

从很早开始，中国就有译官为了记录“番言”，用汉字为其标音，有名的“越人歌”和“白狼王歌”，均是最古的用汉字记录的百越语、藏缅语语音资料。明代之前，用汉字为“番语”注音的比较大宗的材料主要有梵汉对音、藏汉对音、夏汉对音等资料。其中佛经陀罗尼是最丰富也是最早的用汉字为梵语注音的材料，它上起东汉，下至元代，所涉及的语言和方言遍及中原和丝绸之路沿线，其时间和空间跨度之广是任何对音材料都无法企及的。这些陀罗尼主要有“尊胜咒”“大悲心咒”“首楞严咒”等，其中阇那崛多的对音反映的是周隋长安话，唐代玄奘的对音反映的是唐初中原方音，善无畏、不空、金刚智、慧琳等的对音主要反映的是唐代长安话。20 世纪初敦煌发现的唐五代时期的藏汉对音资料也是比较大宗的译音对勘资料，主要有《大乘中宗见解》《阿弥陀经》《金刚经》等。此外就是夏汉对音资料，主要有“尊胜咒”“大悲心咒”“密咒圆因往生集”和《掌中珠》等，这些材料与敦煌发现的“守温字母”残卷和多种《切韵》残卷相表里，为人们认识唐五代至宋代西北方音的声韵音值起到了关键作用。不过，利用这些材料研究汉语的最重要的环节就是归纳对音体例，而分析“此方无”音节的对音汉字与梵文音节的对应规律，无疑也可以帮助人们反观汉字的实际读法。

西夏不仅在新译的几部汉文佛经陀罗尼中遵从唐宋时期的梵汉对音法，而且在编订《掌中珠》时把梵汉对音法移植到夏、汉对音中，从而为此后元明清时期的汉语与民族语对音提供了注音规则。同时，西夏还创造性地把梵汉对音法运用于西夏文佛经

① 《弗喇安西雅话》，见春花编《故宫博物院藏乾隆年编华夷译语》第 14 册，北京：故宫出版社，2018 年。

② 田野村忠温：《中国初期英語学習書における英語発音の漢字表記：流音の知覚と表記》，《大阪大学大学院文学研究科紀要》第 59 卷，2019 年，第 221—272 页。

陀罗尼的翻译当中，并把加注“二合”形式改进为“大字加小字”的拼合形式，从而为梵汉对音法进一步在明代《蒙古秘史》《华夷译语》的蒙 - 汉对音，清代《同文韵统》梵 - 汉对音，《西番译语》的藏 - 汉对音，乃至“西洋馆”为拉丁、法、意、葡、德等语言注音中得以运用，起到了承上启下的历史作用。

此前，学界对梵汉对音法在民族语和外国语对音中的运用关注不多，而梳理“华夷译语”中特殊标音汉字与梵汉对音法的关联，无疑是归纳其所反映的民族语和外国语的读音，甚至是复原民族语和外国语的关键所在。从这个意义上说，对“华夷译语”类字书的汉字注音法进行考源，上溯到包括西夏时期改良和移植的梵汉对音法，不仅可以更好地认识古往今来汉字注音手段的传承与发展，更好地研究古汉字的读音，而且还可以借助这些注音形式与梵汉对音法的对比，为外国语和民族语古代语音的还原与研究提供帮助。

洪武本《华夷译语》鞑靼来文汉字音译规则

乌云高娃
（中国社会科学院古代史研究所 北京 100101）

【提要】洪武本《华夷译语》只有蒙古译语一种，由译语和来文两部分组成。《华夷译语》收有鞑靼“来文”12篇，这些来文没有蒙古文原文，只有汉字音译蒙古语、汉文旁译和总译部分。《华夷译语》鞑靼“来文”体例与《蒙古秘史》类似。在蒙古语语法的标记法，音译汉字用法等方面，《华夷译语》鞑靼“来文”与《蒙古秘史》有相同之处，也有不同的地方。《华夷译语》鞑靼来文汉字标记蒙古语最明显的特点有：一是，《华夷译语》鞑靼来文明显按照口语的形式标记蒙古语，因此，汉字用字明显受蒙古语口语的影响。二是，《华夷译语》鞑靼来文中，对蒙古语语法中助词接续法的标记与《蒙古秘史》中的汉字标记法基本相同。对有些助词的标记稍有出入。三是，《华夷译语》鞑靼来文的译音汉字用字，与《蒙古秘史》的译音汉字用字有所差别，《华夷译语》鞑靼来文汉字用字只考虑音译，不涉及义译。而《蒙古秘史》则在音译之外，不论名词、动词，有可附以意译者，辄选用音义相同之字。

【关键词】华夷译语；蒙古秘史；鞑靼；来文

洪武本《华夷译语》[①]（以下简称《华夷译语》）只有蒙古译语一种，由译语和来文两部分组成。译语有汉字音译蒙古语，没有蒙古文原文。《华夷译语》收有鞑靼“来文”12篇，这些来文没有蒙古文原文，只有汉字音译蒙古语、汉文旁译和总译部分，体例与《蒙古秘史》[②]类似。其中，第1—5篇为诏文、诰敕类，除汉字音译蒙古语之外，有旁译和总译。第7—12篇为书状类，有汉字音译蒙古语、旁译部分，但是，没有总译部分。第1—5篇的诏文、诰敕类，应该是将汉文原文翻译成蒙古语的部分[③]。

①（明）火源洁：《华夷译语》不分卷，收于《涵芬楼秘笈》第4集。
②《元朝秘史》，四部丛刊三编本。
③ 栗林均：《〈华夷译语〉（甲种本）蒙古语全单词、语尾索引》“前言”，东北亚研究中心丛书第10号，2003年3月，第2页。

《华夷译语》鞑靼来文，蒙古语的汉字音译方式以及体例与《蒙古秘史》极为类似[①]。《华夷译语》鞑靼来文汉字标记蒙古语最明显的特点有以下几点：

一是，《华夷译语》鞑靼来文明显按照口语的形式标记蒙古语，因此，汉字用字明显受蒙古语口语的影响。

例如：对蒙古语中辅音弱化或辅音脱落的情况，按照口语发音的状态标记的，因此，常出现以汉字“兀、温、安、阿”等标记蒙古语中的“γu”“gü”“γun”“gün”“γan”“γa”等音节的现象。

例如：蒙古语的“yegütgel”（替换的意思）一词，以汉字“也兀惕虔”标记。其中，以汉字“兀”标记蒙古语中的阴性词音节“gü”音。蒙古语的“amurlaγuluγad”（安妥了的意思）一词，以汉字“阿木儿里兀鲁阿惕” 标记。其中，以汉字“兀”标记蒙古语中的阳性词音节“γu”音。第二个“阿”字标记的是蒙古语“γa”音。

蒙古语的“siltaγan”（缘故的意思）一词，以汉字“丁申塔安”标记。其中，“安”字标记的是蒙古语“gan”（γan）音，受蒙古语口语中辅音“g”（γ）弱化的影响。

蒙古语的“qalaγar”（必的意思）一词，以汉字“中合剌阿儿”标记。其中，“阿”字标记的是蒙古语“γa 音，明显是受蒙古语口语的影响。蒙古语口语中“qalaγar”出现“γ”音脱落的现象，其中的“la”和“γa”音节的元音被连读，形成长元音“aa”。

《华夷译语》鞑靼来文中，标记蒙古语元音与《蒙古秘史》的标记元音法相同。以汉字“阿”“额”“亦”“斡”“兀”标记蒙古语词首的元音 a、e、i、o、u、ö、ü。其中，以汉字“斡”标记蒙古语圆唇元音“o ”和“ö”，以汉字“兀”标记蒙古语圆唇元音“u”“ü”。例如：“阿迷坛”（amitan）、“额捏”（ene）、“亦儿格”（irgen）“斡栾”（olan）、“兀鲁思”（ulus）、“斡脱格”（ötügene）、“兀禄”（ülü）。

《华夷译语》鞑靼来文中，词首元音前有不发音的“h”音，以“h”开头的汉字标记，这表明，在 13、14 世纪蒙古语中仍存在着词首不发音的“h”音。例如：蒙古语的“ujaγur”一词，以汉字“忽札兀儿”标记；蒙古语“ečüs”一词，以“赫出思”标记；蒙古语的“alaγan”一词，以“哈剌中罕”标记；蒙古语的“urbaqu”一词，以“忽儿巴中忽”标记。这里词首的“u、e、a”等元音，均伴有不发音的“h”音，故《华

① 栗林均：《〈华夷译语〉（甲种本）蒙古语全单词、语尾索引》“前言”，东北亚研究中心丛书第 10 号，2003 年 3 月，第 1 页。

夷译语》中以汉字“忽、赫、哈”标记词首有不发音的“h”音的“u、e、a”等元音。

二是,《华夷译语》鞑靼来文中,对蒙古语语法中助词接续法的标记与《蒙古秘史》中的汉字标记法基本相同。对有些助词的标记稍有出入。

《华夷译语》鞑靼来文中所用的助词大概与现代蒙古语中的助词相同。当蒙古语单词之后接续蒙古语属格助词、宾格助词、与格助词、方位助词等时,采取蒙古语单词结尾的辅音与后续助词的元音连写,用一个汉字的切音,标记辅音结尾词的收声部分与助词连写的形式。最明显的是蒙古语的属格助词“un”和宾格助词“i”,接续以“b、g、r、s、d、n、m、l、ng”结尾的辅音之后时,以不同汉字标记其连读形式。

蒙古语的属格助词有“yin”“un”“nu”三种表现形式。蒙古语的属格助词“yin”接续在元音结尾词之后,《华夷译语》中以汉字“因”标记蒙古语的属格助词“yin”。这与《蒙古秘史》的标记法相同。蒙古语的属格助词“nu”接续在以“n”结尾的闭音节词之后,《华夷译语》中以汉字“讷”标记属格助词“nu”。这与《蒙古秘史》的标记法相同。

蒙古语的属格助词“un”,接续以“n”以外的辅音结尾词之后,并按照元音和谐规律,接续阳性词之后时读为“un”、接续阴性词之后时读为“ün”。在《华夷译语》中,蒙古语的属格助词“un”接续在以“b、g、r、s、d、m、l、ng”等结尾的不同辅音结尾词之后时,以不同的汉字的切音形式标记单词结尾的辅音和属格助词“un”“ün”的连写形式。这与《蒙古秘史》的标记法相同。《华夷译语》中未发现以“辅音 b、ng”结尾词接续“un”的例子。《华夷译语》中以“g、r、s、d、m、l”等结尾词之后接续属格助词“un”时,分别以汉字“昆、^{舌}仑、孙、敦、门、仑”来标记其连读形式。

《华夷译语》中,以“g”(q)结尾词之后,接续属格助词“un”“ün”时,以汉字“昆”标记。

例如:《华夷译语》中,“主昆”(jüg un)标记的是蒙古语单词“竹$_{\text{克}}$”(jüg),这一阴性词之后,接续属格助词“ün”的连写形式。以汉字“昆”字的辅音“g”与“主”“zhu”表示蒙古语的“jüg”这一单词。又以汉字“昆”字的元音部分“ün”标记蒙古语的属格助词“ün”。勺^{舌}里^{中}昆(joriq un)是标记蒙古语的单词“勺^{舌}里$_{\text{黑}}$”(“joriq”)接续属格助词“un”时的连写形式。单词“勺^{舌}里$_{\text{黑}}$”(joriq)中标记“g(q)”音的小字“黑”被省略,成为“勺里$_{\text{舌}}$”,以汉字“昆”标记结尾的“q”音与属格助词“un”的连读形式。

《华夷译语》中，以“l”结尾的词之后，接续属格助词“un”时，以汉字“仑”标记。

例如：《华夷译语》中，“忙^{中}豁仑”（mongγul un，与“忙$^{中}{}_{丁}$豁仑”相同）标记的是蒙古语的单词“忙$^{中}{}_{丁}$豁”（mongγul）接续属格助词“un”的连读形式，其中，“忙$^{中}{}_{丁}$豁”（mongγul）中标记“l”音的小字“丁”被省略，以汉字“仑”替代结尾的“l”音接续属格助词“un”时的连写形式。

《华夷译语》中，以汉字“^{舌}仑”标记“r”结尾词之后接续属格助词“un”的连写形式。

例如：《华夷译语》中，“斡额^{舌}仑”（öber ün）标记的是蒙古语单词“斡额儿”接续接续属格助词“un”的连写形式。

《华夷译语》中，以“s”结尾词单词接续属格助词“un”时，以汉字“孙”标记结尾的“s”音与属格助词“un”的连写形式。

例如：《华夷译语》中，“兀鲁孙”（ulus un）标记的是蒙古语单词“兀鲁思”（ulus）之后接续属格助词“un”时的连写形式，以汉字“孙”标记蒙古语单词“兀鲁思”（ulus）结尾的“s”与属格助词“un”的连读形式。

《华夷译语》中，以“d”结尾词接续属格助词“un”时，以汉字“敦”标记。

例如：《华夷译语》中，“乞塔敦”（kitad un）标记的是蒙古语单词“乞塔$_{惕}$”（kitad）之后接续属格助词“un”时的连写形式。这里，以“d”结尾词接续属格助词“un”时，标记结尾“d”音的小字“惕”被省略，以汉字“敦”标记结尾音“d”和“un”音的连读形式。

《华夷译语》中，以“m”结尾词接续属格助词“un”时，以汉字“门”标记。

例如：《华夷译语》中，“那门”是标蒙古语“mum”加属格助词“un”的连写形式。以“门”字标记“mum”中的结尾的“m”音接续属格助词“un”的连写形式。

表 1 《华夷译语》鞑靼来文中属格助词出现的次数

属格助词	yin 因	un	昆	仑	[舌]仑（仑）	孙	敦	门	nu 讷
诏阿札失里	14		0	3	2	4	1	0	6
敕僧亦邻真臧卜	6		2	2	1	0	0	4	4
诰文	8		0	2	1（1）	1	0	0	1
敕礼部行移应昌卫	7		1	1	0	0	1	0	7
敕礼部行移安答纳哈出	5		0	1	0	3	0	0	5
撒蛮答失里等书	2		1	0	1	0	0	0	6
纳门驸马书	1		0	1	0	2	0	0	3
脱儿豁察儿书	1		0	0	2	2	3	0	6
失列门书	2		1	0	0	0	0	0	1
捏怯来书	9		2	0	0	0	1	0	3
捏怯来书	5		1	1	1	1	1	0	9
囊加思千户状	2		0	0	1	0	0	2	8
合计	62	53	8	9	10	13	7	6	59

蒙古语中宾格助词有“yi”和“i”。其中，“yi”接续在辅音结尾词之后。在《华夷译语》中，以汉字“宜”标记蒙古语的宾格助词“yi”。宾格助词“i”接续在“b、g、r、s、d、n、m、l、ng”等结尾的闭音节词之后。在《华夷译语》中，宾格助词“i”接续在不同辅音结尾词之后时，以不同的汉字标记。《华夷译语》中未发现以“b、m”结尾词接续宾格助词“i”的例子，在《华夷译语》中，以“g、r、s、d、n、l、ng”结尾词接续宾格助词“i”，分别以“吉、[舌]里、昔、的、泥、里、宜”标记。

在《华夷译语》中，以汉字“里”标记“l”结尾词之后接续宾格助词“i”的连写形式。如：《华夷译语》中，“薛$_{\text{惕}}$乞里”（sedkil i）是标记“薛$_{\text{惕丁}}$乞”（sedkil）接续宾格助词“i”的连写形式。标记“薛$_{\text{惕丁}}$乞”（sedkil）一词结尾的“l”音的小字“丁”字被省略，以汉字“里”标记“l”接续宾格助词“i”的连写形式。

在《华夷译语》中，以汉字“[舌]里”标记“r”结尾词之后接续宾格助词“i”的连写形式。例如：在《华夷译语》中，“格[舌]里”（ger i）是标记蒙古语“格儿”（ger）接续宾格助词“i”时的连写形式。蒙古语单词接续宾格助词“i”时，标记“ger”结尾音的“儿”字被去掉，以汉字“[舌]里”标记“r”接续宾格助词“i”的连写形式。

在《华夷译语》中，以汉字“吉”标记“g”结尾词之后接续宾格助词“i”的连写形式。如：《华夷译语》中，“勺里吉”与“勺舌里吉”相同。标记蒙古语“joriq”接续宾格助词“i”时的连写形式。

在《华夷译语》中，以汉字“泥”标记“n”结尾词之后接续宾格助词“i”的连写形式。如：《华夷译语》中，“阿迷坛泥”是蒙古语“amitan”接续宾格助词“i”时的连写形式，单词“阿迷坛”（amitan）中的标记“n”音与宾格助词“i”连读，以汉字“泥”标记“n”加宾格助词“i”的连读形式。“中合罕泥”（qaγan i）标记“中合罕”（qaγan）接续宾格助词“i”时的连写形式。以汉字“泥”标记“中合罕”（qaγan）中结尾的“n”音与宾格助词“i”音。

在《华夷译语》中，以汉字“昔”标记“s”结尾词之后接续宾格助词“i”的连写形式。如：《华夷译语》中，“兀鲁昔”（ulus i）标记“兀鲁思”（ulus）接续宾格助词“i”的连写形式。“昔”字标记“ulus”结尾的“s”音和宾格助词“i”。“撒巴昔”标记“撒巴思”“sabas”接续宾格助词“i”的连写形式。《华夷译语》“器用门”器皿为“撒巴”（saba），“撒巴思”“sabas”为器皿的复数形式。以汉字“昔”标记结尾“s”音和“i”音。

在《华夷译语》中，以汉字“的”标记“d”结尾词之后接续宾格助词“i”的连写形式。如：《华夷译语》中，“中合札的”（γajad i）标记“中合札惕”（γajad）接续宾格助词“i”的连写形式。以“d”结尾词之后接续宾格助词“i”时，标记词尾“d”音的小字“惕”被省略，以汉字“的”标记结尾的“d”与“i”音。

在《华夷译语》中，一般情况下以汉字“宜”标记蒙古语中接续在元音结尾词之后的宾格助词“yi”。但是，也有例外的情况。当以“ng”结尾的闭音节词之后接续宾格助词“i”时，以汉字“宜”标记“ng”结尾的闭音节词之后接续宾格助词“i”的连读形式。如：《华夷译语》中，蒙古语的“daiming i”标记为“大明 宜”；“jobulang i”标记为“勺孛郎 宜”。这应该是受了蒙古语口语影响。

如上所述，一般情况下以“ng”结尾词之后接续宾格助词“i”以“宜”标记。而以“n”结尾词之后接续宾格助词“i”时以汉字“泥”来标记。但是，以“n”或“ng”结尾词之后接续宾格助词“i”，“i”之后再接续“yar”或“yan”等助词时，以汉字“亦”替代“宜”，来标记以“ng”结尾词接续宾格助词“i”，再接续“yar”或“yan”的形式。以汉字“你”替代“泥”，来标记以“n” 结尾词接续宾格助词“i”，再接续“yar”或“yan”的形式。例如：《华夷译语》中，“阿木中忽郎 亦 牙儿”（amuγulang i yar）标记的是蒙古语单词“amuγulang”接续宾馆助词“i”，然后再接续助词“yar”时的标记法。“兀年你额儿”（ünen i yer）标记的是蒙古语单词“ünen”接续宾馆助词“i”，然后再接续助词“yer”时的标记法。“亦儿格你颜”（irgen i yan）标记的是蒙古语单词“irgen”接续宾馆助词“i”，然后，再接续助词“yen”时的标记法。“亦儿格你”与“亦儿格泥”相同。

表 2 《华夷译语》鞑靼来文中宾格助词出现的次数

宾格助词	宜 yi	i	里	舌里	吉	泥（你）	昔	的	宜
诏阿札失里	5		1	1	9	7（3）	2	2	2
敕僧亦邻真臧卜	5		1	1	3	2	1	5	0
诰文	2		3	1	4	8	0	0	0
敕礼部行移应昌卫	6		1	5	5	7（1）	0	4	1
敕礼部行移安答纳哈出	9		0	2	2	10	2	3	0
撒蛮答失里等书	1		0	1	3	2	1	1	0
纳门驸马书	2		0	0	1	1	1	1	1
脱儿豁察儿书	2		0	0	1	1	0	1	0
失列门书	4		0	0	1	5	0	0	0
捏怯来书	3		1	1	1	4（1）	3	1	0
捏怯来书	3		0	0	0	5（3）	0	3	0
囊加思千户状	5		0	0	1	7	0	7	0
合计	47	161	7	14	31	67	10	28	4

蒙古语使役助词有“yar”和“bar”两种，接续在阳性词之后。接续阴性词之后的使役助词被读为“yer”“ber”。蒙古语的使役助词“bar”接续在以元音结尾词之后，使役助词“yar”接续在以辅音结尾词之后。但是，在宾格助词“i”之后要接续使役助词“yar”或“yer”，而不是“bar”或“ber”。《华夷译语》中，以汉字“牙儿”标记蒙古语的接续阳性词之后的使役助词“yar”，以汉字“额儿”标记蒙古语的接续阴性词之后的使役助词“yer”。偶尔也有标记“ber”。例如：文书 3 中的“你额儿”标记的是蒙古语单词“nige”接续使役组词“ber”的口语化表现形式。文书 8 中的“扯捏额儿”标记蒙古语单词“činege”接续使役助词“ber”的口语化形式。

以汉字“巴儿”标记接续蒙古语的阳性元音之后的使役助词“bar”，以汉字“别儿”标记接续蒙古语的阴性元音之后的使役助词“ber”。例如：“札撒吉牙儿”标记蒙古语辅音结尾的阳性词“jasaq”接续宾格助词“i”，再接续使役助词“yar”的情况。

“薛惕乞里额儿”标记蒙古语辅音结尾的阴性词“sedkil”接续宾格助词“i”，再接续使役助词“yer”的情况。“阿哈里巴儿”标记蒙古语的元音结尾的阳性词“aγali”接续使役助词“bar”的情况。“捏舌列 别儿”标记蒙古语的元音结尾的阴性词“nere”接续使役助词“ber”的情况。

虽然，在《华夷译语》中一般以汉字“别儿”标记接续蒙古语的阴性元音之后的使役助词“ber”。但是，在《华夷译语》中也有以“别儿”标记接续在阴性、阳性元音结尾词之后的“bar”和“ber”。这种用法具有强调语气的助词。这与《蒙古秘史》的用法相同。巴雅儿先生认为《蒙古秘史》中有以汉字“别儿”标记接续在阴性、阳性元音结尾词之后的“bar”和“ber”，是有别于使役助词“巴儿”（“bar”）、“别儿”（“ber”）的，是具有强调语气的助词，用法与现代蒙古语中的强调语气的助词“ču”或“čü”相同。①。例如：在《华夷译语》中，“中合罕 别儿”是标记蒙古语阳性词“qaγan”接续强调语气助词“bar”的用法，旁译为“皇帝也”。“兀赤舌剌巴速 别儿”是标记蒙古语阳性词“učirabasu”接续强调语气助词“bar”的用法，旁译为“遇着呵也”。“客额速 别儿”是标记蒙古语阴性词“kebesü”接续强调语气助词“ber”的用法，旁译为“说呵也”。“巴别儿”是标记蒙古语阴性词“bi”接续强调语气助词“ber”的用法，旁译为“俺也”。在《华夷译语》中，作为使役助词来使用的“bar”“ber”，或是作为强调语气词来使用的“bar”“ber”，旁译是有区别的。作为使役助词来使用的“bar”“ber”旁译为“上头，教、依着”等。而作为强调语气词来使用的“bar”“ber”，相对应地旁译为“也”。因此，在《华夷译语》中以汉字“别儿”标记的“bar”“ber”，可根据其旁译来区分是作为使役助词使用的还是作为强调语气词使用的。

《华夷译语》中，以“阿儿”标记蒙古语的使役助词“bar”“yar”，以“额儿”标记蒙古语的使役助词“yer”是受蒙古语的口语影响。“阿儿”与“牙儿”或“巴儿”相同，标记蒙古语使役助词“yar”或“bar”。例如：《华夷译语》中，“孛鲁黑撒 阿儿”（boluqsan yar）、“约速 阿儿”（yosu bar）、“约孙 阿儿”“yosun yar”等。在《华夷译语》中标记蒙古语的“joriq i yar”有时标记为“勺舌里吉 牙儿”，有时标记为“勺舌里吉 阿儿”。

① 巴雅儿：《蒙古秘史》第1册，呼和浩特：内蒙古人民出版社，1981年，第156页。

蒙古语语法规律是，以辅音结尾词之后接续“yar”（“yer”）。而“bar”（“ber”）接续在元音结尾词之后。但是，在《华夷译语》中也有以辅音结尾词之后接续使役助词“bar”（“ber”）的例子。例如：“札牙安 巴儿”（jayaγan bar）、“孛鲁黑三 巴儿”（boluqsan bar）等。正确的用法应该是“札牙安 牙儿”（jayaγan yar）、“孛鲁黑三 牙儿”（boluqsan yar）。在文书 11 中，有两处以“牙儿”标记“yer”的例子。例如：以“额里臣你 牙儿”标记“elčin i yer”；以“古出泥 牙儿”标记“güčün i yer”。其中，“你”和“泥”相同，均标记“n”结尾词接续宾格助词“i”。

表 3《华夷译语》鞑靼来文中使役助词、强调语气词出现的次数

使役助词	巴儿 bar	别儿 ber	牙儿 yar	牙儿 yer	额儿 yer	额儿 ber	阿儿 yar	阿儿 yer	阿儿 bar	强调语气	别儿 bar	别儿 ber
诏阿札失里	0	0	3	0	3	0	2	0	0		0	2
敕僧亦邻真臧卜	2	4	3	0	0	0	0	0	0		2	4
诰文	2	1	0	0	1	1	0	0	1		0	0
敕礼部行移应昌卫	0	1	1	0	2	0	1	0	0		1	4
敕礼部行移安答纳哈出	1	4	0	0	0	0	0	0	1		0	0
撒蛮答失里等书	4	0	4	0	0	0	1	0	0		0	1
纳门驸马书	0	0	0	0	0	0	4	0	0		0	0
脱儿豁察儿书	2	0	1	0	0	1	0	0	0		0	0
失列门书	1	1	1	0	0	0	2	0	0		0	1
捏怯来书	4	0	3	0	0	0	0	0	0		0	1
捏怯来书	2	0	2	2	0	0	2	0	0		0	0
曩加思千户状	0	0	1	0	1	0	0	1	0		0	0
合计	17	11	19	2	7	2	12	1	2		3	13

蒙古语的与格助词有“a”（e）、“da”（de）、“ta”（te）、“dur”（dür）、“tur”（tür）等。

蒙古语与格助词“a”（e）接续在以辅音结尾词之后，通常与辅音连写。在《华夷译语》中，以不同辅音结尾词之后，接续与格助词“a”（e）时，以不同汉字标记。如：“斡脱格捏”（ötügene）是标记蒙古语“ötügen”接续与格助词“e ”的例子，以汉字“捏”标记单词“ötügen”结尾的辅音“n”和与格助词“e”的连写形式。“卯兀纳”是标记蒙古语单词“maγu”接续与格助词“a”的例子。蒙古语单词“maγu”接续与格助词“a”时，“maγu”结尾的不固定词尾“n”与“a”连写，以汉字“纳”

标记结尾的"n"音与"a"的连写形式。

在《华夷译语》中，以汉字"迭"标记与格助词"de"、以汉字"塔"标记与格助词"ta"。例如："腾吉[舌]里迭"标记蒙古语单词"tengri"接续与格助词"de"。"撒亦[惕]塔"标记蒙古语单词"said"接续与格助词"ta"。"塔"（ta）与"迭"（de）为相同的助词。"塔"（ta）接续阳性词之后，"迭"（de）接续阴性词之后。

蒙古语的与格助词"dur"（dür）接续在元音及以辅音"n、m、l、ng"结尾词之后。其中，"dur"接续在阳性词之后，接续在阴性词之后，被读为"dür"。蒙古语的与格助词"tur"（tür）。接续在辅音"b、g、r、s、d"结尾词之后。其中，"tur"接续在阳性词之后，接续在阴性词之后，被读为"tür"。

《华夷译语》中，以汉字"图儿""突儿""途儿"标记蒙古语的与格助词"dur"（dür）。其中，"图儿""突儿"有时标记"tur"（tür），但是，"突儿"标记"tur"（tür）的例子很少。《蒙古秘史》中以"突儿""都儿"标记蒙古语与格助词"dur"（dür）。以汉字"秃儿""图儿""途儿"标记蒙古语的与格助词"tur"（tür）。

例如："不恢 突儿"（büküi dür）是标记元音结尾的阴性词之后，接续与格助词"dür"的例子。"孛鲁[黑]三 突儿"（boluqsan dur）、"也兀[惕]客[克]先 突儿"（yegütgegsen tür）是标记以辅音"n"结尾的阳性词、阴性词之后，接续与格助词"dur""dür"的例子。有少许的例子是以"n"结尾词之后接续与格助词"dur"（dür）时，以汉字"途儿"标记。例如："斡栾 途儿"（olan dur）、"阿迷坛 途儿"（amitan dur）等。《华夷译语》中以辅音"l、ng"结尾词之后，接续与格助词"dur""dür"时，不是以"突儿"来标记，而是以"图儿"标记。例如："迭列该 图儿"delekei dür，"篾迭丁 图儿"（medel dür），"大明 图儿"（dai ming dür）等例子。但是，未出现以"m"结尾词之后接续与格助词"dur""dür"的例子。

《华夷译语》中，以汉字"图儿"标记蒙古语的与格助词"tur"（tür）。例如："兀鲁[舌黑] 图儿"（uruq tur）、"[中]合儿 图儿"（γar tur）、"兀鲁思 图儿"（ulus tur）、"额朵额[惕] 图儿"（edüged tür）等。有少数的例子是以"突儿"标记蒙古语的与格助词"tur"（tür）的。

《华夷译语》中未出现以"都儿"标记蒙古语与格助词"dur"（dür）或以"秃儿"标记蒙古语的与格助词"tur"（tür）的情况。但是，有以"都[舌]里颜"标记蒙古语与格助词"dür"接续宾格助词"i"，再接续使役助词"yen"的情况。这应该是参考了《蒙古秘史》的助词接续法。《蒙古秘史》中，以"都舌里颜"标记蒙古语与格助词"dür"接续宾格助词"i"，再接续使役助词"yen"的情况。以"秃舌里颜"标记蒙古语与格助词"tür"接续宾格助词"i"，再接续使役助词"yen"的情况。《华夷译语》中，以"突舌里颜"标记蒙古语与格助词"tür"接续宾格助词"i"，再接续使役助词"yen"的情况。"突舌里颜"也有标记蒙古语与格助词"dür"接续宾格助词"i"，再接续使役助词"yen"的情况。例如："者儿格 都舌里颜"（jerge dür i yen），"者儿格 突舌里颜"（jerge dür i yen），"中合罕 突舌里颜"（qaγan dür i yen），"搠罗思 突舌里颜"（čolos tur yan）等例子。《蒙古秘史》中写成"都舌里颜"的例子比较普遍，而写成"突舌里颜"的例子较少[①]。

表 4 《华夷译语》鞑靼来文中方位助词出现的次数

方位助词	图儿 dur dür	图儿 tur tür	突儿 dur dür	突儿 tur tür	途儿 dur dür	都舌里颜 dür i yen	突舌里颜 dür i yen	突舌里颜 tür i yen
诏阿札失里	2	4	6	0	0	0	1	0
敕僧亦邻真臧卜	1	2	3	1	0	0	0	0
诰文	1	3	4	1	1	1	0	0
敕礼部行移应昌卫	4	3	5	0	1	0	1	1
敕礼部行移安答纳哈出	0	3	2	0	0	0	0	0
撒蛮答失里等书	2	0	0	0	0	2	0	0
纳门驸马书	0	1	2	0	0	0	0	0
脱儿豁察儿书	1	1	0	1	0	0	0	0
失列门书	4	0	0	0	0	0	0	0
捏怯来书	1	2	0	0	0	0	0	0
捏怯来书	2	1	0	0	0	0	0	0
囊加思千户状	6	2	1	0	4	0	0	0
合计	24	22	23	3	6	3	2	1

① 山崎忠:《いわゆる甲種本華夷訳語の音訳漢字の研究—文例の部》,ユーラシア学会研究報告《遊牧民の社会と文化》，1952 年，第 95 页。

蒙古语中表示复数的形式有“nar”“ud”“d”“s”等形式。其中，“nar”接续元音结尾的表示人称代词之后，分开写。“ud”接续辅音结尾的表示人称代词之后，分开写。“d”接续在不稳定“n”结尾词或元音之后，连写。“s”接续辅音结尾词之后，连写。《华夷译语》鞑靼来文中，以汉字“纳儿”标记蒙古语的复数“nar”，以汉字“兀$_{\text{惕}}$”标记蒙古语的复数“ud”。以小字“惕”标记蒙古语连写的复数形式“d”。“以”汉字“思”标记连写的复数形式“s”。例如：“可温 哈赤 纳儿”（köbekün ači nar）、“扯里兀$_{\text{惕}}$”（čerigüd）、“撒巴昔”（sabas i，此处“撒巴思”接续宾格助词“i”，标记“s”的汉字“思”被标记“s”加“i”音的“昔”替换）、“乞塔$_{\text{惕}}$”kitad）等。

蒙古语的并列接续词有“ba”，《华夷译语》鞑靼来文中，以汉字“把”或“别”标记蒙古语的并列接续词“ba”。

蒙古语的所属助词有“yan”（yen）和“ban”（ben）两种。“ban”（ben）接续元音结尾词之后，其中，“ban”接续阳性之后，“ben”接续阴性词之后。“yan”（yen）接续以辅音结尾词之后，其中，“yan”接续阳性之后，“yen”接续阴性词之后。《华夷译语》鞑靼来文中，以汉字“颜”标记蒙古语所属助词“yan”，以汉字“延”标记所属助词“yen”。以汉字“边”标记所属助词“ben”，但是，未见到“ban”的例子。例如：“速木的颜”（sumud i yan）、“格^{舌}里延”（ger i yen）、“古出边”（küčü ben）、“别耶边”（beye ben）等。《蒙古秘史》中以“班、边”标记蒙古语的所属助词“ban”和“ben”。以“汉字”“颜”标记蒙古语的所属助词“yan”（yen）。

蒙古语的从格助词有“ača”（eče），分别接续阳性词、阴性词之后。《华夷译语》鞑靼来文中，以汉字“扯”“额扯”“捏扯”“纳察”“阿察”“荅察”等标记蒙古语的从格助词“ača”（eče）。例如：“竹$_{\text{克}}$竹扯”（jüg jüg eče）、“田迭扯”（tende eče）、“额乞列恢　额扯”（ekileküi eče）、“礼部 额扯”（libü eče）、“额儿迭 捏扯”（erten eče）、“古温 捏扯”（kömün eče）、“斡亦^{舌}里纳察”（oiran ača）、“札牙安纳察”（jayaγan ača）、“礼部 阿察”（libu ača）、“察$_{\text{黑}}$阿察”（čaq ača）、“那颜荅察”（noyad ača）、“不速荅察”（bosud ača）等。

《华夷译语》鞑靼来文中，表现蒙古语的人称时，以汉字“巴”或“别”标记蒙古语的第一人称代词“bi”，以汉字“赤”标记蒙古语的第二人称代词“či”。以汉字“米讷”“马讷”“马泥”标记蒙古语的第一人称助词“minu”“manu”“mani”。以汉字“赤讷”“赤马”标记蒙古语表示第二人称的“činu”“čima”。以汉字“阿讷”“亦讷”“亦马”标记蒙古语表示第三人称的“ainu”“inu”“ima”等。例如：“亦舌列恢 赤讷”（irekü̈i činü）、“丁申塔安 亦讷”（siltaγan inü）、“哈赤 纳儿 阿讷”（ači nar anu）等。

三是，《华夷译语》鞑靼来文的译音汉字用字，与《蒙古秘史》的译音汉字用字有所差别，《华夷译语》来文汉字用字只考虑音译，不涉及义译。陈垣在《元秘史译音用字考》一文中，认为《秘史》之译音用字，与洪武本《华夷译语》不同。洪武本《华夷译语》单纯音译而已，《秘史》则音译之外，不论名词、动词，有可附以意译者，辄选用音义相同之字。表示过去动词语尾“了”字之译“罢”，其最著也①。

陈垣指出：《元秘史》写书人于水名则着水旁，于山名则着山旁，口之字从口、从言、从食、从齿旁。目之字从目旁，足之字从足、从走旁。门之字从门，衣之字从衣、从巾，器之字从金、从皿。鸟之字从鸟、从翼。鼠之字从鼠，虫之字从虫。马之字从马，羊之字从羊②。《华夷译语》则不同。例如：《蒙古秘史》音译“山”用汉字“阿屼剌”，而《华夷译语》译“山”为“阿兀剌”。译“河”为“木舌连”。“湖”译为“纳兀舌剌”。《蒙古秘史》音译“河”为“沐舌涟”。“湖”译为“纳浯儿”。凡水名，皆特用水旁。同一“兀”字，在山为屼，在水则为浯，同一“儿”字，在山为峏，在水则为洏，皆谐声之外，兼以会意者也③。可见，《蒙古秘史》音译汉字注重字义，根据翻译对象的不同，来选择不同偏旁的汉字。而《华夷译语》注重用字的音韵的准确性，并用偏旁简化的汉字。

《华夷译语》中小字的用法与《蒙古秘史》中的小字的用法有相同点，也有不同之处。《华夷译语》凡例中，记载了小字的用法。其记载如下：

用汉字译写胡语，其中，间有有声无字者，今特借声音相近字样，立例于后。读者依例求之，则无不谐矣。

一、字旁小注“中”字者，乃喉内音也。如：“中合”“中忽”之类。

① 陈垣：《元秘史译音用字考》，《陈垣学术论文集》第2集，北京：中华书局，1982年，第106页。
② 陈垣：《元秘史译音用字考》，《陈垣学术论文集》第2集，北京：中华书局，1982年，第121—131页。
③ 陈垣：《元秘史译音用字考》，《陈垣学术论文集》第2集，北京：中华书局，1982年，第122—124页。

一、字旁小注“舌”字者，乃舌头音也。必弹舌读之。如：“舌儿”“舌里”“舌刺”“舌鲁”“舌仑”之类。

一、字旁小注“丁”字者，顶舌音也。以舌尖顶上颚读之。如：“丁温”“丁兀”“丁豁”“丁斡”之类。

一、字下小注“勒”字者，亦与顶舌同。如：冰呼莫勒孙之类。

一、字下小注“黑”字、“惕”字、“克”字者，皆急读带过音也。不用读出。

一、字下小注“卜”字、“必”字者，皆急读合口音也。亦不用读出①。

1. 小字“中”的用法

《华夷译语》中，“中合”“中忽”“中罕”“中孩”“中豁”“中浑”“中含”“中灰”“中阔”等，以“h”或“g”开头的汉字前有小字“中”的标记法。分别标记蒙古语中的“qa”“qu”“qan”“qai”“qo”“qun”“qam”“qui”“qo”等阳性音节。“合”等汉字前添加小字“中”是表示这些字标记的是蒙古语的阳性词的音节。例如：“中合黑察”（γaqča）中的“中合”标记蒙古语中的阳性“γa”音节。“中忽秃黑”（qutuq）中的“中忽”标记蒙古语的“qu”音节。“中豁儿”（qor）中的“中豁”标记蒙古语的“qo”音节。

《华夷译语》中，也有“合”“忽”“罕”“孩”“豁”“浑”“含”“灰”“阔”等汉字前不添加小字“中”的用法。栗林均认为蒙古语的以“q”音开头的音节，用不添加小字“中”的“合”“忽”等标记，均是小字“中”脱落的现象②。应该是“中合”“中忽”的误写。

《华夷译语》中，小字“中”的特殊用法有“中里”。“中里”中的小字“中”标记蒙古语中“liq”音节中结尾的“q”音。是标记通常以小字“黑”标记的“q”音。例如：《华夷译语》鞑靼来文中，标记“圣旨”的“札儿中里”（jarliq）中的“中里”是这种特殊用法③。《蒙古秘史》中“圣旨”标记为“札儿里黑”。《华夷译语》中，“圣旨”有时标记为“札儿里”（jarliq），这应该是“札儿中里”中的“中里”的小字“中”脱落的现象。但是，未见与《蒙古秘史》相同的“札儿里黑”的标记法。《华夷译语》

① （明）火源洁：《华夷译语》不分卷，收于《涵芬楼秘笈》第4集。

② 栗林均《〈华夷译语〉（甲种本）蒙古语全单词、语尾索引》“前言”，东北亚研究中心丛书第10号，2003年3月，第6页。

③ 山崎忠:《いわゆる甲種本華夷訳語の音訳漢字の研究—文例の部》,ユーラシア学会研究報告《遊牧民の社会と文化》，1952年，第96页。

中这种特殊用法的原因尚不清楚。

《华夷译语》鞑靼来文中，有时出现小字“中”被误写为小字“舌”的现象。例如：来文9“失列门书”中，出现的“札儿舌里”（jarliq）的小字“舌”，山崎忠和栗林均认为是标记“圣旨”的“札儿中里”（jarliq）一词中小字“中”的误写①。

2. 小字“黑”和“克”的用法

蒙古语中，词中和词尾的收声“q”或“g”有阴阳性之区别。《华夷译语》鞑靼来文中，以汉字之后的小字“黑”标记阳性收声“q”音，以汉字之后的小字“克”标记阴性收声“g”音。与词首、词中、词尾的阴阳性的辅音“q”“g”进行区分。

《华夷译语》鞑靼来文中，以汉字“中合”标记阳性的“qa”“γa”；以汉字“客”“额”等标记阴性的“he”“ge”音。拉丁转写时，词首、词中、词尾的阳性的辅音“h”以“q”转写，词首、词中、词尾的阳性的辅音“g”，以“γ”转写。词首、词中、词尾的阴性的辅音“h”以“k”转写，词首、词中、词尾的阴性的辅音“g”以“g”转写。

3. 小字“丁”和“勒”的用法

《华夷译语》鞑靼来文中，以汉字之后的小字“勒”和汉字之前的小字“丁”标记词中、词尾的收声“l”音。有时以汉字“里”标记收声“l”，但是，“里”字不用小写字。另外，《华夷译语》鞑靼来文使用小字“勒”只有在来文第1、2篇中出现。而小字“丁”的用法在来文1-12篇中均出现。

例如：“丁温”“丁兀”“丁豁”“丁斡”“丁安”“丁因”“丁真”“丁勤”“丁阿”“丁延”“丁奔”“丁臣”等，标记蒙古语中“ul（ül）”“ul”“ol”“al”“il”“jil”“kil”“al”“el”“bul（bül）”“čil”等音节。当小字“丁”接续元音结尾词之后时，如“丁阿”，小字“丁”与元音“a”连读，形成“al”音节。当小字“丁”接续以辅音结尾词之后时，结尾的辅音脱落，“l”音与脱落辅音前面的元音连读。如“丁臣”中，汉字“臣”结尾的“n”音脱落，“l”音与“či”音连读，以“丁臣”标记“čil”的音。

《华夷译语》鞑靼来文中，以汉字之后的小字“勒”标记收声“l”的例子：“边勒”“罕勒”“舌阑勒”“仑勒”“舌连勒”“阿勒”“亦勒”“兀勒”“额勒”“别勒”“赤勒”“多

① 山崎忠：《いわゆる甲種本華夷訳語の音訳漢字の研究—文例の部》，ユーラシア学会研究報告《遊牧民の社会と文化》，1952年，第96页；栗林均《〈华夷译语〉（甲种本）蒙古语全单词、语尾索引》“前言”，东北亚研究中心丛书第10号，2003年3月，第12页。

勒""都勒""秃勒"等，标记蒙古语中的"bel""qal""ral""rul""rel""al""il""ul""el""bel""čil""döl""tul（tül）"等音。当小字"勒"接续在"n"结尾词之后时，结尾的"n"音脱落，"l"音与结尾的"n"前面的元音连读。

栗林均经过统计认为《华夷译语》中，小字"丁"以"n"结尾词之后用得多，而小字"勒"接续元音结尾词之后的多些①。

《蒙古秘史》中，标记收声"l"专用"勒"字，而不用"丁"字，这是《蒙古秘史》和《华夷译语》的不同之处。但是，陈垣认为"丁"字的用法始于《元朝秘史》②。但是，《蒙古秘史》中的"丁"被误认为是"下"或"干"字。③

《蒙古秘史》中，表示水名时，标记收声"l"音用"泐"或"沩"字。通常以汉字"勒"标记收声"l"音。但是，当被标记的水名有水字旁时，则不用"泐"或"沩"标记"l"音，而用"勒"字来标记。因此，陈垣认为《蒙古秘史》的标记"l"音，可得一定例，曰水未必用"泐"，而用"泐"者必为水④。《华夷译语》中未出现过以汉字"泐"或"沩"标记收声"l"音的用法。

4. 小字"舌"的用法

《华夷译语》鞑靼来文中，以"l"音打头儿的汉字之后添加小字"舌"，用来标记蒙古语中的"r"音。以小字"舌"区分"r"音与"l"音。例如：以汉字"剌""里""鲁""列""罗""劣""来""蓝""阑""郎""林""连""仑"等字，标记蒙古语中的"la""li""lu（lü）""le""lö""lai""lam""lan""lang""lin""len""lun（lün）"等音节。

而以汉字"舌剌""舌里""舌鲁""舌列""舌罗""舌劣""舌来""舌蓝""舌阑""舌郎""舌林""舌连""舌仑"等字，标记蒙古语中的"ra""ri""ru（rü）""re""rö""rai""ram""ran""rang""rin""ren""run（rün）"等音节。

《华夷译语》中，小字"舌"的特殊用法有"舌儿"和"舌而"两种。《华夷译语》中标记音节末尾"r"音的"儿"字，通常不添加小字"舌"音，只有一处标记人名

① 栗林均：《〈华夷译语〉（甲种本）蒙古语全单词、语尾索引》"前言"，东北亚研究中心丛书第10号，2003年3月，第18页。
② 陈垣：《元秘史译音用字考》，《陈垣学术论文集》第2集，北京：中华书局，1982年，第134页。
③ 陈垣：《元秘史译音用字考》，《陈垣学术论文集》第2集，北京：中华书局，1982年，第135页。
④ 陈垣：《元秘史译音用字考》，《陈垣学术论文集》第2集，北京：中华书局，1982年，第124页。

处标记末尾“r”音的“儿”字添加小字“舌”。例如：来文 6“撒蛮答失里等书”中出现的人名“纳速^{舌}儿丁”（nasurding），标记音节末尾“r”音的“儿”字被标记为“^{舌}儿”。《蒙古秘史》第 1、2 卷中，以汉字“儿”标记蒙古语音节末尾的“r”音，但是，自第 3 卷到 12 卷中以汉字“^{舌}儿”标记蒙古语音节末尾的“r”音。栗林均认为《华夷译语》的音译方式采取了与《蒙古秘史》第 1、2 卷相同的音译方式。在《华夷译语》的实际的音译操作中，以不添加小字“舌”的“儿”音标记音节结尾的“r”音。但是，《华夷译语》中出现一处“^{舌}儿”的用法，有可能是《华夷译语》的实际音译方式与别的音译方式相混同的地方①。

《华夷译语》中，出现四次以“^{舌}而”标记音节末尾“r”音的情况。例如：《华夷译语》人事门中，以“^{中}合^{舌}而”标记“γar”；来文 4“敕礼部行移应昌卫”中，以“^{中}合^{舌}而^{中}合^{黑}撒^{惕}”标记“γarγaqsad”；来文 9“失列门书”中，以“^{中}合^{舌}而塔周”标记“γartaju”；来文 11“捏怯来书”中，以汉字“^{中}合^{舌}而^{中}合周”标记“γarγaju”。

5. 小字“卜”的用法

《华夷译语》鞑靼来文中，以小字“卜”标记音节末尾“b”音。例如：来文 2“敕僧亦邻真臧卜”中，以“阿$_{卜}$^{中}忽”标记“abqu”，以“^{中}忽$_{卜}$察速”标记“qobčasu”。来文 5“敕礼部行移安答纳哈出”中，“土$_{卜}$失额^{舌}里都额$_{惕}$”标记“tübsigeridüged”，“土$_{卜}$失额^{舌}里都$_{克}$薛”标记“übsigeridügsen”。来文 8“脱儿豁察儿书”中，以“亦鲁$_{卜}$迭”标记“ilübde”。来文 12“曩加思千户状”中以“帖$_{卜}$赤周”标记“tebčijü”。其中，小字“卜”均标记音节末尾的“b”音。

此外，《华夷译语》鞑靼来文中，也有标记音节末尾“b”音的汉字“卜”不小写的情况，以大写的“卜”字标记音节末尾“b”音的情况。例如：来文 3“诰文”中，以“勺卜失额周”标记蒙古语的“jöbsigejü”，以“客卜”标记蒙古语的“keb”。来文 9“失列门书”中，以“只卜秃^{舌}剌周”标记“jibuturaju”，来文 10“捏怯来书”中，以“阿卜周”标记蒙古语的“abču”。其中，大字“卜”字与小字“卜”用法相同，均标记音节末尾“b”音。

① 栗林均：《〈华夷译语〉（甲种本）蒙古语全单词、语尾索引》“前言”，东北亚研究中心丛书第 10 号，2003 年 3 月，第 13 页。

《华夷译语》鞑靼来文中，也有以大字"不"标记音节末尾"b"音的现象。例如来文 11"捏怯来书"中，以"中忽不察惕"标记蒙古语的"qobčad"。这是"衣服"的复数形式。与上述例子"中忽卜察速"是相同的词汇。"中忽卜察速"标记蒙古语"qobčasu"（衣服）的单数形式。这里大字"不"与小字"卜"用法相同，均标记蒙古语中音节末尾的"b"音。

6. 小字"惕"的用法

《华夷译语》鞑靼来文中，汉字之后的小字"惕"标记音节末尾的"d"或"t"音。例如：以"撒亦惕"标记蒙古语的"said"，以"也兀惕赓"标记蒙古语的"yegütgel"，以"乞塔惕"标记蒙古语的"kitad"。

第二章

“译音对勘”与汉语通语及方言研究

日本最古层汉字音简论①

远藤光晓

（青山学院大学 东京）

【提要】吴音和汉音是日本汉字音中涵盖字数最多、最系统性的层次，吴音最早的文献记载见于《古事记》（712），汉音最早的文献记载见于《日本书纪》（720）。大约7世纪初的推古朝（593—628）时期的被称作“推古朝遗文”的日本汉字音，虽然绝对年代相当于汉语中古音时期，却保留不少上古音的痕迹。本文对这些日本最古时期汉字音所反映的一些现象进行了论述与分析，如：与舌音谐声的中古以母来自 *l，上古存在 -r 韵尾，以及这些汉字音有韵尾或介音脱落等等。

【关键词】日本汉字音；上古音；“推古朝遗文”

一、前言

日本汉字音有几个层次，其中涵盖字数最多、最系统性的层次是吴音和汉音，现代口语中还在使用这两个层次。吴音最早的文献记载见于《古事记》（712），汉音最早的文献记载见于《日本书纪》（720）。《风土记》（713年开始编纂，733年成书）和《万叶集》（759年至780年之间成书）中也有大量日语诗歌和专有名词标记。这种表示日语的汉字称作“万叶假名”，有音读（“音假名”）和训读（“训假名”）。还有大量佛经和儒教经典的早期训点资料或稍晚出现的片假名标音的资料。这些资料历来受到重视，已有大量的研究。其后还有唐末以后历代汉字音的一批资料，可当作近代音研究的材料。

本文所论对象则是早于这些材料的7世纪以前的日本汉字音。其中属于推古朝（593—628）的资料比较多，因此“推古朝遗文”这个名称较通行，也叫作“古韩音”。

① 本文是日本文部科学省科研费JP18H05510的成果之一。定稿时承曾晓渝教授和野原将挥先生过目，谨致谢忱。

还有一些金石文、古地名以及佚文也是重要资料来源。该层的绝对年代相当于汉语中古音时期，其中却保留不少上古音的痕迹，因此虽然数量有限，但价值很高。

对推古朝遗文，大矢透（Ōya Tōru，1851—1928）做过详细的研究。[①] 下面根据赖惟勤的介绍举几个显著的例子（“甲、乙”表示 8 世纪日语存在的音节区别）：[②]

上古之部：意 o，己 ko乙，止 to乙，已 yo乙，里 ro乙；

上古歌部：奇 ka，宜 ga，移 ya，侈 ta，义 ge乙；

上古支部：支 ki甲、ke甲，岐 ki甲，禅 pe甲，斯 si，知 ti，智 ti；

在声母方面，“支”字对译 ki甲、ke甲等也是反映上古汉语音值的例子，也就是“第一腭化”产生前的牙音音值痕迹。[③]

下面逐节讨论推古朝遗文及相关资料所反映的一些语音特点。

二、中古以母的一种上古来源 *l- 的反映

“稻荷山古坟铁剑”1968 年出土，1978 年用 X 光拍摄后发现有 115 个汉字铭文，其中出现了一系列日本人名和地名。由于有“獲加多支鹵 wakatake甲ru”，也就是雄略天皇（456—479 年在位）的记载，因此铭刻中的“辛亥”年一般被推测为 471 年。

铭文中出现的族谱中有“加差披余”，至今一般历史学家还是根据吴音或汉音读为“kasahiyo”，这就难以认定所指人物。日语史学家大野晋说，这四个字可以读为“kasahaya”（现代日语 h 在古代时的音值为 *p，下同），由于“ya”和“ra”在古代日语有替换关系，如“加罗”和“伽耶”等，因此可以看作表示“kasahara”，也就是出现于《日本书纪》安闲天皇元年（534）条所出现的当地豪族“笠原”使主。[④] 汉语史学家藤堂明保也认为“余”字可表示“ya”。[⑤] 日本古代史学家佐伯有清从历

① 详见平山久雄：《大矢透和他的〈周代古音考〉》，北京大学中国文化中心编《文化的馈赠》语言文学卷，北京：北京大学出版社，2000 年，第 377—388 页。

② 赖惟勤：《说文入门》，東京：大修馆书店，1983 年，第 310-313 页。

③“第一腭化”是河野六郎提出的观点，即上古和中古之间产生的不规则腭化，明清时产生的腭化就可称作“第二腭化”。参见《中国音韵史研究の一方向——第一口盖化に关联して》（1950），收于《河野六郎著作集》2，東京：平凡社，1979 年，第 227-232 页。

④ 参看青木和夫、大野晋：《铁剑が明かす古代の暗部》，《朝日ジャーナル》20（41），1978 年，第 88-98 页；井上光贞、大野晋等：《铁剑の谜と古代日本》，東京：新潮社，1978 年，第 72-73、154-158 页；《日本书纪》的记载见于坂本太郎、大野晋等：《日本书纪》（下），東京：岩波书店，1965 年，第 55 页。

⑤ 藤堂明保：《稻荷山古坟の剑铭の解读》，《言语生活》326，1979 年，第 33-36 页。

史记载考证"加差披余"应指"笠原"使主。①

根据最近的上古音拟音，和舌音谐声的中古以母来自 *l，如 Baxter、Sagart 对"余"字的上古音拟音为 *la。② 稻荷山古坟铁剑用"余"字来表示"ra"（日语没有 r 和 l 的对立），正好可以当作这种拟音的佐证。这个例子显示，在 5 世纪的时候还保留有发生 l- > j- 和 a > o 音变之前的音值资料。关于 l- > j- 的音变，还有平行的例子，如初见于《广开土王碑文》（414）的朝鲜半岛南部地名"加罗"后来写为"加耶"；朝鲜半岛南部地名"安罗"（《日本书纪》标为 ara）和日本古代来自该地域的氏族"汉 aya"氏，等等。关于上古以母早期音值的域外资料，还有 Manomaivibool 所列现代泰语中"余 ra：A^2""豫 ra：B^2""移 re：B^2"等例。③

三、上古韵尾 –r 的反映

出现在《古事记》《日本书纪》的古地名有不少反映上古 -r 尾。本居宣长收集了一系列例子，其实大部分地名到现在还是保留 8 世纪时的读音。④

"播（磨）hari（ma）"（地名举例中加上括号的字是和本节无关的部分，下同）中的"播"字，高本汉已经对其上古音构拟了 -r 韵尾，Baxter、Sagart 的拟音为 *pˤar-s。

后来，上古带 -r 韵尾的范围扩大了，下面这些日本古代地名用字都可以互相印证：

"（平）群（he）guri"——*[g]ur，该拟音中加上 [ ] 里的成分表示还可能有别的来源；

"群（馬）kuru（ma）"——*[g]ur，明治时代以后该地称作"gunma"了；

"駿（河）suru（ga）"——*[ts]ur-s，古代日语的 s- 有可能类似于 ts-；

"讃（良）sara（ra）"——*tsˤarʔ-s，因为该书没列"讃"字，由"赞"字拟音代替；

"敦（贺）turu（ga）"——*tˤur，但《日本书纪》里出现"都怒我阿罗斯等"的人名，和该地名有关系，因此还有可能读为 tunuga。

本居宣长还举了下面两个字：

① 佐伯有清：《武藏の古代豪族と稲荷山铁剑铭》（1979），收于《日本古代氏族の研究》，東京：吉川弘文馆，1985 年，第 79–90 页。

②William H. Baxter, & Laurent Sagart.(2014). *Old Chinese*(P.373). Oxford:Oxford University Press. 下面称引上古音时都以此书拟音为准。

③Prapin Manomaivibool.(1975). *A Study of Sino-Thai Lexical Correspondences*(P.180). Ph D. dissertation. Seattle:University of Washington.

④ 本居宣长：《地名字音转用例》（1800），《本居宣长全集》5 排印本，東京：筑摩书房，1970 年；勉诚社文库 67 影印本，東京：勉诚社，1979 年。

“（八）信（井）（pa）siri（wi）”——*s-ni[ŋ]-s；

“训（覇）kuru（pe）”“训（覓）kuru（beki）”—— *l̥u[n]-s；

Baxter、Sagart 的拟音不收 *-r 尾，乍一看构成例外。

关于“信”字，《说文解字》解为会意字。果然如此就没有谐声系统的证据，构拟 [ŋ] 的证据没有形声字强。然而 Baxter、Sagart 认为“人、身、千”含有同一声符，并推测该字的词根是“仁”。[①] 至于“训”字，本人原来考证过该字声符的“川”与“水”构成词族。[②] 现在据此可以进而推测上古来源为 *-r 尾。另外，“川”字声母恰好是河野六郎所说的“第一腭化”的例子，上古来源应为牙音。

东条义门讨论日本汉字音偶尔反映中古韵尾 -m 的例子，附带指出这些包含 -r 成分的例子没有一个来自中古 -m 尾。[③]

另外，《古事记》中出现普通名词鸟名“雁 kari”——*C.[ŋ]ˁrar-s，现代日语也用，一般认为这是日语固有词，但有可能是最古层的汉语借词。

Baxter、Sagart（2014）已经指出“韓 kara”——*[g]ˁar 和“鮮（卑）ser（bi）”——*[s][a]r 等国名也反映上古 *-r。另外，朝鲜半岛南部在公元前后存在的三韩之一“辰韩”中间经过“斯芦”的名称，于 503 年改为“新罗”。考虑到上、中古之间 a ＞o 音变，“斯芦”和“新罗”都表示“sila”的音值。日语中把“新罗”读为“siragi”，gi 或 ki 表示“城邑”的意思。这两个阶段的名称继承了最早国名“辰”——*[d]əər 的 -r（朝鲜语里没有 r 和 l 的对立）。

另一方面，由上举诸例所含其余字可以看出，有明显的韵尾脱落现象，如：

“安（罗）a（ra）”“新（罗）si（ragi）”—— -n 的脱落；

“平（群）he（guri）”“（讚）良（sara）ra”—— -ŋ 的脱落；

“八（信井）pa（siriwi）”—— -t 的脱落；

其他发音部位的韵尾也有类似现象。由于固有日语的音节结构以 CV 为主，也就是由音节开头辅音和短元音构成，于是接受汉字音时有可能忽略汉语韵尾。这是一方面，但还有一种可能，也就是原来的汉字音本身就有这种现象。到了吴音和汉音的阶段，汉语的韵尾一般还是有反映。只是 -ŋ 韵尾首先以鼻化元音的形式接受，之后经

①William H. Baxter, & Laurent Sagart.(2014). *Old Chinese*(P.373). Oxford:Oxford University Press.

② 远藤光晓：《水の单语家族》（2013），收于《汉语音韵论稿》，東京：好文出版，2017 年，第 225–234 页。

③ 东条义门：《男信》（1842），见勉诚社文库 61 影印本，東京：勉诚社，1979 年，第 75–80 页。

过去鼻化，当然还有唐代西北方音的背景，这里不拟讨论。关于“良”字，按中古音系，可以看作是 -i- 介音的脱落；但如果还处于上古音阶段也可能是存古现象。总之，日本最古时期接受的汉字音既有上古音的保留，又有韵尾或介音脱落这个简化现象。

四、朝鲜半岛的“三国汉字音”

日本古代接受中国文化时往往经过朝鲜半岛，直接从大陆系统地引进汉字音还是汉音的时候，也就是从《日本书纪》（720）的时候开始。古代朝鲜半岛也有一些金石文中的汉字音资料，还有一种传世资料《三国史记》（1145），其中《地理志》里含有新罗景德王 757 年改定旧地名时的对照，作为“朝鲜三国汉字音”资料，已有大量研究积累。

上一节提及的韵尾脱落现象在《三国史记》地名资料中也大量出现，从划为百济的例子中选取列举如下：

“（镇）安”来自“（难珍）阿”（前面是改定后的新地名，后面是原来的地名，下同），“安”“阿”相通，作为这种异文产生的背景可推测“安”字丢失 -n 韵尾，反之，“阿”字衍生 -n 韵尾的可能性很低；

“尼（山）”来自“热（也山）”，“尼”“热”相通，“热”丢失 -t 韵尾；

“西（林）”来自“舌（林）”，“西”“舌”相通，“舌”丢失 -t 韵尾；

“（今）武”来自“（今）勿”，“武”“勿”相通，“勿”丢失 -t 韵尾；

“务（安）”来自“勿（阿兮）”，“务”“勿”相通，“勿”丢失 -t 韵尾；

“（务）安”来自“（勿）阿（兮）”，“安”“阿”相通，“安”丢失 -n 韵尾，“兮”和“溪”相通；

“（潘）南”来自“（半）奈（夫里）”，“南”“奈”相通，“南”丢失 -m 韵尾，“奈”丢失 -i 韵尾（在日语里“奈”也是 na），“夫里”是城镇的意思；

“同（福）”来自“豆（夫只）”，“同”“豆”相通，“同”丢失 -ŋ 韵尾，“豆”如果已变为双元音就丢失 -u 韵尾；

“（同）福”来自“（豆）夫（只）”，“福”“夫”相通，“福”丢失 -k 韵尾，“只”和“支”一样，都表示“城邑”。

这种韵尾脱落现象不仅在百济出现，高句丽和新罗也同样存在。从上例还可以进一步归纳出声母辅音或元音的通用关系，如泥母和日母相通、帮母和滂母相通等等，拟在另文专门讨论。

还有保留上古音痕迹的例子，如“支”字具有牙音声母，如原来的“三支縣”改为“三岐縣”。本人在讨论《三国史记》所出现地名词尾的地理分布时，其中引用了历来学者对分布在北部表示“城邑”的“忽”和“骨”来自通古斯语或蒙古语的说法。[①]但现在看来，既然“郡”的上古音收 -r 如 *[g]ur-s，该词也可看作汉语借词，或者哪怕通过北方民族借过来，归根结底来自汉语。

五、《万叶集》等保留的古老层次

《万叶集》的成书年代晚至 733 年以后，但有时还保留着和上述一些资料一脉相承的上古音特点（下面的用例据植芝的网站《试作万叶假名一览》，2019 年 11 月 20 日链接）。

“支”字用来表示“ki甲”，但集中出现在卷 18（12 例）和卷 16（1 例）。这些用例有 11 例出自《万叶集》，其编者为大伴家持（718 年左右—785）。《古事记》也出现 1 例（4 号歌谣）。

“意”用来转写 o 的例子出现 37 例，集中出现在卷 5（23 例）。卷 5 的 23 例中有 16 例见于山上忆良（660—733）的作品里。“移”用来转写 ya 的 1 例见于卷 5，但这个字在大伴家持等人的用例中已经是 i（集中出现在卷 18，6 例）。

另外一个比较显著的现象是省去韵尾的转写方法。比如说，a 字用“安”来表示的例子有 928 例，远远超过开尾韵“阿”字的 226 例。“安”和“阿”在《万叶集》20 卷里集中出现“音假名”的一些卷里的分布情况如下：

	卷 5	卷 14	卷 15	卷 17	卷 18	卷 20
安	19	**177**	**231**	**163**	**118**	**126**
阿	**87**	30	2	13	3	50

由上表可知，在卷 5 里“阿”居多，在其他卷里“安”占优势。在《万叶集》里，只有卷 5 区分 mo 音节的甲、乙两类，在其他卷和其他文献里都已经没有区分了。由

①Endo Mitsuaki.(2021). Geographical distribution of certain toponyms in the Samguk Sagi. *Anthropological Science*, 129 (1),35-44.

此可知，卷5是比较保守的卷。由此可以推测，用开尾韵“阿”字来转写a是较古老的方法，使用“安”字是较新的转写方法。类似例子在《万叶集》里还有“吉”ki甲、“欲、用”yo甲，“良”ra，“远、袁”wo，“乃”no乙，等等，出现频率都相当高。

另外，日语历来有清浊音的区别，在《古事记》《日本书纪》里系统地区分这种对立；然而在《万叶集》里，虽然大部分还是区分清浊，但有时同一个字用来表示清音和浊音。比如说，“边”字分别用来转写pe甲（153例）和be甲（58例）是最显著的例子，还有零星的用汉语全清音字转写日语浊音字的例子。

六、结语

日本最古层汉字音既有存古特点，又有非汉语接受音节类型不相同的汉语语音时的简化现象。朝鲜半岛最古层汉字音也有类似情况。本文只是举例性质，还有待今后穷尽式地系统研究。

不空译经中的双音系现象及其语言学解释

施向东
（南开大学 天津 300071）

【提要】不空译经中明显地存在着两种不同的音系。不空所译的根本字、密宗咒语以及成篇文章所体现的是唐代西北方音，在咒语之外的部分，音译词所体现的汉语音系却有着明显的不同。本文对不空所译的《宝悉地成佛陀罗尼经》《观自在菩萨说普贤陀罗尼经》《文殊问经字母品》中的译音分歧现象作了穷尽的描写和分析，并对其产生的现象从语言学上作了阐释。

【关键词】不空译经；双音系；语言学解释

对唐代著名翻译家不空译经的研究已经取得了显著的成绩，对不空译咒反映的唐代西北方音音系的揭示具有相当的说服力。由刘广和《〈大孔雀明王经〉咒语义净跟不空译音的比较研究》[①]，我们知道，不空译咒的音系与中原音最不同的地方主要是，译梵语不送气浊音（g j ḍ d b v）用同部位的次浊声母字（疑、日、娘、泥、明、微），译梵语"鼻音 + 元音"音节时汉语或用次浊母阳声字（带鼻尾），如：

梵音	义净译	不空译	说明
naga	那伽	曩誐	na 译"曩"，用阳声字；ga 译"誐"，用鼻音字。
guru	寠鲁	麌噜	gu 译"麌"，用鼻音字。
nara	捺啰	曩啰	na 译"曩"，用阳声字。
agni	恶祁尼	阿儗顊二合	复辅音间译音时添加临近的元音 ,agni > agini, 则 gi 译"儗"，用鼻音字；ni 译"顊"，用阳声字。
indra	因达罗	印捺罗二合	同上，indra>indara，则 dar 译"捺"，用鼻音字。[②]

① 刘广和：《〈大孔雀明王经〉咒语义净跟不空译音的比较研究》，《语言研究》1994 年增刊。
② 参见施向东：《梵汉对音与"借词音系学"的一些问题》，载《佛经音义研究——第二届佛经音义研究国际学术研讨会论文集》，南京：凤凰出版社，2011 年，第 1—16 页。

但是在不空译经中明显地存在着两种不同的音系。不空所译的根本字、密宗咒语（真言、陀罗尼）以及成篇文章（如《般若波罗蜜多心经》），其所体现的西北方音是其中的一种。但是，往往在不空所译的同一经卷中，不同部分的音译词有不同的译法。在咒语之外的部分，音译词所体现的汉语音系与咒语音译所体现的汉语音系有着明显的不同，例如《宝悉地成佛陀罗尼经》①《观自在菩萨说普贤陀罗尼经》②，此两经有叙述部分和咒语部分，咒语部分是华梵对照的（梵语以悉昙字写成），当然是纯音译；汉语部分主要是意译，也有部分音译词，正好可以用来观察不空译经的双音系现象。根本字本质上也可归入密咒，《文殊问经字母品》③中，既有根本字的译音，也有叙述部分一般词语的音译。这也可助成我们的这种观察。

本文拟对《宝悉地成佛陀罗尼经》《观自在菩萨说普贤陀罗尼经》《文殊问经字母品》中的译音分歧现象作一穷尽的描写和分析。

一、《宝悉地成佛陀罗尼经》《观自在菩萨说普贤陀罗尼经》叙述部分的对音

汉译	梵文	说明
佛	buddha	bud 译"佛"，用全浊母字，未用鼻音字。
陀罗尼	dhāraṇi	ṇi 译"尼"，未用阳声字。
薄伽梵	bhagavān < bhagavat	ga 译"伽"，用全浊母字，未用鼻音字。
摩伽陀（国）	magadha	ma 译"摩"，未用阳声字。ga 译"伽"，用全浊母字，未用鼻音字。
菩萨	bodhisattva	bo 译"菩"，用全浊母字，未用鼻音字。
恒（沙）	Gaṅga（-vālikā）	gaṅ（g）译"恒"，用全浊母字，未用鼻音声母字。
三摩地	samādhi	mā 译"摩"，未用阳声字。
菩萨摩诃萨	bodhisattva-mahāsattva	bo 译"菩"，用全浊母字，未用鼻音字，ma 译"摩"，未用阳声字。
魔（王）	Yama（-rāja)	ma 译"魔"，未用阳声字。
伽陀	Gāthā	gā 译"伽"，用全浊母字，未用鼻音字。
偈	Gāthā	gāt 译"偈"，用全浊母字，未用鼻音字。

① 不空译：《宝悉地成佛陀罗尼经》，《大正新修大藏经》第 19 册 No.962。
② 不空译：《观自在菩萨说普贤陀罗尼经》，《大正新修大藏经》第 20 册 No.1037。
③ 不空译：《文殊问经字母品》，《大正新修大藏经》第 14 册 No.469。

续表

汉译	梵文	说明
阎浮提	Jambudvīpa	budvī 译“浮提”，用全浊母字，未用鼻音字。
释迦牟尼	Śākyamuni	ni 译“尼”，未用阳声字。
毘卢遮那	Vairocana	vai 译“毘”，用全浊母字，未用鼻音字。na 译“那”，未用阳声字。
曼陀罗 / 曼荼罗	Maṇḍala	ḍa 译“陀 / 荼”，用全浊母字，未用鼻音字。
摩尼	Maṇi	ma 译“摩”，ṇi 译“尼”，均未用阳声字。
比丘尼，尼	Bhikṣuṇi	ṇi 译“尼”，未用阳声字。
菩提	Bodhi	bo 译“菩”，用全浊母字，未用鼻音字。
曼殊师利	Mañjuśrī	ju 译“殊”，用全浊母字，未用鼻音字。
娑竭罗（龙王）	Sāgara（-nāgarāja）	gar 译“竭”，用全浊母字，未用鼻音字。
拏吉儞	Ḍākini	ni 译“儞”，未用阳声字。
安膳那	añjana	jan 译“膳”，用全浊母字，未用鼻音字。na 译“那”，未用阳声字。
乾闼婆	gandharva	gan 译“乾”，用全浊母字，未用鼻音字。
迦楼罗	garuḍa	ga 译“迦”，ḍa 译“罗”， 未用鼻音字。
紧那罗	kiṁnara	na 译“那”，未用阳声字。
摩睺罗伽	mahoraga	ga 译“伽”，用全浊母字，未用鼻音字。

这种译音字的选用，完全继承了鸠摩罗什、昙无谶、竺法护、玄奘、窥基、义净等人一脉相承的中原音传统。很明显的事实就是随顺前人的翻译，即“顺古”。这与不空本人在密咒和根本字翻译上一丝不苟的译音形成了鲜明的对照。

二、《宝悉地成佛陀罗尼经》《观自在菩萨说普贤陀罗尼经》密咒部分的对音

汉译	梵文	说明
怛他蘖多	tathāgata	gat 译“蘖”（疑母），用鼻音字。
尾补悉多	vibhusitā	vi 译“尾”，用鼻音字。
曩谟 / 曩莫	namo/namaḥ	na 译“曩”，用阳声字。
谟驮	buddhā	bu 译“谟”，用鼻音字。
嚩日罗	vajra	jr 译“日”，用鼻音字。

续表

汉译	梵文	说明
啰怛曩	ratna	na 译"曩"，用阳声字。
母噜唵三合急呼	bhrūṃ	bh（rū）译"母"，用鼻音字。
冒地萨怛嚩二合引	bodhisatvā	bo 译"冒"，用鼻音字。
怛儞也二合引他	tadyathā	d（ya）译"儞（也）"，用鼻音字。
佉誐吠	khagave	ga 译"誐"，用鼻音字。
尔贺嚩二合引	jihva	ji 译"尔"，用鼻音字。
戍穰	śaja	ja 译"穰"，用鼻音字、阳声字。
儞弭多	jīvitā	jī 译"儞" vi 译"弭"，均用鼻音字。
钵啰二合抳驮曩	praṇidhana	na 译"曩"，用阳声字。
萨嚩没驮	sarvabuddhā	bud 译"没"，用鼻音字。
捺嚩二合曩嚩底南	dvadvatinām̐	d（va）译"捺（嚩）/ 曩（嚩）"，均用鼻音字。
者娜难覩	cadanam̐tu	da 译"娜"，用鼻音字。
跛捺啰二合	bhandra（bhadra？）	dar 译"捺"，用鼻音字。

其中，buddha 在叙述部分译作"佛"，用全浊声母字，而在密咒部分译作"谟驮 / 没驮"，"谟 / 没"为鼻音声母字；bodhisattva 在叙述部分译作"菩萨"，"菩"为全浊声母字，而在密咒部分译作"冒地萨怛嚩"，"冒"为鼻音声母字。这两者形成了鲜明的对比。另外，bhrūṃ 对"母噜唵三合急呼"，bhu 译作"母"，送气浊音对鼻音声母，是不空译音中罕见的特例。

三、《文殊问经字母品》中根本字与一般词的对音

不空所译《瑜伽金刚顶经释字母品》[①]（下文简称《释字母品》）与《文殊问经字母品》中根本字的译音基本一致，但是前者仅有根本字译音，今取为后者之参考。

汉译	梵文	说明	汉译	梵文	说明
阿上	a		暗	am̐	
阿引去	ā		恶	aḥ	
伊上	i		迦上	ka	

① 不空译：《瑜伽金刚顶经释字母品》，《大正新修大藏经》第 18 册 No.880。

续表

汉译	梵文	说明	汉译	梵文	说明
伊引去	ī		佉上	kha	
坞上	u		誐上	ga	ga 译“誐”，用鼻音字。
污引	ū		伽去	gha	
哩	ṛ	《释字母品》作“哩”	仰	n̄a	n̄a 译“仰”，用阳声字。
哩引去	ṝ	《释字母品》作“哩引”	左	ca	
力	ḷ	《释字母品》作“哩”	磋上	cha	
嚧引	ḹ		惹	ja	ja 译“惹”，用鼻音字。①
曀	e		酂才舸反	jha	
爱	ai		娘上	ńa	《释字母品》作“穰”，ńa 译“穰”，用阳声字。
污	o				
奥	au		吒上	ṭa	
咤上	ṭha		么	ba	ba 译“么”，用鼻音字。
拏上	ḍa	ḍa 译“拏”，用鼻音字。	婆	bha	
荼去	ḍha		莽鼻声呼	ma	ma 译“莽”，用阳声字。
拏鼻声呼	ṇa	《释字母品》作“拏尼爽反”，用阳声字译 ṇa。	野	ya	
			啰梨假反	ra	
多上	ta		砢	la	《释字母品》作“逻”。
佗上	tha	《释字母品》作“他上”。	嚩无可反	va	
娜	da	da 译“娜”，用鼻音字。	捨	śa	
驮	dha		洒	ṣa	
曩	na	na 译“曩”，用阳声字。	娑上	sa	
跛	pa		贺	ha	
颇	pha		乞洒二合	kṣa	

① 不空译根本字及梵咒，比声第三位例用同部位次浊鼻音字，可知 c 组译 ja 的“惹”与其他组的“誐拏娜么”是同样性质的声母。尤其是下文 ńa 译作“穰”，更可以证明日母是鼻音 ń 而不是 ńź。

但是在《文殊问经字母品》的叙述部分也涉及了几个一般译音词：

佛	buddha	bud 译“佛”，不用鼻音。
文殊师利	mañjuśrī	ju 译“殊”，不用鼻音。
陀罗尼	dhāraṇi	ṇi 译“尼”，不用阳声。

这里同样很明显的事实就是，在翻译根本字时，不空贯彻了他在译咒中所坚持的译音原则，而在叙述部分的音译词的译音中同样是随顺前人的翻译，遵循的是所谓“顺古”的原则。因而“文字品”这样的阐述佛教神秘的“根本字”的经文中，同样存在着唐代中原音和西北音两个不同的音系。

四、不空译经中双音系现象的语言学解释

不空译经中存在双音系，这是一个矛盾的现象。但是这两个音系出现的条件却是泾渭分明的。体现唐代中原音系的那些音译词，出现在经卷的叙述部分；而体现唐代西北方言音系的那些译音，则出现在密咒部分和根本字的译音中。

佛教词语最神秘的部分是其所谓“根本字”和“真言”。佛教尤其是密宗有所谓“三密”：身密、语密、意密。不空译《金刚顶瑜伽中发阿耨多罗三藐三菩提心论》[①]曰：“凡修习瑜伽观行人，当须具修三密行，证悟五相成身义也。所言三密者：一、身密者，如结契印召请圣众是也。二、语密者，如密诵真言令文句了了分明无谬误也。三、意密者，如住瑜伽相应白净月圆观菩提心。”其中“语密”的观念就是对“真言”的语音准确性不断追求的动力。在佛教徒尤其是密教徒看来，颂咒是直接与佛对话，对所念的咒语，可以不必懂得它的意义，但是语音上必须绝对准确，“了了分明无谬误”，否则非但不能得福，反而可能致祸。汉人学念梵咒，当然首先是要把音念准，因此译音的准确是生死攸关的。正如与玄奘同时的大乘昉所说：“针石一违，有死生之巨痛；纤毫错学，有升坠之异涂。”[②]而根本字也就是真言、陀罗尼。《文殊问经字母品》就这样说：“文殊师利白佛言：‘世尊！一切诸字母，云何一切诸法，入于此及陀罗尼字？’佛告文殊师利：‘一切诸法，入于字母及陀罗尼字。’”唐释一行《大毘卢

① 不空译：《金刚顶瑜伽中发阿耨多罗三藐三菩提心论》，《大正新修大藏经》第 32 册 No.1665。
② 大乘昉：《大乘大集地藏十轮经序》，《大正新修大藏经》第 13 册，No. 411 玄奘译《大乘大集地藏十轮经》末附。

遮那成佛经疏》云："谓阿字门等。是真言教相。虽相不异体体不异相。相非造作修成不可示人。而能不离解脱现作声字。一一声字即是入法界门故。得名为真言法教也。"[①] 因此玄奘、义净、不空等人对根本字和密咒的译音都极其精益求精，而由于所持音系的不同而有差异。从根本上说，他们都以为自己的译音是近真的，是"了了分明无谬误"的，可得一乘教之真如法性。

另一方面，佛经翻译，作为一种语言学的现象，它除了需要顾及宗教本身的特殊要求以外，还应当符合语言学的一般规则，使用的词语应当具有社会性即约定俗成的原则。词语一经使用，就要相对稳定，这样才便于其本身的传播和普及，也便于使用这种语言的人能够掌握和应用。佛教音译词中一般的人名、地名、物名及术语，其语音形式作为一个符号，与源语言是不是严格对应实际上是不重要的，只要其能指和所指在佛典的流传中被传习者约定俗成地固定在一起，听者能听其音而知其义，读者能识其形而知其音义，交流者能互相理解其意义而不失坠，这些音译词语就完成了其作为语言符号的使命。佛教经典从东汉开始翻译为汉文，经过鸠摩罗什、玄奘等大家巨擘的翻译，有许多词语已经广泛传播，深入人心，后人虽欲改译，总是难以取代。比如"比丘"一词，并非梵语正译，而是译自巴利文 bhikkhu，后汉时已经广泛流传。"丘"字上古音溪母之部，潘悟云拟作 $^{*}kh^{\omega}ɯ$，读音正近。梵语作 bhikṣu，玄奘、义净都译作"苾蒭"，可谓正读。但是后者并不流行，相反，到中古读音既不近梵音也不近巴利的"比丘（pikhiu）"反而大行其道。用 CBETA 检索，"比丘"出现 186365 次，"苾蒭"仅出现 678 次，加上"苾刍、煏刍"等形式，总共才出现 26178 次，与"比丘"相比，仅为 14%。可见佛典一般译音词在音准方面的要求，与密咒相比是远远不可同日而语的。佛典一般译音词的流传使用，更大程度是服从于其社会性即约定俗成的要求。

不空译经中两种不同音系的存在，正是作为伟大的翻译家的不空为了兼顾上述两个方面，对这两者的翻译采取了不同的态度的结果。不空可谓深得此要旨者也。

① 一行：《大毘卢遮那成佛经疏》，《大正新修大藏经》第 39 册 No. 1796，卷七。

《宋高僧传·译经篇论》疏解[①]

储泰松

（安徽师范大学 芜湖 241000）

【提要】早期僧传中均有"译经篇"，篇末再缀"论"，在为翻译高僧立传的同时，也大致归纳了每一位高僧的翻译特色。其中尤为突出者，当为《宋高僧传》之"译经篇论"。该文是对中国古代佛典翻译经验的回顾，是一篇重要的翻译理论文献，归纳总结了佛典翻译的翻译条例，是古代佛典翻译理论的集大成者。但该文向无注本，影响其流播，遂为其略加笺注，间以疏解，便于阅读理解。

【关键词】《宋高僧传》；佛典翻译理论；梵汉对音；疏解

自慧皎《高僧传》创立"译经篇"，为中外译经高僧立传之后，唐道宣《续高僧传》、宋赞宁《宋高僧传》均沿用其例，并在"译经篇"末尾附上一段评论文字，名为"论曰"。文字梳理翻译简史，尤其是佛典翻译的流变及体例，著名译家的翻译特点，译场的组织结构，等等。《宋高僧传》更于卷一义净、金刚智、不空三人传记下加缀"系曰"，评价译主译经的独特特点及其翻译史地位。从中国翻译史来看，僧传的这些"论曰"无疑丰富了古代翻译理论体系，值得我们去深入研究。

《宋高僧传》，本名《大宋高僧传》，三十卷，赞宁（919—1001）撰，成书于宋太宗端拱元年（988）。本书上承道宣《续高僧传》，记述从唐高宗至北宋初年的高僧大德事迹。前三卷为译经篇，卷三末之"论"系重要的翻译理论文献，其中涉及梵汉对音的理论与实践，理论色彩浓厚。唯语涉梵汉，义包儒佛，读起来不易。特不揣鄙陋，聊为注释，并附简要疏解，以便阅读。

论曰：无漏海中震潮音而可怪，总持言下书梵字而不常。[一]未闻者闻，闻

① 本文受国家社科基金冷门绝学重大研究专项"早期梵汉对音文献集成及研究"（18VJX083）资助。

光音天之余响；未解者解，解最上法之所诠。[二]圣贤饮之为醇醪，凡劣啜之成糟粕。若夫有缘则遇，无道则违。秦狱既械其利防，此无缘也；汉庭肇迎其白马，斯有感焉。[三]听彼异呼，览其横字。情可求而呼相乱，字虽殊而意且同。是故《周礼》有象胥氏，通六蛮语；狄鞮主七戎，寄司九夷，译知八狄。[四]今四方之官，唯译官显著者，何也？疑汉已来多事北方，故译名烂熟矣。又如周秦輶轩使者，奏籍通别国方言，[五]令君王不出户庭，坐知绝遐异俗之语也。若然者，象胥知其远也，方言知其近也，大约不过察异俗达远情者矣。懿乎东汉始译《四十二章经》，[六]复加之为翻也。翻也者，如翻锦绮，背面俱花，但其花有左右不同耳。[七]由是翻译二名行焉。初则梵客华僧，听言揣意，方圆共凿，金石难和；椀配世间，摆名三昧；咫尺千里，觌面难通。次则彼晓汉谈，我知梵说，十得八九，时有差违。至若怒目看世尊，彼岸度无极矣。后则猛、显亲往，奘、空两通。[八]器请师子之膏，鹅得水中之乳。内竖对文王之问，扬雄得绝代之文。[九]印印皆同，声声不别。斯谓之大备矣。

[一] 无漏：佛教谓涅槃、菩提和断绝一切烦恼根源之法，与“有漏”相对。潮音：潮水的声音，此指僧众诵经之声。总持：梵文 dhāraṇī 的意译，音译陀罗尼。《翻译名义集》卷五：“陀罗尼，《大论》秦言能持，集种种善法，能持令不散不失。譬如好器盛水，水不漏散。恶不善根心生，能遮令不生。若欲作恶罪时，持令不作，是名陀罗尼。肇翻总持。谓持善不失，持恶不生。”分为三种：闻持陀罗尼，分别知陀罗尼，入音声陀罗尼。

[二] 光音天：梵文作 ābhassara，ābhāsuradeva。《玄应音义》卷三：“阿波会天：此云光音天，亦言极光净天，即第二禅第三天也。”（C56：856a）同书卷二十：“嘬罗：楚快反，梵言阿婆嘬罗遮，此云光音天。”（C57：60a）《道行般若经》又译作“阿会亘修天、阿陂亘差天”，即色界第二禅第三天，此天无音声，依口发净光为语言作为交际工具。 最上法：指《法华经》唯谈一乘实相之理，于经律论三藏中最胜极妙。

[三] 唐法琳《破邪论》卷下：“释道安《朱士行等经录目》云：始皇之时，有外国沙门释利房等一十八贤者，赍持佛经来化始皇。始皇弗从，遂囚禁房等。夜有金刚丈六人，来破狱出之。”（T52：484c） 费长房《历代三宝记》卷二云汉明帝永平十年“得迦叶摩腾来到洛阳，即翻《四十二章经》，以白马驮经来，即起白马寺”（T49:

33a)。

[四]这几句并非直接引自《周礼》，而是杂糅了《周礼》及郑玄注、《礼记》等说法。《周礼·秋官·司寇》"象胥，每翟上士一人"郑玄注："通夷狄之言者曰象。胥，其有才知者也。此类之本名，东方曰寄，南方曰象，西方曰狄鞮，北方曰译。今揔名曰象者，周之德先致南方也。"《礼记·王制》："五方之民，言语不通，嗜欲不同。达其志，通其欲，东方曰寄，南方曰象，西方曰狄，北方曰译。"《尔雅·释地·野》"九夷、八狄、七戎、六蛮，谓之四海。"郭璞注："九夷在东，八狄在北，七戎在西，六蛮在南，次四荒者。"

[五]汉扬雄《答刘歆书》："雄少不师章句，亦于五经之训所不解，常闻先代輶轩之使奏籍之书，皆藏于周秦之室。及其破也，遗弃无见之者。"应劭《风俗通义》："周秦常以岁八月，遣辅轩之使，求异代方言。"

[六]《四十二章经》：传后汉西域沙门迦叶摩腾与竺法兰合译。《出三藏记集》卷二"四十二章经"下云："一卷。旧录云：孝明皇帝四十二章，安法师所撰录阙此经。"

[七]此句《翻译名义集》引作："如翻锦绣，背面俱华，但左右不同耳。"

[八]猛、显：指智猛、法显。智猛，雍州新丰（今陕西）人，刘宋高僧。后秦弘始六年（404）从长安出发西行印度取经，历访佛迹，搜寻梵本。元嘉元年（424）启程返回，于凉州译《泥洹经》二十卷，元嘉末逝于成都。法显（334—420），俗姓龚，平阳郡武阳（今山西临汾）人，晋代高僧。于晋安帝隆安三年（399）由长安出发前往天竺求取佛经，义熙八年（412）由海路返回青岛，带回大批佛经，著有《佛国记》。奘、空：指玄奘、不空，唐代高僧。

[九]"内竖"句：出自《礼记·文王世子》。"文王之为世子，朝于王季，日三。鸡初鸣而衣服，至于寝门外，问内竖之御者曰：'今日安否何如？'内竖曰：'安。'文王乃喜。及日中，又至，亦如之。及莫，又至，亦如之。其有不安节，则内竖以告文王，文王色忧，行不能正履。王季复膳，然后亦复初。食上，必在，视寒暖之节，食下，问所膳；命膳宰曰：'末有原！'应曰：'诺。'然后退。""扬雄"句：出自应劭《风俗通义序》。"周秦常以岁八月遣辅轩之使，求异代方言，还奏籍之，藏于秘室。及嬴氏之亡，遗脱漏弃，无见之者。蜀人严君平有千余言，林闾翁孺才有梗概之法。扬雄好之，天下孝廉卫卒交会，周章质问，以次注续，二十七年，尔乃治正，凡九千字。"扬雄有《辅轩使者绝代语释别国方言》。

【疏解】开篇先从佛教及其典籍东传，中国人看到了一种不同于汉语的语言文本出发，简要说明翻译之得名及其缘起，进而点出佛典翻译名称之差异、翻译方式与类型、原典文本来源等问题。

逖观道安也论“五失三不易”，[一]彦琮也籍其“八备”，[二]明则也撰“翻经仪式”，[三]玄奘也立“五种不翻”，[四]此皆类左氏之诸凡，同史家之变例。今立新意成六例焉，谓译字译音为一例，胡语梵言为一例，重译直译为一例，粗言细语为一例，华言雅俗为一例，直语密语为一例也。

[一]道安（312—385或383），俗姓卫，西晋高僧，时人称之为“印手菩萨”。学兼三藏，创制系列僧尼轨范、佛法宪章，为后世所遵行。在多地组织、领导译经事业，于佛经翻译，有“五失本三不易”之说，见所著《摩诃钵罗若波罗蜜经抄序》（《出三藏记集》卷八）。

[二]彦琮（557—610），俗姓李，隋代高僧。擅梵文，精通内外典，著述宏富，曾结合自己的佛经翻译实践，提出“八备”“十条”的翻译理论，见其所著《辩正论》（《续高僧传》卷二）。

[三]明则，冀人，隋西京大禅定道场靖玄弟子，通玄儒，有才慧，文采为杨素、薛道衡所重，卒于隋末。事见《续高僧传·靖玄传附明则》。据《大唐内典录》卷五，著有《翻经法式论》（卷十无“论”字）十卷，当即此处所言“翻经仪式”。道世《法苑珠林》卷一百云：“《翻经法式论》十卷，后隋翻经沙门释明则所撰。”

[四]玄奘（602—664），俗姓陈，初唐高僧，汉传佛教最重要的翻译家。其“五不翻”学说，不见于其论著，而见于宋周敦义《翻译名义集序》：“唐奘法师论五种不翻：一秘密故，如陀罗尼。二含多义故，如薄伽梵具六义。三此无故，如阎净树，中夏实无此木。四顺古故，如阿耨菩提，非不可翻，而摩腾以来常存梵音。五生善故，如般若尊重，智慧轻浅。”《翻译名义集》卷一“婆伽婆”条亦引。

【疏解】此段指出前代翻译家归纳出的翻译条例，在此基础上提出自己的翻译理论，有两点尤其值得注意：一是提到明则《翻经法式》，研究翻译史的文献鲜有提及，书已亡佚，具体内容已无从知晓；二是充分考虑到盛唐以来译经以密教典籍为主，译例考虑到了密教文本翻译的特点，较前人归纳的译经经验更丰富、更全面。另外，归纳翻译条例的还有天息灾《译经仪式》，见《佛祖统纪》卷四十三“宋太宗太平兴国七年”条。

佛典翻译条例的创制，据目前所见文献，始自道安“五失三不易”，彦琮继之以“八备”，至明则《翻经法式》，明确标之以“法式”（宋代改为“仪式”），首立“法式”之名；入唐，玄奘有“五种不翻”之说；入宋，天息灾述《译经仪式》，赞宁定“六例”，此后则无闻焉。可惜，这些有关译经条例的学说均不是以专文、专书的形式保留下来，有的仅存名称，内容已不可知。大致说来，这些著作内容，大致包含三方面：一是文本本体的翻译规则与技巧；一是译经者自身的专业素养与语言素养；一是翻译保障，包括组织架构、翻经场所、朝廷支持等情况。

> 初则四句：一译字不译音，即陀罗尼是；二译音不译字，如佛胸前卍字是；[一]三音字俱译，即诸经律中纯华言是；四音字俱不译，如经题上二字是。[二]

[一] 卍，梵文 śrīvatsa，首见于竺法护译经，别本异文作“萬”或“万”。唐实叉难陀译《大方广佛华严经》以及慧苑《新译华严经音义》卷上作卐（高丽藏本）。《翻译名义集》卷六引《华严音义》云：“案卍字，本非是字。大周长寿二年，主上权制此文，著于天枢，音之为万，谓吉祥万德之所集也。”今本慧苑《华严音义》卷上“[illegible]字之形”条作：“今勘梵本[illegible]字，乃是德者之相，元非字也。然经中上下据汉本总一十七字同呼为万，依梵文有二十八相。”（A91：327a；T54：437b）并没有说到武则天制此字，《慧琳音义》卷十二“卍字之文”条：“梵云室哩（二合）末蹉（仓何反），唐云吉祥相也。有云万字者，谬说也。《华严经》第八卷中具说此相等，亦非是字也。乃是如来身上数处有此吉祥之文，大福德之相。”（T54：378a）

[二]《翻译名义集》卷六云：“《宋高僧传》明翻译四例：一翻字不翻音，诸经咒词是也。二翻音不翻字，如《华严》中[illegible]字是也，以此方万字翻之，而字体犹是梵书。三音字俱翻，经文是也。四音字俱不翻，西来梵夹是也。”“译”字均作“翻”。

【疏解】赞宁归纳的第一条译例，名为“译字译音”，实是基于音译与意译而言的。赞宁提到四种情况：一是音译（译字不译音）；二是不译但赋予汉语读音（译音不译字）；三是意译（音字俱译）；四是不译，直接移入。在翻译实践中，二四均极罕见，剩下音译和意译两种，这实际上是文本翻译的两种最基本方法，就佛典翻译而言，音译主要是词汇，而意译主要是语篇。

第二胡语梵言者。一在五天竺，纯梵语；[一]二雪山之北是胡，山之南名婆罗门，国与胡绝，书语不同。[二]从羯霜那国，字源本二十余言，转而相生，其流漫广，其书竖读，同震旦欤？[三]至吐货罗言音渐异，字本二十五言，其书横读。[四]度葱岭南，迦毕试国言字同吐货罗，已上杂类为胡也。[五]

[一]五天竺，古印度分为中北西东南五部分，简称五印或五天。这句话意指五天竺说的是纯正的梵语，而五天竺之外的地方说的梵语则是非纯正的，或者说的是胡语。

[二]雪山：指今喜马拉雅山脉及兴都库什山脉。婆罗门：本指印度四个种姓的第一等，梵文作 brāhmaṇa；此指国名，梵文作 Brāhmaṇadeśa，隋代即已使用。《释迦方志》上：“雪山以南名婆罗门国，与胡隔绝，书语不同。”《南海寄归内法传》卷三：“五天之地皆曰婆罗门国，北方速利总号胡疆。”胡：古代称西方、北方的少数民族。

[三]《大唐西域记》卷一“窣利地区总述”：“自素叶水城至羯霜那国，地名窣利，人亦谓焉。文字语言，即随称矣。字源简略，本二十余言，转而相生，其流浸广。粗有书记，竖读其文，递相传授，师资无替。”（B13：562a）窣利即粟特，据《大唐西域记校注》（p75），粟特语是一种中部伊朗语，采用古阿拉米字母，粟特文有自右向左横写者，亦有自上而下竖写者。羯霜那：唐代亦称史国、佉沙，中亚小国，城址在飒秣建（今乌兹别克斯坦撒马尔罕）南七十五千米。震旦：cina 的音译，又作振旦、真丹、神丹，古代印度称中国。《慧琳音义》卷七十二“振旦”条：“或作震旦、懒言、真丹，皆一也。旧译云汉国。经中亦作脂那……此无正翻，直云神州之揔名。”（T54：777a）《续一切经音义》卷二：“或云真那，或云震旦……皆梵语轻重也。旧翻为汉国，或云即大唐国也。或翻大夏国，又云思惟国，谓此国人多有智略，能思惟故，皆义翻也。”（T54：939b）

[四]吐货罗：梵文 tukhāra 的音译，中亚古国，又译睹佉罗、吐火罗、吐呼罗、吐豁罗、兜呿罗、兜佉勒、都佉，位于葱岭即帕米尔高原西南，乌浒河上游。《大唐西域记》卷一记睹货逻国云：“其地南北千余里，东西三千余里。东阨葱岭，西接波剌斯（即波斯），南大雪山（即兴都库什山），北据铁门（今乌兹别克斯坦撒马尔罕

以南）。……语言去就，稍异诸国；字源二十五言，转而相生，用之备物。书以横读，自左向右，文记渐多，逾广窣利。”据《大唐西域记校注》（p103），此处的睹货罗语不是指天山山脉南麓通行的吐火罗语，而是指自大夏以来用希腊字母记载的语言，希腊语字母二十四个，另加一个具有 sh 音值的特别字母，共二十五个字母，故云“字本二十五言”。

[五] 迦毕试国：梵文作 kāpiśī，国名，在今阿富汗喀布尔以北，《大唐西域记》卷一云其“文字大同睹货逻国，习俗、语言、风教颇异”。《续高僧传》卷四玄奘传：“自斯地（指迦毕试国）北，民杂胡戎。制服威仪，不参大夏。名为边国蜜利车类，唐言译之垢浊种也。”（T50：448a）

若印度言字，梵天所制，本四十七言，演而遂广，号青藏焉。[一]有十二章，教授童蒙，大成《五明论》，[二]大抵与胡不同。五印度境弥亘既遥，安无少异乎？又以此方始从东汉传译，至于隋朝，皆指西天以为胡国，且失梵天之苗裔，遂言胡地之经书。彦琮法师独明斯致，唯征造录，痛责弥天，符佛地而合《阿含》，得之在我；用胡名而迷梵种，失则诛谁？[三]唐有宣公，亦同鼓唱。[四]自此若闻弹舌，或睹黑容，印定呼为梵僧，雷同认为梵语。琮师可谓忙于执斧捕前白露之蝉，瞢在回光照后黄衣之雀。既云西土有梵有胡，何不南北区分，是非料简？致有三失：一改胡为梵，不析胡开，胡还成梵，失也。二不善胡梵二音，致令胡得为梵，失也。三不知有重译，失也。当初尽呼为胡，亦犹隋朝已来总呼为梵，所谓过犹不及也。如据宗本而谈，以梵为主；若从枝末而说，称胡可存。何耶？自五天至岭北，累累而译也，乃疑琮公留此以待今日，亦不敢让焉。三亦胡亦梵，如天竺经律传到龟兹，龟兹不解天竺语，呼天竺为印特伽国者，因而译之。[五]若易解者，犹存梵语。如此胡梵俱有者是。四二非句，纯华言是也。[六]

[一]《大唐西域记》卷二“印度总述·文字”：“详其文字，梵天所制，原始垂则，四十七言……记言书事，各有司存。史诰总称，谓尼罗蔽荼，(唐言青藏。) 善恶具举，灾祥备著。”青藏，梵文作 nīlapiṭaka，音译尼罗蔽荼，大致指档案文献，尤其是指古代史册、官方文书。

[二] 十二章：指悉昙章，是古代学习梵文的初级教材，主要讲述梵文字母的拼

写规律。有十二章、十八章之说。《大唐西域记》卷二"印度总述·文字"云："开蒙诱进，先遵十二章。"《南海寄归内法传》卷四云："[悉昙章]亦名悉地罗窣睹，斯乃小学标章之称，俱以成就吉祥为目。本有四十九字，共相乘转成一十八章。"五明论：指内明、因明、声明、医方明、功业明。《大唐西域记》卷二"印度总述"条云："七岁之后，渐授五明大论：一曰声明，释诂训字，诠目疏别。二工巧明，伎术机关，阴阳历数。三医方明，禁咒闲邪，药石针艾。四谓因明，考定正邪，研核真伪。五曰内明，究畅五乘，因果妙理。"

[三]彦琮：隋僧，著有《辩正论》，总结了佛经翻译的经验，提出了自己的理论主张，并对"胡、梵"做了区分："胡本杂戎之胤，梵惟真圣之苗；根既悬殊，理无相滥。不善谙悉，多致雷同：见有胡貌，即云梵种；实是梵人，漫云胡族，莫分真伪，良可哀哉！语梵虽讹，比胡犹别，改为梵学，知非胡者。"《续高僧传·释彦琮》亦云："东夏所贵，文颂为先。中天师表，梵音为本。琮乃专寻教[叶]典，日诵万言。故《大品》《法华》《维摩》《楞伽》《摄论》《十地》等，皆亲传梵书，受持诵读。每日闇阅，要周乃止。"

[四]宣公（596—667）：指道宣，俗姓钱。初唐高僧，汉传佛教律宗开山祖师。著述宏富，其《释迦方志·中边篇》云："又指西蕃，例为胡国。然佛生游履，雪山以南名婆罗门国，与胡隔绝，书语不同。故五天竺诸婆罗门书为天书，语为天语。谓劫初成梵天来下，因味地脂，便有人焉。从本语书，天法不断，故彼风俗事天者多，以生有所因故也。胡本西戎，无闻道术，书语国别，传译方通。"（T51：950b）所著《释迦氏谱》亦云："此方有述胡书胡语者，此曲指岭北三十六蕃，实惟戎胡不参大夏，故大宛、月支，书语各别。不于天竺佛生之地，相去数万，无得混同。大雪山南五天之国，书语承天，万代恒定。所遵既胜，明知非边。"

[五]龟兹：西域古城国，地在今新疆库车一带，亦称屈支。《法显传》："诸国俗人及沙门尽行天竺法，但有精粗。从此西行所经诸国，类皆如是，唯国国胡语不同。然出家人皆习天竺书、天竺语。""乌苌国是正北天竺也，尽作中天竺语。中天竺所谓中国，俗人衣服饮食亦与中国同。佛法甚盛。"可见，赞宁所记与法显亲身经历有很大不同。 印特伽国：希麟《续一切经音义》卷三"天竺"条云："相承音竹，准梵声合音笃。古云身毒，或云贤豆，新云印度，皆讹转也。正云印特伽罗，此翻为月也。月有千名，斯乃一称。《西域记》云：良以彼土佛日既隐，贤圣诞生，相继开

悟，导利群生，如月照临，故以为名也。"（T54：946a）《玄应音义》卷二"天竺"条云："竺今作笃，或言身毒，或言贤豆，皆讹也，正言印度，印度名月。……一说云：贤豆本名因陀罗婆他那，此云主处，谓天帝也。"（C56:842a）印度之名，源自梵文 Sindhu，到伊朗语里变为 Hindu，后来词首辅音 h 弱化变成 Indu。呼印度为"印特伽"，始见于慧立《大慈恩寺三藏法师传》卷二：玄奘至素叶城，突厥叶护可汗劝其留住，"师不须往印特伽国（谓印度也），彼地多暑"，"可汗乃令军中访解汉语及诸国音者，遂得年少，曾到长安数年通解汉语，即封为摩咄达官，作诸国书，令摩咄送法师到迦毕试国"。（T50：227b）

[六]二非：赞宁所提六条翻译条例，每条均包含两个因素（权且用 AB 表示），构成四种情形：①有 / 是 A，无 / 非 B；②无 / 非 A，有 / 是 B；③有 / 是 A，亦有 / 是 B；④无 / 非 A，无 / 非 B。论述方式来自隋灌顶撰《大般涅槃经玄义》卷上："释名又五，谓翻通无假绝。翻者四说，谓无、有、亦有亦无、非有非无。"第四种情况 AB 均无，即"二非"，往往不容易叙说，也比较罕见，干脆阙而不论。所以，第四、第五两条条例均标为："四二非句，阙。"

【疏解】汉语佛典文本，其来源有四种类型：一是原典为纯梵文的；二是原典为胡语的；三是原典为胡梵参差的；四是纯汉语的，即直接以汉语创作的。梵语与胡语不同，五天竺内部，语言亦有小异。

本条例指向原典文本来源及其语言。隋以前，人们不太关注原典来自何处，原典语言为何，西方总体目之为胡。入隋以后，却又严加区分。以雪山为界，山之南为天竺，有东西南北中五天竺之别，属于纯正梵文。山之北，属于胡语，有三种情况：一是自羯霜那国往南，其语言字母 20 多个，文字竖写；二是吐火罗地区，字母 25 个，文字横写；三是葱岭往南至迦毕试国，文字与吐火罗同，但语言有别。

西方语言有梵有胡，且以葱岭、雪山为界，北方为胡，南方为梵。但即便如此，古人很难做到"区分南北、明辨是非"，因此常常会导致三个失误：把胡语改为梵文，胡语内部亦有南北之别，不离析胡语，直接将其还原成梵文，这是失误之一；在不熟悉胡语、梵语的情形下，直接把胡语当作梵语，这是失误之二；不了解很多经文经过了多次重复翻译，这是失误之三。佛经翻译，早期将原典全视为胡语，隋代以后又将其全部视为梵语，这都是不恰当的，佛典文本中夹杂有零星的胡语在所难免。

第三重译直译者。一直译，如五印夹牒直来东夏译者是。[一]二重译，如经传岭北楼兰、焉耆，不解天竺言，且译为胡语，如梵云邬波陀耶，疏勒云鹘社，于阗云和尚。[二]又天王，梵云拘均罗，胡云毘沙门是。[三]三亦直亦重，如三藏直赍夹牒而来，路由胡国，或带胡言，如觉明口诵《昙无德律》中有“和尚”等字者是。[四]四二非句，即赍经三藏，虽兼胡语，到此不翻译者是。

[一] 夹牒：夹指梵夹，亦称经夹、梵箧；牒谓简牒，泛指梵文经书。

[二] 邬波陀耶：梵文 upādhyāya 之音译。《南海寄归内法传》卷三《师资之道》“邬波驮耶存念”自注云：“驮字音停夜反，既无正体，借音言之。邬波是其亲近，波字长唤，中有阿字。阿驮耶义当教读，言和尚者非也。西方泛唤博士皆名乌社，斯非典语。若依梵本经律之文，咸云邬波驮耶，译为亲教师。北方诸国皆唤和社，致令传译习彼讹音。”伯希和将“鹘社”构拟为 'uǰǰhā，将“和尚”构拟为 'vāǰhā。辛岛静志认为俗语里 upa- 读为 va-。《翻译名义集》卷一“和尚”条云：“和尚，或和阇。《羯磨疏》云：自古翻译，多杂蕃胡，胡传天语，不得声实，故有讹僻。《传》云：和尚，梵本正名邬波遮迦，传至于阗，翻为和尚。传到此土，什师翻名力生。”

[三] 天王：佛教上指保护神，分为东西南北方四个，称四天大王，北方多闻天王，梵文作 vaiśravaṇa，音译作鞞沙门、毘舍罗门、毘沙门。名作“拘均罗”，罕见，仅见于两部经典，支谦译《太子瑞应本起经》卷二：“四天大王，赏别善人，东提头赖、南维睒文、西维楼勒、北拘均罗，当护汝等令不遭横。”西晋竺法护译《普曜经》卷七：“四天大王赏别善人，东提头赖、南维睒文、西维留勒叉、北拘钧 [钧] 罗，当护汝等令不遭横。”慧苑《新译华严经音义》卷上：“毘沙门：具正云鞞室罗懑囊，此云多闻，谓此王福德多处知闻也。……或曰：毘云伊也，此王本名具乞罗，后于一时，佛正为众说法，其王乃被袈裟来入会中，时众咸怪，互相谓言：伊是沙门！伊是沙门！从此与号毘沙门也。”赞宁之意，拘均罗为梵文音译，毗沙门乃胡语音译。

[四] 觉明：《高僧传·佛陀耶舍传》：“佛陀耶舍，此云觉明，罽宾人也，婆罗门种。”“耶舍先诵《昙无德律》，伪司隶校尉姚爽请令出之。……即以弘始十二年译出《四分律》，凡四十四卷。”昙无德律，汉名法密、法藏，律宗五部之一，即四分律，《高僧传·明律篇论》：“昙无德部，佛陀耶舍所翻，即《四分律》也。”《四分律》出现了大量的“和尚”用例，部分宋元藏经作“和上”。按，“和上”一词，

在后汉支娄迦谶译《杂譬喻经》、三国孙吴支谦译《菩萨本缘经》卷下与《撰集百缘经》卷四和卷十、康僧会译《旧杂譬喻经》、失译附后汉录《大方便佛报恩经》等经文里即已出现。

【疏解】本条例实际与上一条内涵相近。上一条强调的是文本来源，本条强调的是翻译。佛典文本翻译有两种：一是文本直接来自印度，是为直译；二是文本来自胡语，西域诸国将梵文原典译为其所在国的胡语，再由此胡语译为汉语，是为重译；三是既有直译，又有重译；四是既无直译，亦无重译。直接根据来自五天竺的原典文本翻译的叫直译，根据岭北胡语文本翻译的叫重译；僧人从印度带着文本路经胡国，杂有胡语，抵达中原后翻译的叫直译重译兼具，抵达后不翻译的叫直译重译皆无。

第四粗言细语者。声明中一苏漫多，谓泛尔平语言辞也。二彦底多，谓典正言辞也。[一]佛说法多依苏漫多，意住于义，[二]不依于文，又被一切故。若彦底多非诸类所能解故，亦名全声者，则言音分明典正，此细语也。半声者，则言音不分，明而讹僻，此粗语也。一是粗非细，如五印度时俗之言是。二唯细非粗，如法护、宝云、奘师、义净，[三]洞解声明音律，用中天细语典言而译者是。三亦粗亦细，如梵本中语涉粗细者是。或注云此音讹僻，即粗言也。四二非句。阙。

[一] 苏漫多：又作“苏盘多”，梵文 subanta 的音译，义为以 sup 为结尾的。梵文法中指名词格的变化，亦称八啭声。此处指“泛尔平语言辞”，原因不详。彦底多，应是底彦多之误倒，又作丁岸哆 tiṅanta，梵文文法上指动词词尾的变化，分主动态（parasmaipada）和被动态（ātmanepada），每种语态分三种人称，每一人称又分单、双、复数，合计十八个词尾，又称“十八转声”。此处指“典正言辞”。按，赞宁谓苏漫多指“泛尔平语言辞”、底彦多指“典正言辞”，可能源自《大慈恩寺三藏法师传》卷三云：“此诸记论辩能诠所诠，有其两例。一名底（丁履反，下同）彦多声，有十八啭，二名苏漫多声，有二十四啭，其底彦多声于文章壮丽处用，诸泛文亦少用。其二十四啭者于一切诸文同用。”

[二] 住：宋元藏本作“在”。

[三] 法护，姓竺，梵名昙摩罗察 Dharmarakṣa，月氏国人，世居敦煌。西晋译经高僧，时人称为敦煌菩萨。宝云（？—449），晋隆安之初与法显、智严等赴天竺取经，

“在外域遍学胡书，天竺诸国音字诂训，悉皆贯练”，“常手执胡本，口宣晋语，华戎兼通，音训允正。”“江左练[译]梵，莫踰于云，故于晋宋之际，弘通法藏。”（出三藏记集卷15）（高僧传卷三）奘师：指玄奘（602—664），唐代高僧，俗姓陈，名袆。于太宗时曾到印度求学取经，历时十七年，被视为著名的佛经翻译家之一，人称三藏大师、慈恩大师，法相宗之开祖。义净(635—713)：唐代译经僧，俗姓张。于咸亨二年（671）经南海赴印度求法，长寿二年（693）回到广州，译经五十六部二百三十卷，被视为最著名的佛经翻译家之一。

【疏解】本条例就佛典文本语言（梵文）而言。梵语词汇最核心的部分是词根（dhātu界），几乎都是动词，加上后缀或词尾，就构成了动词、名词。名词有格的变化，动词有词尾变化。在文本中，名词、动词的各类词缀形式完全合乎标准且与口头表达完全一致，则为细语；反之则为粗言。在佛经原典文本中，各类词缀的使用与通俗文本可能存在差别。语言粗细亦有四种情形：一是采用粗言排斥细语，如五印度流行的时俗之言；二是只用细语排斥粗言，如译经僧人洞悉梵文，能将文本中的非雅言直接改用中天竺细语翻译；三是粗言细语皆用，原典中此类情况较多，汉译中出现的“讹也”，往往是指原典文本语言为粗言；四是粗言细语皆无。

梵语有着高度发达的词形变化系统和语法上的细微差别，通过词缀和词形变化来体现。与汉语存在着巨大差异，准确理解梵语苏漫多、底彦多，对汉人来说是极其困难的。

第五华言雅俗者，亦云音有楚夏，同也。[一]且此方言语，雅即经籍之文，俗乃术[街]巷之说，略同西域。细即典正，粗即讹僻也。一是雅非俗，如经中用书籍言是。二是俗非雅，如经中乞头、博颊等语是。[二]三亦雅亦俗，非学士润文，信僧执笔，[三]其间浑金璞玉交杂相投者是。四二非句。阙。

[一] 音有楚夏：大致指通语与方言的差异。在中土僧人看来，古代印度唯有中天竺言音雅正，其余皆充斥俗语。首见于鸠摩罗什高足僧肇《肇论》：“泥曰、泥洹、涅槃，此三名前后异出，盖是楚夏不同耳。云涅槃，音正也。”（T45：157b）唐元康《肇论疏》卷下云：“古人翻经，多称泥曰，次泥洹，后涅槃，故云之‘前后异出’耳。言‘楚夏不同’者，夏是中国，楚是边国。”（T45：191c）

[二] 乞头：[被]索取自己的头颅。首见于失译附后汉录的《大方便佛报恩经》卷五。博颊：博，宋元明藏均作“搏”，是。搏颊，义为打嘴巴。首见于三国吴康僧会译《旧杂譬喻经》卷上以及支谦译《佛开解梵志阿飚经》。隋智顗《妙法莲华经文句》卷四：“‘铜钹’者，长安人呼露盘为铜钹，在彼翻经故用彼名之耳。”（T34:57b）

[三] 古代佛典翻译官方译场有一套严格的程序保证译经质量，其中有译语、笔受、润文等，笔受往往由高僧担任，而润文往往是朝廷指派的文职官员。

【疏解】本条基于译文语言使用提出的。汉语有书面语与口语之分，书面语有雅俗之别，有通语与方言之异。佛典翻译时语言选用，有四种情况：一是用雅避俗，二是用俗避雅，三是雅俗并用，四是雅俗并避。

第六直语密语者，二种作句，涉俗为直，涉真为密，如婆留师是。[一]一是直非密，谓婆留师翻为恶口住[二]，以恶口人人不亲近故。二是密非直，婆留师翻为菩萨所知彼岸也，既通达三无性理，亦不为众生所亲近故。三两亦句，即同善恶真俗，皆不可亲近故。四二非句，谓除前相故。又阿毘持呵娄（目数数得定），鬱婆提（目生起拔根弃背）、[三]婆罗（目真实离散乱），[四]此诸名在经论中，例显直密语义也。更有胡梵文字，四句易解。

[一] 密语：失译人名今附凉录《三慧经》云：“语有四法：一者直语，二者分别语，三者问语，四者止语。直语者，有黠人堕道得因缘直说。”（T17：702b）昙无谶译《大般涅槃经》卷九云：“如来密语甚深难解，譬如大王告诸群臣‘先陀婆来。’先陀婆 saindhava，一名四实：一者盐，二者器，三者水，四者马。……智臣善解大王四种密语。”唐·法藏（643—712）《华严经探玄记》卷十七曾论及五种“泛论密语”。婆留师：亦作波留师，梵文作 pāruṣika，汉译作恶口，恶语。另，pāra，彼岸；pāraka 到彼岸。真谛译《摄大乘论》卷下：“云何菩萨能住波留师，若菩萨住所知彼岸？”（T31:127c）真谛译《摄大乘论释》卷十一释云：“若依直语波留师，名目恶口。住恶口人不为他所亲近，菩萨住所知彼岸即三无性理，亦不为众生所亲近。以此理非凡夫二乘所行处故，故名能住恶口。又若依密语，波留师名目彼岸住，即以密语显于直语。”（T31：237c）

[二] 阿毘持呵娄：梵文作 abhidhyā，abhidhyāna，abhidhyālu（巴利文作

abhijjhālu），贪，贪欲。真谛译《摄大乘论》“云何菩萨行阿毘持诃娄，若菩萨数数令自身得无上诸定。”（T31：127c）真谛译《摄大乘论释》“若依直语，阿毘持诃娄名目贪欲。行贪欲者必爱乐外尘，菩萨恒乐令自身得最胜定，故名行贪欲。又若依密语，阿毘持诃娄名目数数得定，即以密语显于直语。”（T31：238a）数数：《庄子·逍遥游》：“彼其于世，未数数然也。”陆德明《释文》：“司马云：‘犹汲汲也。’崔云：‘迫促意也。’”《考声》云：“数数：疾也，频也，近促也。”（《慧琳音义》卷四十三引）《慧琳音义》卷八：“数数：频繁也。”

［三］欝婆提，真谛译《摄大乘论释》卷十一：“论曰：云何菩萨于施清净，若菩萨欝波提贪悋。释曰：欝波提名目二义：一目生起；二目拔根弃背。生起是直语，拔根弃背是密语。若取直语，生起贪悋，则与清净施相违。若取密语，拔根弃贪背悋，则与清净施相符。拔根是除身见，身见是贪悋根本。弃背是除贪悋体，由菩萨能断身见灭贪悋故。”

［四］娑罗：真谛译《摄大乘论释》卷十一：“论曰：云何菩萨大能行施，若菩萨于施离娑罗想。释曰：娑罗名目二义：一目贞实，二目散乱。贞实是直语，散乱是密语。若取直语离贞实，则与大施相违。若取密语离散乱，则与大施相符。”玄奘译《摄大乘论释》卷八云：“若诸菩萨于惠施中离娑洛想者，此娑洛言。显目坚实，密诠流散。今取密义，离流散想。即三摩地是心住定而行施义。若诸菩萨殟波陀悭者，殟波陀言，显目生起，密诠拔足。今取密义，拔除悭足而行惠施。”（T31：428b）

【疏解】一个语词往往涵义丰富，有字面意义，有深层涵义，前者为直语，后者为密语。译经时同一词的意义就有了两种选择。组词造句时，有四种倾向：一是采用直语而弃用密语；二是采用密语而弃用直语；三是两者兼顾；四是既不用直语，也不用密语。很多名词尤其是专有名词，往往包含直语义，又包含密语义。

凡诸类例括彼经诠，解者不见其全牛，行人但随其老马矣。

或曰：“翻梵夹，须用此方文籍者，莫招滥涉儒雅之过乎？”通曰：“言不关典，非子史之言，用其翻对，岂可以委巷之谈而糅于中耶？故道安云：‘乃欲以千载上之微言，传所合百王下之末俗’，［一］斯为不易矣。”或曰：“汉魏之际，盛行斯意，致使陈寿《国志》述临儿国云：‘浮屠所载，与中国《老子经》而相出入。盖老子西出关，过西域之天竺，教胡为浮屠。’［二］”此为见译家用道德二篇中语，便认云与《老子经》互相出入也。设有华人能梵语，与西僧言说，两相允会，可便谓此人为天竺人耶？盍穷其始末乎？是知若用外书，须招此谤。如童寿译《法华》，[三]可谓折中，有天然西域之语趣矣。今观房融润文于《楞严》，[四]僧肇征引而造论，[五]宜当此诮焉。苟参鄙俚之辞，曷异屠沽之谱？然则糅书勿如无书，与其典也，宁俗。傥深溺俗，厥过不轻；折中适时，自存法语，斯谓得译经之旨矣。故佛说法多依苏漫多也。[六]又传译之兴，奉行之意，不明本起，何示将来？今究其宣扬，略陈梗概。

[一] 道安《摩诃钵罗若波罗蜜经抄序》，见《出三藏记集》卷八。载，原文作"岁"。

[二] 引自《三国志》卷三十《乌丸鲜卑东夷传·史评》，原文作："浮屠所载，与中国《老子经》相出入，盖以为老子西出关，过西域之天竺，教胡。浮屠，属弟子别号。"末句，赞宁所见与今本有别，或是赞宁以己意为之？

[三] 童寿，指鸠摩罗什（343—413）kumārajiva，又作鸠摩罗时婆、鸠摩罗什婆、鸠摩罗耆婆，汉译童寿，生于龟兹，姚秦高僧，为汉传佛教四大翻译家之一。法华：指法华经，重要的大乘经典之一，罗什所译者，名为《妙法莲华经》。

[四] 楞严：指《大佛顶如来密因修证了义诸菩萨万行首楞严经》，神龙元年（705）中天竺沙门般剌蜜帝于广州制止道场译出，房融笔授，乌苌国僧弥伽释迦译语。房融（？—705），洛阳人，名相房玄龄族孙，武周时期曾任宰相，因依附张易之兄弟，神龙元年被流放岭南钦州。

[五] 僧肇（384—414）：俗姓张，后秦僧人，鸠摩罗什最有影响的弟子之一，著有《肇论》，主要由四篇论文组成，即《物不迁论》《不真空论》《般若无知论》《涅槃无名论》，文中大量引用了佛典原文。

[六] 苏漫多：前文云，"声明中一苏漫多，谓泛尔平语言辞也"。佛典翻译，大致以通语口语为标准。

【疏解】此段强调翻译的重要性，指出翻译的最高境界是精通原典语言，不要翻译，直接阅读原典。

夫教者不伦，有三畴类：[一]一显教者，诸乘经律论也；（不同瑜伽论中显了教，是多分大乘藏教。）二密教者，《瑜伽》《灌顶》《五部护摩》《三密曼拏罗法》

也；（瑜伽隐密教，是多分声闻藏教。）三心教者，直指人心，见性成佛，禅法也。次一法轮者，即显教也，以摩腾为始祖焉。[二]次二教令轮者，即密教也，以金刚智为始祖焉。[三]次三心轮者，（义加此轮。）即禅法也，以菩提达磨为始祖焉。[四]是故传法轮者以法音传法音；传教令轮者以秘密传秘密；传心轮者以心传心，此之三教、三轮、三祖，自西而东，化凡而圣，流十五代，（汉、魏、晋、宋、齐、梁、陈、隋、唐、朱梁、后唐、石晋、刘汉、郭周、今大宋。）法门之贻厥孙谋，万二千年，真教之克昌厥后。”[五]

[一] 不伦：不同类。既非这一类，又非那一类。

[二] 摩腾：指摄摩腾，中天竺人，相传是第一位来华传教的外国僧人，译有《四十二章经》。声闻藏，即小乘三藏；菩萨藏，即大乘三藏。

[三] 金刚智（669—741）：梵名 Vajrabodhi，音译跋日罗菩提，南天竺人，盛唐高僧，为中国佛教密宗创始人之一。

[四] 菩提达磨：又作菩提达摩，南天竺人，中国禅宗始祖，北魏末在洛阳、嵩山一带传教。

[五] 贻厥孙谋：为子孙的将来做好谋划。语出《诗经·大雅·文王有声》：“诒厥孙谋，以燕翼子。”克昌厥后：做善事使后代子孙兴旺昌盛。语出《诗经·周颂·雍》：“燕及皇天，克昌厥后。绥我眉寿，介以繁祉。”

【疏解】中土佛教可分三类：显教、密教与心教，分别对应法轮、教令轮、心轮，以摩腾、金刚智、菩提达磨为各自始祖，总称为三教、三轮、三祖。

或曰：“译场经馆，设官分职，不得闻乎？”[一]曰：“此务所司，先宗译主，即赍叶书之三藏、明练显密二教者充之。次则笔受者，必言通华梵，学综有空，[二]相问委知，然后下笔。西晋伪秦已来立此员者，即沙门道含、玄赜、姚嵩、聂承远父子。[三]至于帝王，即姚兴、梁武、天后、中宗，[四]或躬执翰，又谓为缀文也。次则度语者，正云译语也。传度转令生解，亦名传语，如翻《显识论》，沙门战陀译语是也。[五]次则证梵本者，求其量果，密能证知，能诠不差，所显无谬矣。如居士伊舍罗证译《毘柰耶》梵本是也。[六]至有立证梵义一员，乃明西义得失，贵令华语下不失梵义也。复立证禅义一员，沙门大通充之。次则润文一位，员数不恒，令通内外学者充之。良以笔受在其油素，[七]文言岂无俚俗，傥不失于佛意，何妨刊而正之。故义净译场，则李峤、韦嗣立、卢藏用等二十余人次文润色也。[八]次则证义，盖证已译之文所诠之义也。如译《婆沙论》，慧嵩、道朗等三百人考正文义；唐复礼累场充任焉。[九]次则梵呗，法筵肇启，梵呗前兴，用作先容，令生物善，唐永泰中方闻此位也。[十]次则校勘，雠对已译之文，隋则彦琮覆疏文义，盖重慎之至也。次则监护大使，后周平高公侯寿为总监检校，[十一]唐则房梁公为奘师监护，相次许观、杨慎交、杜行顗等充之。[十二]或用僧员，则隋以明穆、昙迁等十人监掌翻译事，诠定宗旨。[十三]

[一] 不，宋藏作“可”，《翻译名义集》卷一引亦作“可”。按，古代官方译场组织严密，工序复杂，参与人员众多，各司其职。下文罗列译场译经的程序以及各类参与人员。

[二] 有空：指有宗、空宗，汉传大乘佛教发展可以分为两个时期：前期为空宗，后期称有宗。

[三] 道含：姚秦僧人。玄赜：初唐僧人，曾参与玄奘译场。姚嵩：姚秦主姚兴之弟，任司隶校尉、左将军、安城侯。聂承远：西晋人，清信士，助竺法护译经，子道真亦善梵学。

[四] 姚兴（366—416）：字子略，京兆长安（今陕西西安）人，后秦武昭帝姚苌嫡长子，后秦第二位皇帝。推崇儒佛二教，弘始三年（401）亲迎鸠摩罗什至长安，为其设译场，北朝大规模译经自此始。梁武：指南朝梁武帝萧衍（464—549），梁朝开国者。晚年笃信佛教，四次出家，对佛教义理有较深的研究。天后：指武则天（624—705），自名武曌，唐高宗李治皇后，尊号为天后。后废李唐建武周，成为史上第一位女皇帝。中宗：指唐中宗李显（656—710）。唐高宗与武则天第三子，683—684 年、705—710 年两度在位。

[五] 显识论：题下标“从《无相论》出”，陈真谛译，各经录均不见有“战陀译语”的记载。疑此处赞宁有误，应是指《大乘显识经》，略称《显识经》，赞宁误书“经”为“论”，《宋高僧传·释地婆诃罗》云：“译《大乘显识经》《大乘五蕴论》等凡一十八部，沙门战陀、般若提婆译语；沙门慧智证梵语。”智升《续古今译经图记》卷一、《开元释教录》卷九记录同。《贞元新定释教目录》卷十二云此经“永隆元年

于东都太原寺译。”

[六] 伊舍罗：东印度人。义净译《根本说一切有部毘奈耶尼陀那目得迦摄颂》《根本说一切有部略毘奈耶杂事摄颂》卷末附录云：“翻经婆罗门东天竺国大首领臣伊舍罗证梵本。”《续古今译经图记》卷一云义净译经“都译五十六部，总二百三十卷。北印度沙门阿你真那、吐火罗沙门达磨末磨等证梵义，罽宾沙门达摩难陀、居士东印度首领伊舍罗等证梵文。”

[七] 油素：光滑的白绢，多用于书写、绘画。语出扬雄《答刘歆书》：“雄常把三寸弱翰，赍油素四尺，以问其异语。”

[八]《开元释教录》卷九“沙门义净”条云：“修文馆大学士特进赵国公李峤、兵部尚书逍遥公韦嗣立、中书侍郎赵彦昭、吏部侍郎卢藏用、兵部侍郎张说、中书舍人李乂、苏颋等二十余人次文润色。”

[九]《婆沙论》：《毗婆沙论》之略称。藏经中有四部：一、《阿毘达磨大毘婆沙论》，二百卷，玄奘译。二、《鞞婆沙论》，十四卷，符秦僧伽跋澄译。三、《五事毘婆沙论》，二卷，玄奘译。四、《十住毘婆沙论》，十七卷，鸠摩罗什译。前三属于小乘，第四属于大乘。婆沙论，往往指第一部，玄奘为第二译，初译为北凉浮陀跋摩译，《高僧传·浮陀跋摩》：“先有沙门道泰……得《毘婆沙》梵本十有万偈，还至姑臧……闻跋摩游心此论。请为翻译……泰即笔受，沙门慧嵩、道朗与义学僧三百余人考正文义。”慧嵩，高昌人，北凉高僧。《续高僧传》卷七有传。道朗，与慧嵩同时，二人在河西享有盛名。余不详。复礼：京兆人，俗姓皇甫氏。参加过地婆诃罗、实叉难陀、提云般若、义净等译经高僧的译场，担任过译主、笔受、证文、润文/缀文等工作，名显一时，所以说“累场充任”。武则天誉其为“名追安、远，德契腾、兰”，《宋高僧传》云：“故唐之译务，礼为宗匠，故惠立谓之译主。译主之名起于礼矣。妙通五竺，融贯三乘。古今所推，世罕伦匹。”

[十] 梵呗：又作婆陟、婆师，本指音韵屈曲升降，与乐曲契合，以为讽咏之声，乃印度佛教之法曲，故名梵呗。又作呗匿，略称呗，义为止断、止息或赞叹，法事伊始唱之，令人止断外缘，止息内心，专心致志完成法事。又其偈颂多赞佛德，故云赞叹。但其作为译场职位，不见记载。唯义净译场有读梵文/本一职，不知是否与此有关？待考。永泰：唐代宗年号，765年正月—766年十一月。

[十一] 侯寿：据《历代三宝记》卷十一云周武帝时阇那耶舍译场“柱国平高公

侯伏侯寿为总监检校"，《大唐内典录》卷五作"柱国平阳公侯伏寿为总监检校"。《周书》卷五武帝纪有柱国平高公侯伏侯龙恩、龙恩弟大将军万寿，《隋书·高祖纪》有大将军侯伏侯寿。侯伏侯寿，即侯伏侯万寿，不见其有"平高公"之封号，疑赞宁有误。

[十二] 房梁公：指房玄龄（579—648），初唐重臣，以功封梁国公。曾参与玄奘译场。许观：生平不详，曾参与义净译场，官衔题"成均太学助教"。杨慎交：尚中宗女长宁公主，参与义净译场，官衔题"秘书大监，驸马都尉，观国公"。杜行顗：京兆人，仪凤中任朝散郎，行鸿胪寺典客署令，精通西域胡语及天竺语，于高宗、则天朝多次奉旨参译佛典。但不见有其监护译经的记载。

[十三]《历代三宝记》卷十二："[开皇十二年（592）]置十大德沙门僧休、法粲、法经、慧藏、洪遵、慧远、法纂、僧晖、明穆、昙迁等监掌始末，诠定旨归。"

【疏解】中土译经，多数是集体合作的结晶，往往是在译场内完成。译场有私立和官设两种，隋唐以后，译场皆由官方设置，程序严格，分工严密，各司其职。一般来说，译场职位主要有：译主、笔受（缀文）、度语（译语、传语）、证梵本、证梵义、证禅义、润文、证义、梵呗、校勘、监护大使等。唐代义净译场，还有读梵本、正字、证译等名目。

其处则秦逍遥园、梁寿光殿、瞻云馆、魏汝南王宅。[一]又隋炀帝置翻经馆，其中僧有学士之名。[二]唐于广福等寺，或宫园不定。又置正字字学，玄应曾当是职，后或置或否。[三]朝廷罢译事，自唐宪宗元和五年至于周朝，相望可一百五十许岁，此道寂然。[四]

[一] 逍遥园：长安园名，后秦为鸠摩罗什设译场于园内。寿光殿、瞻云馆：在扬州。《古今译经图记》卷四云梁帝敕僧伽婆罗于"杨都寿光殿、正观寺、瞻云馆三处译"。汝南王宅：在洛阳。王名元悦，北魏孝文帝子，倾心信佛，在宅内为天竺三藏菩提留支设译场，出经多部。

[二] 翻经馆：在洛阳洛水南岸上林园，达摩笈多、彦琮等在此译经。学士：僧人有学士之名，始见于隋代，如翻经学士彦琮、翻经学士费长房、翻经学士刘凭等。广福：寺名，唐西京长安与东都洛阳均有广福寺。玄奘译经就是从西京广福寺开始的。

[三] 正字：秘书省属官，正九品下。掌雠校典籍，刊正文章。唐代佛典译场设

有正字一职，也称字学，职责不全是校勘文本，还要辨析文字，担任者有极高的文字学修养。

[四] 元和五年是公元 810 年，后周灭亡是 960 年，正好 150 年。此句是说这段时间没有翻译过佛经。

迨我皇帝临大宝之五载，有河中府传显密教沙门法进，请西域三藏法天译经于蒲津，州府官表进，上览大悦，各赐紫衣，因敕造译经院于太平兴国寺之西偏。[一] 续敕搜购天下梵夹，有梵僧法护、施护同参其务，左街僧录智照大师慧温证义。又诏沧州三藏道圆证梵字，慎选两街义解沙门志显缀文，令遵、法定、清沼笔受，守蛮、道真、知逊、法云、慧超、慧达、可瑰、善佑、可支证义，伦次缀文，使臣刘素、高品王文寿监护，礼部郎中张洎、光禄卿汤悦次文润色，进《校量寿命经》《善恶报应经》《善见变化》《金曜童子》《甘露鼓》等经，[二] 有命授三藏天息灾、法天、施护师号，外试鸿胪少卿、赐厩马等。笔受、证义诸沙门各赐紫衣并帛有差。御制新译经序，冠于经首。[三] 观其佛日重光，法轮发轫，赤玉箱而启秘，青莲朵以开芳，圣感如然，前代孰堪比也。

[一] 宋·志磐《佛祖统纪》卷四十三云："[太宗太平兴国五年（1980）] 河中府沙门法进请三藏法天译经于蒲津，守臣表进，上览之大说，召入京师，始兴译事。二月北天竺迦湿弥罗国三藏天息灾、乌填曩国三藏施护来，召见，赐紫衣。敕二师同阅梵夹。时上盛意翻译，乃诏中使郑守均于太平兴国寺西建译经院，为三堂：中为译经，东序为润文，西序为证义。"（T49：398a）法天（？—1001）：中天竺摩伽陀国那烂陀寺僧人，刹帝利种。宋初入中国，开宝七年太祖召见，赐紫方袍及传教大师号，死后谥"玄觉法师"。所译佛经，大藏经今存七十六种，计一三九卷。

[二]《校量寿命经》，见《大正藏》第十七册。《善恶报应经》，全名《分别善恶报应经》，见《大正藏》第一册。《善见变化》，全称《佛说大乘善见变化文殊师利问法经》；《金曜童子》，全称《佛说金耀眼童子经》，均见《大正藏》第十四册。《甘露鼓》，全称《佛说楼阁正法甘露鼓经》，见《大正藏》第十六册。均为天息灾译。天息灾（？—1000），北天竺迦湿弥罗国人，中天竺惹烂驮罗国密林寺沙门。太平兴国五年至宋京汴梁；雍熙四年（987）改名法贤。死后谥慧辨法师，赐紫光禄卿。

[三]《佛祖统纪》载，宋太宗雍熙三年（986），“诏以御制《三藏圣教序》赐天息灾等，令冠新译经首。”（T49：400a）

又以宣译之者乐略乐繁，隋之已前，经题简少；义净已降，经目偏长。古则随取强名，后则繁尽我意。又旧翻秘咒，少注合呼。唐译明言，多详音反，受持有验，斯胜古踪。净师犬［大］译诸经，偏精律部，自高文彩，最有可观。[一]金刚智也祕藏祖师，阿目佉也多经译匠，师资相接，感应互彰。无畏言辞，且多朴实。[二]觉救加佛顶之句，人无间然。[三]日照出显识之文，刃有余地。[四]思惟《罥索》，学喜《华严》，[五]密语断章，大人境界。流志《宝积》，菩提《曼茶》。[六]华胥之理致融明，灌顶之风标祕邃，迪公勤其笔受，般若终乎译场。[七]其余诸公，皆翻夹牒，欲知状貌，聊举喻言。其犹人也，人皆人也，奈何姿制形仪，各从所肖，肖其父焉。若如此，大则同而小有异耳。良由译经，是佛法之本，本立则道生。其道所生，唯生释子，是以此篇冠首。故曰先王将禜海，必先有事于河者，示不忘本也。（T50：723a—725b）

[一] 犬，宋藏作“大”，是。净师：指义净（635—713），俗姓张，字文明。咸亨二年（671）由广州出发，经海路往印度取经，游历三十余国，证圣元年（695）返回。是汉传佛教四大翻译家之一。

[二] 金刚智（669—741）：梵名跋日罗菩提，南印度摩赖耶国人。中国佛教密宗创始人之一。阿目佉：指不空（705—774），狮子国（今斯里兰卡）人，梵名阿目佉跋折罗，汉译不空金刚，略称不空。密宗祖师之一。无畏：指善无畏（637—735），释迦如来季父甘露饭王之后，生于东印度乌荼国。梵名戍婆揭罗僧诃，华言净师子，义翻为善无畏（一说梵名输波迦罗，义为无畏）。他将密宗胎藏界传入中国，密教自此正式传播于中国，善无畏也被视为唐密开山祖师。上述三人被称为开元三大士。

[三] 觉救：梵名佛陀多罗 buddhatrāta，北天竺罽宾人。译出《大方广圆觉了义经》，但不见译有佛顶经。此觉救当是觉护，形近致误，北印度罽宾国人，译有《佛顶尊胜陀罗尼经》。

[四] 日照：梵名地婆诃罗，中印度人。武周时译经家。译出《方广大庄严经》《大乘显识经》等。

[五] 思惟：即宝思惟（？—721），梵名阿你真那，北印度迦湿蜜罗国人，刹帝利种。出《不空罥索陀罗尼经》等七部。学喜：梵名实叉难陀（652—710），一说为施乞叉难陀，葱岭北于阗人。武周、中宗时译经家，出《大方广佛华严经》八十卷。

[六] 流志：指菩提流志（？—727），南天竺国人也。初唐译经家，译经多部，最重要者为《大宝积经》。菩提：即菩提仙，中天竺僧人，长庆四年（824）八月与东塔院青龙寺沙门义云、法金刚同译《大圣妙吉祥菩萨秘密八字陀罗尼修行曼荼罗次第仪轨法》。

[七] 华胥：不详，道宣《释迦氏谱》卷一引北齐王邵、《可洪音义》卷二十九均解为“即天竺国”。（K34：663c）从上下文看，当是指某位僧人，待考。灌顶(561—632)：亦称慈云灌顶，俗姓吴，字法云，隋唐时僧人，天台宗五祖。原籍常州义兴（今江苏宜兴），后迁临海章安（今属浙江），故又有章安大师、章安尊者之号。迪公：指怀迪，初唐循州（今广东惠州）人，住本州岛罗浮山南楼寺，擅梵文，曾参与菩提流志译场，神龙元年（705）与人合译《大佛顶万行首楞严经》。《宋高僧传》卷三有传。般若：罽宾国人。德宗、宪宗朝在世，译经家。早期在京师充当义学沙门，参与过牟尼室利、释莲花、般剌若等人译场。《宋高僧传》卷三有传，“终乎译场”事不明，待考。

【疏解】隋代以后，佛典翻译有很大变化，如经题之长短（字数多寡）、密咒翻译技巧、经文内容类别均与隋代以前有很大的差异，这应是译人翻译与时俱进带来的结果。

于阗语《无垢净光陀罗尼》对音研究①

向筱路

（北京大学 北京 100871）

【提要】2019年段晴先生刊布了一件完整的于阗语《无垢净光陀罗尼》，其中的陀罗尼和唐代僧人弥陀山的汉译本可以对应。本文对其进行对音研究，分析弥陀山汉译本中的陀罗尼反映出的汉语语音特点，主要有：鼻音声母不带同部位的浊塞音；端、知两组声母分立，但是泥母和娘母混同；c组辅音只用章组声母来对；脂、之两韵混同，但与支韵有分别；阳声韵尾没有消变的迹象；三组入声韵尾保留完整，收舌尖塞音尾的字有弱化现象。总体来看，这反映出唐代中原音的特点，与玄奘译音的规律比较一致。此外，对音材料也表明晚期于阗语中t与tt、r与rr的读音没有差别。文章最后列出对音字谱，方便读者核对和利用。

【关键词】弥陀山；《无垢净光陀罗尼》；于阗语；汉语语音

一、引言

《大正藏》中收有一部《无垢净光大陀罗尼经》（T.19 No.1024，以下简称《无垢净光陀罗尼》），题名"唐天竺三藏弥陀山奉诏译"，其中有六段陀罗尼。对它们进行对音分析，可以揭示出一些汉语语音特点。《大正藏》在这部经后根据灵云寺版普通真言藏附上了一段梵语陀罗尼，可以和汉文本的第一段陀罗尼对应。此外，《无垢净光陀罗尼》也有对应的藏文本及若干于阗文本残片。最近，段晴先生刊布了一件完整的于阗语《无垢净光陀罗尼》，经过比对，其中的陀罗尼和汉文本可以完整地对应，

① 本文受国家社科基金项目"敦煌文献中的藏文咒语对音研究"（16BYY117）资助。文章概要曾在"'译音对勘'的材料与方法国际学术研讨会"（北京，2019年12月）上宣读，承蒙储泰松、李建强先生惠赐宝贵意见。部分内容曾发表在《语言学研究》第28辑（高等教育出版社，2020年）。在此一并表示感谢。

这对于我们进行文本校勘和对音研究提供了很好的条件[①]。

根据《开元释教录》的记载，弥陀山是吐火罗国人，精于《楞伽》《俱舍》等经典，曾和实叉难陀共同翻译《入楞伽经》，“后于天后末年共沙门法藏等译《无垢净光陀罗尼经》一部”。曹之先生认为这里所说的“天后末年”指的是武则天去世的前两年，即长安四年（704）和神龙元年（705）[②]。

二、于阗文本校勘

这部分结合于阗文本、梵文本、德格藏文本和汉文本进行文本校勘，找出与汉文本最契合的对音形式，并试图分析不同版本间产生差异的原因。为了方便核对，我们按照段晴（2019）的处理，在所要讨论的于阗语词形前用圆括号注明原写本中的行号。

（1）于阗文本：（108）saptāsaptebhya，梵文本：saptasaptatibhyaḥ，德格藏文本：saptānān，汉文本：飒哆飒怛底颠以反，下同弊毘也反，唇声。按：于阗文本和梵文本记录的梵词为saptasaptibhyaḥ（七十七，复数为格），于阗文本可能是因为加在辅音字符上的i、e符号字形相似而混淆，将ti写成te。藏文本记录的梵词为saptānāṃ（七，复数属格）。汉文本和于阗文本、梵文本可以对应。

（2）于阗文本：（109）vāścätti，梵文本：vācitta，德格藏文本：abhyārcita，汉文本：薄去声，引质多。按：藏文本记录的梵词为abhyārcita，abhi+√ṛc（礼敬）的过去被动分词，“礼敬”。于阗文本和梵文本记录的词形可能是vācita，√vac（说）的致使式的过去被动分词，词根元音三合，这和汉文本可以严整对应。

（3）于阗文本：（109—110）prrattaprrattānāṃ，梵文本：pratiṣṭitānāṃ，德格藏文本：pratiṣṭhitunān，汉文本：钵唎底瑟耻哆喃。按：梵文本和藏文本记录的梵词为pratiṣṭhitānāṃ，prati+√sthā（站立）的过去被动分词为pratiṣṭhita，复数属格是pratiṣṭhitānāṃ，这和汉文本可以对应。于阗文本的写法可能另有来源。

（4）于阗文本：（111）śūdhe，梵文本：śuddhe，德格藏文本：śuddhi，汉文本：戍第。按：记录的梵词为śuddhe，śuddha（形容词，清净）的单数依格形式。定母霁韵字“第”对dhe符合对音规律。于阗文本第二个字写作dhe，可能是少写了辅音d，

① 段晴：《于阗语无垢净光大陀罗尼经》，上海：中西书局，2019年。
② 曹之：《中国印刷术的起源》（第2版），武汉：武汉大学出版社，2015年，第90—91页。

第 118 行正写作 viśuddhe。

（5）于阗文本：（111）āyuviśauddhana，梵文本：ayuviśuddhani，德格藏文本：āyurviśodhani，汉文本：阿喻毘输达你。按：藏文本记录的梵词应该是由 āyus（名词，生命）和 viśodhani（名词，清净）构成的依主释复合词，-s- 在浊辅音前音变为 -r-。不过“喻”是阴声韵字，不会对出 r 尾。从音韵来看，汉文本和梵文本可以严格对应。

（6）于阗文本：（112）vīryabalana，梵文本：viryavaleda，德格藏文本：vīryabalena，汉文本：毘唎耶跋丽娜。按：记录的梵词为 vīryabalena，由 vīrya（名词，精进）和 bala（名词，力量）构成的复合词，单数具格为 vīryabalena。于阗文本 la 上少写了表示元音 e 的符号。

（7）于阗文本：（112）prrattisaṃharam，梵文本：pratisaṃhara，德格藏文本：pratisaṃhara，汉文本：钵刺底僧啰。按：记录的梵词为 pratisaṃhara，由 prati＋sam＋√hṛ（拿、带着）构成，于阗文本记录的可能是其中性业格形式。“啰”是阴声韵字，不会对出鼻音韵尾。

（8）于阗文本：（113）baudhi baudha，梵文本：bodhi，德格藏文本：bodhi bodhi，汉文本：菩提菩提。按：记录的梵词为 bodhi（名词，觉悟），汉文本可以和它严整对应。于阗本写作 baudha，可能是在 dha 上少写了表示 i 的元音符号。晚期于阗语中元音 o 常写作 au，下面再碰到类似的情况时不再重复。

（9）于阗文本：（113）vibidhaya，梵文本：vibuddhya，汉文本：毘勃地。按：记录的梵词为 vibudhya，由 vi＋budh 构成的将来被动分词，“觉醒”。于阗文本写作 bi，可能是误写。

（10）于阗文本：（114）viśūdhe，梵文本：viśuddhe，德格藏文本：viśuddhe，汉文本：毘戍第。按：记录的梵词为 viśuddhe，viśuddha（形容词，清净）的单数依格形式。参见上文第（4）条。

（11）于阗文本：（115）yaṣṭa，德格藏文本：yaṣṭi，汉文本：曳移热反，下同瑟揿竹几反，下同。按：记录的梵词是 yaṣṭi（名词，棍、竿），汉译本加小注将“揿”读为知母旨韵音，对 ṭi 合适。于阗文本可能在 ṣa 上少写了表示 i 的符号。

（12）于阗文本：（116）rajitta，德格藏文本：rājata，汉文本：喇折哆上。按：记录的梵词是 rajata（名词，银子），章母薛韵字“折”对 jat 符合对音规律。于阗文本可能在 ja 上误添了表示 i 的符号。

（13）于阗文本：（116）samaṃttāvalokatte，德格藏文本：samante vilokite，汉文本：三曼哆尾噜吉帝。按：于阗文本记录的梵词为 samantāvalokite，由 samanta（形容词，完全）和 avalokita（ava + luk 的过去被动分词，观看）构成的复合词，单数依格。藏文本记录的梵词为 samantavilokite，由 samanta（形容词，完全）和 vilokita（vi + luk 的过去被动分词，观察）构成的复合词，单数依格。汉文本和藏文本记录的形式更为贴合，"尾"是微母尾韵字，对 vi 合适。

（14）于阗文本：（117）sabaudhani，德格藏文本：saṃbodhani，汉文本：三菩达尼。按：记录的梵词为 sambodhani（名词，觉醒），"三"是阳声韵字，对 sam 合适。于阗文本可能在 sa 上少写了随韵（anusvāra）符号。

（15）于阗文本：（117）yaṣṭa，德格藏文本：yaṣṭi，汉文本：曳瑟擻。按：记录的梵词为 yaṣṭi（名词，棍、竿）。详见上文第（11）条。

（16）于阗文本：（117）vara，汉文本：伐囇。按：记录的梵词应该是 vare，vara（形容词，好、妙）的单数依格形式，"囇"是霁韵字，主元音对 e 符合对音规律。于阗文本写作 vara，应该是和 maṇidhvaja（摩尼幢）构成复合词，因此不变格。

（17）于阗文本：（117）rru，德格藏文本：huru，汉文本：鹘噜。按：记录的梵词为 huru，这是陀罗尼用语，意义暂时不明。于阗文本可能少写了表示 hu 的字符。

（18）于阗文本：（119）viśaudhana，德格藏文本：viśodhani，汉文本：毘输达尼。按：记录的梵词为 viśodhani（名词，清净），脂韵字"尼"对 ni 合适。于阗文本写作 viśaudhana，记录的梵词是 viśodhana（名词，清净），与下文 gandhavalepana 构成复合词。

（19）于阗文本：（119）gaṃddhavagaṃddhavelepanavere，德格藏文本：rudhabale，汉文本：键陀鞞梨钵娜伐囇。按：段晴（2019：18）认为于阗文本中 gaṃddhave 是多余的字，用"{}"加以标识。按此处理，则于阗文本记录的梵词可能是 gandhavalepanavare，由 gandhavalepana 和 vara 构成的复合词，单数依格，前词又是由 gandhavat（形容词，具有香味的）和 lepana（名词，软膏）构成的持业释复合词。

（20）于阗文本：（120）dhara，德格藏文本：dhare，汉文本：达丽。按：记录的梵词为 dhara（名词，持有），单数依格为 dhare。霁韵字"丽"对 re 符合对音规律。

（21）于阗文本：（120）sadhara，德格藏文本：sandhara，汉文本：啰珊达啰。按：藏文本记录的梵词可能是 saṃdhara，由前缀 sam 加上 dhara 构成，意思是"全部持有"。

于阗文本记录的梵词可能是 sadhara，由前缀 sa 加上 dhara 构成，意思是"有持"。"珊"是心母寒韵字，有 -n 韵尾，对 saṃ 合适。"啰"字可能是涉上文"达啰"而衍。

（22）于阗文本：（120—121）° dhiṣṭānādhiṣṭatte，德格藏文本：adhiṣṭhāna adhiṣṭhite，汉文本：阿地瑟耻帝。按：记录的梵词为 adhiṣṭhānādhiṣṭhite，是由 adhiṣṭhāna（名词，祝福）和 adhiṣṭhita（adhi + √sthā 的过去被动分词，加持）构成的依主释复合词，"以祝福加持"，单数依格为 adhiṣṭhānādhiṣṭhite。汉文本只对出了 adhiṣṭhite。

（23）于阗文本：（121）svā，德格藏文本：svāhā，汉文本：莎引诃。按：记录的梵词为 svāhā（不变词，成就），于阗文本可能少写了 hā，Or. 6402B/2 Fol.9 r5 写作 svāhā。

（24）于阗文本：（315）navānavattīnāṃ，德格藏文本：navanavaṭīnāṃ，汉文本：纳婆纳伐底喃。按：记录的梵词为 navanavatināṃ，navanavati（数词，九十九）的复数属格形式。

（25）于阗文本：（316）kauṭīnāṃ，德格藏文本：koti，汉文本：俱胝。按：记录的梵词是 koṭi（数词，千万），于阗文本记录的是阴性复数属格形式 koṭīnāṃ，汉文本和藏文本的形式更贴合。

（26）于阗文本：（316—317）nīvaraṇa，德格藏文本：nivaraṇa，汉文本：你伐啰拏去声。按：记录的梵词为 nivaraṇa（名词，障碍）。于阗文本 nī 应该是多写了表示长 ī 的符号。

（27）于阗文本：（317）viṣkaṃbhaṇe，德格藏文本：viskambini，汉文本：毘瑟剑鼻尼引。按：于阗文本记录的梵词为 viṣkaṃbhaṇe，viṣkaṃbhaṇa（名词，消除）的单数依格形式；藏文本记录的梵词为 viṣkambhini，viṣkambhin（名词，阻止）的单数依格形式。它们的词根都是 vi + √skambh（支持、固定）。汉文本和藏文本的形式更加贴合。

（28）于阗文本：（318）viśaudhane，德格藏文本：viśodhani，汉文本：毘戍达尼。按：记录的梵词为 viśodhani（名词，净化）。参见上文第（18）条解释。

（29）于阗文本：（318）māyupālane，德格藏文本：āyurbalāni，汉文本：摩庾播喇尼。按：于阗文本记录的梵词可能是 māyāpālani，由 māyā（名词，幻化）和 pālani（名词，守护）构成的依主释复合词，段晴（2019：45）将 sarvattathāgattamāyupālane 译作

“保护一切如来之幻”，应该就是如此理解。不过于阗文本写的是 māyu°，梵词 māyu 的意思是“吼叫”，不知与此处语境是否相合。汉文本“摩庾”对的应该是 māyu，以母麌韵字“庾”对 yu 合适。藏文本记录的梵词为 āyurbalāni，由 āyus（名词，生命）和 bala（名词，力量）构成的依主释复合词，“生命之力”，中性复数主业格为 āyurbalāni。

（30）于阗文本：（318—319）vamale，德格藏文本：vipula，汉文本：毘布丽。按：于阗文本记录的梵词为 vimale，vimala（形容词，无垢）的单数依格。藏文本记录的梵词可能为 vipule，vipula（形容词，广大）的单数依格。汉文本和藏文本记录的形式更加贴合。

（31）于阗文本：（319—320）sarvasatvāvilokatte，德格藏文本：sarvasatvā avalokini，汉文本：萨婆萨埵缚卢羯尼。按：于阗文本的梵词可能为 sarvasatvāvalokite，由 sarvasatvan（名词，一切众生）和 avalokita（ava+√lok 的过去被动分词，看）构成的依主释复合词，“观一切众生”，单数依格。藏文本记录的梵词为 sarvasatvāvalokini，由 sarvasatvan（名词，一切众生）和 avalokin（名词，看见）构成的依主释复合词，“观一切众生”，单数依格。汉文本和藏文本记录的形式更贴合。

（32）于阗文本：（421—422）namo bhagavatte naṃvānavattīnāṃ ttathāgattạ̄nāṃ gaṃgānadīvālekaupamạ̄nā，汉文本：南谟 纳婆纳伐底喃 怛他揭多俱胝喃 弶伽捺地婆卢迦三摩喃。按：由汉文本反推，对应的梵语形式应该是 namo navanavatīnāṃ tathāgatakoṭīnāṃ gaṅgānadīvālukopamānām，“礼敬如同九十九亿恒河沙粒（多）的诸如来”。这种表达在佛经中很常见，例如唐伽梵达摩译《大悲心陀罗尼》有“此陀罗尼，是过去九十九亿恒河沙诸佛所说”。

（33）于阗文本：（424）garbhā，德格藏文本：garbhe，汉文本：揭鞞。按：藏文本记录的梵词为 garbhe，garbha（名词，胎）的单数依格。“鞞”有並母齐韵的读音，《广韵》注音部迷切，对 bhe 符合对音规律。不空译咒中也用“鞞”对 bhe①。IOl Khot 172/4v 也写作 garbhe。

（34）于阗文本：（424）sattyādhiṣṭatte，德格藏文本：adhiṣṭhite，汉文本：萨底丁耶反地瑟耻帝。按：记录的梵词为 satyādhiṣṭhite，由 satya（名词，真实）和 adhiṣṭhita

① 刘广和：《音韵比较研究》，北京：中国广播电视出版社，2002 年，第 89 页。

（adhi＋√sthā 构成的过去被动分词，加持、守护）构成的依主释复合词，"真实护持"，单数依格为 satyādhiṣṭhite。于阗文本写作 ṣṭa，一方面是少写了表示 i 的元音符号，另一方面可能是由于 ṭa 和 ṭha 字形相似而造成混淆。在这份卷子中，第 89 行 ṣṭha 写作，此处 ṣṭa 写作。

（35）于阗文本：（424—425）āyāttu bhavane，德格藏文本：āyatatovaṇi，汉文本：阿引那夷我反，下同咄都饭尼。按："那"应为"耶"的讹误，碛砂藏正写作"耶"。于阗文本记录的梵词为 āyatabhavane，由 āyata（形容词，广大）和 bhavana（名词，宫殿）构成的持业释复合词，"宽广宫殿"，单数依格为 āyatabhavane。藏文本记录的梵词为 āyataturvaṇi，可以看成由 āyata（形容词，广大）和 turvaṇi（形容词，胜利）构成的相违释复合词。端母没韵字"咄"对 tur 符合对音规律，不空译咒中就如此对过。

（36）于阗文本：（425）vāhayąme，德格藏文本：vahaya，汉文本：婆阿耶弭。按：于阗文本记录的梵词为 vāhayāmi，√vah（携带）的致使式，现在时第一人称单数。IOL Khot 172/4v 正写作此形式。汉文本存在异文，《大正藏》校勘记说宋本、元本、明本、甲本"阿"作"诃引"，对 ha 合适，"引"字或许是衍文。

（37）于阗文本：（425—426）°ādhiṣṭąna，德格藏文本：adhaṣṭhiṇa，汉文本：阿地瑟侘那上。按：记录的梵词为 adhiṣṭhāna（名词，加持），彻母字"侘"对 ṭhā 合适。于阗文本写作 ṭą。参见上文第（34）条。

（38）于阗文本：（457）kauṭau nayutta śatta sahasrrąṇā，德格藏文本：koṭi niyuta śata sahasrānām，汉文本：俱胝那庾多设多索诃萨啰喃。按：记录的梵词为 koṭi-nayuta-śata-sahasrāṇāṃ，意为"数亿那庾多百千"，整个词是复数属格形式，与上文 ttathāgatąṇāṃ（名词，如来）性数格一致，起修饰作用。于阗文本将 koṭi 写作 kauṭau，可能是因为抄手原本想写成 kauṭä，由于加在辅音字符上的 ä 和 au 字形相似而造成讹误。例如在这份卷子中，第 49 行 ḍä 写作，第 121 行 ḍau 写作。

（39）于阗文本：（457—458）chuchurä，德格藏文本：vovori，汉文本：普怖哩。按：汉文本和于阗文本、藏文本都无法对应上，暂时存疑。

（40）于阗文本：（458）vilīni，德格藏文本：cariṇi，汉文本：折里尼。按：记录的梵词可能为 cariṇi，这是陀罗尼用语，意义暂时不明。汉文本和藏文本可以严格对应。于阗文本写作 vilīni，可能是因为 ca 和 va 字形相似而混淆，例如在这份卷子中，第 56 行 ca 写作，第 58 行 va 写作。

（41）于阗文本：（458）varä mure hure，德格藏文本：cari mari kori，汉文本：折哩慕哩忽哩。按：记录的梵词可能为 cari muri huri，这些都是陀罗尼用语。于阗文本写作 varä，参见上一条的分析；mure、hure 的第二个音节写作 re，可能是因为加在辅音字符上的 ä 和 e 字形相似造成的混淆，在这一行中 rä 写作，re 写作，如果表示元音 ä 的两点连写在一起，就与元音字符 e 很相似。

（42）于阗文本：（458）bhara，汉文本：跛上哩。按：记录的梵词是 bhari（名词，承担），“哩”对 ri 符合对音规律。于阗文本可能在 ra 上少写了表示 ä 或 i 的元音符号。

三、声母对音情况及讨论

（一）声母对音情况

（1）k 组

k：（见母）迦俱羯剑讫；g：（群母）伽键弶揭。

“揭”《广韵》收有其谒切的又音，群母。

（2）c 组

c：（章母）止；j：（禅母）誓市社，（章母）折。

（3）ṭ 组

ṭ：（知母）胝致竹几反；ṭh：（彻母）耻侘；ṇ：（娘母）拏尼，（泥母）泥喃奴暗反。

（4）t 组

t：（端母）哆怛底埵咄；tt：（端母）底丁耶反多怛都帝睹；th：（透母）他；d：（定母）地；dh：（定母）陀第达地亭也反驮提脱；n：（泥母）喃奴暗反捺你娜南诺纳那，（娘母）尼昵。

“脱”《广韵》收有徒活切的又音，定母。

（5）p 组

p：（帮母）钵播波补跛布；b：（並母）跛菩勃，（奉母）佛；

bh：（並母）弊毘也反薄珮鼻跋鞞；m：（明母）谟藐摩弥么昧末弭。

奉母字“佛”声母对 b 是沿袭旧译。

（6）半元音组

y：（以母）喻耶焰曳移热反庾也耶夷我反；r：（来母）唎罗啰喇囉丽噜；rr：（来母）

剌噜罗；l：（来母）丽罗梨喇卢里逻；v：（並母）跋毘婆鞞，（奉母）伐缚饭，（微母）尾。

（7）咝音组

ś：（书母）成输聿反输设烧；ṣ：（生母）杀瑟；s：（心母）飒三娑写僧萨苏莎塞珊索悉。

（8）喉音

h：（晓母）嚩呵葛反虎诃吽忽，（匣母）鹘。

（9）其他

ø：（影母）阿唵。

（二）声母对音的讨论

在弥陀山译的这部《无垢净光陀罗尼》中，汉语的次浊鼻音声母只对于阗语/梵语的鼻辅音，不对同部位的浊塞音，这与玄奘译音一致，反映出洛阳音的特点（施向东2009）。

除了鼻音声母外，梵语的ṭ组辅音用知组字来对，t组辅音用端组字来对，表明端、知分立。但是泥、娘母字的对音有杂错的情况，例如娘母字"尼"共对音14次，其中10次对n，4次对ṇ，泥母字"泥"只出现1次，对ṇ，这表明当时泥、娘相混。

帮组字对p组辅音，奉母字和微母字对v，表明当时轻重唇音已经分化。少数並母字也对v，可能是因为梵语中存在b、v互换的现象①，这些並母字对的实际上仍然是b。

梵语的c组辅音全用章组字来对，不杂精组字，这与玄奘译音特点一致。同时梵语的三个咝音声母对音分明，书母对ś、生母对ṣ、心母对s，表明庄、章两组声母存在区别，没有混淆的现象。

四、韵母对音情况及讨论

（一）阴声韵

（1）果摄、假摄

歌韵系：陀阿多诃啰罗哆对a、ā，娑那驮陀娜逻对a，他对ā。

①William Dwight Whitney.(1896). *A Sanskrit Grammar, Including Both the Classical Language, and the Older Dialects, of Veda and Brahmana*(*Third Edition*)(P.18). Leipzig:Breitkopf & Härtel.

麻韵→哿韵：耶夷我反对 ya、yā。

戈韵系：波播对 ā，么跛对 a，婆迦举佉反伽摩对 a、ā，莎埵对 vā。

麻韵系：拿社对 a，侘对 ā，写也对 ya。

荠韵→麻韵：底丁耶反对 yā。

至韵→马韵：地亭也反对 ya。

祭韵→马韵：弊毘也反对 ya。

《切韵》音系中歌韵系不拼以母，因此对前面没有其他辅音的 ya、yā 时改用麻韵三等字“耶”来对，同时加小注将其改读为以母歌韵，这表明歌、麻主元音读音相近，同时也暗示歌韵系的字更接近标准的 a 的读音，因此宁愿造一个不符合中古声韵配合规则的反切来模拟 ya、yā 的发音。由于麻韵三等只拼精组、章组和以母，在对梵语的 tya、dhya、bhya 之类有辅音丛的音节时，要另造反切改读，用“耶也”的读音来对应 -ya，表明歌、麻主元音仍有分别，王力先生将歌韵系主元音拟作 ɑ，麻韵系主元音拟作 a，可以解释这个现象[①]。此外，“底丁耶反”等字的对音表明三等字有 i 介音，“莎埵”韵母对 vā 表明合口字有 u 介音。

（2）止摄、蟹摄

支韵系：弥对 i。

脂韵系：胝对 ī，尼鼻对 i，毘地撴竹几反对 i、ī，唎对 i、y，梨对 e。

之韵系：耻里你市止哩对 i。

荠韵→止韵：底颠以反对 i、ī。

微韵系：尾对 i。

齐韵系：帝第丽鞞矖对 e，提对 e、i。

灰韵系：昧珮对 ay。

祭韵：誓对 e。

“撴”《广韵》收有四个读音，分属纸、旨、止、至四韵；《玉篇》注音知利切，表明至韵音是中古常见的读音。这里加小注“竹几反”，应该是表明这里“撴”读脂韵系音。

支韵系字只出现明母重纽四等“弥”字，全部对 i。刘广和（2002：122）认为重

① 王力：《汉语史稿》，北京：中华书局，2013 年，第 53 页。

纽四等字有强 i 介音，主元音 i 的音色更强。同样是明母重纽四等，至韵有"寐"等字，但不用来对 i，这可能表明支、脂主元音有分别。不过支韵系字仅出现一个，上述结论还只是推测。脂韵系绝大多数字主元音对 i、ī，"梨"可能是"犁"字之讹，"犁"有齐韵异读，对 e 合适。之韵系字全部对 i，与脂韵系字对音表现相同。此外，脂韵系"胝"为知母，彻母有"絺"等字，但对 ṭhi 时却要选用之韵系的"耻"；来母至韵"唎"与来母志韵"哩"都对 ri。这说明脂、之韵系对音表现相同并不是因为某个韵系不拼某个声母而借用他韵系字替代造成的，由此我们认为弥陀山译咒反映的汉语语音中脂、之已经混同。一些汉语传统材料也反映出这个现象，例如唐高宗时期京兆长安人颜元孙所著《干禄字书》中脂、之不分（周祖谟 1988）。

齐韵系字绝大多数对 e，不与止摄字对音混同。"提"对 i 只出现在"菩提"中，可能是沿袭旧译。

（3）遇摄、效摄

虞韵系：俱输对 au，庾喻对 yu。

模韵系：谟对 au，补睹杜虎都苏慕布对 u，噜对 u、ū、o，卢对 u、o，菩对 u、au。

宵韵系：烧对 au。

上文已经说过，晚期于阗语中 au 的音值与 o 混同，因此《无垢净光陀罗尼》中于阗本写作 au，其实记录的是梵语 o。虞、模韵系兼对 o、u，表明当时汉语中没有主元音读 o 的阴声韵字。śau 共出现 4 次，3 次用虞韵字"输"对，1 次用宵韵字"烧"对，暗示出比起虞韵，宵韵主元音与 o 差别更大，王力（1957/2013：53）把宵韵音值构拟为 ĭɛu，与此处的材料不矛盾。流摄字不用于对音，表明当时流摄字主元音已经读成复合元音，同时梵语中没有与之对应的元音，王力（1957/2013：54）把流摄元音构拟为 əu，可以解释这个对音现象。

（二）阳声韵

（1）深摄、咸摄

侵韵系：吽对 um。

覃韵系：南对 am，唵对 om、aum。

咸韵→勘韵：喃对 ām。

谈韵系：三对 am、aṃ。

盐韵系：焰对 yaṃ。

凡韵系：剑对 am。

覃韵系字主元音对 a、ā，“唵”对 o 可能是沿袭旧译。“喃”是娘母咸韵字，加小注“奴暗反”改读为泥母勘韵，对 nām。之所以不直接选泥母勘韵字，可能是因为《广韵》这个音韵地位上只有一个“妠”字，较为生僻，《集韵》这个音韵地位上虽然收字较多，但也都不太常用。

（2）山摄

元韵系：键曼对 an，饭对 aṇ。

寒韵系：珊对 an。

山摄字都可以对出 -n 韵尾，“饭”出现 1 次，对 vaṇ，仍然对出舌音鼻音韵尾。

（3）宕摄、曾摄

阳韵系：弶对 aṅ。

登韵系：僧对 aṃ。

收后鼻音韵尾的字出现很少，但都可以对出鼻音韵尾，没有消变迹象。

（三）入声韵

合韵：飒对 ap，纳对 a。

质韵：吉对 itt，昵对 ir，悉对 idh，质对 it，栗对 ṛtt。

栉韵：瑟对 it。

物韵：佛对 ud。

没韵：勃对 ud，咄忽鹘对 ur。

月韵：伐对 ar，揭对 att、ar，羯对 a。

曷韵：怛对 as、ath、at，萨嚩对 ar，剌对 at，捺对 as、ad，达对 ar、a，喇对 aj、a。

末韵：跋对 att、al、ar，钵对 ar、a，末对 al、a，脱对 vaj。

黠韵：杀对 aṣ。

薛韵：设对 att，折对 at、ar、al。

祭韵→薛韵：曳移热反对 aṣ。

觉韵：藐对 yak。

药韵：缚对 al。

铎韵：诺对 ak，索对 ah。

《切韵》音系中以母薛韵开口无字，这里加注反切“移热反”将祭韵字“曳”改读为以母薛韵来对 yaṣ，表明祭韵字没有辅音韵尾。总的来看，入声字的 -p、-t、-k 三套韵尾保存良好，但也有弱化现象，集中在收舌尖塞音尾的入声字上。

五、结语

通过上文对弥陀山译《无垢净光陀罗尼》中的陀罗尼进行对音分析，我们发现它表现出明显的唐代中原音特点，与玄奘译音比较一致[①]。这主要体现在汉语的次浊声母不兼对同部位的浊塞音，c 组辅音只用章组字来对，宕摄阳声韵尾没有明显消变现象。

关于弥陀山译出《无垢净光陀罗尼》的地点，史籍中没有明确记载，不过从他与实叉难陀共同翻译《楞伽经》的情况来看，我们推测可能是在长安。法藏《入楞伽心玄义》卷一在记载《大乘入楞伽经》的翻译过程时说：

> 至长安二年有吐火罗三藏弥陀山，其初曾历天竺廿五年，备穷三藏，尤善《楞伽》，奉敕令共翻经沙门复礼、法藏等再更勘译，复礼缀文，御制经序，赞述云尔。

弥陀山在长安二年（702）才来到中土，可以猜想他的汉语不会非常地道，《无垢净光陀罗尼》的陀罗尼反映出中原音的特点，可能是因为笔受操的就是中原方音。李建强先生在比较两部菩提流志主译《不空羂索》咒语反映的语音特点后认为，“译主不熟悉汉语时，笔受僧团的口音就至关重要了”[②]。

此外，这部经的陀罗尼译音材料也可以为于阗语的语音研究提供线索。Emmerick 指出早期于阗语中 tt 的音值是 [t]，而元音间的 t 则表示相应的浊音 [d][③]。段晴（2019：87—91）则认为于阗语《无垢净光陀罗尼》“有严格拼写规则，只要是 [t] 音，无论在梵语还是在于阗语，皆用 tt 对应”，而“t = [d] 似仅保留在有 t 作为起始音的外来语词。这就是说，-t- 不再用来代表 [d]”。从弥陀山的陀罗尼译音来看，于阗的 t 和 tt 都用端母字来对，而汉语的端母无疑是清辅音，由此可以反推当时于阗语的 t 和 tt 都

① 施向东：《玄奘译著中的梵汉对音研究》，载施向东著：《音史寻幽——施向东自选集》，天津：南开大学出版社， 2009 年，第 1—79 页。

② 李建强：《菩提流志主译〈不空羂索〉咒语声母对音比较研究》，《语言科学》2017 年第 1 期，第 96 页。

③ R. E. Emmerick.(1981). The Consonant Phonemes of Khotanese. In *Monumentum Georg Morgenstierne I*(PP.185-209). Leiden:E.J. Brill.

读成清音 [t]。同样是根据 Emmerick（1981）的研究，早期于阗语中 r 与 rr 发音不同，尽管学者们对它们的具体差别尚未达成一致意见。在这部经中，rr 和 r 都用来母字来对，表明在晚期于阗语中它们的读音已经混同。

六、附录：对音字谱

每个对音字都列出中古的反切及音韵地位，如不特别注明，反切都采自《广韵》。对音字按中古声母七音顺序排列。

	对音汉字	中古反切	音韵地位	对音形式
唇音	波	博禾切	帮戈合一果	pā
	播	补过切	帮过合一果	pā
	跛	布火切	帮果合一果	pa
	补	博古切	帮姥合一遇	pu
	布	博故切	帮暮合一遇	pu
	跋	蒲拨切	並末合一山	vatt、bal、bhar
	毘	房脂切	並脂开三止	vi、vī
	鼻	毗至切	並至开三止	bhi
	弊毘也反	毗祭切	並祭开三蟹→並马开三假	bhya
	鞞	部迷切	並齐开四蟹	ve
	勃	蒲没切	並没合一臻	bud
	珮	蒲昧切	並队合一蟹	bhay
	菩	薄波切	並模合一遇	bau、bhu
	么	（集韵）眉波切	明戈合一果	ma
	曼	无贩切	明愿合三山	man
	昧	莫佩切	明队合一蟹	may
	弥	武移切	明支开三止	mi
	藐	莫角切	明觉开二江	myak
	谟	莫胡切	明模合一遇	mau

续表

	对音汉字	中古反切	音韵地位	对音形式
	摩	莫婆切	明戈合一果	ma、mā
	末	莫拨切	明末合一山	mal、ma
	伐	房越切	奉月合三山	var
	饭	符万切	奉愿合三山	vaṇ
	缚	符钁切	奉药合三宕	val
	佛	符弗切	奉物合三臻	bud
	尾	无匪切	微尾合三止	vi
舌音	钵	北末切	端末合一山	par、pa、p-
	怛	当割切	端曷开一山	tat、ttath、ttas、
	底颠以反	都体切	端荠开四蟹→端止开三止	ti、tti
	底丁耶反	都体切	端荠开四蟹→端麻开三假	ttyā
	帝	都计切	端霁开四蟹	tte
	都	当孤切	端模合一遇	ttu
	睹	当古切	端姥合一遇	ttu
	多	得何切	端歌开一果	ta、tta、ttā
	咄	当没切	端没合一臻	tur
	哆	丁可切	端哿开一果	ta、tā、ttā
	埵	丁果切	端果合一果	tvā
	他	託何切	透歌开一果	thā
	达	唐割切	定曷开一山	dhar、dha
	地	徒四切	定至开三止	dhi、dī
	地亭也反	徒四切	定至开三止→定马开三假	dhya
	第	特计切	定霁开四蟹	dhe
	杜	徒古切	定姥合一遇	dhu
	提	杜奚切	定齐开四蟹	de、dhi
	脱	徒活切	定末合一山	dhvaj
	驮	徒河切	定歌开一果	dha
	陀	徒河切	定歌开一果	dha

续表

	对音汉字	中古反切	音韵地位	对音形式
	那	诺何切	泥歌开一果	na
	纳	奴答切	泥合开一咸	na
	娜	奴可切	泥哿开一果	na
	捺	奴曷切	泥曷开一山	nad、nas
	南	那含切	泥覃开一咸	nam
	喃奴暗反	女咸切	娘咸开二咸→泥勘开一咸	nāṃ、ṇāṃ
	诺	奴各切	泥铎开一宕	nak
	胝	丁尼切	知脂开三止	ṭī
	撖竹几反	豬几切	知旨开三止	ṭi、ṭī
	侘	丑亚切	彻祃开二假	ṭā
	耻	敕里切	彻止开三止	ṭhi
	拿	女加切	娘麻开二假	ṇa
	尼	女夷切	娘脂开三止	ṇi、ni
	你	乃里切	娘止开三止	ni
	昵	尼质切	娘质开三臻	nir
牙音	吉	居质切	见质开三臻	kitt
	迦举佉反	居伽切	见戈开三果	ka、kā
	剑	居欠切	见梵合三咸	kam
	羯	居竭切	见月开三山	ka
	俱	举朱切	见虞合三遇	kau
	讫	居乞切	见迄开三臻	k-
	伽	求迦切	群戈开三果	ga、g
	键	其偃切	群阮开三山	gan
	弶	其亮切	群漾开三宕	gat
	揭	其谒切	群月开三山	gatt、gar
齿音	飒	苏合切	心合开一咸	sap
	萨	桑割切	心曷开一山	sar、s-
	塞	苏则切	心德开一曾	s-
	三	苏甘切	心谈开一咸	sam、saṃ

续表

	对音汉字	中古反切	音韵地位	对音形式
	僧	苏增切	心登开一曾	saṃ
	娑	素何切	心歌开一果	sa
	莎	苏禾切	心戈合一果	svā
	跚	苏干切	心寒开一山	san
	苏	素姑切	心模合一遇	su
	索	苏各切	心铎开一宕	sah
	悉	息七切	心质开三臻	sidh
	写	悉姐切	心马开三假	sya
	瑟	所栉切	生栉开三臻	ṣit、ṣ-
	杀	所八切	生黠开二山	ṣas
	折	旨热切	章薛开三山	car、cal、jat
	止	诸市切	章止开三止	cit
	质	之日切	章质开三臻	cit
	烧	式招切	书宵开三效	śau
	设	识列切	书薛开三山	śatt
	输	式朱切	书虞合三遇	śau
	社	常者切	禅马开三假	ja
	市	时止切	禅止开三止	ji
	誓	时制切	禅祭开三蟹	je
喉音	阿	乌何切	影歌开一果	a、ā
	唵	乌感切	影感开一咸	om、aum
	诃	虎何切	晓歌开一果	ha、hā
	㰤呵葛反	许葛切	晓曷开一山	har
	忽	呼骨切	晓没合一臻	hur
	虎	呼古切	晓姥合一遇	hu
	鹘	户骨切	匣没合一臻	hur
	耶夷我反	以遮切	以麻开三假→以哿开一果	ya、yā
	也	羊者切	以马开三假	ya

续表

	对音汉字	中古反切	音韵地位	对音形式
	曳移热反	馀制切	以祭开三蟹→以薛开三山	yaṣ
	庾	以主切	以麌合三遇	yu
	喻	羊戍切	以遇合三遇	yu
半舌音	剌	卢达切	来曷开一山	rat
	喇	（集韵）郎达切	来曷开一山	raj、ra、la
	唎	（集韵）利至切	来至开三止	ri、ry
	里	良士切	来止开三止	ri
	哩	（玉篇）力忌切	来志开三止	ri
	丽	郎计切	来霁开四蟹	le、re
	囇	郎计切	来霁开四蟹	re
	栗	力质切	来质开三臻	-ṛtt
	噜	（集韵）笼五切	来姥合一遇	rru、rrū、lo
	卢	落胡切	来模合一遇	lu、lo
	罗	鲁何切	来歌开一果	la、ra、rā
	啰	鲁何切	来歌开一果	ra
	逻	郎佐切	来箇开一果	la

日本西大寺本《不空羂索神咒心经》宽德点中的陀罗尼字音[①]

李　香

（扬州大学　扬州　225127）

【提要】日本西大寺本《不空羂索神咒心经》经本文抄写于奈良时代（8世纪），经中文字附有宽德二年（1045）所施加的训点，其中汉字音注中有大量对经文中的陀罗尼音译字施加的读音。本文从声韵调三个方面对这部分音译字注音进行了整理，并对其语音特点进行了考察，指出（1）音译字字音大体上属于汉音系统，（2）音译字中的部分特殊读音是为了描写梵语读音，（3）音译字的声调系统既不属于汉音，也不属于吴音，其加点目的与音译汉字本身的调值无关。

【关键词】西大寺本《不空羂索神咒心经》宽德点；陀罗尼；字音

一

日本佛教训点资料中存在着相当多的陀罗尼音注材料，由于涉及梵语，语音的转写情况较一般汉字音更为复杂。现藏于东京国立博物馆的西大寺本《不空羂索神咒心经》宽德点是日本早期训点资料中陀罗尼音注数量较多的资料之一。

《不空羂索神咒心经》为唐代高僧玄奘于高宗显庆四年（659）所译，经文中有一段"母陀罗尼真言"。西大寺本经本文抄写年代为奈良时代（8世纪），经中文字附有白、朱、墨三种训点，根据跋语可知其为宽德二年（1045）施加。该训点分为两大部分，一类是对文字进行日语训读的"ヲコト点"，另一类是表示汉字读音的音注（含声点），其中包含大量对经文中的陀罗尼音译字施加的读音。

① 本文受国家社科基金项目"日本平安镰仓时代佛教文献中的咒语注音资料整理与研究"（19BYY205）资助。本文主要内容曾在"第十三届汉文佛典语言学国际学术研讨会"（桂林，2019年11月）、"'译音对勘'的材料与方法国际学术研讨会"（北京，2019年12月）上宣读。

作为字音直读资料，宽德点字音一直都有被汉字音研究者所注意，但对其较为全面的叙述，管见所及，目前只有小林芳规（1958）《不空羂索神咒心經寬德點の研究——釋文と索引》一文。文中对西大寺本和宽德点的抄写年代、作者、加点情况等进行了考证，根据字体推测白、朱、墨三种训点为同一人施加。并对宽德点中所显示的日语语音和汉字音的特点进行了总结，指出汉字音属于吴音系统，但也有汉音混入，以及存在着既不属于吴音也不属于汉音的音形。另外，小林还注意到了陀罗尼字音的特殊性，在做字音索引时将陀罗尼字音单列一项[①]。但是，小林的研究只是概述性质的，没有进行详细的描写。

除此之外，李香（2014）在考察日译吴音的层次时，将宽德点作为吴音系资料进行过较为全面的整理，并涉及对其中一些特殊读音的分析[②]，但由于是将宽德点和其他吴音系资料放在一起整理为《吴音字汇》，没有对宽德点自身进行单独的考察，特别是对于其中大量陀罗尼的字音注没有进行讨论。

因此，宽德点作为拥有丰富陀罗尼音注的早期汉字音资料，还有进行详细研究的必要。本文以宽德点中的陀罗尼音注为研究对象，从声韵调三个方面对其语音特点进行整理和考察。

本文所使用的文本为小林（1958）所附的摹写[③]，并参考了其索引。宽德点汉字音注的表记以假名注为主，少部分为直音注，声点加于单字四角。音注示例如下，为方便起见，本文引用时以小号字体在括号内表示，并将声点改为文字描述，音注后 < > 括号内的“第某某行”表示的是该音注在小林摹本中的行数：

恐（ク，平）喝（カチ，入）< 第 201 行 >

蓊（ヲウ，東）迦（キヤ，上）洛 < 第 180 行 >

血（決）肉（ニク）< 第 301 行 >

参照文本包括：《大正藏[④]·不空羂索神咒心经》（T1094）；东京大学国语研究室藏本《不空羂索神咒心经》（1099 年抄写，1151 年加点[⑤]，以下简称“东大本”）；

① 小林芳规：《不空羂索神咒心經寬德點の研究——釋文と索引》，《国語学》1958 年第 33 期，第 1—46 页。
② 李香：《日译吴音的读音层次与六朝南音》，广州：世界图书出版广东有限公司，2014 年。
③ 小林芳规：《不空羂索神咒心經寬德點の研究——釋文と索引》，《国語学》1958 年第 33 期，第 1—46 页。
④ 大正一切经刊行会：《大正新修大藏经》，東京：大正一切经刊行会，1925 年。
⑤ 据東京大学国语研究室编辑、筑岛裕解题：《古訓點資料集（一）》，東京：汲古书院，1986 年。

东京国立博物馆藏西园寺公衡笔《不空羂索神咒心经》[①]（1306年抄写，以下简称“西园寺本”）。此外，该经传世汉译本除玄奘译本外，同时期还有4个较为接近的异译本，即阇那崛多《不空羂索咒经》（T1093）、菩提流志《不空羂索神变真言经》（T1092）卷一和《不空羂索咒心经》（T1095）、阿目佉《佛说不空羂索陀罗尼仪轨经》（T1098），在考证陀罗尼异文时也作为参照文本。

梵本参照《大正藏·不空羂索神变真言经·母陀罗尼真言品》后所附的梵本。不过玄奘《不空羂索神咒心经》和菩提流志《不空羂索神变真言经》虽然是同经异译，但根据汉译来看，两者所依据的底本可能不完全相同，因此《大正藏》所附梵本只是作为参考使用。

二

宽德点的加点时间宽德二年（1045）属于日本历史上的平安时代后期。据中田祝夫等（1972）[②]，以及小林（1958）中所提及的宽德点语音特点，大致可确认当时的日语语音系统，和前代相比，主要有以下几点变化：

（1）上代语的 i e o 的甲乙两类区别已经消失，元音为五元音系统。

（2）ア行的エ e 和ヤ行的江 ye 相混，读作 ye。

（3）オ o 与ヲ wo 开始相混，这一点在宽德点中即有体现，但此时并没有完全完成合流。

（4）产生“ハ行转呼音”现象，即ハ行音（ɸ-）在词中或词尾出现时，变读为ワ行音（w-），这一点在宽德点中不仅在日语固有词汇中有体现，汉字音的表记中也有相关现象。如深摄字“湿（シウ）<第74行>”，咸摄字“答（タフ）<第185、205行>”“納（ナウ）<第220行>”“脇（ケウ）<第69行、69行墨点>”，音注的第二个假名为“ウ（u）”，即转写 -p 尾的“フ（ɸu）”由于“ハ行转呼音”规则，变读为ワ行的“ウ（u）”，假名表记反映的是其在日语中的实际读音。同样，效摄字“膠（ケフ）<第291行>”，音注的第二个假名为“フ（ɸu）”，并不是表明“膠”字读作 -p

① 此文本依据日本“国立文化财机构所藏品统合检索系统”（https://colbase.nich.go.jp/collection_item_images/ tnm/B-2452?locale=ja）所提供的画像，检索时间2021年6月10日。

② 中田祝夫等：《講座国語史2 音韻史・文字史》，東京：大修馆书店，1972年。

入声，而是根据“ハ行转呼音”规则，此处的“フ（ɸu）”位于词中，因此实际读音为“ウ（u）”，转写的还是效摄的 -u 韵尾。

根据以上几点，列当时的日语音节表如下，

表 1 11 世纪中期日语音节表

清音	浊音
アa イi ウu エye オo	
カka キki クku ケke コko	ガga ギgi グgu ゲge ゴgo
サsa シsi スsu セse ソso	ザza ジzi ズzu ゼze ゾzo
タta チti ツtu テte トto	ダda ヂdi ヅdu デde ドdo
ナna ニni ヌnu ネne ノno	
ハɸa ヒɸi フɸu ヘɸe ホɸo	バba ビbi ブbu べbe ボbo
マma ミmi ムmu メme モmo	
ヤya ユyu ヨyo	
ラra リri ルru レre ロro	
ワwa ヰwi ヱwe ヲwo	

本文在转写宽德点假名音形时即根据该音节表，需要说明的是，这样转写出来的音只是一个大致音类，并不代表具体音值。另外，据研究，日本平安时代的ハ行辅音 ɸ 在更早的时代应当是由塞音 p 演变而来的（工藤浩等 1993[①]），吴音系、汉音系在转写汉字音时，都以ハ行音对汉语声母的 p-、b- 和 m-（部分）以及入声韵尾 p-。因此，为了体现与汉语语音的联系，本文ハ行辅音的转写一律记作 p。

宽德点加点时期正处于中古日语语音变动期，同时作为较为早期的假名注音资料，其音注的表记形式具有不少上述时期的特点。比如早期资料中，清浊表记往往混同，9 世纪后期以后，训点资料中开始逐渐出现专门标记浊音音节的符号。宽德点正处于这种变化时期，虽然有浊音符号，但使用并不多，合计只有 22 例，其中非音译字 4 例，其余全部为音译字的注音。

由于浊音符号使用并不多，因此有相当一部分表记清浊不分。比如明母字“沫”，共出现 4 例，2 例以清音“ハ（pa）”转写，2 例以浊音“バ（ba）”转写，即

① 工藤浩等：《日本語要說》，東京：绵羊书房，1993 年。

沫（バ，上）洛（上）沫洛 < 第 188 行 >

沫（ハ，上）洛（上）沫洛 < 第 193 行 >

沫（ハ，上）娑（シヤ，上）沫娑 < 第 205 行 >

沫（バ，上）吒（上）沫吒 < 第 213 行 >

其中有 2 例还是转写的同一个梵语词，由此可见以清音“ハ（pa）”转写的字音，其实际发音应当也是浊音。

在整理宽德点音译字之前，首先根据经文中所有音译字的性质，将其分为三类：

（1）梵词 1：指出现在经文非陀罗尼部分的音译词，如“羅（ラ）刹 < 第 121 行 >”“喝麗（レイ，平）怒（ト，上）迦 < 第 272 行 >”等。这一类音注共计 46 例，其中有 7 例只标注声点、无假名音注。

（2）梵词 2：经文中有一段陀罗尼，玄奘在翻译时将其中一部分内容意译，如“稽首得大势者 < 第 174 行 >”；或者部分名词音译，如“稽首日月琰摩筏（バ，上）魯（ロ，上）拏（タ，平）炬（ク，平）吠（ヘイ）羅释梵与财等天仙众所供养之 < 第 186 行 >”，其中的“琰摩筏鲁拏炬吠罗”为音译。而这部分内容在阇那崛多、菩提流志、阿目佉的译本中是全部音译的。因此，将这部分意译语句中的音译梵词和梵词 1 区别开来，称为梵词 2。这一类音注共计 22 例，其中有 3 例只标注声点、无假名音注。

（3）陀罗尼：即陀罗尼中所使用的音译字。这一类音注共计 237 例，其中有 94 例只标注声点、无假名音注。

小林（1958）文末附有字音索引，将上述（3）陀罗尼单列一项，而梵词 1 和 2 则归入普通汉字音[①]，这一做法有值得商榷之处。梵词 1 由于存在承袭前人译语的可能性，在对陀罗尼字音进行考察时可以暂不考虑。但梵词 2 也是玄奘所译，和（3）的性质应当一致。因此，本文的考察对象为（2）和（3）这两类。

此外，被注字中，有两个字的异文需要说明一下。

西大寺本中有“炬（ク，平）吠羅 < 第 186 行 >”一词，其中“炬”字大正藏亦作“炬”，而东大本、西园寺本均作“矩”。案，“炬”字《广韵》鱼韵，日本汉字音中无论吴音还是汉音，鱼韵基本都转写为 -o，但宽德点“炬”字音注为“ク（ku）”，与惯例不符。而“矩”为虞韵字，宽德点陀罗尼中另有 2 例“矩”字，音注均作“ク（ku）”。

① 小林芳规：《不空羂索神咒心經寬德點の研究——釋文と索引》，《国語学》1958 年第 33 期，第 1—46 页。

因此，综合本经音注及异文情况，此处"炬"字当为"矩"字之误，据改，不作为特殊读音处理。

另一处 "闍（ヲム，上）頡利怛賴路迦毗闍邪唵 < 第 219 行 >"中的首字"闍"是禅母麻韵字，与注音"ヲム（wom）"声韵皆不合。此字东大本也作"闍"，假名音注与西大寺本同，大正藏与西园寺本则作"闇"。"闇"为影母勘韵字，与"ヲム（wom）"相合。综合本经音注及异文情况，此处"闍"字当为"闇"字形误，据改，不作为特殊读音处理。

三

根据统计，梵词 2 和陀罗尼中的汉字音注，合计 259 例（其中有一部分只有假名音注或只有声点）。下面从声韵调三个方面进行整理和考察。汉字中古音依据《广韵》，少数依《集韵》。由于是音译字，不涉及字义，对于多音字，尽量取与音注相对应的中古音地位。统计时，如果一个汉字有两个假名音注或两个声点，则分别算作 1 例。

中古唇音字有音注的共计 37 例，其转写情况如下所示，括号内的数字为其出现例数，以下皆同。

表 2　唇音字转写情况

声母	转写	例字	合计
帮	p-	鉢（7）播（2）	9
滂	p-	沛（1）	1
並	p-	毗（1）部（1）渤（1）跋（1）吠（1）筏（2）婆（1）薄（1）	9
	b-	鼻（1）筏（3）婆（1）梵（1）	6
明	m-	弭（2）悶（2）摩（1）	5
	b-	沫（2）母（2）	4
	p-	暮（1）沫（2）	3

帮滂母字均转写为ハ行音（p-），並母字既有转写为ハ行音（p-）的，也有转写为バ行音（b-）的，明母字既有转写为マ行音（m-）的，也有转写为バ行音（b-）和ハ行音（p-）的。

中古舌音字有音注的共计 32 例，其转写情况如下所示。

表 3　舌音字转写情况

声母	转写	例字	合计
端	t-	置（1）底（1）怛（1）哳（1）吒（3）荅（2）	9
透	t-	詑（1）拕（1）	2
	d-	闥（1）	1
定	t-	地（1）杜（2）達（3）柁（1）	7
	d-	地（1）達（2）陀（1）	4
泥	n-	納（1）	1
	d-	捺（2）	2
	t-	忸（1）拏（2）怒（1）泥（1）那（1）	6

端母字均转写为タ行音（t-），透定母字既有转写为タ行音（t-）的，也有转写为ダ行音（d-）的，泥母字转写为ナ行音（n-）的只有 1 例，其余均转写为ダ行音（d-）和タ行音（t-）。

中古牙音字有音注的共计 19 例，全部转写为カ行音（k-），如下所示。

表 4　牙音字转写情况

声母	转写	例字	合计
见	k-	枳（1）矩（3）緊（2）吉（1）揭（1）羯（5）迦（1）經（1）	15
溪	k-	屈（3）	3
群	k-	伽（1）	1

中古齿音字有音注的共计 29 例，其转写情况如下所示。

表 5　齿音字转写情况

声母	转写	例字	合计
章书生心	s-	止（1）折（4）遮（2）奢（1）瑟（1）蘇（1）窣（1）珊（1）薩（4）仙（1）娑（1）莎（1）飒（1）	20
邪	s-	邪（1）	1
初	ks-	叉（2）	2
禅	s-	氏（2）社（1）澍（1）	4
	z-	什（1）	1
	k-	什（1）	1

齿音字基本上都转写为サ行音（s-），只有初母字“叉”有两个音注，分别为“キシヤ(kisya)”和“キサ(kisa)”，禅母字“什”也标记了两个音注，分别为“ジム(zim)”和“キム（kim）”，前者就声母而言是转写禅母的浊音，后者音不明。

中古喉音字有音注的共计24例，其转写情况如下所示。

表6 喉音字转写情况

声母	转写	例字	合计
影	ø-	罨（2）	2
	y-	衣（1）鷖（1）翳（1）	3
	w-	蓊（1）闇（1）	2
以	y-	曳（1）拽（1）邪（2）藥（1）	5
晓	k-	醯（1）呬（2）呼（2）喝（3）訶（1）呵（1）	10
匣	k-	頡（2）	2

影以母字均转写为ア行音（ø-）、ワ行音（w-）或ヤ行音（y-）。晓匣母字均转写为カ行音（k-）。

中古来母字有音注的共计24例，除“洛”字有1例转写为“アラ（ara）”之外，其他均转写为ラ行音（r-）。

表7 来母字转写情况

转写	例字	合计
r-	履（3）利（2）魯（5）路（2）剌（3）羅（1）邏（1）洛（6）	23
ar-	洛（1）	1

以上是对声母转写情况的整理，下面从全浊声母字、次浊声母字、特殊读音三点进行考察。

（1）全浊声母字的转写情况

汉语的全浊声母字在宽德点音译字中共出现了並定群邪禅匣母36例，其中转写为清音ハ行音（p-）、タ行音（t-）、カ行音（k-）、サ行音（s-）的有25例（含禅母转写为k-的特殊音读1例），转写为浊音バ行音（b-）、ダ行音（d-）、ザ行音（z-）的有11例。如前所述，宽德点表记有清浊共用的特点，表记为清音假名的也有可能实际发音是浊音。由于无法确定清浊的实际读音，因此只能就表记情况做一个简单的统计。

（2）次浊声母字明泥母的转写情况

明泥母字在宽德点音译字中共出现了21例，除转写为鼻音マ行音（m-）、ナ行音（n-）之外，也有转写为同部位塞音的，并且和全浊声母字一样，既有清音ハ行音（p-）、タ行音（t-），也有浊音バ行音（b-）、ダ行音（d-）。如前所述，这部分转写为清音假名的，可以看作是完全的表记问题，其实际读音应该是浊音。因此，我们将转写为清音假名的算作浊音，对明泥母字的转写情况进行重新统计，如下表所示：

表8　明泥母转写情况

	m-	b-	n-	d-
明	5	7		
泥			1	8

可以看出，明母转写为b-的比转写为m-的稍多，泥母则绝大部分转写为d-。从日本汉字音的角度而言，次浊鼻音声母转写为同部位的浊塞音，是较为典型的汉音特征。

（3）特殊读音

和声母有关的特殊读音有3例，分别为“洛（アラ，上）叉（キシヤ，キサ，上）洛叉 <第197行>”和“莎（ソハ，平）訶 <第220行>”。

“洛叉”一词的梵语为rakṣa，来母字“洛”对应rak。梵语r的发音与汉语来母l并不相同，译经家为区别两者多用来母字加口旁造新字显示其发音特点，比如此处的“洛叉”一词，菩提流志译《不空羂索咒心经》作“咯叉咯叉”，即在“洛”字上加了口旁。因此，玄奘译经虽未加偏旁，但在读诵时应该还是有注意区别的。假名音注“アラ（ara）”显示的应该就是为了体现梵语r和l的区别，因而在“ラ（ra）”的前面加上了“ア(a)”。据沼本（1986）考察，这一做法由来已久，早在石山寺藏《金刚顶莲花部心念诵仪轨》宽平元年（889）点中既已存在[①]。

该词中的另一个字“叉”（初母）有两个假名音注“キシヤ（kisya）”“キサ（kisa）”。施向东（2009）指出玄奘以初母字对梵语的kṣ[②]，因此这里的假名音注是以双音节的形式来描写这个辅音缀的读音。这种转写方式，沼本（1997）称为“元音消去式”[③]。

“莎（ソハ，平）訶 <第220行>”一词中的“莎”字转写在前文声母统计中

① 沼本克明：《日本漢字音の歴史》，東京：東京堂出版，1986年。
② 施向东：《玄奘译著中的梵汉对音研究》，见《音史寻幽——施向东自选集》，天津：南开大学出版社，2009年，第1—79页。
③ 沼本克明：《日本漢字音の歴史的研究——體系と表記をめぐって》，東京：汲古书院，1997年。

归为 s-，实际上其音注为两个假名“ソハ”，也属于特殊读音。“莎訶”一词对的是梵语词 svāha，“莎”对 svā。施向东（2009）认为玄奘以合口字“莎”来对梵语的 svā，表明这里的 -v- 读 -w- 的音色[①]。不过，在同时期的汉译本中 svā 有多种译法，如阇那崛多译为“苏波”，菩提流志《不空羂索神变真言经》译为“莎缚”、《不空羂索咒心经》译为“娑缚”，阿目佉译为“娑嚩二合”。以帮母字“波”、奉母字“缚嚩”对 -v-，显示 -v- 也有可能读作 v 或者 b。另一方面，宽德点“莎”字的音注“ソハ”的读法也很微妙，由于本资料清浊不分，这里的“ハ”有清浊两种可能。如果读作清音，由于处在非词头，实际读音为“ワ（wa）”，即“ソハ”的读音为“sowa＝swa”，符合 svā 的 v 读作 -w- 或者 -v- 的情况。如果“ハ”读作浊音，则“ソハ”的读音为“soba＝sba”，符合 svā 的 v 读作 -b- 的情况。总之，不论哪种读法，这里的“ソハ”都是为了描写梵语 svā 的读音。

四

韵母按照阴声韵、阳声韵、入声韵分别进行统计。阴声韵字（举平以赅上去，下同）音注共计 79 例，其转写情况如下表。

表 9 阴声韵转写情况

摄	韵	转写	例字	合计
止	支脂之	-i	弭（2）枳（1）氏（2）毗（1）履（3）鼻（1）地（2）呬（2）利（1）止（1）置（1）	17
	微	-e	衣（1）	1
遇	虞	-u	矩（3）澍（1）	4
	模	-o	蘇（1）呼（2）部（1）杜（2）魯（4）暮（1）怒（1）路（2）	14
蟹	泰	-ai	沛（1）	1
	祭废	-ei	曳（1）拽（1）吠（1）	3
	齐	-ei	泥（1）鋻（1）翳（1）	3
		-i	底（1）	1

① 施向东：《玄奘译著中的梵汉对音研究》，见《音史寻幽——施向东自选集》，天津：南开大学出版社，2009 年，第 1—79 页。

续表

摄	韵	转写	例字	合计
果	歌	-a	陀（1）那（1）訶（1）呵（1）羅（1）柁（1）拕（1）邏（1）	8
		-ya	娑（1）	1
	戈一	-a	婆（2）摩（1）播（2）莎[①]（1）	6
	戈三	-ya	伽（1）	1
假	麻二	-a	拏（2）叉[②]（1）吒（3）詫（1）	7
		-ya	迦（1）叉[③]（1）	2
	麻三	-a	遮（1）	1
		-ya	遮（1）奢（1）邪（3）社（1）	6
流	侯	-o	母（2）	2
	尤	-yuu	忸（1）	1

止摄除微韵字"衣"之外，其余全部转写为 -i。遇摄虞韵转写为 -u，模韵转写为 -o。蟹摄一等转写为 -ai，三四等除"底"字外其余全部转写为 -ei。果假两摄均转写为 -a 类和 -ya 类。流摄侯韵明母字转写为 -o，尤韵转写为长音 -yuu。以上转写方式均为汉音系音形或者汉音吴音共通音形。可以说，阴声韵字的转写方式绝大部分属于汉音系统，只有微韵转写为 -e 是吴音系特征。

例外音形齐韵字"底"转写为 -i，既不属于汉音也不属于吴音，应当是为了描写梵语 ti 的读音。以"底"字对梵语的 ti，这一做法在同时期的汉译佛经中较为常见，如义净译《金光明最胜王经》（T665）中陀罗尼音译字"底"下加小字标注"底丁里反"，以止摄字"里"切"底"，也是为了描写 ti 的读音。

另外，歌韵一等"娑"及麻韵二等有读作拗音 -ya 的，这一现象是属于吴音特征还是由于描写梵音造成的特殊读音，尚需考证。

阳声韵字音注共计 12 例，其转写情况如下表。

① "莎"字音注为"ソハ（sowa/soba）"，这里按照第二个假名列为 -a 类转写。
② "叉"字音注为"キサ（kisa）"，这里按第二个假名列为 -a 类转写。
③ "叉"字音注为"キシヤ（kisya）"，这里按第二个假名列为 -ya 类转写。

表 10　阳声韵转写情况

摄	韵	转写	例字	合计
通	东	-oŋ	蓊（1）蘙（1）	2
臻	魂	-on	悶（2）	2
	真	-in	緊（2）	2
山	寒	-en	珊（1）	1
梗	青	-u	經（1）	1
咸	凡	-am	梵（1）	1
	覃盐	-om	闇（1）罨（2）	3

以上音形中通摄转写为-oŋ，臻摄魂韵转写为-on，真韵转写为-in，咸摄凡韵转写为-am，均为汉音系音形或者汉音吴音共通音形。咸摄覃盐韵字转写为-om，可能是受吴音系读音影响，或者与梵语读音有关。山摄一等寒韵字"珊"转写为-en，梗摄开口四等青韵字"經"转写为脱落韵尾的"ク（ku）"，主元音为-u，其原因不详，有待日后考证。

入声韵字音注共计69例，其转写情况如下表。

表 11　入声韵转写情况

摄	韵	转写	例字	合计
臻	沒	-ok	渤（1）	1
		-o	窣（1）	1
	櫛	-yu	瑟（1）	1
	質	-i	吉（1）	1
	物	-ut	屈（1）	1
		-u	屈（2）	2
山	曷	-a	怛（1）闥（1）達（4）捺（2）薩（2）剌（3）	13
		-ya	喝（3）	3
		-an	達（1）	1
		-ar	薩（1）	1
		-en	薩（1）	1
	末鎋	-a	鉢（7）跋（1）沫（4）哳（1）	13
	月薛	-a	筏（5）折（2）	7
		-ya	揭（1）羯（3）折（1）	5
		-i	羯（2）折（1）	3
	屑	-i	頡（2）	2

续表

摄	韵	转写	例字	合计
宕	鐸	-a	薄（1）洛（6）	7
	藥	-ya	藥（1）	1
深	緝	-im	什（2）	2
咸	合	-ap	答（2）納（1）	3

入声韵字的转写方式中，脱落韵尾的音形较多，共计 59 例，占总数的 85% 以上。带韵尾的音形中除了塞音韵尾 -k、-t、-p 之外，还有鼻音韵尾 -n 和 -m 以及 -r。

韵尾的特殊转写可从语流音变及描写梵音两个方面解释。前者是臻摄入声字“渤”韵尾转写为 -k，考察其所在词为“渤（ホキ，入）經（ク，平）渤經 < 第 171 行 >”。后字“經”字，大正藏作“縛”，校勘中提到平安时代写仁和寺藏本作“娙”、明本作“経”，而东大本作“娙”，西园寺本作“經”。综合来看，该字当以“娙”字为是，由“娙”形误为“経”，进而误写为“經”字。从西大寺本（8 世纪）和西园寺本（14 世纪）的抄写年代来看，这个形误可能在较早的时期已经产生并得到沿袭，导致宽德点中“渤”字发音受后字“經”的读音“ク（ku）”的声母影响，韵尾由 -t 逆同化为 -k。

转写为 -n 的有 2 例，即“達”字的“ダン（dan）”和“薩”字的“セン（sen）”，其所在词分别为“達捺陀 < 第 189 行 >”和“薩捺 < 第 189 行 >”，对应的梵词是 dhana de 和 sana，“達”“薩”两字假名音注应当是描写梵语中下连后一个音节 n 的读法，即“dhan”和“san”。

转写为 -r 的有 1 例，即“薩”字的“サラ（sara）”，所在词为“薩婆 < 第 222 行 >”，对应梵词为 sarva，即此处“薩”字对梵语的 sar，因此音注“サラ（sara）”的第二个假名“ラ”应当是为了描写梵语 -r 的读音。据沼本（1986），这一做法同样在石山寺藏《金刚顶莲花部心念诵仪轨》宽平元年点（889）中已经存在[①]。

转写为 -im 的为“什”字，该字有两个假名音注，“ジム（zim）”和“キム（kim）”。“什”在中古为缉韵字，应当为 -p 尾，后来在俗语中产生了 -m 尾的读法。该字所在词为“什（ジム，キム，入）筏邏 < 第 185 行 >”，对的是梵语的 jvala。值得注意的是，该字所加的声点为入声点，说明其实际读音应该还是短促的无韵尾音，但是假名音注显示或许其所依据的汉语原音中可能已经有“什”读作 -m 尾的异读。

① 沼本克明：《日本漢字音の歴史》，東京：東京堂出版，1986 年。

另外，山摄一等曷韵有 3 例“喝”字读作拗音“キヤ（kya）”，而“喝”字在本资料的非音译字和梵词 1 中均读作直音“カツ / カチ（kat）”或“カ（ka）”，即“恐喝（カツ）< 第 200 行朱點 >”“恐喝（カチ，入）< 第 201 行 >”“喝（カ）悉底婆剌尼蘗 < 第 271 行 >”，拗音音形的由来尚需考证。

五

日本汉字音的声点标记方法为加点于方块字四角，左下、左上、右上、右下依次为平上去入四声，每声根据清浊又可有轻重之分，有四声体系、六声体系、八声体系等。

根据前人研究，汉音的声调系统在调类上和以《广韵》为代表的汉语中古音声调完全对应。而吴音则差别较大，《广韵》的平声字在吴音系资料中多被加为去声点，而《广韵》的上去声字多被加为平声点，即所谓“吴音声调法则”，吴音系资料调查亦显示，不同资料确实有大约一半以上乃至 80% 左右符合这种吴音 ·《广韵》音之间的“平←→上 · 去”逆向对应关系①。

从加点情况来看，宽德点的声点属于六声系统，即有“平”“东（又称平声轻）”“上”“去”“德（又称入声轻）”“入”6 种声点。下面按照汉字中古音的调类对其声点加点情况进行统计。

中古平声字的加点情况如下：

平声点（14）：尼（2）多（1）他（1）陀（1）阿（1）莎（3）伽（2）拏（2）迦（1）

上声点（28）：毗（3）盧（1）多（1）陀（1）阿（1）訶（3）羅（2）婆（2）迦（1）叉（2）遮（2）奢（1）闍（1）邪（7）

去声点（2）：鑒（1）仙（1）

入声点（1）：珊（1）

中古上声字的加点情况如下：

平声点（3）：矩（1）柁（1）忸（1）

东声点（4）：唵（2）罨（2）

① 以上内容依据沼本克明（1986）（東京：東京堂出版）、小仓肇（1995）《日本呉音の研究 研究篇》（東京：新典社）。

上声点（34）：弭（2）枳（1）氏（2）死（1）履（7）止（2）部（1）杜（2）魯（10）
矩（2）主（2）底（1）社（1）

入声点（2）：緊（2）

中古去声字的加点情况如下：

平声点（5）：置（1）澍（1）吒（2）詫（1）

上声点（34）：鼻（2）地（2）呬（3）利（6）置（1）慕（1）怒（1）路（2）澍（1）
沫（4）賴（1）邏（3）磨（1）播（1）吒（3）詫（1）闇（1）

去声点（7）：戆（1）素（1）沛（1）曳（1）拽（1）翳（1）健（1）

德声点（2）：播（1）闇（1）

入声点（2）：暮（1）悶（1）

中古入声字的加点情况如下：

平声点（6）：達（1）鉢（1）筏（1）薄（1）洛（2）

东声点（1）：筏（1）

上声点（81）：窣（1）屈（1）瑟（1）訖（1）吉（1）怛（2）闥（1）達（5）
捺（2）薩（5）喝（3）剌（3）鉢（6）跋（1）哳（1）揭（1）
羯（6）筏（4）折（4）頡（2）莫（2）洛（26）納（2）

去声点（2）：達（1）薩（1）

德声点（1）：悉（1）

入声点（9）：渤（1）屈（2）畢（1）怛（1）什（1）答（2）颯（1）

此外，部分音译字为多调字，其加点情况如下：

平声点（4）：呼（2）呵（1）經（1）

东声点（1）：蓊（1）

上声点（15）：氏（2）娑（1）拕（1）母（4）呼（1）呵（1）摩（1）磨（1）
經（1）那（1）怒（1）

去声点（1）：翳（1）

根据以上统计，将音译字的声点加点情况与中古音调类对比如下表所示：

表 12 音译字的声点加点情况与中古音调类对比

	平声点	东声点	上声点	去声点	德声点	入声点	合计
平	14		28	2		1	45
上	3	4	34			2	43
去	5		34	7	2	2	50
入	6	1	81	2	1	9	100
多调字	4	1	15	1			21
合计	32	6	192	12	3	14	259

由此可以看出宽德点音译字声点加点情况的几个特点。

（1）上声点占压倒性多数。

中古平上去入四声字及多调字加上声点的比例分别为 62.22%、79.07%、68%、81%、71.43%，合计加上声点的音注占全部音注的 74.13%，即无论是中古音的哪一类声调字，都是加上声点的比例远远高于其他声点。

（2）东声点和德声点的加点数量较少。

（3）有非中古入声字施加德声点和入声点的情况。

共计 7 例，即“怛經他闍（德）< 第 165 行 >”“唵暮（ホ，入）伽播（ハ，德）奢 < 第 219 行 >”“珊（セン，入）折邏 < 第 175 行 >”“緊（キン，入）尼緊尼 < 第 171、203 行 >”“悶（モン，入）遮悶遮 < 第 196 行 >”，其中有些加点应该是为了体现梵语读音。如“緊尼緊尼”所对的梵词是 kiṇi kiṇi，玄奘以鼻音韵尾字“緊”字对前一个音节 ki 应该是为了下连其后的 ṇ，但实际读音还是 ki。宽德点“緊”字假名音注为“キン（kin）”，是反映的该汉字读音，声点为入声点，则是提示实际读音无鼻音韵尾。

根据以上几点，可以认为宽德点音译字声调系统既不属于汉音，也不属于吴音，也就是说其声点不是为了体现被注汉字本身或者是汉字传入到日本后形成的日本汉字音的调值，推测其目的可能是为了描写梵语音。

古代译经家在用汉字对译梵文时，有时梵音未必能找到合适的对应汉字，便会采取在音译字下附注反切或声调的方式来契合梵音，如本经异译本菩提流志《不空羂索咒心经》“麼哷輸上聲自此下注平上去入者依平上去入聲呼柁縒麁可切怛多訖切下皆同縛房可切下皆同也”中的小字夹注即是此类。宽德点所施加的声点大量与汉字中古音调类不相一致，其性质应当与此相似。

结语

西大寺本《不空羂索神咒心经》宽德点包括对汉字进行日语训读的"ヲコト点"和表示汉字读音的音注，是研究日语史、日本汉字音史的珍贵资料，而其中大量的陀罗尼音注也有助于梵汉对音的研究。本文对宽德点中的陀罗尼音译字分别从声韵调三个方面进行了考察，所得结论如下：

（1）音译字字音大体上属于汉音系统。

在不考虑声点的情况下，通过从声母和韵母两方面对假名音注所做的分析来看，大部分转写方式属于汉音音形或吴汉共通音形。前述小林（1958）"字音属于吴音系统，但也有汉音混入"[①]的观点是针对非音译字，由此可知虽然加点者可能是同一人，但音译字和非音译字所属语音系统并不一致。

（2）音译字中的部分特殊读音是为了描写梵语读音。

音译字中存在着一些特殊读音，如来母字"洛"转写为"アラ（ara）"，初母字"叉"转写为"キシヤ（kisya）""キサ（kisa）"，"莎"字转写为"ソハ（sowa/soba）"，齐韵字"底"转写为"チ（ti）"以及入声字"達薩"用 -n 尾转写，"薩"字用 -r 尾转写等等，不能用汉音或吴音音形加以解释。根据与所对应梵词比较可知，这部分特殊读音是为了描写梵语读音。不过，由于资料所限，还有部分特殊读音需要留待日后考证。另外，也存在少量由语流音变而造成的特殊读音，如"渤"字用 -k 尾转写。

（3）音译字的声调系统既不属于汉音，也不属于吴音，其加点目的与音译汉字本身的调值无关。

通过对声点的加点情况进行统计，发现音译字所附声点的种类绝大部分与汉字的中古音调类并不相同，即不属于汉音声调系统，同时也不符合吴音·《广韵》音"平⟷上·去"逆向对应关系。宽德点声点中，上声点的数量占压倒性多数，以及存在非中古入声字施加德声点和入声点的情况，推测其目的可能也和描写梵音有关，需要留待日后进行考察。

本文只是就宽德点这部资料中的陀罗尼字音进行了一个初步的整理和考察，还有许多问题有待解决，今后将结合其他点本以及梵本进行进一步研究。

---

① 小林芳规：《不空羂索神咒心經寛德點の研究——釋文と索引》，《国語学》1958年第33期，第1–46页。

党项式汉语 i 介音在现代晋语中的反映[①]

王为民

（山西大学 太原 030006）

【提要】从现代晋语部分方言蟹摄和梗摄二等字同韵且全都带 i（或 y）介音现象来看，十二世纪末河西党项式汉语所有二等字全都带 i 介音是可能的。现代晋语的底层是母语为非汉语的少数民族所操的西北方言，不能将其当作一般的汉语方言来对待。

【关键词】现代晋语；党项式汉语；i 介音

一、引言

龚煌城（1995/2011:545-547）构拟的 12 世纪末汉语西北方音韵母系统的一个最重要的特征是所有二等字都有 i 介音，其原因是在西夏文献中有些韵只与汉语的二等字相应，为了从语音上解释这种现象，龚煌城为相当于汉语二等韵的西夏韵构拟了一个 i 介音，以显示其与一等的零介音和三等的 j 介音之间的区别。[②]聂鸿音（2010:193）认为龚煌城相关的构拟似乎显得假设的成分多于实证。因为聂鸿音提出"迄今所见的数据表明，宋代汉语北方话的二等韵应该没有 -i- 介音。"[③]孙伯君（2016:20）指出："《番汉合时掌中珠》等西夏文献所记录的 12 世纪河西方音是'党项式汉语'，属于汉语西北方音的民族变体。母语为非汉语的人说汉语时，受本族语的影响，他们口中的汉语会发生音素的替代、增加、失落等现象，这种汉语的变读形式与语音的历时演化无关，不能作为真正的方言语音变化形式纳入汉语的历时演化序列。"[④]我们认为孙伯君（2016）的看法对我们认识 12 世纪末汉语西北方音的性质有重要的启发，

① 本文受国家社科基金重点项目"现代晋语的形成及其与宋元通语和唐五代宋西北方音之间的关系研究"（16AYY010）资助。

② 龚煌城：《龚煌城汉藏语比较研究论文集》，台北："中央研究院"语言学研究所，2011 年。

③ 聂鸿音：《论西夏语的 -j- 介音》，《中国多文字时代的历史文献研究》，北京：社会科学文献出版社，2010 年，第 187—195 页。

④ 孙伯君：《12 世纪河西方音中的党项式汉语成分》，《中国语文》2016 年第 1 期，第 20—27 页。

是故本文也将12世纪末河西方言也称为党项式汉语。在大多数汉语方言中，尤其是官话方言中，二等字存在介音的多是牙喉音字，而在现代晋语的某些方言中，梗摄和蟹摄二等字全都有i介音，或曾存在过i介音的痕迹。这些现象或许与12世纪的党项式汉语有关。由此说明，党项式汉语二等字存在i介音或许是可能的。

二、现代晋语中梗摄及蟹摄二等字白读全都带i介音的方言

（一）吕梁片离石方言

王洪君（2014:340）曾指出，宋西北方音梗摄二等舒声与同摄二等入声及蟹摄二等字同注西夏同韵字。然而蟹摄二等字是与梗开二音近呢，还是已并为一类，根据现有的材料还不足以确定。①

在现代晋语吕梁片离石方言中，梗摄舒声二等与蟹摄二等白读同韵，与党项式汉语的特征一致，如表1所示：

表1–1　离石方言蟹摄一二等开口白读的读音状况

方言点＼例字	袋	泰	排	埋	皆	牌	柴	街
读音	蟹开一去代定	蟹开一去泰透	蟹开二平皆並	蟹开二平皆明	蟹开二平皆见	蟹开二平佳並	蟹开二平佳崇	蟹开二平佳见
离石	tiɛ^{52}	tiɛ^{52}	piɛ^{44}	miɛ^{44}	tɕiɛ^{24}	piɛ^{44}	tɕiɛ^{44}	tɕiɛ^{24}

表1–2　离石方言蟹摄一二等合口白读的读音状况

方言点＼例字	块	会会计	怀	怪	坏	拐	快	筷
读音	蟹合一去队溪	蟹合一去泰见	蟹合二平皆匣	蟹合二去怪见	蟹合二去怪匣	蟹合二上蟹见	蟹合二去夬溪	蟹合二去夬溪
离石	kyɛ^{52}	kyɛ^{52}	xyɛ^{44}	kyɛ^{52}	xyɛ^{52}	kyɛ^{312}	kyɛ^{52}	kyɛ^{52}

表1–3　离石方言梗摄舒声二等白读的读音状况

方言点＼例字	棚	猛	冷	睁	甥	耕	杏	横
读音	梗开二平耕並	梗开二上梗明	梗开二上梗来	梗开二平耕庄	梗开二平庚生	梗开二平耕见	梗开二平耕见	梗合二平庚匣
离石	piɛ^{44}	miɛ^{312}	liɛ^{312}	tɕiɛ^{24}	ɕiɛ^{24}	ɕiɛ^{24}	ɕiɛ^{52}	ɕyɛ^{44}

① 王洪君：《历史语言学方法论与汉语方言音韵史个案研究》，北京：商务印书馆，2014年。

由表 1 可以看出，在现代离石方言中梗摄舒声二等白读与蟹摄二等白读同韵，且开口字都有 i 介音，合口字都有 y 介音。同时，离石方言蟹摄还有一个特征就是一二等完全同韵，包括介音在内。这一点与龚煌城（1995/2011:545-547）对 12 世纪末西北方音的研究是不同的，不同点在于，根据龚煌城的研究，12 世纪末西北方音的特征是一二等同韵基，但一等没有介音，而二等有 i 介音。龚煌城（1995/2011）对 12 世纪末西北方音蟹摄一二等的构拟如下：

蟹摄	开口	合口
一等	咍海代 -ej＜-ai	灰贿队 -wej＜-uai
	OO 泰 -ej＜-âi	OO 泰 -wej＜-wâi
二等	皆骇怪 -iej＜ ǎi	皆骇怪 -iwej＜-wǎi
	佳蟹卦 -iej＜ ǎï	佳蟹卦 -iwej＜-wǎï
	OO 夬 -ia,-iej＜-ai	OO 夬 -iwa＜-wai

龚煌城（1995/2011）对梗摄的构拟如下：

梗摄	开口	合口
二等	庚梗映 -iej＜-ɐng	庚梗映 -iwej＜-wɐng
	耕耿诤 -iej＜-ɛng	耕 OO-iwej＜-wɛng
三等	庚梗映 -jij＜-jɐng	庚梗映 -jwij＜-jwɐng
	清静劲 -jij＜-jäng	清静 O-jwij＜-jwäng
四等	青迥径 -jij＜-jeng	青迥 O-jwij＜-jweng

尽管现代离石方言蟹摄一二等的读音状况与 12 世纪末党项式汉语不同。但起码在（1）蟹摄二等与梗摄二等同韵基，（2）蟹摄和梗摄二等全都有 i 介音，这两点上是相同的。

（二）吕梁片石楼方言

石楼方言与离石方言蟹摄与梗摄白读的之间的关系基本一致，但是石楼方言蟹摄白读一二等有别。石楼方言蟹摄一二等和梗摄二等白读的读音状况如表 2 所示。

表 2-1　石楼方言蟹摄一二等开口白读的读音状况

例字 / 读音 / 方言点	抬	栽	开	埋	牌	柴	街	秸
	蟹开一平咍定	蟹开一平咍精	蟹开一平咍见	蟹开二平皆明	蟹开二平佳並	蟹开二平佳崇	蟹开二平佳见	蟹开二平皆见
石楼	tei^{44}	tsei^{214}	kei^{214}	mɛi^{44}	p^{h}ɛi^{44}	ts^{h}ɛi^{44}	tsɛi^{24}	tsɛi^{214}

表 2–2　石楼方言蟹摄一二等合口白读的读音状况

方言点＼例字	蜕	灰	怀	怪	坏	拐	快	筷
读音	蟹合一去泰透	蟹合一平灰晓	蟹合二平皆匣	蟹合二去怪见	蟹合二去怪匣	蟹合二上蟹见	蟹合二去夬溪	蟹合二去夬溪
石楼	t^{h}uei^{52}	xuei^{214}	xuɛi^{44}	kuɛi^{52}	xuɛi^{52}	kuɛi^{413}	k^{h}uɛi^{52}	k^{h}uɛi^{52}

表 2–3　石楼方言梗摄舒声二等白读的读音状况

方言点＼例字	棚	猛	冷	睁	甥	更	杏	横
读音	梗开二平耕並	梗开二上梗明	梗开二上梗来	梗开二平耕庄	梗开二平庚生	梗开二平庚见	梗开二上梗匣	梗合二平庚匣
石楼	p^{h}əŋ^{44}	məŋ^{413}	lɛi^{413}	tsɛi^{214}	sɛi^{214}	tɕiɛ^{214}	xɛi^{52}	xəŋ^{44}

由表 2 可以看出，石楼方言蟹摄二等的“街”今读“tsɛi^{24}”。“街”本为见组字，k 是不可能直接演变为 ts 的，这期间必然经过 k＞tɕ＞ts 的过程。而且 tɕ＞ts 是一个反常的演变，应该是由于介音 i 和韵尾 i 产生异化，造成介音 i 丢失而形成tɕ配洪音这种特殊音节，从而引起音系调整的结果。这就说明，石楼方言早期蟹摄二等开口字应该像离石方言一样具有 i 介音。试比较上党片沁县小片方言山咸摄二三四等字的演变，如表 3 所示。

表 3–1　沁县小片方言山咸摄二等开口见系字的读音状况

方言点＼例字	艰	间	眼	颜	减	咸	监	衔
读音	山开二平山见	山开二去裥见	山开二上产疑	山开二平删疑	咸开二上豏见	咸开二平咸匣	咸开二平衔见	咸开二平衔匣
武乡	tsei^{113}	tsei^{55}	nzei^{213}	zei^{33}	tsei^{213}	sei^{33}	tsei^{113}	sei^{33}
襄垣	tɕiei^{33}	tɕiei^{55}	iei^{213}	iei^{11}	tɕiei^{213}	ɕiei^{11}	tɕiei^{33}	ɕiei^{11}
沁县	tɕɪ^{213}	tɕɪ^{55}	ɪ^{213}	ɪ^{33}	tɕɪ^{213}	ɕɪ^{33}	tɕɪ^{213}	ɕɪ^{33}
沁源	tɕiæ^{212}	tɕiæ^{53}	iæ^{424}	iæ^{33}	tɕiæ^{424}	ɕiæ^{33}	tɕiæ^{212}	ɕiæ^{33}

表 3–2　沁县小片方言山咸摄三等字的读音状况

方言点＼例字	鞭	连	煎	检	饭	全	拳	劝
读音	山开三平仙帮	山开三平仙来	山开三平仙精	咸开三上琰见	山合三去愿奉	山合三平仙从	山合三平仙群	山合三去愿群
武乡	pei^{113}	lei^{33}	tsei^{113}	tsei^{213}	fæ^{55}	ts^{h}uei^{33}	ts^{h}uei^{33}	ts^{h}uei^{55}
襄垣	pei^{33}	lei^{11}	tɕiei^{33}	tɕiei^{213}	fan^{55}	tɕ^{h}yei^{11}	tɕ^{h}yei^{33}	tɕ^{h}yei^{55}
沁县	pɪ^{213}	lɪ^{33}	tɕɪ^{213}	tɕɪ^{213}	fæ^{55}	ts^{h}uei^{33}	ts^{h}uei^{33}	ts^{h}uei^{55}
沁源	piæ^{212}	liæ^{33}	tɕiæ^{212}	tɕiæ^{424}	fæ^{53}	tɕ^{h}yæ^{33}	tɕ^{h}yæ^{33}	tɕ^{h}yæ^{53}

表 3-3　沁县小片方言山咸摄四等字的读音状况

例字/读音/方言点	边	颠	练	荐	嫌	烟	犬	渊
	山开四平先帮	山开四平先端	山开四去霰来	山开四去霰精	咸开四平添匣	山开四平先影	山合四上铣溪	山合四平先影
武乡	pei^{113}	tei^{113}	lei^{55}	tsei^{55}	sei^{33}	zei^{113}	ts^{h}uei^{213}	zuei^{113}
襄垣	pei^{33}	tei^{33}	lei^{55}	tɕiei^{55}	ɕiei^{11}	iei^{33}	tɕ^{h}yei^{213}	yei^{33}
沁县	pi^{213}	ti^{213}	li^{55}	tɕi^{55}	ɕi^{33}	i^{213}	ts^{h}uei^{213}	zuei^{213}
沁源	piæ^{212}	tiæ^{212}	liæ^{53}	tɕiæ^{53}	ɕiæ^{33}	iæ^{212}	tɕ^{h}yæ^{424}	yæ^{212}

由表 3 可以看出，上党片沁县小片武乡方言山咸摄三四等字及二等开口见系字的 *n 韵尾全部变成了 i 韵尾。同时，武乡方言山咸摄二等见系字以及三四等字全都没有 i 介音，这显然是 i 韵尾与 i 介音相互异化而形成的结果。再仔细观察，我们就会发现，武乡方言山咸摄二三四等见系字都读 ts、ts^{h} 声母，这和石楼方言的蟹摄二等见系字读 ts 等声母的原因是一致的。

三、现代晋语梗摄阳声韵二等字全都带 i 介音的方言

桥本万太郎（1982）就曾指出晋语曾梗摄一二等入声字存在 i 介音。侯精一（1999）进一步指出，曾开一、梗开二帮组今入声韵母带有 i 介音的现象在晋语很普遍，并将此视为晋语的区别性特征。不仅如此，侯精一还指出，平遥方言梗摄开口阳声韵二等字“棚”和“迸”也带有 i 介音。其实，现代晋语梗摄阳声韵二等字大多都带有 i 介音，尤其是并州片和吕梁片方言，汾河片中原官话也是如此，只不过未曾引起学术界的关注，如表 4 阴影部分所示。

表 4　山西方言曾梗摄字的读音状况

例字/读音/方言点	灯	蝇	棚	冷	横	明	赢	青	兄
	曾开一平登端	曾开三平蒸以	梗开二平耕並	梗开二上梗来	梗合二平庚匣	梗开三平庚明	梗开三平清以	梗开四平青清	梗合三平庚晓
太原	təŋ^{11}	—	p^{h}ie^{11}	ləŋ^{53}	xuŋ^{11}	mi^{11}	iəŋ^{11}	tɕ^{h}i^{11}	ɕy^{11}
平遥	təŋ^{13}	i^{13}	piᴇ^{13}	liɑ^{53}	ɕyᴇ^{13}	mi^{13}	i^{13}	ts^{h}ei^{13}	ɕy^{13}
祁县	tə̃^{33}	ɿ^{33}	p^{h}ə̃^{33}	lə̃^{213}	xə̃^{33}	mɿ^{33}	ɿ^{33}	ts^{h}ɿ^{33}	ɕyu^{33}

续表

例字 读音 方言点	灯	蝇	棚	冷	横	明	赢	青	兄
	曾开一 平登端	曾开三 平蒸以	梗开二 平耕並	梗开二 上梗来	梗合二 平庚匣	梗开三 平庚明	梗开三 平清以	梗开四 平青清	梗合三 平庚晓
太谷	tə̃^{22}	i^{22}	pʰə̃^{22}	lie^{323}①	xye^{22}	miə̃^{22}	i^{22}	tɕʰi^{22}	ɕy^{22}
清徐	tʌ̃^{11}	i^{11}	pie^{11}	lʌ̃^{53}	xuɑ^{11}	mi^{11}	i^{11}	tɕʰi^{11}	ɕy^{11}
兴县	təŋ^{324}	i^{55}	pʰiɛ^{55}	lᴀ^{324}	ɕyɛ^{55}	mi^{55}	i^{55}	tɕʰi^{55}	ɕy^{24}
柳林	təŋ^{24}	i^{55}	pʰiɑ^{55}	liɑ^{412}	ɕyɑ^{55}	mi^{55}	i^{55}	tɕʰi^{24}	ɕy^{24}
汾阳	təŋ^{314}	zɿ^{22}	pʰiɑ^{22}	ləŋ^{412}	ɕyɑ^{22}	mɿ^{22}	zɿ^{22}	tsʰɿ^{314}	ɕyoŋ^{314}
中阳	təŋ^{35}	iɪ^{44}	pʰiɑ^{44}	liᴀ^{412}	ɕyᴀ^{44}	miɪ^{44}	iəŋ^{44}	tɕʰiɪ^{35}	ɕy^{35}
隰县	təŋ^{41}	iɛ^{24}	pʰəŋ^{24}	liɛ^{21}	ɕyɛ^{24}	miɛ^{24}	iɛ^{24}	tɕʰiɛ^{41}	ɕyɛ^{41}
忻州	təŋ^{313}	i^{31}	pʰiɛ^{31}	lɑ^{313}	xuəŋ^{31}	mi^{31}	i^{31}	tɕʰi^{313}	ɕyəŋ^{313}
原平	təŋ^{213}	i^{33}	pʰəŋ^{33}	ləŋ^{213}	xəŋ^{33}	mi^{33}	i^{33}	tɕʰi^{213}	ɕyʉ^{213}
定襄	təŋ^{214}	i^{31}	pʰəŋ^{31}	ləŋ^{214}	xuəŋ^{31}	mi^{31}	iəŋ^{31}	tɕʰiəŋ^{214}	ɕyəŋ^{214}
阳曲	tə̃^{213}	iə̃^{22}	pʰə̃^{22}	lə̃^{213}	xə̃^{22}	miə̃^{22}②	iə̃^{22}	tɕʰiə̃^{213}③	ɕyə̃^{213}
灵丘	təŋ^{44}	iəŋ^{312}	pʰəŋ^{312}	ləŋ^{44}	xuəŋ^{312}	miəŋ^{44}	iəŋ^{312}	tɕʰiəŋ^{44}	ɕyəŋ^{44}
沁县	təŋ^{213}	iŋ^{33}	pʰəŋ^{33}	ləŋ^{213}	—	miŋ^{33}	iŋ^{33}	tɕʰiŋ^{213}	ɥ^{213}
武乡	taŋ^{113}	iaŋ^{33}	pʰaŋ^{33}	laŋ^{213}	xuaŋ^{33}	miaŋ^{33}	iaŋ^{33}	tɕʰiaŋ^{113}	ɕyaŋ^{113}
襄垣	təŋ^{33}	iŋ^{11}	pʰəŋ^{11}	ləŋ^{213}	xuŋ^{11}	miŋ^{11}	iŋ^{11}	tɕʰiŋ^{33}	ɕyŋ^{33}
长治	təŋ^{213}	iŋ^{24}	pʰəŋ^{24}	ləŋ^{535}	xuŋ^{24}	miŋ^{24}	iŋ^{24}	tɕʰiŋ^{213}	ɕyŋ^{213}
晋城	tɐ̃^{33}	iẽ^{113}	pʰɐ̃^{113}	tɐ̃^{113}	xuɐ̃^{113}	mi^{33}	iẽ^{113}	tɕʰiẽ^{33}	ɕioŋ^{33}
左权	təŋ^{53}	iəŋ^{21}	pʰəŋ^{21}	ləŋ^{53}	xuəŋ^{21}	miəŋ^{21}	iəŋ^{21}	tɕʰiəŋ^{53}	ɕyəŋ^{53}
和顺	təŋ^{31}	iŋ^{22}	pʰəŋ^{22}	ləŋ^{35}	xuəŋ^{22}	miŋ^{22}	iŋ^{22}	tɕʰiŋ^{31}	ɕyŋ^{31}
大同	təɣ^{31}	iəɣ^{313}	pʰəɣ^{313}	ləɣ^{54}	xuəɣ^{313}	miəɣ^{313}	iəɣ^{313}	tɕʰiəɣ^{31}	ɕyəɣ^{31}
怀仁	təŋ^{31}	iəŋ^{313}	pʰəɣ^{313}	ləŋ^{55}	xuəŋ^{313}	miŋ^{313}	iəŋ^{313}	tɕʰiəŋ^{31}	ɕyəŋ^{31}
平定	tɤŋ^{31}	iɤŋ^{44}	pʰɤŋ^{44}	ləŋ^{53}	xuɤŋ^{44}	mi^{44}	iɤŋ^{44}	tɕʰiɤŋ^{31}	ɕyɤŋ^{31}
万荣	tei^{51}	iei^{24}	pʰʌŋ^{24}	liɑ^{55}	ɕyɑ^{24}	miᴇ^{24}	iᴇ^{24}	tɕʰiᴇ^{51}	ɕyʌŋ^{51}
闻喜	tẽĩ^{31}	iẽĩ^{213}	pʰiᴇ^{213}	liᴇ^{45}	xuᴇ^{213}	miᴇ^{213}	iᴇ^{213}	tɕʰiᴇ^{31}	ɕyʌŋ^{31}
新绛	təŋ^{53}	ie^{325}	pʰie^{325}	lie^{44}	ɕya^{325}	mie^{325}	ie^{325}④	tɕʰie^{53}	ɕyəŋ^{53}
永济	təŋ^{21}	iŋ^{24}	pʰəŋ^{24}	liᴇ^{42}	ɕyɑ^{24}	miᴇ^{24}	iᴇ^{24}	tɕʰiᴇ^{21}	ɕyŋ^{21}
运城	təŋ^{31}	iŋ^{13}	pʰəŋ^{13}	lia^{53}	ɕya^{13}	miᴇ^{13}	iᴇ^{13}	tɕʰiᴇ^{31}	ɕyŋ^{31}

①《太谷方言志》记为"lie^{323}凉白，足～手～"。误，"凉"为宕开三，其白读为liɑ^{22}，声调也不符，此当为"冷"字的白读音。

② 阳曲方言同韵字"命"的白读为"mi^{353}"。

③ 阳曲方言同韵字"钉"的白读为"ti^{353}"。

④《新绛方言志》将"赢"白记为"iə^{325}"与宕摄白读同韵，误，当为"ie^{325}"。王洪君（2014）也认为新绛方言赢$_{白}$＝蝇$_{白}$。

四、现代晋语其他二等韵带 i 介音的方言

并州片介休方言江摄舒声除了见系字有 i 介音之外，庄组字也有 i 介音，如表 5 所示。

表 5　介休方言江韵字的读音

例字 / 读音 / 方言点	窗	床	双	江	虹	腔
	江开二平江初	江开二平江崇	江开二平江生	江开二平江见	江开二去绛见	江开二平江溪
介休	$ɕyə^{13}$	$ɕyə^{13}$	$tɕyə^{13}$	$tɕĩ^{13}$	$tɕyə^{45}$	$tɕĩ^{13}$

五、二等字带有 i 介音是党项式汉语的典型特征

孙伯君（2016：20）将以《番汉合时掌中珠》等西夏文献所记录的 12 世纪河西方言称为“党项式汉语”，这种“党项式汉语”是西北方言的民族变体。由于母语为非汉语的人说汉语时，受本族语的影响，他们口中的汉语会发生音素的替代、增生、失落等现象。这种汉语的变读形式与语音的历史演化无关，不能作为真正的方言语音变化形式纳入汉语的历史演化序列。我们认为孙伯君（2016）的观点值得我们关注。因为孙伯君关注到了 12 世纪河西方言的自身所具备的特征，而这些特征与其他汉语方言不同。

聂鸿音（2010：193）在论证龚煌城（1995）党项式汉语二等字所拟的 i 介音假设成分多于实证时指出“迄今所见的数据表明，宋代汉语北方话的二等韵应该没有 -i- 介音。”这里实在是混淆了两种不同的北方话：一种是母语为汉语的汉族人说的北方话，一种是母语为西夏语党项族人说的北方话。不能把这两种不同的北方话同一个音类的音值等同起来。

聂鸿音（2010：193）指出，“就目前所知，汉语北方话部分二等韵并入三等韵的现象最早见于《中原音韵》（1324），在江阳韵的喉牙音字中表现得尤其明显”。其实这是江韵二等喉牙音字增生 i 介音造成的现象。这是母语为汉语的汉族人所讲标准汉语的现象，不能将此作为证据来证明党项式汉语的状况。

由二和三来看，在现代晋语中有蟹摄及梗摄二等字全都存在 i 介音的现象，而梗摄二等字全都存在 i 介音的现象更几乎遍及山西境内所有的方言。这是与周围的汉语方言都不同的现象。我们不能说，这种现象是自《中原音韵》之后新产生的，这种现象不见于任何汉文历史文献，很可能是这一支方言本来就是如此。过去我们研究汉语方言史，总是从纯汉语的角度去考察，而忽略了整个北方汉语是不同的北方少数民族与汉族融合汉化之后所讲的汉语。颜之推早就指出，当时的汉语“南染吴越、北杂夷虏，皆有深弊，不可具论”。伯希和也曾指出，辽金跟其他非汉族的人侵入中国，中国北半部发生了纷扰，中部汉人在语言上发生了“重新汉化”（resinisation）的现象。现在我们研究北方方言，尤其是西北方言，必须重视“北杂夷虏”以及“重新汉化”现象。

王洪君（1987:24-33）提出，宋时我国西北地区和山西南部的方言同属一个系统。① 李如龙、辛世彪（1999:197-203）进一步提出，山西西区的某些方言（隰县、永和、大宁、蒲县、汾西）与山西南部在“全浊送气”这一特点上有共同的渊源关系。② 乔全生（2004:262-266）提出，现代晋语是唐五代西北方音的直系后裔，汾河片方言是宋西北方音的直系后裔。③ 以上三位学者都认为唐宋时期西北方言覆盖的区域要比现在广。现在山西南部的汾河片方言虽然划归中原官话，但与晋语却有千丝万缕的关系。由此来看，现代晋语部分点蟹摄开口二等字与梗摄开口二等字同韵，且都有 i 介音的现象，以及山西境内晋语和汾河片方言梗摄二等大多存在 i 介音的现象很可能是当时西北方言的特征。

六、结论

总之，从在宋代与西北方言同属一个方言区的山西南部汾河片方言以及与之有密切关系的现代晋语蟹摄二等及梗摄二等全部都有 i 介音这一现象来看，12 世纪河西方言的党项式汉语二等字存在 i 介音是完全可能的。我们研究汉语方言史，尤其是西北汉语方言史，必须关注“北杂夷虏”以及“重新汉化”现象。

① 王洪君：《山西闻喜方言的白读层与宋西北方音》，《中国语文》1987 年第 1 期，第 24—33 页。
② 李如龙、辛世彪：《晋南、关中的“全浊送气”与唐宋西北方音》，《中国语文》1999 年第 3 期，第 197—203 页。
③ 乔全生：《现代晋方言与唐五代西北方言的亲缘关系》，《中国语文》2004 年第 3 期，第 262—266 页。

《切韵》韵母表排列法研究兼论构拟其主要元音的五个途径[①]

冯 蒸

（首都师范大学 北京 100089）

【提要】《切韵》韵母表的排列法是一个复杂的问题。迄未见有人加以探讨。本文认为现有的方案可分为两种类型、五种模式。并依次探讨了传统型（含高本汉、赵元任、李荣三种模式）和创新型（含马丁、蒲立本两种模式）的诸家排列法，发现诸家各有所长，不可盲目定于一尊。对此，笔者提出了自己的初步看法，并且着重探讨了构拟《切韵》韵母主要元音的五个途径。

【关键词】《切韵》韵母表排列法；传统型；创新型；五种模式；主要元音构拟

一、引言

现代汉语历史音韵学的研究始于瑞典著名汉学家高本汉，高氏的《中国音韵学研究》（1915—1926，汉译本 1940）对《切韵》（原书为《广韵》，下文一律统称作《切韵》）音系首次做了全面的研究。在韵母部分，他对《切韵》的每个韵系都做了音值的构拟，最后提出了他的《切韵》韵母表，创立了所谓高本汉模式。这个模式在音韵学界有广泛影响，高氏可以说是提出现代语言学意义上的《切韵》韵母表的第一人。

高氏之后，一些中外学者从不同的角度也对《切韵》音系做了全面研究，在排列韵母表时根据他们自己的观点，也分别提出了他们本人对《切韵》韵母表的排列方式，到目前为止，笔者认为，有代表性的模式共有五家，按照时间顺序，他们分别是：高本汉模式（1915—1926，汉译本 1940）、赵元任模式（1941）、李荣模式（1952/1956）、马丁模式（1953）、蒲立本模式（1983）。以上五家可以分为两大类：一类叫作传统型，

① 本文受国家社科基金重大项目"北京方言形成的历史音韵层次研究"（17ZDA312）资助。

指的是用传统等韵学的术语分类加上《切韵》的韵部而形成的模式，高本汉、赵元任、李荣三家属于此型；另一类叫作创新型，指的是用带有具体音值的韵母结构名称（介音、主要元音、韵尾）表现《切韵》韵母表的模式，马丁、蒲立本二家属于此型。以上二派五家的《切韵》韵母表，多有不同，各有特点，值得我们认真研究。

至于哪种排列法能够反映《切韵》音系的本质特征，我们的评价原则是：

（1）从整体上考察诸家韵母构拟的排列方式，个别韵系的构拟是否正确，暂不包括在本文的评述范围之内。

（2）诸家《切韵》韵母表的排列原则、排列方法如何？有何特色？

（3）诸家的模式是否全面展示了《切韵》韵母的本质特征？

（4）何种排列法最简明、易晓，能够在最大限度上反映《切韵》韵母的全貌？

下文就是本着这四个原则加以论述。

有下列两种情况不在本文研究之列：（1）没有拟音的中国传统音韵学家（如陈澧、黄侃）的《切韵》韵母表；（2）完全按照《切韵》的韵目顺序仅仅依次加上现代学者的拟音（如王力 1957/1958）[①]，并未能够按照韵母本身的结构特点加以排列，本文不论。

《切韵》的韵母结构包括韵头、韵腹和韵尾三部分。从诸家已有的结果来看，除了祭泰夬废四韵是否带有辅音韵尾还可再研究外，韵尾的构拟基本上已无争议；其次是韵头（介音）的构拟及其分布规律，无论是 i 介音还是 u 介音，虽还有少许争议，但已分歧不多，后来又有学者提出了《切韵》的二等韵有介音 r 或其变体；目前争议最大的是韵腹（主要元音），各家的构拟不但音值不一，分布不一，而且数量不一，迄无共识。故本文着重对韵腹的问题加以探讨，并尝试探讨一下解决这个问题的五个可能途径。

今后对《切韵》音系无论是重新进行全局性的构拟，还是个别韵系的拟音修订，都必须具有全局性的观点、系统性的观点，才能够最大限度地反映《切韵》音系的本质特征，而这些都离不开借鉴已有的《切韵》韵母表排列模式。本文的价值有二：（1）首次系统分析了当前最有代表性的五家《切韵》韵母表的特点，提出了《切韵》韵母表排列法的标准，希望有助于《切韵》音系韵母本质特征的研讨；（2）本文提出了探索确定《切韵》韵母主元音的五个途径，这应该是今后《切韵》韵母主元音构拟的主要方向。

---

① 王力：《汉语史稿（上册）》修订本，北京：科学出版社，1958 年。

二、《切韵》韵母表五种排列法之一：传统型

（一）论高本汉模式

带有拟音的《切韵》音系韵母表，是瑞典著名汉学家高本汉（Bernhard Karlgren,1889—1978）首次提出的，见于他的名著《中国音韵学研究》（1915—1926/1940）一书[①]。他在此书中首次全面给出了他构拟的《切韵》韵母表，可以看出该表是以传统汉语音韵学的"摄 + 开合 + 等 + 韵部"四位一体的形式呈现的，换言之，这个模式就是把《切韵》系韵书的韵部与传统等韵图的三个相关术语结合而形成的韵母表，下文简称为"高本汉模式"。

为什么我们说高本汉是首位提出《切韵》韵母表的学者，而不是中国传统音韵学家呢？因为如果不对《切韵》音系进行全面拟音的话，仅用《切韵》的韵部和等位、开合表示，看不见音值，还不能认为是现代语言学意义上的韵母表，而一旦给《切韵》全书的韵部做了音值的构拟，那么音标符号就可以把韵母的整个结构"韵头 + 韵腹 + 韵尾"一览无余地展现出来了，而传统音韵学家则无法做到这一点。虽然中国传统学者在研究整理《切韵》的韵母系时，也运用了"摄·开合·等·韵部"的模式（如陈澧、黄侃），但由于没有使用音标符号加以标示，读者对"摄·开合·等·韵部"的认识是模糊的，仅有音类的概念，而无法准确获知音值的信息。读者无法从音值角度看懂什么是"摄"？什么是"开合"？什么是"等"？什么是"韵部"？更不用提此后更有学者引进了传统等韵学术语"转"的概念后，"转"的语音含义是什么等等更为复杂的传统音韵学术语了（高本汉没有涉及术语"转"的音韵内涵问题）。我们推测传统音韵学家在排列《切韵》的韵母表时，其本人对音值可能有某种认识，但由于没有使用国际音标标音，这几乎完全无法让读者获知其细节，这当然是时代的原因使然。所以本文把高本汉列为提出《切韵》韵母表排列模式的第一人。

高本汉的《切韵》韵母表，见于《中国音韵学研究第三卷：历史上的研究》的"第十七章 古代韵母的拟测"（汉译本 528—536 页，下同）中，这里高氏分摄，分开合、

①Bernhard Karlgren.(1915–1926). *Études sur la phonologie chinoise*. Leyde:Brill; Stockholm:Norstedt; Gotembourg:Elanders Boktryckeri Aktiebolag.（高本汉著，赵元任、罗常培、李方桂译：《中国音韵学研究》，上海：商务印书馆，1940 年。）

分等位逐项列出《切韵》的韵母音值，先列舒声，再列入声，以平赅上去。高氏的韵母表看起来并不醒目，而且竟有 9 页之多，难以让人迅速一览无余地了解《切韵》韵母表的全貌。为了明晰起见，有学者把高氏的这种逐条罗列式的做法以简表的形式表现出来，代表性的归纳有两家，李荣的《切韵音系》（1952/1956:105）第五章"高本汉的切韵音"列有李先生整理归纳的高本汉韵母表，此外，李方桂先生的《上古音研究》（1971/1980）亦列有高氏的韵母表（1980:8—9），二家的简表都是基本上根据高氏上述的结果而在排列方式上稍做改动，看起来十分明晰。下文我们就以李荣先生列出的高氏韵母表作为高氏模式的代表。该表如下：

表 1　高本汉构拟的切韵韵母表（李荣 1956：105）①

（拿平声包括上去入三声；-m，-n，-ŋ 包括 -p，-t，-k）

摄	开口					合口					
	一	二	三 α	三 β	四 γ	一	二	三 α	三 β	四 γ	
止			支 jie̯ 脂 ji 之 ji	微 je̯i				支 jwie̯ 脂 jwi	微 jwe̯i		
蟹	泰 âi 咍 âi	夬 ai 佳 ai 皆 ăi	祭 i̯äi	废 i̯ɐi	齐 iei	泰 uâi 灰 wâi	夬 wai 佳 wai 皆 wăi	祭 i̯wäi	废 i̯wɐi	齐 iwei	
臻	痕 ən		真 i̯ĕn 臻 i̯ɛn	欣 i̯ən		魂 uən		谆 i̯uĕn 真 i̯wĕn	文 i̯uən		
山	寒 ân	删 an 山 ăn	仙 i̯än	元 i̯ɐn	先 ien	桓 uân	删 wan 山 wăn	仙 i̯wän	元 i̯wɐn	先 iwen	开合韵
果	歌 â					戈 uâ		戈 i̯wa			
假		麻 a	麻 i̯a				麻 wa				
宕	唐 âŋ		阳 i̯aŋ			唐 wâŋ		阳 i̯waŋ			
曾	登 əŋ		蒸 i̯əŋ			登 wəŋ		职 i̯wək			
梗		庚 ɐŋ 耕 ɛŋ	清 i̯äŋ	庚 i̯ɐŋ	青 ieŋ		庚 wɐŋ 耕 wɛŋ	清 i̯wäŋ	庚 i̯wɐŋ	青 iweŋ	

① 李荣：《切韵音系》修订版，北京：科学出版社，1956 年。

续表

摄	开口					合口					
	一	二	三 α	三 β	四 γ	一	二	三 α	三 β	四 γ	
通						东 uŋ 冬 uoŋ		东 i̯uŋ 锺 i̯woŋ			
江		江 åŋ									
遇						模 uo		鱼 i̯wo 虞 i̯u			
效	豪 âu	肴 au	宵 i̯äu		萧 ieu						独韵
流	侯 ə̯u		尤 i̯ə̯u 幽 i̯ĕu								
深			侵 i̯əm								
咸	谈 âm 覃 âm	衔 am 咸 ăm	盐 i̯äm	严 i̯ɐm	添 iem				凡 i̯wɐm		

对于高氏的这种模式，我们认为其特色有如下五点：

总论。高氏首次建立了现代语言学意义上的《切韵》韵母表排列体系，即以“摄·开合·等·韵部”及其拟音四位一体展示《切韵》音系的韵母结构，我们称之为高本汉模式，在汉语音韵学史上实有有划时代的意义。高氏所创立的“摄·开合·等·韵部”四位一体的模式是一个成功的模式，可以展示《切韵》韵母表的全貌。此后的音韵学家，或完全遵循高氏的模式，或在高氏的模式上加以改进，但不管怎样，这一模式正如董同龢先生所说，已成为中古音研究的基石。

关于“摄”。高本汉模式中“摄·开合·等·韵部”四位一体中的“摄”，不是传统等韵图的16摄，而是13摄，摄序及并摄情况如下：（1）果（含假摄）；（2）止；（3）蟹；（4）咸；（5）深；（6）山；（7）臻；（8）梗（含曾摄）；（9）宕（含江摄）；（10）效；（11）流；（12）遇；（13）通。高氏的十三摄模式，我认为当是受到了《切韵指掌图》和《四声等子》韵图的影响，因为这两本书都是十三摄，非《切韵》时期的音韵结构。按：十三摄是把果假合并，江宕合并，梗曾合并。应是一种后起现象，《切韵》音系仍应以十六摄为准。需要说明的是，虽然高氏对果 / 假，梗 / 曾，江 / 宕分别加以合并，但所合并各摄的所属韵在拟音上仍有区别，并不是等韵学中的所谓“内外混等”音变，并不是后来韵图的真正的并摄现象，所以李荣排列的高氏韵母表改列为16摄，表面上与高氏原表13摄不同，其实并不违背高氏的拟音。至于为什么是这样一个摄序，高氏没有说，笔者核对了《四声等子》《切韵指掌图》和《经史正音切韵指南》《等韵切音指南》四书，发现高氏的摄序与上列四书均不相同，所以上面的摄序当是完全出自高氏个人的安排，并未从历史文献上加以考虑。

关于"开合"。开合的处理与摄分不开，高氏模式是以摄为纲，从开合口的角度看，高氏的摄序并不统一，因为开合韵摄与独韵摄高氏混排在一起（见上），不是分别排列，以致眉目不清。李荣整理的高氏韵母表，把开合韵摄统一排在前，独韵摄排在后，条理井然，对理解《切韵》音系韵母的本质特征显然高出一筹。高表咸、深、效、流、遇、通6摄不分开合，其余7摄分开合，但"咸摄"的情况有点儿特殊。高氏既列咸摄不分开合，又在咸摄的凡韵加注云："除合口外看不出它跟严韵还有什么分别。"可见高氏对"咸"摄开合的处理上，未免有点自相矛盾，因咸摄的情况也的确与其他的开合韵摄不同，咸摄的一、二、四等均无开合口的对立，只在三等韵中才有，且只限于"严（开）、凡（合）"一对韵，这可能是一种特殊情况，因为高氏的拟音只能如此排列，除非推翻高氏的拟音。后来其他学者在咸摄的开合排列上也有过与高氏同样的处理。李荣所列的高氏韵母表在排法上一仍高氏之旧，虽不违背高氏的原意。但在体例上不甚统一。

关于"等和韵部"。在位置《切韵》的韵部问题上，高氏不是简单地照搬《切韵》韵部，按写一、二、三、四等的顺序排列一下即可了事，而是把韵部做了分类，特别是把《切韵》的三等韵与纯四等韵做了分类，分成了三等α，三等β和四等γ三类，这也是高氏韵母表的重要特点之一。具体如下：

第一类（α），包括麻、支、脂、之、祭、侵、盐、仙、真、谆、清、蒸、阳、宵、尤、鱼、虞、东$_{三}$、锺等韵系。（举平以赅上去入，下同）。

第二类（β），包括微、废、严、凡、元、欣、文、庚$_{三}$等韵系。

第三类（δ），包括齐、添、先、青、萧等韵系。

中国传统音韵学者多未能考虑到此点，虽然高氏的三等韵分类尚不甚正确，但其开创性意义不容否认。这种三等韵的进一步分类显然与主元音的类型有密切关系。

关于"重纽"。高氏此表完全没有考虑到重纽问题，故未能在拟音上加以体现，以致未能展示《切韵》韵母的全貌。虽然根据现代学者的一般认识，重纽是介音的区别，与主元音无关，但也是一类独立的韵母，无疑应在韵母表中加以体现，这应该是高氏模式的重要缺点之一。

（二）论赵元任模式（1941）

针对上述高本汉模式做出重要修正的是中国著名语言学家赵元任（1892—1982），赵元任在《中古汉语的区别性特征与非区别性特征》（1941）① 一文中不但对高氏构拟的《切韵》音系做了诸多修正，而且在《切韵》韵母排列法上更做了重大调整，令人耳目一新。赵氏的《切韵》韵母排列法如下表：

表 2 赵元任模式（一） 韵母：外转

摄	等									
	一等	二等	三等 $_{\alpha}$	三等 $_{\beta}$	四等 $_{\gamma}$	一等	二等	三等 $_{\alpha}$	三等 $_{\beta}$	四等 $_{\gamma}$
果假	â	a	i̯a	i̯â		uâ	wa		i̯wâ	
蟹	ậi â̤i	ại ȧi ai′	i̯äi	i̯ɐi	iei	uâi uâi	wai wai wai′	i̯wäi	i̯wɐi	iwei
效	âu	au	i̯äu		ieu					
咸	âm âm	am am	i̯äm	i̯ɐm	iem				i̯wɐm	
山	ân	an an	i̯än	i̯ɐn	ien	uân	wan wan	i̯wän	i̯wɐn	iwen
宕江	âng	ång	i̯ang			uâng		i̯wang		
梗		ɐng ɛng	i̯äng i̯ɐng		ieng		wɐng wɛng	i̯wäng	i̯wɐng	iweng

表 3 赵元任模式（二） 韵母：内转

摄	等					
	一等	三等 $_{\alpha}$	三等 $_{\beta}$	一等	三等 $_{\alpha}$	三等 $_{\beta}$
遇				uo	i̯wo i̯u	
止		i i: iĕ	i̯əi		i̯wi i̯wiĕ	i̯wəi
流	əu	i̯əu i̯ĕu				
深		i̯əm				
臻	ən	iĕn i̯ɛn	i̯ən	uən	i̯wĕn i̯wɛn	i̯wən

①Chao, Y.R. (1941).Distinctions and Distinctive Distinction within Ancient Chinese. *HJAS* vol.5.(原文标题是：Distinctions in Ancient Chinese, 此据抽印本改)

下面我们把赵氏的上述排列法简称为赵元任模式。

从上表可知，赵氏模式的最大特点是"转、摄、开合、等、韵部"的五级分类模式。除了"转"是赵先生的创造性运用外，其后四项基本上与高本汉相同，下面我们只对该模式的"转""摄"和"等 + 韵部""唇音轻化"四项内容加以评述。

（1）转。等韵学术语"转"有传统解释和现代语言学家解释两种模式。赵先生显然取的是现代语言学家罗常培的解释。我们先看传统等韵学家对"转"的解释。

《四声等子》之"辨内外转例"云：

> 内转者，唇舌牙喉四音更无第二等字，唯齿音方具足；
>
> 外转者，五音四等都具足。今以深曾止宕果遇流通括内转六十七韵，江山梗假效蟹咸臻括外转一百三十九韵。

《切韵指掌图》"检例"之"辨内外转例"云：

> 内转者，取唇舌牙喉四音更无第二等字，唯齿音方具足；
>
> 外转者，五音四等都具足。旧图以通止遇果宕流深曾八字括内转六十七韵；江蟹臻山效假咸梗八字括外转一百三十九韵。

刘鉴《经史正音切韵指南》末附"玉钥匙门法"云：

> 内外者，谓唇牙喉舌来日下为切，韵逢照一，内转切三，外转切二，故曰内外。如古双切江，矣殑切熊字之类是也。

早在《四声等子》和《切韵指掌图》中，"内外"只是辨明内外八转而已，所谓"外转"者，是指韵图的江山梗假效蟹咸臻八摄，"内转"者，是指韵图的深曾止宕果遇流通八摄，而内外转的辨别则是以有无独立二等韵作为依据，也就是说"外转"的八摄中有独立的二等韵，五音四等都具足；"内转"的八摄中没有独立的二等韵，唇舌牙喉四音中都没有第二等字，只有齿音才有。

这种传统说法大致是以有无独立二等韵为标准区分内外转。以上几种资料的说法也不甚一致，这里不再加以辨析。

最值得注意的是罗常培先生的《释内外转》[①]，该文从现代语言学角度对内外转加以解释，令人耳目一新。罗说一方面继承自江永以来的说法，另一方面发挥日人大岛正健及大矢透的见解，主张“内转外转当以主要元音之弇侈而分”，并依其见解将内转八摄和外转八摄略做更动，内转少了果摄、宕摄，加了臻摄，共是七摄；外转少了臻摄，加了果摄、宕摄，共是九摄。最后在具体说明内外转之分别：“内转者，皆含有后元音 [u][o]，中元音 [ə] 及前高元音 [i][e] 之韵；外转者，皆含有前元音 [e][ɛ][æ][a]，中元音 [ɐ] 及后低元音 [ɑ][ɔ] 之韵。”另外还画了一个“内外转元音分配图”，在图中画了一条虚线，说明“线 以上之元音较后而高，后则舌缩，高则舌弇，故谓之内；线以下之元音较前而低，前则舌舒，低则口侈，故谓之外。”不过，罗氏将内转八摄、外转八摄的情况改为内转七摄、外转九摄，与传统说法不一致，完全否定了门法中的说法。而且，有学者指出，就元音发音时的开口度大小来作为内外转的区别，亦有未妥之处。

传统说法，不是语言学上的解释，显然无法用于《切韵》韵母排列表中。而罗常培先生的新解释，虽然仅根据的是高本汉一家的《切韵》韵母拟音，但显然是从《切韵》韵母主元音类型的角度加以考虑的，试图发掘出“内外转”的本质语音特征，我们认为这一方向是值得肯定的。现代语言学家对舌面元音的描写，通常是从元音舌位图的高低、前后和唇的圆展度加以分析，同时也从口腔的开口度与舌位高低的对应关系上加以考虑。罗先生的解释正是综合了舌位和开口度这两个方面的特征来解释“内、外”转，其语言学意义显然不容忽视。所以我们的意见是：韵图所谓内转指通止遇果宕曾流深 8 摄，外转指江蟹臻山效假梗咸 8 摄。大体上以有无独立二等韵为根据，假使要解释等韵门法，当从旧说。但要探究其本来的语音结构，则当从罗说。不难看出，罗先生的说法涉及主元音的类型问题，为从主元音角度排列《切韵》的韵母系统提供了一个新的视角和契机。赵元任模式正是承用此说来排列《切韵》韵母表的一种新尝试。这种尝试不管是否完美无瑕，但已直接触及《切韵》韵母主元音的本质特征三要素“类型、数量、分布”，是一次可贵的新尝试，与后来的蒲立本模式颇有某种相似之处。

我们还想说明的是，赵元任模式采用罗常培对内外转的解释，是内 7 摄，外 9 摄，

① 罗常培：《释内外转》，《中央研究院历史音韵研究所集刊》第 4 本第 2 分，1933 年，第 200—226 页。

虽然有学者对罗说并不满意，但赵先生对罗先生用主元音的类型解释内、外转，似乎一直深信不疑，因为此前 1936 年 10 月，赵先生在“中央研究院”历史语言研究所曾作报告，并发有油印纲要，题目是《方言中的内外转》，这个油印报告笔者未见，此处据周法高（1948）转述[①]。另外，在赵先生主撰的《湖北方言调查报告》（1948）[②]解释一些湖北方言发生的照二化精音变的时候，均运用了“内外转”的理论，赵元任先生敏锐地观察到这个现象与“内外转”有关。赵先生从方言上的现象说明两者性质的不同，实在令人敬佩。所以“内外转”作为一个语音条件当无可疑，把它作为划分元音类型的一个标准也应是可行的。

但由于高本汉构拟的《切韵》韵母的音值尚有诸多未妥之处，所以导致罗先生归纳的内外转内涵的语音学标准尚有缺陷，如上文所述，如果能够吸收近年来学者们对高氏《切韵》拟音的修正意见，那么有可能内外转的元音类型含义或更准确与明晰。其作为划分中古元音类型的一项标准，应该是可能的。

赵元任模式一方面可以说是基本上接受了高本汉《切韵》韵母表四级排列法的主要内容，另一方面又对高氏的韵母表排法做了重大修改和调整，该模式首次建立了“转、摄、开合、等、韵”五级排列法体系，虽然表面上只是增加了一层“转”，但这一层却接触到了高本汉拟音体系的本质特征，即高氏构拟的《切韵》音系主元音的“类型、分布、数量”三要素，这无疑有重要意义。这种思想也可以从赵元任指导的他的学生马丁（Samuel E.Martin）的学位论文《中古汉语的音位》（1953）[③]中体现出来，我们认为其意义非常重大。著名音韵学家周法高先生的《切韵》韵母排列法虽有几次调整，但他完全接受了赵氏的“五级排列法”的观点，仅仅在重纽问题上做了若干补充。

（2）关于“摄”。由于赵氏的“转”与“摄”直接相关，赵先生按照罗常培先生对“转”的现代语言学解释来排列《切韵》的韵母表，内外转所含的摄数当然与传统等韵学家的数量不合，但也与高本汉的摄数不一致。高氏是 13 摄。而赵氏模式是 14 摄，其 14 摄有同于高氏者，即果假二摄合并，宕江二摄合并，置于外转，与高本汉不同的是不采纳高氏的梗曾合并说。而是把二摄分开，梗摄置于外转，曾摄置于内转。

（3）关于“等”与“韵部”。赵氏也是一仍高氏之旧，三等韵分为 α、β 两类，

① 周法高：《古音中的三等韵兼论古音的写法》，《中央研究院历史音韵研究所集刊》第 19 本，1948 年，第 203—233 页。
② 赵元任等：《湖北方言调查报告》，上海：商务印书馆，1948 年。
③Samuel E. Martin.(1953). *The Phonemes of Ancient Chinese*. JAOS Supplement.

四等韵称为γ。应该指出，高氏对《切韵》三等韵的这二分法是不妥的，因为高氏不知道他的三等β还牵涉到重纽韵的问题。赵氏之所以仍之，一方面是因为该文的研究重点并不在三等韵的分类；另一方面，还需要考虑到赵氏此文的发表时间是1941年，那时重纽问题刚刚发现，远未取得共识，所以赵氏未能涉及重纽问题，我们不应苛求赵氏。目前三等韵的标准分类应是李荣模式。

（4）轻唇十韵的拟音与元音类型说。赵元任模式的一个重要特点，是提出了对唇音轻化说的新解释，这在赵氏的《切韵》韵母拟音表上表面上不易看出，实际上非常重要。赵氏认为，中古的唇音轻化是因为韵母的主元音是央、后元音。根据这个理论，赵先生对高本汉的幽韵和微韵拟音上做了修正，详见下文。马丁模式完全接受了赵氏的理论。

直接接受赵氏模式的是著名音韵学家周法高（1968），兹不赘述。

（三）论李荣模式（1952/1956）

针对高本汉的《切韵》拟音及韵母排列模式同样做出重要修正和改进的是著名音韵学家李荣（1920—2002）。

李荣的模式出现在赵元任之后，见于他的名著《切韵音系》（1952，修订本1956，本文从后者，下同）。从此书中可知，李氏非常熟悉赵氏韵母表的排列特点，但是他显然没有采用赵氏的"转、摄、开合、等、韵部"的五级分类模式，而是仍然直接接受高本汉的四层说模式而加以改进。所以我们说他的体系不是承赵氏而来，而是承高氏而来。

李氏的《切韵》韵母排列表如下，下文简称为李荣模式。

表4　李荣切韵韵母表

（拿平声包括上去入三声；-m，-n，-ŋ，包括-p，-t，-k）

摄	一	二	子	丑	寅	四
	开口					
止			微 iəi	之 iə	支 ie 脂 i	
蟹	泰 âi 咍ˆi	夬 ai 佳 ä 皆 äi	废 iɐi	海 iɐi 齐 iei	祭 iäi	齐 ei
臻	痕 ən		殷 iən		真 iĕn 臻 iĕn	
山	寒 ân	删 an 山 än	元 iɐn		仙 iän	先 en
果	歌 â			歌 iâ		

续表

摄	一	二	子	丑	寅	四
	开口					
假		麻 a		麻 ia		
宕	唐 âŋ			阳 iaŋ		
曾	登 əŋ			烝 iəŋ		
梗		庚 ɐŋ 耕 äŋ	庚 iɐŋ	清 iäŋ		青 eŋ
	合口					
止			微 iuəi		支 iuə 脂 ui	
蟹	泰 uâi 灰 ûi	夬 uai 佳 uä 皆 uäi	废 iuɐi		祭 iuäi	齐 uei
臻	魂 uən		文 iuən		真 iuĕn	
山	寒 uân	删 uan 山 uän	元 iuɐn		仙 iuän	先 uen
果	歌 uâ			歌 iuâ		
假		麻 ua				
宕	唐 uâŋ			阳 iuaŋ		
曾	登 uəŋ			职 iuək		
梗		庚 uɐŋ 耕 uäŋ	庚 iuɐŋ	清 iuäŋ		青 ueŋ
	独韵					
通	东 uŋ 冬 oŋ			东 iuŋ 锺 ioŋ		
江		江 åŋ				
遇	模 o			虞 io 鱼 iå		
效	豪 âu	肴 au			宵 iäu	萧 eu
流	侯 u			尤 iu 幽 iĕu		
深					侵 iəm	
咸	谈 âm 覃 ɐm	衔 am 咸 ɐm	严 iɐm 凡 iuɐm		盐 iäm	添 em

附注：

开合韵除灰、魂、文三部外，帮组字以开口论。

寅类韵表上仅列 A 类；脂 B 开是 [ji]，脂 B 合是 [jui]，其他各韵逢 B 类 [i] 介音改 [j]。

李荣模式的最大特点是表现在“摄”“开合口 / 独韵”与“等与韵部”三项内容上，现依次分别讨论如下：

（1）关于摄。李氏采用的是中古 16 摄体系，不是高本汉模式的 13 摄体系，也不是赵元任模式的 14 摄体系，我们认为这样处理是非常正确的。

（2）“开合韵 / 独韵”体系的系统提出。此为李荣模式的一大特色。我们知道，“开合韵 / 独韵”体系可以溯源自宋元等韵图的《切韵指掌图》和《经史正音切韵指南》二书，但李氏的“独韵 / 开合韵”体系则又与此二图不完全相同，详见李荣 1956：129—137，和冯蒸 2002[①]。这个问题的语音本质，既涉及中古韵母结构的合口介音问题，又涉及部分韵系的主要元音的问题，因而异常重要。李氏提出的把中古韵摄先行按照“独韵 / 开合韵”的标准进行分类，与高本汉每摄之下分开合的做法并不相同。在摄的下面每韵分开合，这是《韵镜》《七音略》派韵图的做法，而在摄的上位先分独韵 / 开合韵，是《切韵指掌图》和《切韵指南》的做法，虽然表面上一个是在“摄”的下位。一个是在“摄”的上位，但在摄的上位的“独韵 / 开合韵”明确区分了介音开合与韵腹开合的问题，二者性质并不相同，这一分类体系，可以说在《切韵》韵母表的排列体系中独树一帜，在一定程度上可以反映《切韵》韵母表的本质特征，至今影响深远。

我认为李先生在韵母表中引入“独韵 / 开合韵”一对概念，就是想澄清长期在音韵学界中古音研究中对“开合”术语概念模糊不清的问题。早期宋元等韵图《韵镜》及《七音略》的“开合”，既指韵头，也指韵腹，概念并不清晰。李荣根据《切韵指掌图》和《经史正音切韵指南》的有关论述，明确把“独韵 / 开合韵”的“开合韵”确定为韵头（介音）-u- 的有无问题，有 -u- 的是合口，无 -u- 的是开口，均指的是介音。至于主元音的 -u- 或不能区分开合的其他韵腹问题，则一律归为“独韵”，这样“开合”韵的韵摄有 9 摄，即：止、蟹、臻、山、果、假、宕、曾、梗。独韵 7 摄，即：通、江、遇、效、流、深、咸。李荣先生在《切韵音系》第八章“韵母的讨论”第一节有专节深入讨论“独韵和开合韵”，足见此问题之重要。由于李先生在《切韵》韵母表中首次引入了“独韵 / 开合韵”的概念并把 16 摄分为两大类，使整个《切韵》韵母表的排列简明易晓，焕然一新，并为后来的《切韵》音系研究者所沿用（如邵荣芬的《切韵研究》[②] 等是）。

① 冯蒸：《论〈切韵〉的“开合口”与等韵的“独韵 / 开合韵”——〈切韵〉音系构拟商榷之一》，见《语言》第三卷，北京：首都师范大学出版社，2002 年，第 207—231 页；又见《冯蒸音韵论集》，北京：学苑出版社，2006 年，第 321—343 页。

② 邵荣芬：《切韵研究》（校订本），北京：中华书局，2008 年。第 1 版，北京：中国社会科学出版社，1982 年。

但是高本汉在咸摄三等韵遗留的严凡二韵系的开合对立问题，在李荣模式中依然存在，这种既把咸摄认为是独韵，又保有严凡的开合对立，未免自相矛盾。后来邵荣芬在《切韵研究》中就认为严凡的开合对立不可信，干脆把严韵并入凡韵。

（3）关于“等·韵部”。李氏的韵母表的一、二、四等韵与传统无异，其特色表现在把三等韵分为“子、丑、寅”三类。这三类的划分是严格按照以《切韵》的声韵配合关系为标准划分的，三等子类包括：微，废，殷，元，庚$_{三}$，严，凡 7 个韵系；三等丑类包括：之，海$_{三}$，齐$_{三}$，歌$_{三}$，麻$_{三}$，阳，蒸（合口职），清，东$_{三}$，锺，虞，鱼，尤，幽 14 个韵系；三等寅类包括：支，脂，祭，真（臻），仙，宵，侵，盐 8 个韵系。今音韵学界通常把李氏的三等子类称为“纯三”（纯三等韵），或称 C1 类；三等丑类称为“普三”（普通三等韵），或称 C2 类；三等寅类称为“重纽韵”，有学者又进一步把重纽韵分为重纽三等韵（通称为 B 类）与重纽四等韵（通称为 A 类）。这三类基本上已为音韵学界所普遍接受，不但修正了高本汉三等韵分为 α 和 β 二类的诸多不妥，虽个别韵系的归类尚可商榷（如把“庚$_{三}$”归入子类未妥），但这一格局已成为今天构拟中古音三等韵元音类型的重要参考点。我们目前虽然还不能准确说出子、丑、寅三类三等韵的元音类型特征，但这三类元音迥然有别则无可置疑，其功实不可没。

综上所述，上述二、三两点可以认为是《切韵》韵母表排列法的李荣模式对中古音的一个重要贡献。

三、《切韵》韵母表五种排列法之二：创新型

（一）论马丁模式（1953）

美国的马丁（Samuel E. Martin, 1924—2009）是赵元任先生的学生，他的《中古汉语的音位》（*The Phonemes of Ancient Chinese*）（1953）一书是他的硕士论文，在赵元任先生指导下完成。所以他的研究成果颇受赵元任《中古汉语的区别性特征与非区别性特征》（1941）一文的影响。但是其对《切韵》音系的处理方法又与赵氏颇有不同，而且对后来的《切韵》韵母表排列方式影响很大，有必要专门加以讨论。

由于马丁氏是从音位学角度来处理《切韵》的韵母系统，虽然音值的构拟很大程度上根据高本汉和赵元任二家的《切韵》拟音，但也有自己的新构拟，且处理方法不同。

概括地说，他是用二张表来表示《切韵》的韵母系统，形式新颖，别开生面，与前此的高本汉、赵元任模式均迥然有别，下文称之为马丁模式。

其音节结构表我们称为马丁模式（一），主元音分布表称为马丁模式（二）。如下：

表 5　马丁模式（一）音节结构表

<table>
<tr><th colspan="2" rowspan="2">声母</th><th colspan="5">韵母</th></tr>
<tr><th colspan="2">（介音）</th><th>（主要元音）</th><th>（韵尾）</th><th>（声调）</th></tr>
<tr><td colspan="2">q
m
l
ng</td><td rowspan="3">-
i</td><td rowspan="3">-
u</td><td rowspan="3">*
e
ə
ɛ
a
ɑ</td><td rowspan="3">-
p
t
k
m
n
ng
i
u</td><td rowspan="3">1
2
3
4</td></tr>
<tr><td>-
p
k
t,tj
c,cj,cr
s,sj,sr</td><td rowspan="2">h
ħ
-</td></tr>
<tr><td>n</td></tr>
</table>

表 6　马丁模式（二）主元音分布表

		-i	-u	-m	-n	-ng	-
/*/	-	–	–	–	–	东$_{一}$	–
	u	–	–	–	–	冬	模
	iu-	脂	–	–	諄，眞	锺	魚
	i-	脂，之	幽	–	眞，臻	东$_{三}$	虞
/ə/	-	咍	侯	覃	痕	登	–
	u-	灰	–	–	魂	登	–
	iu-	微	–	–	文	职	支
	i-	微	尤	侵	欣	蒸	支
/a/	-	皆	–	咸	山	庚$_{二}$	–
	u-	皆	–	–	山	庚$_{二}$	–

续表

	iu-	废	–	凡	元	庚$_{三}$	–
	i-	废	–	严	元	庚$_{三}$	–
/ɛ/	-	佳，夬	肴	衔	删	江	麻
	u-	佳，夬	–	–	删	–	麻
	iu-	祭	–	–	仙	清	–
	i-	祭	宵	盐	仙	清	麻
/ɑ/	-	泰	豪	谈	寒	唐	歌
	u-	泰	–	–	桓	唐	戈$_{一}$
	iu-	–	–	–	–	阳	戈$_{三}$
	i-	–	–	–	–	阳	戈$_{三}$
/e/	-	–	–	–	–	耕	–
	u-	–	–	–	–	耕	–
	iu-	齐	–	–	先	青	–
	i-	齐	萧	添	先	青	–

综观马丁的《切韵》韵母系统，计介音四：ø，i，u，iu；

主要元音六：*，e，ə，ɛ，a，ɑ；

韵尾六（实为九）：-m，n，ng（含 -，p，t，k），i，u，ø。

马丁的表一与表二为诸家模式所无，是其创新之处。下面我们对马丁模式的两个表分别做一讨论。

（1）表一是作者认定的《切韵》音系的音节结构表，其声母部分因与本文无关，从略，韵头和韵尾均与诸家一致，没有什么可多说的，其中主元音是6个，给我们的印象最为深刻，详见下文。

（2）表二可以说就是马丁模式的《切韵》韵母表。显然，其排列模式与高本汉、赵元任、李荣的表迥然不同。表二竖栏是以主要元音（韵腹）为纲，即以马氏的音位化的六元音为纲，横行以韵尾为纲，每个主要元音下面又分四行，表示介音，分别代表：一二等开口、一二等合口、三四等开口、三四等合口。在这个框架内填入《切韵》的韵母名称，不含入声共有92个韵母。可见该表完全是以现代音韵理念的“韵头、韵腹、韵尾”为纲来展示《切韵》全书的韵母结构，6个主要元音、与4个韵头、6个韵尾的相配情况一目了然，而不是如高、赵、李的以“摄”或“转”为纲，下辖开合、等、韵部的模式。从某种角度上来说，马丁模式等于在高本汉、赵元任拟音的基础上，把高、赵模式彻底拆散打乱，把传统术语“转、摄、开合、等”换成相应的现代语音学术语：介音、主要元音、韵尾，再按照一个新的原则重新排列组合，就形成了这样一张新表，董同龢先生虽曾评论其模式为“拿音标变戏法”，也不为过。但其面貌焕然一新则是有目共睹。表二的优点是：（1）有利于直接探究《切韵》音系韵母结构的本质特征；（2）主要元音的数量、类型、分布规律一目了然，而这在传统模式中是难以看到的。在这个模式中，韵尾基本上没有问题，可不论，介音有些问题，这里也不必深究，唯有主要元音的问题最值得注意，是其亮点，但也问题最大。

限于篇幅和体例，这里不能够对马丁模式的 6 元音音位说做出详细评述，我们认为他的 6 元音说从数量、到标写法，都有待进一步研究，如：他是如何具体归纳主元音音位的？《切韵》的主元音音位是不是 6 个？如果是 6 个，写法如何？从类型学角度如何评价这种音位化的标音法？凡此种种，均需专门研究。但总的来说，相对于高本汉的《切韵》有 15 个主要元音说，这个 6 元音体系的确简洁明了，令人耳目一新，马丁的每个音位含有高氏所拟多个数量不等的严式音标拟音，他均视为音位变体 (allophone, 或译为同位音)，无论如何，这种简洁化的音位标音法对于确定《切韵》主元音的数量、类型和分布，很有启示意义。

马丁归纳的《切韵》6 元音音位是 /*、ə、a、ɛ、ɑ、e/。这里唯一需要说明的是 /*/ 音位，他没有写出具体明确的音值，仅用一个星号表示，对此作者说（译文采周法高 1954）：

> /*/ 高元音。（原注：在一种实际的标记中，* 这个符号可简单地被省略了。在这样的情形下，把 *ng，或许和 u*ng 及 u* 各自地写作 ong，uong 及 uo，似乎是合宜的。）当后跟舌根音韵尾 (ng) 或不跟韵尾时是后（或许圆唇）元音；当前面又有 /u-/ 时稍低一点，当后跟其他不是舌根音韵尾时是前元音；当后跟 -i 时可能比较高。

周法高（1954）[①]先生说："用＊代表后高元音 u，o 及前高元音，而写不出一个适当的元音来，在分析音位方面固未尝不可如此，但在实际标写时便不合适了（作者也承认在实际标记时要把 u，o 写出来）。"

总的来说，马丁模式以《切韵》音系的主要元音系统为纲列表，看其与韵头和韵尾的相配关系，这在此前的所有《切韵》音系研究者中都少有人做过，很有新意。但由于马丁氏的音位化处理完全是以高本汉的中古音构拟和赵元任的修正意见为依据，很多高氏的问题他仍然沿用，如高氏的中古拟音"脂之"二韵都拟作 ji, 马丁氏据高氏的拟音以求音位，自然也就无法区别它们了（薛凤生 1985）[②]，这些细节本文都暂且不论。对于赵元任（以及马丁）对《切韵》韵母系统的音位化处理，高本汉本人一直持明确的反对意见，见高本汉 1954/1987[③]，此处不赘。

（二）论蒲立本模式（1983）

加拿大著名汉学家蒲立本 (Edwin George Pulleyblank, 1922—2013) 对《切韵》韵母表的排列与前此诸家完全不同，他构拟的切韵韵母表见所著《中古汉语》（1983）[④]一书，本文称之为蒲立本模式，其表如下：

表 7　蒲立本模式

A 类				B 类		
				脂 i，ji	之 i	
			模 ɔ	支 iǎ，jiǎ	魚 iǎ	虞 uǎ
	麻 ar	歌 aǎ[ɑ]		麻 iaǎ	歌 iaǎ	歌 uaǎ
					微 ij	微 uj
齐 ɛj	皆 ɛrj	咍 əj	灰 wəj	祭 iaj，jiaj	废 iaj	废 uaj
	佳夬 arj	泰 aj				
			侯 ow	幽 iw		尤 uw
萧 ɛw				宵 iaw，jiaw		

① 周法高：《论古代汉语的音位》，《中研院历史语言研究所集刊》第 25 本，1954 年，第 1—19 页。
② 薛凤生：《论等韵学之原理与内外转之含义》，《语言研究》1985 年第 1 期，第 38—56 页。
③ 高本汉著，聂鸿音译：《中上古汉语音韵纲要》，济南：齐鲁书社，1987 年。
④Pulleyblank, E. G.(1983). *Middle Chinese:A Study In Historical Phonology.* Vancouver:University of British Columbia Press.

续表

A 类				B 类		
	肴 arw	豪 aw				
				蒸 iŋ，（北方 iaŋ)		
		登 əŋ				
		唐 aăŋ			阳 iaăŋ	
青 ɛjŋ	耕 ɛrjŋ			清 iajŋ，jiajŋ		
	庚 arjŋ			庚 iajŋ(riajŋ，见 5.3.4)		
			东 owŋ			东 uwŋ
						锺 uawŋ
	江 arwŋ		冬 awŋ			
				眞 in，jin	殷 in	文 un
先 ɛn	山 ɛrn	痕 ən	魂 wən	仙 ian，jian	元 ian	元 uan
	删 arn	寒 an				
				侵 im，jim		
添 ɛm	咸 ɛrm	覃 əm		盐 iam，jiam	严 iam	凡 uam
	衔 arm	谈 am				

蒲立本的表分左右两栏，左栏是 A 类音节，右栏是 B 类音节，全表共横分八格，A 类 8 格，B 类 8 格，左右对称，共 16 格，但此 16 格并非对应于中古的传统 16 摄。A 类音节代表的是《切韵》的一、二、四等韵，B 类代表的是三等韵。全表共列出了《切韵》58 个韵系（举平以赅上去入）的具体分属情况，但实际上 A 类音节含 33 韵，B 类音节含 32 韵，共 65 韵系。所以会导致这种情况，与蒲氏的独特构拟思想和构拟体系有关，也与《切韵》音系本身的特点有关。下面我们先列出 A、B 二类音节所含的韵摄和韵部名称及其韵尾特点表，再做说明：

表 8　蒲立本 A、B 类音节韵摄、韵尾分析

	A 类音节（33 韵）	B 类音节（32 韵）	韵尾
（一）	遇（模）、假（麻）、果（歌$_{一}$）	止（支脂之）、遇（鱼虞）、假（麻$_{三}$）、果（歌$_{三}$歌合）	-ø
（二）	蟹（齐皆佳夬咍泰灰）	止（微微合）、蟹（祭废废合）	-j
（三）	流（侯）、效（萧肴豪）	流（幽尤）、效（宵）	-w
（四）	曾（登）、宕（唐）	曾（蒸）、宕（阳）	-ŋ
（五）	梗（青耕庚$_{二}$）	梗（清庚$_{三}$）	-jŋ
（六）	通（东$_{一}$冬）、江（江）	通（东$_{三}$锺）	-wŋ
（七）	臻（痕魂）、山（先山删寒）	臻（真殷文）、山（仙元$_{三}$元合）	-n
（八）	咸（添咸衔覃谈）	深（侵）、咸（盐严凡）	-m

上表所呈现的蒲氏构拟的《切韵》韵母表有如下一些特点：

（1）全书根据《王三》195 韵的切韵韵目体系，不是《广韵》的 206 韵体系，所以没有桓、谆、戈等韵系。以平赅上去入，共有 58 个韵系；

（2）区别了 8 个重纽韵（支、脂、祭、真、仙、宵、侵、盐）；

（3）佳夬二韵系韵母拟音同；

（4）3 个二 / 三等同韵（麻、庚）、一 / 三等同韵（东）的韵系其一、二等与三等分属两类音节类型。前者属于 A 类音节，后者属于 B 类音节。导致麻$_{二}$、麻$_{三}$；庚$_{二}$、庚$_{三}$和东$_{一}$、东$_{三}$主元音不同；

（5）痕（ən）/ 魂（wən），咍（əj）/ 灰（wəj）之别仍是开合口之别；

（6）B 类音节的歌$_{三}$韵、微韵、废韵、元韵 4 韵系各分二类，一开一合。

还有一些其他特点，因为本文是研究韵母的排列法，蒲氏的这些拟音细节这里就不多说了。

要想了解蒲立本的中古音体系，即何为 A 类音节、B 类音节，必须从蒲氏此种分类的源头说起。A、B 二类音节本是蒲氏研究汉语上古音时提出的一个理论，在汉语音韵学界影响很大。这里有必要简单说明一下 A、B 二类音节理论的来龙去脉。

按：《切韵》中的三等韵特别多，几占全部韵数的一半，应把音节分为三等和非三等两类。高本汉构拟《切韵》的三等韵有 -j- 介音。因此，有的学者设想在音节结构层面上来解决这个问题。蒲立本1962[①]将汉语音节分为A类（不带i介音），B类（带i介音）两类，B类三等韵拟为长元音，A类非三等韵拟为短元音的设想。后来郑张尚芳、斯塔罗斯金经研究也提出元音分长短，但长短在分等上与之相反，认为三等韵是短元音（无标记）、非三等（一、二、四等）韵是长元音。蒲立本后又发表《中古汉语之甲乙类音节的上古由来》（*JCL*22-1,1994）[②]，提出A、B两类音节是韵律对立的新看法，说一类是下降的声调落在前一个韵律单位摩拉（mora），另一种是上升的声调落在后一个韵律单位，以缅甸的Sizaŋ钦语为证。罗杰瑞1994/2010[③]用是否有喉壁化作用（pharyngealization）区分A、B两类音节，指出该因素是音节特征，不是音段，用’C（c表音节起始）标示喉壁化。

在“摄”这一层的上面，蒲立本的《切韵》韵母表排列的最大特点，既不是赵元任模式设立的“转”，也不是李荣模式设立的“独韵/开合韵”，而是A、B两类音节说。关于A、B两类音节特别是中古A、B两类音节的区别，最好的说明应该是蒲立本自己，他在汉译本《上古汉语的辅音系统》的最后写了“写在《上古汉语的辅音系统》之后”（1999汉译本：195-199页），在这篇《后记》中，他写了关于中古汉语的这样两段话，现转引如下（198-199）：

（d）中古汉语

上文提到，《上古汉语的辅音系统》是从修正中古音开始的。我接受了高本汉构拟《切韵》的基本框架。作了进一步研究以后，我才明白这还只是很粗糙的修正。特别是我确信构拟工作必须分两部进行，（1）《韵镜》的晚期中古汉语（LMC），代表唐代以长安方言为基础的标准音。（2）以《切韵》为代表的早期中古汉语，代表前一阶段的士族标准语（Pulleyblank1970-1、1984、1991a）。与上古汉语有关的重要结论有：（1）《上古汉语的辅音系统》认为高本汉构拟的上古介音i（=j）应该取消，它在韵图、《切韵》中同样需要取消，而代之以

①Pulleyblank, E. G.(1962). Consonantal System of Old Chinese. *Asia Major n.s.*9.1/2, 58-144; 206-265.（蒲立本著，潘悟云、徐文堪译《上古汉语的辅音系统》，北京：中华书局，1999年。）

②Pulleyblank, E. G. (1994).The Old Chinese Origin of Type A and B Syllables. *Journal of Chinese Linguistics*, 22.

③Jerry Norman.(1994). Pharyngealization in early Chinese. *Journal of the American Oriental Society*, 114(2), 397-408.（罗杰瑞著，顾黔、史皓元、陈婷婷译：《早期汉语的咽化与腭化来源》，见潘悟云编：《境外汉语音韵学论文选》，上海：上海教育出版社，2010年，第211—231页。）

A 类和 B 类音节（见下一节）；（2）从《韵镜》开始，韵图的摄同样反映官话和我为《诗经》构拟的两类元音 a/ə；（3）梗摄带腭化舌根音韵尾，我拟作 -jŋ、-jk，通江两摄带唇化舌根音韵尾，我拟作 -wŋ、-wk，说明与上古有同样类型韵尾辅音。

（e）A 类和 B 类音节

在高本汉的系统中为韵图三等韵构拟的 i 是根本性的错误（Pulleyblank1962），我定义了两种音节类型的基本对立，叫作 A 类音节（在其系统中不带 i 介音）和 B 类音节（在其系统中带 i 介音）。在《上古汉语的辅音系统》中我假设 B 类音节在上古带长元音，后来发生了复元音化，产生了 i。现在看来在《切韵》时代的区别好像是 A 类音节带中或低元音，B 类音节带高元音 i、ɨ、u 中的一个，或者后一个元音 a。因为 A 类音节与对应的 B 类音节在上古能够互相押韵，而在早期的中古汉语中却不能押韵，所以《切韵》的这种情况一定是上古和早期中古汉语之间音节结构的重大变化引起的。

我认为这是复元音化的结果，包括 B 类音节的声母之后出现了高央元音 ɨ，它或者出现在 a 之前，或者取代了元音 ə。在某些条件下，由于声母或韵尾的同化作用，或者前化作 i，或者圆唇化作 u。A 类音节并没有发生复元音化，而是由于各种语音条件不同主元音发生了变化。

A/B 两类音节的分裂一定是先前某种不同音节类型的对立造成的。很难找到这种分裂条件的确实证据，最好假设它是一种韵律的对立造成的，一种是下降的声调落在头一个韵律单位摩拉（mora），另一种是上升的声调落在后一个韵律单位摩拉。缅甸 Sizang（锡因）钦语可能是一种平行的现象（Pulleyblank1994a，汉译本 198-199 页）。

蒲立本模式把三等和非三等作为一种分类标准是一种新尝试，在某种程度上颇类似于赵元任模式的"转"，但二者显然并不相当。且蒲立本的韵律解释说并不令人信服。

四、关于《切韵》韵母排列法之我见

上文我们分析并评述了五家《切韵》韵母表的排列模式，笔者认为，较为理想的《切韵》韵母排列法应由三个表组成。但具体内容视实际研究结果而定。这三个表是综合了马丁模式与李荣模式而成，或能最大限度地展示《切韵》韵母的本质特征。具体如下：

表一：《切韵》音节结构表（马丁模式表一）。该表的价值在于能够展示中古汉语音节的全貌（展示业已拟测的中古音声母、韵头、韵腹、韵尾）。

表二：《切韵》主要元音与等位和韵尾配合表（马丁模式表二）。此表是以主要元音为纲来展示《切韵》的韵母，只见于马丁模式，是该模式的重要特色之一，可以让人一目了然地展示《切韵》的全部音位化的主元音与韵头和韵尾的相配关系。可以据此窥测出《切韵》韵母的主要结构特征。

表三：以独韵 / 开合韵为框架的《切韵》韵母表（李荣模式）。此表是以 -u- 介音的有无为准来位置 16 摄，也就是统率《切韵》的全部韵母。符合中国传统音韵学的习惯。

以上三表均不可或缺，而且每张表都是既有拟音，又有《切韵》的韵部名称。应该是排列《切韵》韵母较为理想的模式。蒲立本 1962 的中古音韵母表就是有两个表，即相当于此处的表二和表三。

五、论探索《切韵》韵母结构特征的五个途径

探讨《切韵》韵母排列法的最终目的，是要检讨何种模式最能够体现《切韵》音系韵母结构的本质特征。上述五种模式，各有特点，各有所长，我们评价上述模式，主要原则是看在确立音节结构特别是韵母结构的大前提下，到底哪种模式更能体现《切韵》音系韵母结构的本质特征，具体说有如下三点：

（1）《切韵》音系韵母的韵头有几个？是哪些？它们与主要元音的配合情况如何？

（2）《切韵》音系韵母的韵尾有几个？是哪些？它们与主要元音的配合情况如何？

（3）最重要的是，《切韵》音系韵母的韵腹（即主要元音）的数量、类型与分布规律如何？

此中第 1、第 2 两个问题，争议不多，这里暂不讨论，下面，我们只对第 3 个问题即《切韵》音系韵母主要元音的数量、类型与分布情况进行探讨。

《切韵》音系韵母的主要元音问题最为复杂，我们认为它包括主要元音的数量、类型与分布情况三项内容，迄未取得共识。我们认为导致未能取得共识的原因很多，

笔者认为主要有下列五点，现表列如下：

表 9　影响《切韵》韵母主元音特点的五个因素

主元音特性	因素				
	（一）转	（二）独韵 / 开合韵	（三）等	（四）韵部（韵尾）	（五）音变
数量				√	
类型	√	√	√		√
分布			√	√	√

对于表头所列五项影响韵母主要元音性质的五个因素，现分别讨论如下：

1. 转

这是探索《切韵》主要元音性质的第一个途径。如前所述，罗常培最早对"转"的性质作了语音学探索，认为转与主元音类型有关，这一种解释得到了赵元任的支持。赵元任把这种解释作为划分《切韵》音系中韵母主要元音类型框架的第一层，置于摄的上面。赵元任首先发现了"转"与音变有关，应是一项音变条件。"转"作为一项音变标准可以从历史音韵文献与方言音变反映的照二（庄组）化精（精组）变化联系起来，赵先生敏锐地观察到这一点，他在《湖北方言调查报告》（1948）总说明中指出（第 10 页）："湖北有许多处庄组声母在外转读 [tʂ]、[tʂ]、[ʂ]，在内转读 [ts]、[ts]、[s]。"关于内外转的语音学内涵，罗常培《释内外转》认为：内外转当以主要元音弇侈而分。内转 7 摄：深臻曾止流通遇，韵腹元音高、短、弱、韵尾长；外转 9 摄：江山梗假效蟹咸宕果，韵腹元音低、长、强，韵尾短、弱。赵元任（1948）定内转八摄，：遇、止、流、深、臻、曾、梗、通；外转 6 摄：果（附假）、蟹、效、咸、山、宕（附江）。共计 14 摄，与他（1941）年的论文对转的处理完全一致。两位学者对内外转的归属稍有出入，但都结合了主元音的发音特征。赵先生观察到转与方言的声母音变有关，无疑是一项重要发现。另外，周法高（1968）[①] 指出，广州话的元音分长短，外转是长元音，内转是短元音，也证明内外转是一项重要的语音条件。按照这个思路进行探讨的还有

① 周法高：《论切韵音》，《香港中文大学中国文化研究所学报》第 1 卷，1968 年，第 89—112 页；又见周法高《中国音韵学论文集》，香港：香港中文大学出版社，1984 年，第 1—24 页。

薛凤生（1985），余迺永（1993、1995）[1]，特别值得注意的是郑伟（2017）[2]从古壮字的汉字借音也印证了这一点。但内外转的准确内涵，到底是元音的长短问题还是元音的高低前后问题，现在尚未取得一致意见。

2. 独韵 / 开合韵

这是探索《切韵》主要元音性质的第二个途径。如前所述，开合韵是介音 -u- 的有无问题。而独韵则纯然是韵腹问题，所以，我们认为独韵与主要元音的类型应有关系。独韵有 7 摄（通、江、遇、效、流、深、咸），《韵镜》和《七音略》给独韵 7 摄的所属韵部也标注了开合，这应是古人对《切韵》这些韵系主要元音的一种描写，也可以认为是对主元音类型的一种分类，虽然还很模糊，但不无启发。如遇摄的“鱼”韵，《韵镜》标注为“开”，其主元音不当如高本汉等学者所拟的圆唇后元音 [u,o] 一类，应是非圆唇后元音一类，平山久雄（1995）[3]对此有探讨。总之，独韵及早期韵图所标注的开、合类别，也是我们考虑《切韵》韵母主元音类型的途径之一。

3. 等

这是探索《切韵》主要元音性质的第三个途径。我们认为从等的角度看，有二点与主元音性质有关。首先，等与主元音有关，在音韵研究的早期阶段，一二等无 i 介音，三四等有 i 介音，是其共识。在近年的音韵研究中，对等的区别有了新的认识，通常认为一四等无 i 介音，二三等有介音，二等有介音ɣ，三等有介音 i，如此则一、四等无韵头。似乎可以这样认为：“一等的主元音 + 四等的元音”应基本上涵盖了《切韵》全部韵系的主元音类型，一般认为四等是前元音，则一等应是非前元音，二者在元音类型上互补，这是等与元音类型有关的第一种情况。其次，是三等韵的分类。李荣把三等韵分成子、丑、寅三类，获普遍认同，这三类都是三等韵，除了有共同的 i 介音外，这三类三等韵性质不同，当是与主元音的类型不同有关，但具体是什么主元音类型，已经有学者加以探讨，但尚未形成共识。

4. 韵部

这是探索《切韵》主要元音性质的第四个途径。《切韵》的“韵部”由“韵腹 + 韵尾”

① 余迺永：《再论切韵音——释内外转新说》，《语言研究》1993 年第 2 期，第 33—48 页。余迺永《释重纽》，《语言研究》1995 年第 2 期，第 38—68 页。

② 郑伟：《古壮字的汉字借音声旁与中古后期的韵母演变》，见《中国文字研究》第 26 辑，上海：上海书店出版社，2017 年，第 165—173 页。

③ 平山久雄：《中古汉语鱼韵的音值——兼论人称代词“你”的来源》，《中国语文》1995 年第 5 期。

两部分组成。我们此处说的"韵部"，更确切地说指的是韵尾。我们曾经讨论过（冯蒸 1998/2005）[①]，在《切韵》音系中，根据同韵尾的韵部数量可以确定《切韵》音系主元音的数量，即：在韵尾相同的情况下，有多少相同韵尾的韵部，就有多少主元音，并据此原则确定了《切韵》音系韵母的主元音应有 12 个。我们认为这 12 个主元音的区别都是音位性的。此外，还可以大致确定主元音的分布情况，但未能确定主元音的类型。12 个主元音的韵系分布有何特点？其主元音类型有几种？均待进一步研究。目前把《切韵》的主元音构拟成 12 个的学者，有郑张尚芳（1987）[②]，陈以信（Abraham Chan 2004）[③] 等。但各家的构拟出入较大。此外，笔者曾经提议《切韵》祭泰夬废四韵带辅音韵尾（冯蒸 1989），或可调整主元音的分布状况也属此种情况。

关于《切韵》12 个主要元音的元音类型和可能的具体音值，从哪些角度进行确认，是一个十分棘手的问题，我们曾经设想可否借助音韵类型学的成果，或可能对此提供一些有价值的线索。为此，我们仔细查阅了美国语言学家麦迪逊（Ian Maddieson）的《语音类型》（Patterns of Sounds ，1984）[④] 一书，在元音部分，该书介绍了有 12 个元音的语言共有 18 个（126 页），但是具体的 12 个元音及其在音系的分布及相关特征，还要查作者建立的语料库（UPSID）。加州大学洛杉矶分校音段库存数据库（UPSID）[⑤] 是 20 世纪 80 年代早期由 Ian Maddieson 开发的对比音段库存数据库，后来我们知道，作者建立的这个语音语料库，在 2012 年曾经做过大规模的修订。通过对 UPSID 数据库的检索，可以发现世界各语言中包含 12 种元音的语言共有 29 种。各语言所含元音总计 66 种。下表按照出现频次对这 66 种元音进行了排序，具体名录如表 10 所示。

通过舌面元音舌位唇形图的方式，亦可更直观地看出各类元音的分布情况（见图 1）。

---

① 冯蒸：《论〈切韵〉的分韵原则：按主要元音和韵尾分韵，不按介音分韵——〈切韵〉有十二个主要元音说》，朱庆之编：《中古汉语研究》（二），北京：商务印书馆，2005 年，第 151—180 页。原载《语言研究》1998 年增刊，第 164—185 页。又载《冯蒸音韵论集》，北京：学苑出版社，2006 年。

② 郑张尚芳：《上古韵母系统和四等、介音、声调的发源问题》，《温州师院学报》1987 年第 4 期，第 67—90 页。

③Abraham Chan.(2004). Early Middle Chinese:Towards a New Paradigm. *T'oung Pao*, 90, 122-161.

④Ian Maddieson.(1984). *Pattern of Sounds.* Cambridge:Cambridge University Press.

⑤Ian Maddieson, & Kristin Precoda. (1990). Updating *UPSID.* In *UCLA Working Papers in Phonetics*. 104-101. Department of Linguistics, UCLA. Steven Moran, & Daniel McCloy. (2019). *PHOIBLE* 2.0. Jena:Max Planck Institute for the Science of Human History. (Available online at http://phoible.org, Accessed on 2019-06-12.)

表 10 世界各语言中包含 12 种元音的元音名录

元音	频次	元音	频次	元音	频次	元音	频次
i	27	o	6	æ	2	ɨ̆	1
u	25	ɨ̃	6	ã̟	1	ɨi	1
a	25	ɘ	6	æː	1	o̧	1
ĩ	20	ẽ	6	aɨ	1	oː	1
ã	19	ə̆	5	ɐ	1	o̧ː	1
ũ	18	ʊ	4	ɐ̆	1	o̧i	1
o	15	au	4	ɐ̧̆	1	o̧u	1
e	15	ai	4	ɑ̃	1	ɵ	1
ɔ	14	a̟	4	ɑː	1	ɵ̧̆	1
ɛ	10	ɪ	3	ɒ̃	1	ui	1
o̧	10	ȩi	3	ȩ	1	ʉ	1
ȩ	10	ɒ	3	eː	1	ʉ̆	1
ɨ	9	uː	2	ȩː	1	ɯ	1
ɔ̃	8	iː	2	ȩo̧	1	ɯ̃	1
õ̧	7	ɘ	2	əu	1	ʊ̃	1
ɛ̃	7	ɑ	2	əɯ	1		
ȩ̃	7	æ̃	2	iu	1		

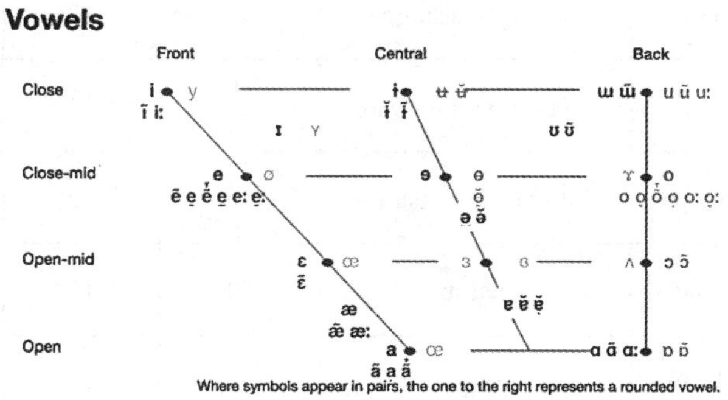

66 种元音明细图

除图中所含 54 种单元音外，还有 12 种是由两种元音组合而成的复合元音。具体如下：au；ai；ei；a；eo；əu；əɯ；iu；i；oi；ou；ui。

这 29 个语言的名称以及音系情况如下：

Inventory	Language（语言名）	Segments（音段）	Vowels（元音）	Consonants（辅音）	Tones（声调）
AMUZGO (UPSID 222)	Guerrero Amuzgo	37	12	25	无
BARASANO (UPSID 239)	Waimaha	23	12	11	无
BARIBA (UPSID 240)	Baatonum	30	12	18	无
BOBO-FING (UPSID 243)	Northern Bobo Madaré	33	12	21	无
BAKAIRI (UPSID 254)	Bakairí	29	12	17	无
CUBEO (UPSID 295)	Cubeo	23	12	11	无
DANI (UPSID 308)	Lower Grand Valley Dani	24	12	12	无
DOAYO (UPSID 310)	Doyayo	34	12	22	无
DOGON (UPSID 313)	Toro So Dogon	28	12	16	无
IATE (UPSID 332)	Fulniô	30	12	18	无
GA (UPSID 335)	Ga	41	12	29	无
GBEYA (UPSID 338)	Gbaya-Bossangoa	43	12	31	无
GELAO (UPSID 340)	Central Gelao-Qau	43	12	31	无
GUARANI (UPSID 345)	Paraguayan Guaraní	36	12	24	无
GUAHIBO (UPSID 346)	Guahibo	29	12	17	无
IRAQW (UPSID 370)	Iraqw	45	12	33	无
JAPRERIA (UPSID 386)	Japrería	24	12	12	无

续表

Inventory	Language（语言名）	Segments（音段）	Vowels（元音）	Consonants（辅音）	Tones（声调）
ACOMA (UPSID 413)	Western Keres	51	12	39	无
SEBEI (UPSID 428)	Kupsabiny	26	12	14	无
LELEMI (UPSID 441)	Lelemi	34	12	22	无
NEPALI (UPSID 488)	Eastern Pahari	39	12	27	无
PHLONG (UPSID 523)	Pwo Northern Karen	37	12	25	无
SENADI (UPSID 537)	Cebaara Senoufo	36	12	24	无
SHIRIANA (UPSID 541)	Ninam	25	12	13	无
SIONA (UPSID 550)	Siona-Tetete	30	12	18	无
TAMASHEQ (UPSID 575)	Tahaggart Tamahaq	37	12	25	无
PICURIS (UPSID 598)	Taos Northern Tiwa	38	12	26	无
WOISIKA (UPSID 617)	Kamang	28	12	16	无
YAGUA (UPSID 628)	Yagua	23	12	11	无
共 29 种					

以上这个结果对我们拟测《切韵》的 12 个主要元音类型或有启发，但看来帮助有限。尚需进一步努力。

5. 音变

这是探索《切韵》主要元音性质的第五个途径。中古音变对确定《切韵》某些韵系的元音类型也很有作用，作为探索《切韵》主元音类型的一种途径，一般学者多有忽略。笔者把它定为探索《切韵》主要元音的第五个途径，这完全是受到赵元任先生论文的启发。赵元任（1941）曾经有专节讨论中古的一项重要音变——唇音轻化，表面上看，赵氏不同意高本汉的唇音轻化条件是“三等合口说”，而从主元音的角度重新加以诠释，因为高氏的“三等合口说”的确缺点很多。但是，我们认为，赵氏此说的更重要意义是确认轻唇十韵系（“东$_{\text{三}}$锺微鱼废文元阳尤凡”）的主要元音应属同一元音类型。即除了三等这一条件外，赵先生认为这十个韵系不应该是前元音，而应该是央元音或后元音。根据此原则，不但修改了高氏对个别韵的拟音（如对微韵、幽韵做了改拟）。其另一意义等于给重唇变轻唇的十个韵系的主要元音划定了一个相当明确的共同元音类型。这一思路这对于逐韵系确定《切韵》的主元音类型，很有启示性。

马丁（1953）的论文也有专节论及唇音轻化问题，我认为他是完全接受了赵先生的上述看法。说明构拟《切韵》音系的主要元音音位离不开中古“音变”这个线索。

第三章 “华夷译语”译音汉字研究

《广西庆远土司译语》壮汉对音研究[①]

曾晓渝

（南开大学 天津 300071）

【提要】文章基于《广西庆远土司译语》中162条壮汉对音材料，通过对古壮字、词义、汉字注音三者关系的分析，探讨了清代庆远府府治地（今河池市宜州区）的壮语、汉语方言音系，作者认为，260年来宜州壮语、汉语方言官话、平话变化不大。

【关键词】清代对音文献；古壮字；宜州壮语；宜州汉语方言

一、引言

《广西庆远土司译语》（下文简称《庆远译语》）现藏于北京故宫博物院图书馆，是清代乾隆十三至十五年间（1748—1750）在广西庆远府（今河池市宜州区）采集记录编纂的壮语词条的汉语对译对音资料（参见杨玉良1984）[②]。此书共收录162词条，内容分15门（天文、地理、人物、身体、宫室、器用、饮食、衣服、声色、文史、草木、鸟兽、通用、香药、人事），每一词条分三部分：方块壮字、词义（汉字）、汉字注壮语读音，例如第一条："霒，天，門"。

对于《庆远译语》，冯蒸（1981）[③]、西田龙雄（1984）[④]曾简单介绍过，廖汉波、

① 本文受国家社科基金重大项目"基于'华夷译语'的汉藏语历史研究"（14ZDB094）资助。初稿在日本"藏缅语·侗台语工作坊"（神户市外国语大学，2015年10月24日）上发表，承蒙远藤光晓教授指教；第二稿在"第四届中国民族语言调查与比较研究学术研讨会"（遵义师范学院，2016年3月19日）上发表，承蒙李锦芳、蓝庆元、李旭练三位壮语专家指教；2016年7月笔者就方块壮字问题专门请教了林亦教授、班弨教授，也得到蒙元耀教授、覃凤余教授的指点，投稿《民族语文》后承蒙蓝庆元教授逐一审正文中《广西庆远土司译语》里壮汉对音的疑难词条，特此向各位先生深表感谢！

② 杨玉良：《一部尚未刊行的翻译词典——清官方敕纂的〈华夷译语〉》，《故宫博物院院刊》1984年第4期。

③ 冯蒸：《华夷译语调查记》，《文物》1981年第2期。

④ 西田龙雄：《漢字文明圈の思考地圖》，京都：PHP研究所，1984年。转引自廖汉波、戴忠沛《三本方块壮字〈华夷译语〉的研究》（2013），见第171页脚注①。

戴忠沛（2013）[①]对其中方块壮字的字形结构有过分析，但迄今尚未有人进行过专门研究。

历史上广西庆远府府治所在地为现在广西壮族自治区的河池市宜州区。据《广西语言文字使用问题调查与研究》（2005:467）[②]，宜州区约50%的人口使用壮语，西南官话是当地各民族的通用语，有部分乡镇使用汉语方言平话（百姓话）。《庆远译语》是了解清代广西庆远府（宜州）壮语、汉语方言语音状况的珍贵资料，通过与现代宜州壮语[③]、汉语方言的异同比较，可以了解清代以来宜州壮语、汉语方言的发展演变，本文即进行这方面的探讨研究。

二、《庆远译语》壮语汉语古今语音对比

（一）《庆远译语》壮汉对音古今对比表

下表中《庆远译语》资料是笔者在北京故宫图书馆抄录的，词条基本按门类排列，为便于对比，部分词条顺序有调整；宜州德胜壮语材料来自笔者实地调查。德胜壮语音系有声母43个，韵母68个，声调10个（其中舒声调第3调[31]和第6调[41]有合并趋势），因篇幅所限，音系描述省略。其他壮语材料主要引自张均如、梁敏等（1999）[④]，并参引《广西民族语言方音词汇》（2008）[⑤]；现代宜州汉语方言引自韦扬波（2012，2015）[⑥]的宜州官话、宜州德胜平话（百姓话）的材料（表中汉语方言字音主要对应《庆远译语》中的注音汉字，少数对应古壮字声符，另有注字标明）。

① 廖汉波、戴忠沛：《三本方块壮字〈华夷译语〉的研究》，《华夷译语》与西夏字符国际学术研讨会论文，中国社会科学院民族学与人类学研究所，2013年。
② 广西壮族自治区语言文字工作委员会：《广西语言文字使用问题调查与研究》，南宁：广西教育出版社，2005年。
③ 笔者2015年7月到广西宜州调查了德胜镇围道村的壮语方言，感谢发音合作者覃冠群先生（壮族，75岁，初中文化）。
④ 张均如、梁敏、欧阳觉亚、郑贻青、李旭练、谢建猷：《壮语方言研究》，成都：四川民族出版社1999年。
⑤ 广西壮族自治区少数民族语言文字工作委员会编：《广西民族语言方音词汇》，北京：民族出版社，2008年。
⑥ 韦扬波：《宜州官话语音》，《桂林师范高等专科学校学报》2012年第3期；韦扬波：《宜州德胜百姓话同音字汇》，《桂林师范高等专科学校学报》2015年第2期。

表 1 清代《庆远译语》与现代宜州壮语汉语方言对比表

清代《庆远译语》壮语			现代宜州壮语		现代宜州汉语		备注
古壮字	词义	汉字注音	洛东	德胜	德胜平话	官话	
㚉	天	門	bun^{1}	^{ʔ}bun^{1}	mɐn^{31}	mən^{31}	古壮字声兼义
奣	天$_{\text{一～}}$	稳	ŋon^{2}	wan^{2}	vɐn^{42}	wən^{54}	通用门
昋	日	元	ŋon^{2}	wan^{2}	yn^{31}	yẽ^{31}	
肴	月	靈	dɯ:n^{1}	^{ʔ}dɯ:n^{1}	leŋ^{31}	lin^{31}	
雩	云	夫	hu^{3}	hu^{3}	fu^{53}	fu^{44}	
㐰	雨	紛	hun^{1}	wun^{1}	fɐn^{53}	fən^{44}	
甲	年	比	pi^{1}	pi^{1}	pi^{42}	pi^{54}	
叿	早	寒	hjo:m^{6}	ɬo:m^{6}	ɔn^{31}	hã^{31}	
逌	夜$_{\text{～晚}}$	咸	ham^{6}	ham^{6}	am^{31}	hã^{31}	
遺	夜$_{\text{半～}}$	恨	hɯn^{2}	hɯ:n^{2}	hɐn^{33}	hən^{24}	
嗼	霧露$_{\text{雾}}$	南	mo:k^{9}	mo^{5}	mɔk^{23} 莫	mo^{31} 莫	“南”对“水”nam^{4}
兖	亮$_{\text{天～}}$	弄	hjoŋ^{6}	ɬoŋ^{6}	luŋ^{312}	loŋ^{24}	
𤇾	乾$_{\text{～枯}}$	掃	hjo^{2}	ɬo^{2}	səu^{33}	sau^{54}	
磺	石	呼(?)	hjin^{1}	hin^{1}	in^{31} 寅	in^{31} 寅	“呼”音存疑
㚷	坭$_{\text{泥土}}$	?	na:m^{6}	na:m^{6}	nan^{31} 南	nã^{31} 南	注音汉字不明
埭	土	弄	na:m^{6}	na:m^{6}	luŋ^{312}	loŋ^{24}	注音汉字音近
㐀	地	登	na:m^{6}	ɬi^{1}	teŋ^{53}	tən^{44}	对音存疑
那	田	拿	na^{2}	na^{2}	na^{213}	na^{31}	
㚥	水	罩(覃?)	hjam^{4}	ɬam^{4}	tai^{312} 大	ta^{24} 大	疑壮字对“河”ta^{6} 汉字注音存疑
岜	山	八	pja^{1}	pja^{1}	pat^{43}	pa^{31}	
㕦	壩$_{\text{水坝}}$	歪	fa:i^{1}	wa:i^{1}	uai^{53}	uai^{44}	
坽	崎嶇$_{\text{陡}}$	令	liŋ^{5}	ɬiŋ^{5}	leŋ^{312}	lin^{24}	
㑲	叔	瓯	su^{6}	ɬu^{5}	ŋeu^{53} 欧	ŋeu^{44}	德保ʔa:u^{6}“小叔”
妠	舅	拿	kjau^{4}	na^{4}；kjau^{4}	na^{213} 那	na^{31}	na^{4}“母之弟”
獇	哥	臼	ko^{5}	ko^{1}	kieu^{312}	kieu^{24}	nu:ŋ^{4}“弟”
㚥	姐	罩(?)	si^{3}	ta^{6}；tɕje^{3}	tai^{312} 大	ta^{24} 大	汉字注音存疑

续表

清代《庆远译语》壮语			现代宜州壮语		现代宜州汉语		备注
古壮字	词义	汉字注音	洛东	德胜	德胜平话	官话	
佹	姐夫	賁	—	tɕje^{2} hu^{1}	pɐn^{53} 奔	pən^{44} 奔	对音存疑
斈	官	選	ha:k^{9}	ha:k^{9}	sun^{42}	ɕ yẽ^{54}	对音存疑
艽	头	娇	kjau^{3}	kjau^{3}	kiu^{53}	kiau^{44}	
㖇	耳	若	hjɯ^{2}	ɬɯ^{2}	i^{31} 而	ə^{31} 而	
紆	手	風	fuŋ^{2}	fuŋ^{2}	huŋ^{53}	hoŋ^{44}	
夰	脚 / 足	丁	tin^{1}	tin^{1}	teŋ^{53}	tin^{44}	
𠊷	喉咙	合	ho^{2}	ho^{2}	hap^{1}	ho^{31}	
㑚	面	拿	na^{3}	na^{3}	na^{213} 那	na^{31}	
吡	嘴 / 口	縛	ka:u^{5}	pa:k^{9}	vɔk^{43}	po^{31}	
砱	舌	靈	lin^{4}	lin^{4}	leŋ^{31}	lin^{31}	
德	肝	塔	tap^{7}	tap^{7}	thap^{43}	tha^{31}	
伝	人	溫	hun^{2}	wən^{2}	vɐn^{53}	uən^{44}	
仸	頸項	有	ji:u^{1}	ji:u^{1}	iɐu^{24}	iɐu^{54}	平话 iu^{53} “妖”
帍	帽	毛	ma:u^{6}	ma:u^{6}	məu^{31}	mau^{31}	
袮	裙	影	kjun^{2}	kyun^{2}	eŋ^{42}	in^{54}	都安、丘北 jin^{3}
揩	鞋	孩	ha:i^{2}	ha:i^{2}	hai^{31}	hai^{31}	
榼	布	笨	paŋ^{2}	pha:ŋ^{2}	pɐn^{312}	pən^{24}	
螉	綾	厓					此词今壮语缺
棶	麻	來	da:i^{3}	$^{?}$da:i^{3}	lei^{31}	lai^{31}	
銿	扣	近	kat^{7}	kat^{7}	kiɐn^{24}	kin^{24}	
蕌	草鞋	更	ku:k^{9}	kɯ:k^{9}	keŋ$^{53/33}$	kən$^{44/24}$	平话 kiôt^{43} “结”
𦬕	棉花	外	wa:i^{5}	wa:i^{5}	ŋuei^{312}	uai^{24}	
苦	藍靛红蓝	居	—	khjam^{5}	ky^{53}	ky^{44}	柳江 kjet^{8}
秳	米	呼	hau^{4}	hau^{4}	hu^{53}	fu^{44}	
糭	飯	艾	ŋa:i^{2}	ŋa:i^{2}	ŋai^{312}	ŋai^{24}	
吅	喫	更	kɯn^{1}	kɯn^{1}	keŋ$^{53/33}$	kən$^{44/24}$	
嗗	甜	湾	wa:n^{1}	wa:n^{1}	van^{53}	uã^{44}	
嗐	渴	寒	ha:t^{7}	ha:n^{5}	ɔn^{31}	hã^{31}	

续表

清代《庆远译语》壮语			现代宜州壮语		现代宜州汉语		备注
古壮字	词义	汉字注音	洛东	德胜	德胜平话	官话	
恁	饱	呼 (?)	ˀim^{5}	ˀim^{5}	ɲiɐm^{312} 任	in^{24} 任	“呼”音存疑
絘	饑	盈	ji:k^{9}	jek^{9}	eŋ^{31}	in^{31}	平话 iɐk^{43} “约”
㦛	辣椒	呼 (?)	lak^{8}se:u^{1}	lak^{8}ma:n^{6}	man^{31} 蛮	mã^{31} 蛮	“呼”音存疑
岂	芋頭	冰	lak^{8}pi:k^{9}	pɯ:k^{9}	peŋ^{53}	pin^{44}	
吙	鸟	落	hjok^{8}	ɬok^{8}	lɔk^{23}	lo^{31}	
獏	鹅	漢	ha:n^{5}	ha:n^{5}	hɔn^{33}	hã	
狫	雞	該	kai^{5}	kai^{5}	kai^{53}	kai^{44}	
吻	翅	雲	fɯ:t^{10}	fɯt^{10}	yn^{31}	yn^{31}	
狢	虎	公	kuk^{7}	kuk^{7}	kuŋ^{53}	koŋ^{44}	平话 kuk^{5} “谷
夻	虎	固	kuk^{7}	kuk^{7}	ku^{33}	ku^{24}	通用门
蚆	魚	怕	pja^{1}	pja^{1}	pha^{33}	pha^{24}	
怀	牛水~	歪	wa:i^{2}	wa:i^{2}	uai^{53}	uai^{44}	
狦	猪	母	mu^{1}	mu^{1}	mu^{24}	mu^{54}	
拏	鼠	鲁	nu^{1}	nu^{1}	lu^{42}	lu^{54}	
沺	濕	淡	tum^{2}	tum^{2}	tam^{24}	tã^{24}	
揜	抱	朦	ˀum^{3}	ᵝum^{3}	muŋ^{31} 蒙	moŋ^{31}	
拺	背	吗	ma^{5}	ma^{5}	ma^{31}	ma^{44} 妈	
楺	走逃~	投	teu^{2}	teu^{2}	tɐu^{31}	thɐu^{31}	对音“逃走”
脊	起~床	行	hɯn$^{5/3}$	hɯn^{5}	heŋ^{31}	hin^{31}	
难	離	里	li^{2}	li^{2}	li^{24}	li^{54}	
养	養	贈	si:ŋ^{4}	si:ŋ^{4}	tsɐŋ^{312}	tsən^{24}	
傀	棍	滚	fai^{4}kun^{4}	kun^{4}	kuɐn^{42}	kuən^{54}	
狭	山猪	來	—	ɬa:i^{1}	lei^{31}	lai^{31}	
猫	刺猪	煎	—	sen^{6}	tsin^{53}	tɕiẽ^{44}	宾阳 tsen^{6}
獝	聋猪	能	lɯŋ^{5}	lɯŋ^{5}	nɐŋ^{31}	nən^{31}	聋猪似猪似狗
嚐	蛇	當	ta:ŋ^{6}	ta:ŋ^{6}	tɔŋ^{53}	taŋ^{44}	
榓	小刀	民	—	mit^{8}	mɐt^{1} 密	min^{31}	
工	做	狂	ku^{4}	kuə^{4}	kɔŋ^{31}	khuaŋ^{31}	对音存疑

续表

清代《庆远译语》壮语			现代宜州壮语		现代宜州汉语		备注
古壮字	词义	汉字注音	洛东	德胜	德胜平话	官话	
撇	鎗桿	郎	—	$suŋ^{5}$	$lɔŋ^{31}$	$laŋ^{31}$	对音存疑
鋔	斧頭	呼	fu^{3}	$wa:n^{1}$	hu^{53}	fu^{44}	
⿰金駕	柴刀	駕	kja^{4}	kja^{4}	ka^{33}	kia^{24}	
⿰歹下	鐵鍬	呼 (?)	—	（汉借词）			对音存疑
⿰木六	水車	落	lok^{7}	lok^{7}	$lɔk^{23}$	lo^{31}	
⿰土屠	門	睹	tu^{1}	tu^{1}	tu^{42} 赌	tu^{54} 赌	
⿰朿乁	屋	濫	$hja:n^{2}$	$ɬa:n^{2}$	lan^{312}	$lã^{24}$	
⿱宀柰	漏~雨	罹 (羅 ?)	hjo^{6}	lo^{6}	lo^{31} 羅	lo^{31} 羅	
嗓	高	桑	$θa:ŋ^{1}$	$ɬa:ŋ^{1}$	$sɔŋ^{53}$	$saŋ^{44}$	
噭	矮	淡	tam^{5}	tam^{5}	tam^{24}	$tã^{24}$	
味	多	來	$la:i^{1}$	$la:i^{1}$	lei^{31}	lai^{31}	
⿰彳妥	小	令	$θai^{5}$	$ɬei^{5}$	$leŋ^{312}$	lin^{24}	忻城、融安 $niŋ^{5}$
⿱天上	上~面	更	$kɯn^{2}$	$kən^{2}$	$keŋ^{53/33}$	$kən^{44/24}$	
⿱天下	下~面	喇	la^{3}	la^{3}	—	la^{31}	
⿱艹故	賣	偕	$ka:i^{1}$	$ka:i^{1}$	kai^{53} 皆	kai^{44} 皆	
⿱公共	同	洞	$toŋ^{2}$	$toŋ^{2}$	$tuŋ^{312}$	$toŋ^{24}$	
⿸尸丨	邊	呼 (?)	$^{ʔ}bi:ŋ^{3}$	$pjan^{1}$			对音存疑
⿸广尔	回來	嗎	ma^{1}	ma^{1}	ma^{31}	ma^{44} 妈	
⿰木州	去	捱	pai^{1}	pai^{1}	pai^{42}	pai^{54}	
⿴冂光	光	攏	$hjo:ŋ^{6}$	$lo:ŋ^{6}$	$luŋ^{24}$	$loŋ^{54}$	
⿸产夲	捏	立	nan^{3}	nen^{3}	$lɐp^{1}$	li^{31}	对音存疑
⿰多出	有	密	mi^{2}	mi^{2}	$mɐt^{1}$ 蜜	mi^{31}	
⿱天圣	聖	惟	—	（汉借词）			对音存疑
⿱行王	主~人	蘇	$sɯ^{3}$	kok^{9}	su^{53}	su^{44}	三江 su^{3}
⿰大平	道	鬥	—	$ta:u^{6}$	$tɐu^{42}$	$tɐu^{54}$	
⿰水行	流	壘	liu^{1}	lui^{1}	$luei^{24}$	$lɐi^{54}$	
嚀	動	冷	$niŋ^{1}$	$niŋ^{1}$	$lɐŋ^{24}$	$lən^{54}$	
⿰口刘	說告诉	老	$ka:ŋ^{3}$	$ka:ŋ^{3}$	$ləu^{24}$	lau^{54}	宾阳、田东 nau^{2}

续表

清代《庆远译语》壮语			现代宜州壮语		现代宜州汉语		备注
古壮字	词义	汉字注音	洛东	德胜	德胜平话	官话	
叮	醒	漏	di:u^{1}	ɬiŋ^{2}	lɐu^{312}	lɐu^{24}	
佁	死	歹	ta:i^{1}	ta:i^{1}	tei^{31} 台	tai^{54}	
鬣	扳	便	—	pan^{1}	piɛn^{312}	piẽ^{24}	
呵	喇	郝		（汉借词）			对音存疑
赤孖	民	命	—	min^{2}	meŋ^{312}	min^{24}	
硐	安	按	—	ʔan^{1}	ɔn^{33}	ŋã^{24}	
罗	國	閣	—	kuo^{2}	kɔk^{43}	ko^{31}	
宻	泰	台	—	ta:i^{4}	tei^{31}	thai^{31}	
忏	萬	凡	fa:n^{6}	fa:n^{6}	van^{31}	fã^{31}	
𨳹	壽	九	—	ɬiu^{6}	kiɐu^{42}	kiɐu^{54}	
吉	千	淺	si:n^{1}	sjan^{1}	ʦhiôn^{42}	ʨhiẽ^{54}	
秫	秋	收	siu^{1}	sjiu^{1}	sɐu^{53}	sɐu^{44}	
众	群$_{量词}$	炯	—	pa:ŋ^{1}	—	khyn^{31}	武鸣、柳江kjoŋ^{5}
晶	醜	類	hjɯ:i^{4}	ɬlɯ:i^{4}	lɔi^{312}	lɐi^{24}	
閅	開	諧	hai^{1}	hai^{1}	hai^{31}	sɛ^{31}	
叾	住	右	jɯ^{5}	jɯ^{5}	iɐu^{312}	iɐu^{24}	
閅	掩$_{捂}$	酣	ʔu^{3}	ʔu^{3}	kɔm^{53} 甘	hã^{44}	龙胜 hom^{5}
𩿧	鳳	逢	—	hoŋ^{4}	uŋ^{31}	hoŋ^{31}	
㚔	儀	舍	—	（汉借词）			对音存疑
僫	獸$_{野～}$	修	—	sok^{7}	sɐu^{53}	ɕiɐu^{44}	
翠	舞$_{跳～}$	瓦	wa:t^{10}	ʔu^{3}	ŋua^{24}	ua^{54}	
叮	嘯	優	heu^{6}	heu^{6}	iɐu^{53} 忧	iɐu^{44}	环江 ji:u^{6}
𩵩	龍	額	loŋ^{2}	ŋɯ:k^{10}，loŋ^{2}	ŋæk^{23}	ŋə^{31}	ŋɯ:k^{10} 壮语古词
赳	遊	有	ju^{2}	ju^{2}	iɐu^{24}	iɐu^{54}	
啹	句$_{一～話}$	兢	kwan^{2}	kwan^{2}	kyn^{53} 君	kin^{24}	
梶	木	惠	fai4	fai^{4}	fei^{33}	fɐi^{24}	
弆	棒	竝	—	paŋ^{4}	peŋ^{312}	pin^{24}	平果 pek7 pa:ŋ^{3}
莳	蒜	呵	ho^{1}	ho^{1}	o^{31} 何	ho^{44}	

续表

清代《庆远译语》壮语			现代宜州壮语		现代宜州汉语		备注
古壮字	词义	汉字注音	洛东	德胜	德胜平话	官话	
⿰口鲜	薗	室（宣？)	θu:n^{1}	ɬu:n^{1}	sin^{53} 鲜	ɕyẽ^{44} 鲜	
⿰木谷	樹兜	公	—	kok^{7}	kuŋ^{53}	koŋ^{44}	平话 kuk^{5}“谷”
吞	個~ ~	呼 (?)	—	nən^{1}	thɐn^{53} 吞	tən^{44} 吞	“呼”音存疑
嘛	桃李果	忙	ma:k^{9}	ma:k^{9}	mɔŋ^{31}	maŋ^{31}	
⿰口義	枝~丫	義	ȵe^{5}	ŋa^{5}	ŋi^{312}	i^{24}	
耒	長	呼 (?)	hjai^{2}	ɬai^{2}	lei^{31} 来	lai^{31} 来	
⿰木顯	黄	享	he:n^{3}	he:n^{3}	hiɛŋ^{42}	hiaŋ^{54}	
檁	紅	淩	diŋ^{1}	ʔdiŋ^{1}	leŋ^{31}	lin^{31}	
藾	花~~绿绿	呼 (?)	hja:i^{2}	ɬa:i^{2}	lai^{312} 赖	lai^{24} 赖	“呼”音存疑
吇	白	啰	ha:u^{1}	ha:u^{1}	iɛm^{31}	—	对音存疑
佖	筆	屏	pit^{8}	pit^{1}	pɐt^{5} 必	phin^{31}	
⿱艹动	藥	野	jɯ^{1}	jɯ^{1}	ia^{24}	ɛ^{54}	
⿰犭能	皮	能	naŋ^{1}	naŋ^{1}	nɐŋ^{31}	nən^{31}	
⿰木后	草果	後	hau^{5}	hau^{5}	ɐu^{312}	hɐu^{24}	草果用于消食
叽	我	姑	ku^{1}	ku^{1}	ku^{53}	ku^{44}	
⿰扌名	你	蒙	mɯŋ^{2}	məŋ^{2}	muŋ^{31}	muŋ^{31}	
⿰口邦	朋友	竝	puŋ^{4}ju^{6}	poŋ^{2}jəu^{4}	peŋ^{312}	phin^{24}	
伙	人家	夫	pi:t^{10}hun^{2}	ɬa:n^{2}wən^{4}	fu^{53}	fu^{44}	对音存疑
⿰口夭	想	該	θi:ŋ^{3}	ɬi:ŋ^{3}	kai^{53}	kai^{44}	对音存疑
咲	怨	寃	—	yu:n^{1}	yn^{53}	yẽ^{44}	
⿱礼灬	得	瀛（嬴？)	—	ʔdai^{3}	lei^{33} 礼	li^{54} 礼	
⿱乙灬	歇休息	迎	ja:t^{9}	jet^{9}	ɛt^{33} 乙	i^{31} 乙	
⿰月介	到	庭	taŋ^{2}	taŋ^{2}	teŋ^{31}	thin^{31}	
咾	曉得（知道）	罹（羅？)	hjo^{4}	ɬo^{4}	lo^{31} 羅	lo^{31} 羅	

上表注：（1）《庆远译语》里注音汉字“呼”9 次给不同词条注音，其中只有词条“米”注音相对应，其余 8 条语音差异大而全部存疑，由此推测，当时汉字注音者很可能是用“呼”字表语音不确定；（2）故宫本《庆远译语》是广西调查原本的抄写本，其中有抄写错误，如词条“晓得”注音汉字很可能是“羅”，但抄作“罹”，也有因虫蛀字迹不清，如词条“飯”的注音汉字看似“父”，但对应古壮字声符“愛”和壮语读音，应为“艾”，等等。

（二）古壮字的性质特点

《庆远译语》里使用了古壮字（又叫方块壮字），根据笔者到广西实地考察古壮字认读使用情况，并参照目前的研究成果[①]，古壮字的性质特点归纳如下：

（1）古壮字是一种仿照汉字的壮族古代文字，其中不少直接借用汉字，造字方法大多采用形声，少数会意等；

（2）古壮字是一种民间自造的方言文字，因时代、地区、使用者的不同存在形、音、义的差异，缺乏规范性；

（3）古壮字绝大部分用来记录壮语方言读音；古壮字的声符主要借助于汉语方音，在广大的壮语与粤语 / 平话双语区，古壮字声符读音近似粤语 / 平话；在壮语与西南官话双语区，古壮字声符读音则近似西南官话。

（三）清代庆远府壮语与现代宜州壮语的对应关系

1.《庆远译语》里方块壮字、词义、汉字注音的对应关系

根据表1,《庆远译语》里方块壮字、词义、汉字注音之间存在着几种不同的对应关系。

第一种，三者的音义基本对应于同一词（概念）。比如：“�，雞，該”，这是主流。

第二种，方块壮字、词义、汉字注音之间有对应差异或差错。比如：词义“哥”，注音汉字“臼”，现代宜州壮语“哥”与之读音相近，但方块壮字是“徿”，现代宜州壮语的“弟”与之读音相近；又如词义“水”，方块壮字“奷”，可能对应的是“河”（壮语音，参见苏永勤主编 1989：105；[②]其他地区古壮字为“汱”），汉字注音“罩”疑“覃”字之误，但读音仍与有距离；再如词条“得”的注音汉字“瀛”疑是“赢”的误写。

第三种，三者之间是否有对应关系存疑。比如：词义“想”，方块壮字“呅”，注音汉字“該”。今宜州壮语“想”读音 θiːŋ3/ɬiːŋ，与方块壮字、汉字注音均不对应。

2. 清代庆远府壮语与现代宜州壮语的语音对应关系统计分析

表 1 中，162 个古壮字中有 103 个（其中形声字 89 个，借汉字 14 个）用以记录壮语读音，占 63%；而注音汉字则全部用来标注壮语读音。因此，下表统计《庆远译语》壮语与现代宜州壮语的对应关系的基本原则是：汉字注音或古壮字声符中任一个与现代壮语读音有明显对应，就视为有对应关系。

①David Holm.(2008). The Old Zhuang Script, In T Anthony V. N. Diller, Jerold A. Edmondson, & Yongxian Luo (Eds.), *The Tai-Kadai Languages*(PP.415–428). London and New York: Routledge. 覃晓航《方块壮字研究》，北京：民族出版社，2010 年。

② 苏永勤主编：《古壮字字典》，南宁：广西民族出版社，1989 年。

表 2 清代庆远府壮语与现代宜州壮语语音对应关系统计表

分类说明	举例				备注
	清代《庆远译语》壮语			现代宜州德胜壮语	
	古壮字	词义	注音汉字		
A 类：与宜州壮语对应共 139 条，占 162 条的 85%	𡗶	天	門	ʔbun¹	汉语 m– 对应 ʔb-
	⿱夭月	月	靈	ʔdɯ:n¹	汉语 l– 对应 ʔd-
	雩	云	夫	hu³	古壮字为形声
	𤰞	年	比	pi¹	古壮字变形"卑"
	那	田	拿	na²	古壮字借汉字
	⿱天上	上	更	kən²	古壮字为会意
	糭	飯	艾	ŋa:i²	古壮字为形声
B 类：与其他壮语方言对应共 7 条，占 162 条的 4%	㑨	叔	瓯	ɬu⁵	环江、河池等 ʔa:u^1/6
	祣	裙	影	kyun²	丘北、都安 jin³ "裙"
	㖦	说（讲）	老	ka:ŋ³	宾阳、田东 nau²
C 类：不对应或存疑共 16 条，占 162 条的 10%	𡛞	水	罩（覃？）	ɬam⁴	疑壮字对"河"ta⁶
	蝓	綾	尪		今壮语缺此词条
	吇	白	嘐	ha:u¹	读音不对应

（四）对《庆远译语》壮汉对音的基本认识及研究方法

《庆远译语》里用汉字为壮语注音，但由于汉字音自身的局限，以及一些注音汉字有误，所以有必要参考古壮字声符。林亦教授指出：古壮字绝大部分用于记壮语读音，但表音往往"声调忽略，声母近似，韵母一定要像"，故古壮字声符并非精确记音。① 鉴于此，本文在现代宜州壮语及汉语方言实地调查的基础上，对《庆远译语》162 词条作全面系统比较，由此分析辨别当时宜州壮语的实际读音，探讨对音汉字的方音基础，以及宜州壮语、汉语方言 260 年来的音变情况。

三、《庆远译语》壮汉对音历史比较

鉴于《庆远译语》壮语与今宜州壮语相对应匹配的词条比例达 85%，而且，其中

①2016 年 7 月笔者特意就古壮字问题去广西大学请教林亦教授。

有些基本词条如“天、饭、头”等明显异于清代同时期的《广西太平土司译语》（今崇左市）、《镇安府属土州县司译语》（今德保县）的用词和读音，因此，可以肯定《庆远译语》所记的是当时府治所在地（今河池市宜州区）的壮语。由于我们调查的宜州德胜镇壮语与张均如、梁敏等[①]记录洛东乡壮语的词条90%基本一致，少数有差异的词条，清代庆远府壮语则分别与之对应，所以推测，当时宜州区域内的壮语一致度高，与现代的情况差不多。

那么，260多年前的宜州壮语与现代宜州壮语有哪些主要异同呢？这里基于表1、2中A类有语音对应关系的139词条的具体情况进行分析。

（一）壮语声母的历史比较

1. 声母对应比较表（表中汉语方言字音主要对应汉字注音）

表3　清代庆远府壮语与现代宜州壮语声母对应例词表

清代《庆远译语》壮语			现代宜州壮语		现代宜州汉语		备注
古壮字	词义	汉字注音	洛东	德胜	德胜平话	官话	
卑	年	比	pi^{1}	pi^{1}	pi^{42}	pi^{54}	唇音（labial）类 （1）汉语 m- 对应壮语 ʔb-； （2）个别汉字注音送气不送气混； （3）个别汉字注音 f-/h- 混。
蚆	魚	怕	pja^{1}	pja^{1}	pha^{33}	pha^{24}	
云	天	門	bun^{1}	ʔbun^{1}	mɐn^{31}	mən^{31}	
狃	豬	母	mu^{1}	mu^{1}	mu^{24}	mu^{54}	
杺	木	惠	fai^{4}	fai^{4}	fei^{33}	fɐi^{24}	
紝	手	風	fɯŋ^{2}	fɯŋ^{2}	huŋ^{53}	hoŋ^{44}	
奣	天~	穩通用门	ŋon^{2}	wan^{2}	vɐn^{42}	wən^{54}	
芥	棉花	外	waːi^{5}	waːi^{5}	ŋuei^{312}	uai^{24}	
佁	死	歹	taːi^{1}	taːi^{1}	tei^{31} 台	tai^{54}	舌前音（coronal）类 （1）汉语 l- 对应壮语 ʔd-； （2）个别汉字注音 n-/l- 混； （3）有擦音 s- 与 θ -/ɬ- 的对立。
檩	紅	淩	diŋ^{1}	ʔdiŋ^{1}	leŋ^{31}	lin^{31}	
叮	醒	漏	diːu^{1}	ɬiŋ^{2}	lɐu^{312}	lɐu^{24}	
那	田	拿	na^{2}	na^{2}	na^{21} 那	na^{31}	
拏	鼠	魯	nu^{1}	nu^{1}	lu^{42}	lu^{54}	
矜	舌	靈	lin^{4}	lin^{4}	leŋ^{31}	lin^{31}	
养	養	贈	siːŋ^{4}	siːŋ^{4}	tsɐŋ^{312}	tsən^{24}	
嗓	高	桑	θaːŋ^{1}	ɬaːŋ^{1}	sɔŋ^{53}	saŋ^{44}	

① 参见张均如、梁敏、欧阳觉亚、郑贻青、李旭练、谢建猷：《壮语方言研究》，成都：四川民族出版社，1999年。

续表

清代《庆远译语》壮语			现代宜州壮语		现代宜州汉语		备注
古壮字	词义	汉字注音	洛东	德胜	德胜平话	官话	
叽	我	姑	ku^{1}	ku^{1}	ku^{53}	ku^{44}	
艽	頭	嬌	kjau^{3}	kjau^{3}	kiu^{53}	kiau^{44}	
粿	飯	艾	ŋaːi^{2}	ŋaːi^{2}	ei^{33} 爱	ŋai^{24} 爱	
曦	枝~丫	義	ȵe^{5}	ŋa^{5}	ŋi^{312}	i^{24}/ ŋi^{24}	舌后音（dorsal）类和喉音
獏	鵝	漢	haːn^{5}	haːn^{5}	hɔn^{33}	hã^{24}	
伕	頸項	有	jiːu^{1}	jiːu^{1}	iɐu^{24}	iɐu^{54}	

2. 声母对应特殊情况分析

（1）注音汉字声母 m- 对应壮语 ˀb- 的现象分析

词条“天”古壮字“䒥”形声兼会意，声符“云”仅仅是音近，难以确定具体音值，对音汉字“門 [m-]”，现代宜州汉语方言“门”的声母也是 m-，那么，据此推测有两种可能性：清代宜州壮语“天”的声母是 m- 声母，之后发生了 m- > ˀb- 音变；汉语无 ˀb- 声母，只是用音近字“门”注音。

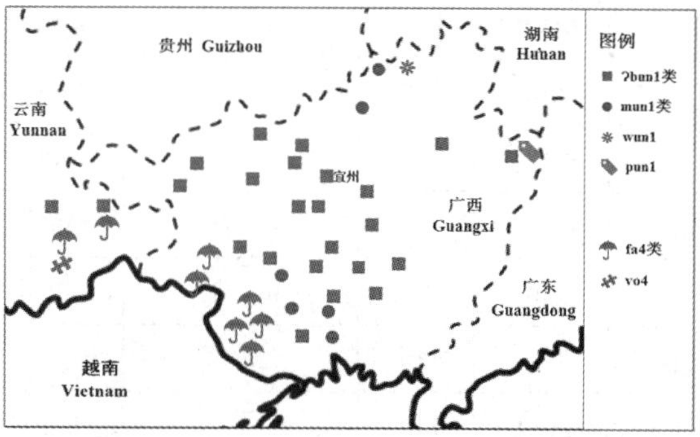

图 1 现代壮语“天”读音的地理分布图①

图 1 中北部壮语“天”声母呈现 ABA（m-、ˀb-、m-）的分布，根据地理语言学理论，ABA 分布中通常是 A > B，即 B 是新兴成分，那么，是否壮语“天”声母的演变方向

① 图中采用《壮语方言研究》中的 36 个方言点，《广西民族语言方音词汇》中的另 4 个方言点（宾阳、忻州、三江、贺州），以及笔者 1999 年调查的阳朔高田乡方言点，一共 41 个壮语方言点，后面图 2 同。

是 m->ˀb- 呢？远藤光晓（2012）① 指出，地理语言学 ABA 理论一般只适用于语词分布，对于语音、语法不太适用，因为语音、语法在相同条件下可能在任何地方产生同样方向的变化；另外，覃晓航（2005）② 记音实验：“由一个壮族人发 ˀb、ˀd 的音，然后让十多个不会壮语的操汉语的人仿读这两个音并用音标记录下来，结果所有的人都把它们记作 m、n，无一例外。”确实，笔者多次带领研究生实地调查壮语、水语，学生们初次接触记录壮语 ˀb-、ˀd- 声母时，往往会记作 m-、l-，但几乎没有记作 p-、t- 的，因为听感上浊音特征明显。另外，在侗台语里，普遍存在 ˀb->m- 的现象（覃晓航 2005，曾晓渝 2015）③，所以推测清代宜州壮语“天空”读音与现代读音 ˀbun^{1} 基本一致。汉语无 ˀb-，用音近的 m- 声母字对应。同理，ˀd- 对应 l- 亦然。

（2）注音汉字声母 l- 对应壮语 ɬ-/hj- 的现象分析

有一组字的对应情况比较特殊，如下表（古壮字、注音汉字声母参照中古音类，汉语方言字音主要对应汉字注音）：

表 4　清代庆远府壮语与现代宜州壮语 ɬ–/hj– 声母对应词表

清代《庆远译语》壮语			现代宜州壮语		现代宜州汉语	其他现代壮语		早期台语构拟（Li 1977）
古壮字	词义	汉字注音	洛东	德胜	德胜平话	崇左	武鸣	
𫠢	屋	滥 l–	hjaːn^{2}	ɬaːn^{2}	lan^{312}	luːn^{2}	ɣaːn^{2}	*rïan
𫞨	亮天~	弄 l–	hjoŋ^{6}	ɬoŋ^{1}	luŋ^{312}	loːŋ^{6}	ɣoːŋ^{6}	
𫞩	光	拢 l–	hjoːŋ^{6}	loːŋ^{6}	luŋ^{24}	loːŋ^{6}	ɣoːŋ^{6}	
叮 l–	漏~雨	罹（羅）l–	hjo^{6}	lo^{6}	lo^{31} 羅	lu^{6}	ɣo^{6}	*rue
咾 l–	晓得	罹（羅）l–	hjo^{4}	ɬo^{4}	lo^{31} 羅	lo^{4} na^{3}	ɣo^{4}	*rɔ
狭 l–	山猪	來 l–	—	ɬaːi^{1}	lei^{31}	—	—	
藾 l–	花	呼 (?)	hjaːi^{2}	ɬaːi^{2}	lai^{312} 赖	laːi^{2}	ɣaːi^{2}	
耒 l–	长	呼 (?)	hjai^{2}	ɬai^{2}	lei^{31} 来	ləi^{2}	ɣai^{2}	*rei
咡 ȵʑ–	耳	若 ȵʑ–	hjɯ^{2}	ɬɯ^{2}	而 i^{31}/ə^{31} 官话	li^{2}	ɣɯ^{2}	*rxïñ~ïa

根据上表，这组字清代庆远府壮语读音大多以 *l- 声母汉字注音，古壮字声符亦然，而现代宜州壮语声母洛东乡为 hj-，德胜镇为 ɬ-。那么，参照 Li Fangkuei（1977）④ 这

① 远藤光晓：《什么是语言地理学》，南开大学文学院学术讲座 PPT，2012 年 9 月 12 日。
② 覃晓航：《从壮语和的多元变体看语触音变规律》，《中央民族大学学报（哲社版）》2005 年第 3 期。
③ 曾晓渝：《基于〈百夷译语〉的傣语汉语历史语音研究》，《民族语文》2015 年第 1 期。
④Li Fang Kuei.(1977). *A Handbook of Comparative Tai*. Hawaii:The University Press of Hawaii.

组字的原始台语声母构拟 *r-，由此推测，260 年前，庆远（宜州）壮语这组字中的“屋、亮、光、漏、晓得、山猪、长”的声母有两种可能：读 *hl-（l̥-）或者 *ɬ-（汉语无 hl-、ɬ- 声母，故以相近的 l- 声母字对应注音。不过，其中“耳”方块壮字声符“而”，注音汉字“若”，今宜州汉语是零声母字，所以推测“耳”当时可能已经变为 *hj- 声母了。这组字的历史演变推测图示如下：

原始壮语　　清代（1748—1750）庆远（宜州）壮语　　现代宜州壮语

*r- ⟶ *hl-/*ɬ-（屋、亮、晓得、长……）⟶ hj-（洛东乡）
↘ *hj-（耳）↗

*r- ⟶ *hl-/*ɬ-（屋、亮、晓得、长……）⟶ ɬ-（德胜镇）
↘ *hj-（耳）↗

*r- ⟶ *hl-/*l-（光、漏）⟶ l-（德胜镇）

根据《庆远译语》壮汉对音材料，从清代至今有可能宜州德胜壮语“屋、亮……”组词的声母 ɬ- 没有变化。但是，可以推测在洛东壮语里发生了 *hl-/*-ɬ > hj- 的音变，否则，对音汉字不会都用 *l- 声母的汉字注音。同时，这可为韦景云（2015）① 构拟的壮语流音 *r- 特征演变链作补充。

3. 声母系统比较小结

通过比较分析可以认为，宜州壮语从清代乾隆年间到现代，声母系统格局大体一致，变化不大。主要共同点是：有浊内爆音 ˀb-、ˀd-（汉语分别以 m-、l- 注壮语 ˀb-、ˀd- 是其音系的局限性），无送气声母，无塞擦音；主要差异在于：清代的 *hl-/*ɬ- 声母分化演变为现代的 ɬ- 或 hj-。

（二）壮语韵母的历史比较

本节各表说明：表中注音汉字韵尾参照中古音类，今汉语方言字音主要对应汉字注音；备注栏注明《庆远译语》里汉字注音（如果注音汉字缺疑则参照古壮字声符）读音与壮语的对应关系（前项汉字注音，对应后项壮语音）。

① 韦景云：《语言接触视域下壮语流音 *r 的特征分布》，《中央民族大学学报（哲社版）》2015 年第 4 期。

1. 阴声韵的对应例词表

表 5 《庆远译语》阴声韵对音情况例词表

清代《庆远译语》壮语			现代宜州壮语		现代宜州汉语		备 注
古壮字	词义	汉字注音	洛东	德胜	德胜平话	官话	总共 64 条
傩	面	拿	na^{3}	na^{3}	na^{213} 那	na^{31}	–0、–i、–u 对应 –0、–i、–u（有 61 条）
栦	去	擺	pai^{1}	pai^{1}	pai^{42}	pai^{54}	
帍	帽	毛	maːu^{6}	maːu^{6}	məu^{31}	mau^{31}	
毕	年	比	pi^{1}	pi^{1}	pi^{42}	pi^{54}	
佒	頸項	有	jiːu^{1}	jiːu^{1}	iɐu^{24}	iɐu^{54}	
茹	藥	野	jɯ^{1}	jɯ^{1}	ia^{24}	ɛ^{54}	
姱	蒜	呵	ho^{1}	ho^{1}	o^{31} 何	ho^{44}	
塬	門	睹	tu^{1}	tu^{1}	tu^{42} 赌	tu^{54} 赌	
岜	山	八 –t	pja^{1}	pja^{1}	pa^{53} 巴	pa^{44} 巴 pa^{31} 八	–t 对应 –0（1 条）
咡	耳	若 –k	hjɯ^{2}	ɬɯ^{2}	i^{31} 而	ə^{31} 而 io^{31} 若	–k 对应 –0（1 条）
㑷	喉咙	合 –p	ho^{2}	ho^{2}	o^{31} 河	ho^{31} 河合	–p 对应 –0（1 条）

2. 阳声韵的对应例词表

表 6 《庆远译语》阳声韵对音情况例词表

清代《庆远译语》壮语			现代宜州壮语		现代宜州汉语		备 注
古壮字	词义	汉字注音	洛东	德胜	德胜平话	官话	总共 57 条
天云	天	门 –n	bun^{1}	$^{?}$bun^{1}	mɐn^{31}	mən^{31}	–n 对应 –n（20 条）
嗨	甜	湾 –n	waːn^{1}	waːn^{1}	ŋuan^{31} 玩	uã^{31}	
遁	夜$_{半\sim}$	恨 –n	hɯn^{2}	hɯːn^{2}	hɐn^{33}	hən^{24}	
猵	刺猪	煎 –n	—	sen^{1}	tsin^{53}	tɕiẽ^{44}	
伝	人	溫 –n	hun^{2}	wən^{2}	vɐn^{53}	uən^{44}	
嘋	矮	淡 –m	tam^{5}	tam^{5}	tam^{24}	tã^{24}	–m 对应 –m/ 鼻化（5 条）
沺	湿	淡 –m	tum^{2}	tum^{2}	tam^{24}	tã^{24}	
逌	夜	咸 –m	hɯn^{2}	ham^{2}	am^{31}	hã^{31}	
㜷	坭（泥）	?	naːm^{6}	naːm^{6}	nan^{31} 南	nã^{31} 南	
恁	飽	呼 (?)	$^{?}$im^{5}	$^{?}$im^{5}	ŋiɐm^{312} 任	in^{24} 任	

续表

清代《庆远译语》壮语			现代宜州壮语		现代宜州汉语		备 注
古壮字	词义	汉字注音	洛东	德胜	德胜平话	官话	总共 57 条
嗓	高	桑 –ŋ	θaːŋ^{1}	ɬaːŋ^{1}	sɔŋ^{53}	saŋ^{44}	-ŋ 对应 -ŋ（20 条）
㳥	光	拢 –ŋ	hjoːŋ^{6}	loːŋ^{6}	luŋ^{24}	loŋ^{54}	
紑	手	風 –ŋ	fɯŋ^{2}	fɯŋ^{2}	huŋ^{53}	hoŋ^{44}	
挌	你	蒙 –ŋ	mɯŋ^{2}	məŋ^{2}	muŋ^{31}	muŋ^{31}	
㹳	皮	能 –ŋ	naŋ^{1}	naŋ^{1}	nɐŋ^{31}	nən^{31}	
楹	布	笨 –n	paŋ^{2}	phaːŋ^{2}	pɐn^{312}	pən^{24}	-n 对应 -ŋ（1 条）
叱	早	寒 –n	hjoːm^{6}	ɬoːm^{6}	ɔn^{31}	hã^{31}	-n 对应 -m（1 条）
忏	萬	凡 –m	faːn^{6}	faːn^{6}	van^{31}	fã^{31}	-m 对应 -n（2 条）
朿	屋	滥 –m	hjaːn^{2}	ɬaːn^{2}	lan^{312}	lã^{24}	
搃	抱	朦 –ŋ	ˀum^{3}	ˀum^{3}	muŋ^{31} 蒙	moŋ^{31}	-ŋ 对应 -m（1 条）
啹	句一～话	兢 –ŋ	kwan^{2}	kwan^{2}	keŋ^{53}	kin^{24}	-ŋ 对应 -n（7 条）（壮语与官话同 -n）
昚	月	靈 –ŋ	dɯːn^{1}	ˀdɯːn^{1}	leŋ^{31}	lin^{31}	
夽	脚 / 足	丁 –ŋ	tin^{1}	tin^{1}	teŋ^{53}	tin^{44}	

3. 入声韵的对应情况表

表 7 《庆远译语》入声韵对音情况例词表

清代《庆远译语》壮语			现代宜州壮语		现代宜州汉语		备 注
古壮字	词义	汉字注音	洛东	德胜	德胜平话	官话	总共 18 条
德	肝	塔 –p	tap^{7}	tap^{7}	tɐk^{5} 德	tha^{31}	–p 对应 –p（1 条）
吡	嘴 / 口	縛 –k	(kaːu^{5})	paːk^{9}	vɔk^{43}	po^{31}	–k 对应 –k（4 条）
吙	鸟	落 –k	hjok^{8}	ɬok^{8}	lɔk^{23}	lo^{31}	
杦	水車	落 –k	lok^{7}	lok^{7}	lɔk^{23}	lo^{31}	
嗼 –k	霧露雾	南 (?)	moːk^{9}	mo^{5}	mɔk^{23} 莫	mo^{31} 莫	
吻	翅	雲 –n	fɯːt^{10}	fɯt^{10}	yn^{31}	yn^{31}	–n 对应 –t（3 条）
鍮	扣	近 –n	kat^{7}	kat^{7}	kɐk^{5} 角	kin^{24} 近	
榓	小刀	民 –n	—	mit^{8}	mɐt^{1} 密	min^{31} 民	

续表

清代《庆远译语》壮语			现代宜州壮语		现代宜州汉语		备 注
古壮字	词义	汉字注音	洛东	德胜	德胜平话	官话	总共 18 条
⿱艹結	草鞋	更 –ŋ	kuːk^{9}	kɯːk^{9}	kiɛt^{43} 结	kən^{44} 更	–ŋ 对应 –k（6 条）
⿱約灬	饑	盈 –ŋ	jiːk^{9}	jek^{9}	iæk^{43} 约	in^{31} 盈	
⿱山厄	芋頭	冰 –ŋ	lak^{8}piːk^{9}	pɯːk^{9}	peŋ^{53}	pin^{44}	
⿰犭谷	虎	公 –ŋ	kuk^{7}	kuk^{7}	kuk^{5} 谷	koŋ^{44} 公	
⿰木谷	樹兜	公 –ŋ	—	kok^{7}	kuk^{5} 谷	koŋ^{44} 公	
⿰口蔴	桃李（果）	忙 –ŋ	maːk^{9}	maːk^{9}	mɔŋ^{31}	maŋ^{31}	
佖	筆	屏 –ŋ	pit^{8}	pit^{8}	pɐt^{5} 必	phin^{31} 屏	–ŋ 对应 –t（2 条）
⿱乙灬	歇（休息）	迎 –ŋ	jaːt^{9}	jet^{9}	ɛt^{33} 乙	in^{31} 迎	
⿰亻野	兽	修 –u	—	sok^{7}	sɐu^{53}	ɕiɐu^{44}	-u、–0 对应 –k（2 条）
⿱大虫	虎	固 –0	kuk^{7}	kuk^{7}	ku^{33}	ku^{24}	

注：上表中德胜平话注音旁注有汉字的，是古壮字声符读音，这显示古壮字声符的入声尾与壮语音不完全一致，由此推测写方块壮字的人不太熟悉平话，但比较熟悉汉语读书音的入声字，虽然 -p、-t、-k 尾有混；写注音汉字的人习用官话，会一点儿汉语读书音，所以大多壮语塞音尾音节没用入声字注音，不过大致有对应规律（见表 10）。

4. 韵母系统比较小结

虽然《庆远译语》仅限于 162 词条，但根据前面阴声韵、阳声韵、入声韵的对音情况比较，可以推测清代乾隆年间庆远（宜州）壮语的韵母系统格局与现代宜州壮语大致相同，阴、阳、入三分，韵腹有长短元音的对立。

（三）对音汉字的汉语方言分析

现代宜州地区的汉语方言主要有平话（百姓话）和官话（西南官话）。在 260 多年前，当地的汉语方言情况怎样呢？这可以通过《庆远译语》中的汉字注音来寻求答案。

1. 声母的对音情况

根据前面表 3，壮汉声母对音规律归纳如下（清代注音汉字声母参照中古音类）：

表 8 《庆远译语》壮汉对音声母对应规律表

壮语声母	注音汉字声母			备注
	清代汉字音	现代宜州平话	现代宜州官话	
p t k h m n ŋ l	p t k h m n ŋ l	p t k h m n ŋ l	p t k h m n ŋ l	基本对应一致
ˀb-ˀd-	m- l-	m- l-	m- l-	汉语方言无 ˀb– ˀd–

续表

壮语声母	注音汉字声母			备注
	清代汉字音	现代宜州平话	现代宜州官话	
*r>*hl->ɬ-/hj	l-	l-	l-	“屋乌漏……”组词整齐对应
n（鼠 nu^{52}）	l-（鲁）	l-	l-	个别 n–/l– 有混
f（手 fɯŋ^{21}） f（木 fai^{24}）	f-（風）	h-	h-	汉语方言 h–/f– 有混
	x-（惠）	f-	f-	
s（养 siːŋ^{24}）	ts-（赠）	ts-	ts-	洛东乡壮语 θaːŋ^{1}
ɬ/θ（高 ɬaːŋ^{52}）	s-（桑）	s-	s-	

从声母对音规律分析，注音汉字的方音特点有：无 ˀb-、ˀd- 声母，n-、l- 基本分明，区分塞音塞擦音。但是，由于现代宜州平话、官话的声母系统均具备这些特点（韦扬波 2012, 2014, 2015）①，而且对音汉字平话、官话的声母一致，所以，仅从声母对音情况无法分辨清代注音汉字的基础方言究竟是平话还是官话。

2. 韵母的对音情况

根据前面表 5、6、7，着眼于分析判断《庆远译语》里的对音汉字究竟基于哪种方言，这里将《庆远译语》里与宜州壮语有语音对应关系 A 类的 139 词条壮语与注音汉字（及部分古壮字）的韵尾对音情况进行分析，由于平话方言与中古音韵尾系统十分相近，所以下表的统计只将平话韵尾与官话韵尾、壮语韵尾的对应比例作对比，归纳如下表：

表 9 《庆远译语》壮汉对音韵母对应规律表

类别数量		壮语	汉字注音			古壮字音	对音差异分析
总共 130 条			中古音	宜州平话	宜州官话		
阴声韵共 64 条	61	-0 -i -u	-0-i-u	-0-i-u	-0-i-u		壮 –0（3 条）—— –p–t–k 平；–0 官
	3	-0	-p-t-k	-p -t- k	-0	-0	
阳声韵共 57 条	20	-n	-n	-n	-n/ 鼻化		壮 –m（3 条）—— –m 平；– n 官
	3	-m	-m	-m	-n		
	17	-ŋ	-ŋ	-ŋ	-ŋ		
	1	-ŋ	-ŋ	-ŋ	-n(曾梗摄)		
	7	-n	-ŋ	-ŋ	-n(曾梗摄)		壮 –n（7 条）—— –ŋ 平；–n(曾梗)官
	1	-ŋ	-n	-n	-n		
	1	-n	-m	-n	鼻化		
	2	-m	-n	-n	-n		
	1	-ŋ	-n	-n	-n		壮 – ŋ（1 条）—— –ŋ 平；–n(曾梗)官
	2	-m	缺疑	缺疑	缺疑	-m	

① 韦扬波：《宜州德胜百姓话音系》，《桂林师范高等专科学校学报》2014 年第 4 期；另参见第 171 页脚注⑥。

续表

<table>
<tr><th colspan="2">类别数量</th><th rowspan="2">壮语</th><th colspan="3">汉字注音</th><th rowspan="2">古壮字音</th><th rowspan="2">对音差异分析</th></tr>
<tr><th colspan="2">总共 130 条</th><th>中古音</th><th>宜州平话</th><th>宜州官话</th></tr>
<tr><td rowspan="7">入声韵
共 18 条</td><td>1</td><td>-p</td><td>-p</td><td>-p</td><td>-0</td><td>-k</td><td rowspan="3">壮 -p-k (5 条) —— -p-k 平
-0 官</td></tr>
<tr><td>4</td><td>-k</td><td>-k</td><td>-k</td><td>-0</td><td>-k</td></tr>
<tr><td>3</td><td>-t</td><td>-n</td><td>-n</td><td>-n</td><td>-n -k -t</td></tr>
<tr><td>2</td><td>-t</td><td>-ŋ</td><td>-ŋ</td><td>-n(曾梗摄)</td><td>-t</td><td rowspan="4">壮 -t (2 条) —— -ŋ 平
-n(曾梗)官</td></tr>
<tr><td>3</td><td>-k</td><td>-ŋ</td><td>-ŋ</td><td>-ŋ</td><td>-0 -k -t</td></tr>
<tr><td>3</td><td>-k</td><td>-ŋ</td><td>-ŋ</td><td>-n(曾梗摄)</td><td></td></tr>
<tr><td>2</td><td>-k</td><td>-0-u</td><td>-0-u</td><td>-0 -u</td><td></td></tr>
</table>

鉴于至今当地平话方言仍保留 -m -n -ŋ -p -t -k 尾，如果清代汉字注音以平话为基础，那么，这些辅音尾应与壮语对应，但上表显示并非如此。尤其有 7 条壮语 -n 尾与官话 -ŋ 对应，平话则是 -ŋ 尾；壮语 -p -t -k 尾总共 18 词条中有 13 条与今宜州官话方言的韵尾形成规律性对应，归纳如下表：

表 10　《庆远译语》壮语与官话韵尾对应规律

类别	壮语 ⟷	官话	备注
阴声韵	-0 -i -u	-0 -i -u	有 64 条，占阴声韵总 64 条的 100%
阳声韵	-m，-n，-ŋ	-n，-n/ 鼻化，-ŋ	有 52 条，占阳声韵总 57 条的 91%
入声韵	-t，-k	-n，-ŋ/-0-u	有 13 条，占入声韵总 18 条的 72%

因此，有理由推测，清代庆远府译语的汉字注音主要是以宜州官话方言为基础的，而且，当时的官话与现代宜州官话音系基本一致。

不过，阳声韵中有 3 条壮语 -m 对应平话 -m（“矮、湿、夜”），入声韵中有 1 条壮语 -p 对应平话 -p（“肝”），3 条壮语 -k 对应平话 -k（“嘴、鸟、水车”），虽然仅极少数，但不排除这种可能：《庆远译语》的汉字注音者熟悉官话，也会当地平话（百姓话），或者有可能汉字注音者懂些汉语读书音入声字。

（四）《庆远译语》壮汉声调对应探讨

据远藤光晓（2015:201）[①] 研究，清末 1868 年四川成都华阳话调类调值情况“阴平 55/35，阳平 11/31，上声 53，去声 13，入归阳”，这与现代广西宜州官话调类调值（阴平 44 阳平 31，上声 53，去声 24，入归阳）十分接近，由此推测清代西南官话声调与

① 远藤光晓：《近 150 年来汉语各种方言里的声调演变过程——以艾约瑟的描写为出发点》，远藤光晓、石崎博志主编：《现代汉语的历史研究》，杭州：浙江大学出版社，2015 年。

现代差不多，内部一致性强。基于上节讨论的《庆远译语》汉字注音主要以清代宜州官话音为基础，同时学习借鉴日本学者更科慎一（2003）[①]、富田爱佳（2015）[②]的研究方法，笔者指导博士生张文萱（2016）[③]将《庆远译语》中壮语与注音汉字的声调对应情况进行了统计分析，其中壮语与官话声调超过 60% 对应比例的情况是：（1）壮语第 1 调与官话阴平 44 调（36.8%）和上声 54 调（31.6%）对应；（2）壮语第 4 调与官话阳平 31 调（46.2%）和去声 24 调（38.5%）对应；（3）壮语第 5 调与官话去声 24 调（64%）对应。据此，再参照现代宜州壮语周边壮语方言相应调类的调值（张均如、梁敏等 1999）以及平山久雄（2005）[④]“声调环流说”，推测清代宜州壮语第 1、4、5 调的调值分别可能是：第 1 调高调 55/54，第 4 调降升调 214，第 5 调升调 24/35。

按照历史语言学共时差异体现历时序列的理论，这里对第 1 调的推测作检验：

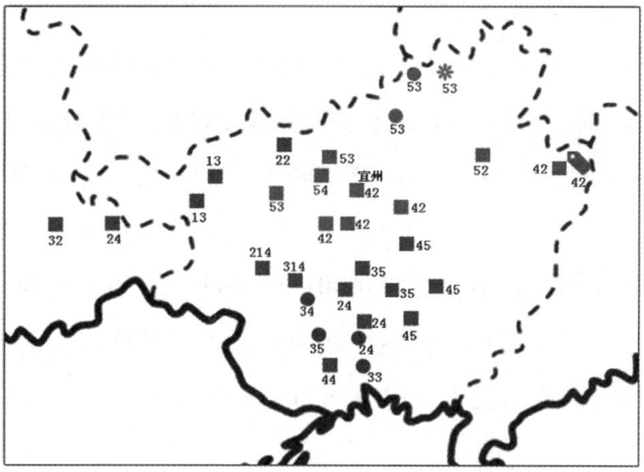

图 2 现代北部壮语第 1 调调值地理分布图

上图中宜州及周边大片区域壮语第 1 调调值均为高降调，连片大面积的相同调型不太可能短时期内形成，可能是更早的形式，所以，推测壮语第 1 调演变序列：54＞52＞213＞24＞45，这与根据注音汉字官话音调值对应推测 260 年来宜州壮语第 1 调可能经历 55＞54＞52 演变序列，二者不矛盾。

① 更科慎一：《〈百夷馆译语〉音译汉字声调初探》，侗台语及汉藏语言学术交流会论文，南开大学，2003 年。
② 富田爱佳：《关于〈车里译语〉音译汉字的声调》，藏缅语·侗台语工作坊论文，日本神户市外国语大学，2015 年。
③ 张文萱：《〈广西庆远土司译语〉所反映的壮语汉语声调探讨》，《南开语言学刊》2016 年第 2 期。
④ 平山久雄：《“声调调值变化环流说”的形成和应共过程》，载平山久雄：《平山久雄语言学论文集》，北京：商务印书馆，2005 年。

四、结语

《庆远译语》里音译汉字的读音主要基于西南官话，极少数壮语 -m、-p、-k 尾词注音汉字的平话音与之一致。由此推测：汉字注音者习惯于西南官话，也懂平话，或者是官话口语夹有读书音。

《庆远译语》里 162 个古壮字中有 103 个（形声字 89 个，借汉字 14 个）用以记录壮语读音，占总字数的 63%；从古壮字声符、借音汉字分析，其读音基础倾向于平话或汉语读书音，不过，一些阳声韵及入声韵词条的韵尾对应不那么整齐，所以推测，《庆远译语》的古壮字书写者可能是一位（或多位）熟悉当地壮语和官话（包括读书音）、识汉字的壮族或汉族文人。

《庆远译语》壮汉对音所反映出的清代乾隆年间庆远府壮语音系与现代宜州壮语声母、韵母格局基本一致，变化不大；主要差异在于清代声母 *hl-/*ɬ- > hj-（洛东乡），声调方面可能有部分调值变化，如：第 1 调 55 > 54 > 52，第 4 调 214 > 24，第 5 调 24 > 33。

基于汉字对音情况推测：清代乾隆年间广西庆远（宜州）已通行汉语西南官话，同时存在平话方言；庆远（宜州）官话（西南官话）、平话方言的音系格局与现代差别不大。不过，当时官话咸山摄鼻音尾可能尚未弱化为鼻化音，与今天官话不同。

《猓猡译语》彝汉译音的特点及利用[①]

孔祥卿[1] 聂 鹏[2]

（1. 南开大学 天津 300071；2. 江西财经大学 南昌 330013）

【提要】《猓猡译语》是清代乾隆年间编撰的五种彝语方言与汉语的对译词表。本文讨论《猓猡译语》彝汉译音的特点，并尝试利用彝汉译音资料来研究彝语方言和汉语西南官话的历史音变。

【关键词】《猓猡译语》；彝汉译音；彝语；西南官话；历史音变

《猓猡译语》是清代乾隆年间奉敕采编的丁种本"华夷译语"中的一种，是彝语和汉语对译的词表。《猓猡译语》共有三个不同版本：一是北京故宫博物院图书馆收藏的5种《猓猡译语》，已于2018年影印出版，为称说方便，我们将其编号为《猓一》《猓二》《猓三》《猓四》《猓五》；一是日本大谷大学收藏的《建昌属沙骂梁山各猓猡译语》（大谷大学文献研究丛书第1卷影印）和京都大学收藏的《永宁属水潦猓猡译语》（西田龙雄《倮㑩译语の研究》影印），分别对应故宫的《猓二》《猓三》，下称"大谷本"和"京都本"；一是法国远东学院收藏的三种《猓猡译语》，分别对应故宫的《猓一》《猓二》《猓三》，闻宥（1940）[②]和神田喜一郎（1969）[③]有介绍。《猓猡译语》分别记录了18世纪中叶五个彝语方言的词汇，《猓一》288条，《猓二》到《猓五》都是740条。每个词条包括彝文、汉义、注音汉字三部分。不同于以往的"华夷译语"和汉外对音资料，这批译语是奉乾隆皇帝圣旨，由西南近疆巡抚组织，在当地完成的，汉字标音不是通语读音，而是当地的方音（西南官话）。因此，《猓猡译语》对于彝语方言和汉语西南官话的历史研究都具有非常重要的价值。

彝文虽然有很多历史文献传世，但是古代的语音资料极为匮乏。以往彝语语音史

① 本文受国家社科基金项目"《猓猡译语》整理与研究（项目编号17BYY030）"资助。
② 闻宥：《猓猡译语考》，《华西协和大学中国文化研究所集刊（第1卷）》，1940年，第77—97页。
③ 神田喜一郎：《远東博古学院观书记》，载《東洋学文献丛说》，東京：二玄社，1969年，第39—60页。

的研究主要是利用现代彝语方言的比较来上推构拟古代的语音形式，少有使用古代的语音材料尤其是像《猓猡译语》这样的彝汉对音资料来研究彝语的历史演变。西南官话的历史研究中也缺乏古代的语音材料来佐证。因此，怎样使用古代的对音材料进行彝语和汉语方言历史研究，既缺乏理论探讨，也少有实践的案例。本文主要探讨以下问题：五种《猓猡译语》代表的具体方言点是哪里？《猓猡译语》的汉字记音是什么性质？彝文和注音汉字的关系有哪些类型？怎样利用彝汉译音资料来研究彝语和汉语的语音特点和语音演变？这些问题的探讨对使用这批语料有重要的指导意义。

一、《猓猡译语》的彝、汉基础方言

五种《猓猡译语》分由三地采编。《猓一》由云南采编。云南采编的各种译语（共计 14 种）都在标题下标明了来源地，如："僰夷译语镇沅府属""车里译语普洱府属"，《猓一》标为"猓猡译语东川府属"，与乾隆十六年（1751）十月云南巡抚爱必达的奏折"采集番字，镇远府之僰夷，普洱府之车里，东川府之猓罗……"相符，可知《猓一》采集记录的是东川府的彝语。乾隆年间东川府治在今云南会泽县，其记录的应是会泽一带的彝语。

《猓二》《猓三》由四川采编。乾隆十五年（1750）七月四川总督策楞上奏折："遵旨采集番书……统辖之道府厅州县并部落土司，载明卷首，以备稽考，计共十一本，谨缮写进呈。"可知四川采集的各种译语开头都有题序，注明了语料来源地。今故宫藏《猓二》《猓三》标题《猓猡译语》，已经删去了题序，但是日本收藏的版本开头的题序完整保留，而且标题即明示语料来源地，大谷本题名《建昌属沙骂梁山各猓猡译语》，题序言："所有中营管辖之沙骂、河东、大梁山、阿都、继事田、大石头、长村，及大小梁山三十一处，靖远营管辖之意咱罗、竹雾、五马山、必力沈渣等处猓猡，字语均同，依照奉颁字书门类次序翻译。"京都本题名《永宁属水潦猓猡译语》，题序言："惟叙永水潦猓猡，字语与建昌猓猡各别，照依奉颁字书门类次序翻译。"可知《猓二》记录的是今四川凉山彝语；《猓三》记录的是今四川叙永水潦彝语。

《猓四》《猓五》只有故宫一种版本，除了题名《猓猡译语》外，没有任何采编者和采集地的信息。我们根据两书的用字与各地彝文进行比对，又根据词条汉字标音与现有彝文字典收录的词条比对，初步判断《猓四》采自贵州威宁，《猓五》采自贵州大方。然后我们去威宁和大方实地调查，记录每一个词条的彝语发音，90% 的词条跟清代的汉字记音是一致的，剩余 10% 多是由于彝汉历时音变导致的系统性差异，因此确认《猓四》记录的是贵州威宁彝语，《猓五》记录的是贵州大方彝语。（聂鹏等 2019）①

五种《猓猡译语》均由清代西南地区的州府衙门负责组织采录，在当地完成，缮誊后上呈朝廷，再由会同四译馆校录。今故宫本即为校录本，而日本收藏的版本为进呈本。（孔祥卿 2016）② 五种《猓猡译语》的注音汉字代表的均为当地通行的西南官话，内部一致性很强，但也有细微的区别。因此，五种译语对音资料的比较可以让我们看到西南官话某些历史音变。

二、彝文和注音汉字的关系

五种《猓猡译语》彝文和注音汉字的关系并不相同，其中《猓四》《猓五》汉字和彝文对应得最好，即汉字逐一标记彝文的读音，极少有注音汉字与彝文发音不对应的情况，因此可以直接作为对音材料使用。《猓二》《猓三》大部分词条汉字和彝文是一一对应的，少数词条注音汉字与彝文不对应，是誊写错误所致。如：

《猓三》词条“线”，彝文，注音汉字“模落尼”，经查这是误抄旁边词条“彩绢”的注音，日本京都本标音作“歉”正确；词条“起营”，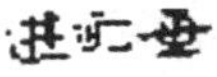 mɑ13ʈʂho33ʈʂhu33，汉字标音“马出”，少了一个字。《猓二》词条“火星”，彝文， mu33tu55 是火，tɕɿ33 是星，注音汉字“抹多”，漏掉了第三字“鸡”；词条“旨”，彝文，注音汉字“皇上特意”，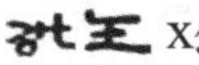 xɔ21ʂɑ33 是彝文音译“皇上”，  tʰɯ21ʐɿ33 是纸，直译就是皇上写的纸，因此这个词条翻译的是“圣旨”的意思，但是彝文书写漏掉了一个字。这样的错误多是誊写人粗心大意所致，因此彝汉译音材料必须经过校勘才能使用。

与另四种《猓猡译语》不同，《猓一》的注音汉字与彝文的对应关系则复杂得多。除了逐一对应的情况之外，不乏彝语词是一个彝字书写，标音的汉字却是两个字，甚至三个、四个字的情况，也有两个彝字，却用三个、四个汉字记音的情况。彝文和汉

① 聂鹏等：《故宫藏第四本〈猓猡译语〉基础方言考证》，《民族翻译》2019 年第 2 期。
② 孔祥卿：《故宫藏〈猓猡译语〉的版本与校勘》，《民族语文》2016 年第 2 期。

字都是一字读为一个音节，这样的情况说明汉字与彝文显然不是逐一对音的。

表 1 《猓一》彝文与注音汉字对应关系统计

形式	词条数	占比	举例
一彝文对一汉字	172	59.7%	天：——木
一彝文对二汉字	98	34.0%	止：——得轻
一彝文对三汉字	8	2.8%	夷：——奈苏铺
一彝文对四汉字	2	0.7%	槐：——你己惟龙
二彝文对二汉字	5	1.8%	荒地：——迷得
二彝文对三汉字	2	0.7%	猓猡：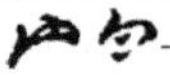——那苏铺
二彝文对四汉字	1	0.3%	海巴：——务泥补谓
总计	288	100%	/

这种不对应并非誊抄错误，而是彝文和汉字记录的可能不是同一个词。比如词条“止”，彝文，读hɪ13，义为“站、立”。注音汉字“得轻”所记彝语为de21 tɕʰi33，指停止、止步。词条“面”，彝文读tʰo55，义为面，书面语；记音汉字“业念”所记彝语为ȵi21ȵe13，是脸皮，口语词。乾隆《东川府志》记录了彝语“脸”的两种说法：拖；念业，“拖”标的就是tʰo55的音。词条“须”，彝文，读tʂʰʅ21；注音汉字“疑齐”，“齐”对应tʂʰʅ21，“疑”音ȵi21，彝语为脸。词条“发”，彝文，读tʂʰe33；注音汉字“诬切”，“切”对应tʂʰe33，“诬”音ŋu33，彝语为头。这两个词条彝文和汉字分别记录的是单音词和相应的双音词。词条“孝”，彝文，读dʑo21，用来音译汉语的“教”；汉字“迫鸠莫舍”所记彝语为pʰu55ndʑu33mo21ʂe55，pʰu55为父，ndʑu33为想念，mo21为母，ʂe55为敬献，pʰu55ndʑu33mo21ʂe55直译是想父敬母，即孝顺。词条“槐”，彝文，读ɦo21，用于音译汉语“槐”；汉字“你己惟龙”，“你己”ȵi21dʑi21指太阳，“惟龙”ve21lu21指花朵，ȵi21dʑi21ve21lu21指太阳花、向日葵。这两个词条彝语没有对应的词，彝文是对汉字词的音译，而汉字记的是彝语对这两个词的解释，甚至有的理解有误，比如“槐”理解成了“葵”。

造成这种情况跟译语采集记录的过程有关。从彝文和汉字不对应的情况来看，《猓一》的彝文部分和汉字记音部分并非同时进行，而是由不同的人分别完成。我们推测，《猓一》在采集时已有一个参考之前其他译语所列出的汉义调查提纲，按照提纲逐条询问彝族发音人该词的彝语说法，然后用汉字记录其发音，这跟我们今天调查方言或民族语言的程序是一样的。有些词条彝语没有意义对等的词，就会按照意义的理解翻译成一个短语。彝族文字长期以来掌握在毕摩手里，彝族普通群众极少有认字的，要调查彝文的写法，只能找懂文字的毕摩。同样的调查提纲，写出的书面彝文和口语的说法可能不同：一个意义彝语有不同的说法，毕摩写出的是一个，而注音汉字记录的可能是另一个；彝文书面语多为单音词，而口语很多已经双音化，因此存在大量一个彝文对应两个注音汉字的情况；或彝文没有这个词，毕摩用彝文音译汉字，而注音汉字记录的是意译；有些词条彝文是一个音译字，而口语是双音节汉借词；也有一些可能是抄写失误，比如汉语双字词条被当成单字分成两条，如“欢”“喜”“愚”“蠢”“享”“受”“太”“平”。《猓一》总共288条词语，彝字和注音汉字不能对应的差不多占了一半。因此，总体来看，《猓一》作为彝汉对音材料，使用的价值大大低于另外四种《猓猡译语》。

其他四种《猓猡译语》用的是完全相同的调查提纲。如果彝语没有相对应的词，有的用彝文音译汉语词，有的用彝文对汉义进行解释，翻译成一个短语甚至是一句话，尤其是《猓二》翻译词条的比例较大，有些词条彝文字数达到六七个之多。但是无论是直接对译、音译，还是翻译成短语或句子，《猓二》到《猓五》的彝文书写和汉字记音都是同时进行的，注音汉字和彝文是一一对应的。即使有一些翻译错误或不准确的词条，对于语音研究仍然是有价值的彝汉对音资料。比如《猓四》“时令门”词条“刻”应是时刻的“刻”，而彝文 phi^{21} 记的是石刻、碑刻，但不影响“ phi^{21}——撇”这条对音材料的利用价值。词条“暖”，彝文 ，注音汉字“马尺磋”，逐字分析， mɑ^{21} 为否定词，对应汉字“马”； tʂʰʅ^{13} 为冷，对应汉字“尺”； tʂʰʊ^{21} 为热，对应汉字“磋”。 mɑ^{21} tʂʰʅ^{13}tsʰʊ^{21}，字面意思是不冷不热。词条“世界”，彝文 ，汉字标音“普希勒”， phu^{21} 为地，对音汉字“普”； ɬi^{33} 为数词“四”，对音汉字“希”； lɯ^{33} 为包、裹，对音汉字“勒”。 phu^{21}ɬi^{33}lɯ^{33}，直译为囊括四方。

三、利用彝汉对音材料研究彝语和汉语方言的历史音变

彝文和汉字都不是拼音文字，且都有很大的方言读音差异，《猓猡译语》的彝汉对音资料需要借助田野调查才能明确其实际读音。但是田野调查得到的是今天的方言

读音，与译语记音时期的读音相隔二三百年，语音肯定是有变化的，因此需要用彝文的方言读音帮助确定汉字的音类，用汉字的方言读音帮助确定彝文的音类；用同一彝字在不同词条中的汉字对音情况综合分析，用同一音类的不同汉字与彝文的对音情况相互对比进行验证。此外，《猓二》到《猓五》所记词条完全相同，与《猓一》也有很多对应的词条，因此，不同译语的横向对比也是非常重要的方法。我们把这种方法概括为"文献资料和田野调查互证，彝文和汉字读音互证，五种《猓猡译语》互证"。

（一）凉山彝语高元音的舌尖化

通过方言对比，我们可以知道语音史上发生的音变，但是方言对比只能告诉我们历史上发生过哪些变化，要想知道音变发生的时间和过程，必须借助不同时期的语言材料。《猓猡译语》是280多年前的彝汉对音资料，可以给我们提供某些音变的过程和细节。

表2 凉山彝语舌尖元音对应其他方言舌面元音举例

词义	方言								
	凉山	大方	威宁	禄劝	路南	弥勒	墨江	永仁	巍山
一	tsʰɿ^{21}	tʰɑ^{21}	tʰɑ^{21}	tʰɑ^{21}	tʰi̱^{21}	tʂʰi̱^{21}	tʰi̱^{21}	tʰɔ^{21}	tɑ^{21}
木	sɿ^{33}	sɛ^{33}	sɪ^{33}	si̱^{21}	si̱^{33}	si̱^{33}	ɕi̱^{33}	si̱^{33}	sɿ^{33}
果实前缀	sɿ^{21}	ɕe^{21}	se^{21}	sɔ^{21}	si^{21}	sᴀ^{21}	sɒ^{21}	sɛ^{21}	sɿ^{21}
血	sɿ^{33}	ɕi^{33}	ɕy^{33}	sɯ^{33}	si^{55}	su^{21}	si^{33}	su̱^{55}	sɿ^{21}
知	sɿ^{21}	se^{55}	se^{55}	sɚ^{55}	sᴀ^{55}	sᴀ̱^{55}	sᴀ̱^{21}	sɑ^{55}	sɑ^{21}
药	tsʰɿ^{33}	tɕʰi̱^{33}	tsʰɿ^{33}	tsʰi̱^{33}	tsʰi̱^{21}	tsʰi̱^{21}	tɕʰi̱^{33}	tsʰi̱^{21}	tsʰɿ^{21}
肺	tsʰɿ^{21}	tɕʰi̱^{55}	tɕʰy^{55}	tsʰɯ^{55}	si^{21}	tsʰu^{55}	tsʰi̱^{21}		tsʰɿ^{21}
油	tsʰɿ^{33}	tsʰɑ^{33}	tsʰe^{13}	tsʰɒ^{21}	tsʰi̱^{33}	tsʰɛ^{33}	tsʰɛ^{21}	tsʰɛ^{33}	tɕʰe^{55}
洗	tsʰɿ^{33}	tɕʰi̱^{33}	tsʰɿ^{33}	tsʰi̱^{33}	tsʰi̱^{21}	tsʰi̱^{21}	tɕʰi̱^{33}	tsʰi̱^{21}	tsʰɿ^{21}
节、段	tsɿ^{33}	tse^{13}	tsɪ^{13}	tsi̱^{55}	tsi^{55}	tsi̱^{55}	tɕi̱^{21}	tsi̱^{55}	tsɿ^{21}
派遣	tsɿ^{33}	tɕi^{33}	tsɿ^{13}	tsi^{33}	tɕʰi̱^{33}	tsi^{33}	tɕi^{33}	tsi̱^{33}	
地	mɿ^{33}	mi^{33}	mi^{13}	mi^{33}	mi^{33}	mi^{33}	mi^{55}	mi^{33}	mi^{55}
给	bɿ^{21}	bi^{55}	bi^{55}	bi^{55}	bi^{21}	bi^{21}	bi^{21}	bi^{55}	gu^{21}
铜	dʑɿ^{33}	dʑi^{33}	dʑi^{33}	dʑi^{33}	dʑi^{21}	dʐi^{21}	dʑi^{33}	dʑi^{21}	gɯ^{21}
星	tɕɿ^{33}	tɕe^{33}	tɕɪ^{13}	tɕɒ^{33}	kɛ^{44}	kɛ^{33}	tɕɛ^{55}	kɛ^{55}	tɕe^{55}
脚	ɕɿ^{33}	tɕʰi̱^{33}	tɕʰi̱^{13}	tɕʰi̱^{33}	tɕʰi̱^{33}	tɕʰi̱^{33}	tɕʰi̱^{21}	tɕʰi̱^{33}	kʰɯ^{55}
水	ʑɿ^{33}	ʑi^{21}	ʑi^{21}	ʑi^{21}	ʑi^{33}	ʑi^{33}	ʑi^{21}	ʑi^{33}	ɣɯ^{55}
卷、筒	lɿ^{33}	lɛ^{21}	lɪ^{21}	li̱^{21}	lɪ^{33}	lɪ^{33}	li̱^{33}	li̱^{33}	ly^{33}
（轻）重	lɿ^{33}	li^{33}	li^{33}	li^{33}	li^{21}	li^{21}	i^{33}	li^{21}	lɿ^{21}

上表中的词语凉山彝语今读舌尖元音 ɿ，而其他彝语方言大都是舌面元音，部分词语巍山彝语也是舌尖元音 ɿ ，由此可以推断在凉山彝语和巍山彝语的部分词语中，发生了舌面元音向舌尖元音的变化，类似这样的元音"高顶出位"变化，在很多语言中都发生过，有音理上的基础。（朱晓农 2004①，徐世梁 2014②）在记录凉山彝语的《猓二》当中，这些词语很多用汉字的高元音对应。见下表：

表 3 《猓二》部分词语舌尖元音对应汉字表

汉义	彝文	凉山彝语	对音汉字	西昌汉语
一		$ts^{h}ɿ^{21}$	其	$tɕ^{h}i^{52}$
木		$sɿ^{33}$	丝	$sɿ^{33}$
血		$sɿ^{33}$	嘘	$ɕi^{33}$
知		$sɿ^{21}ʑɛ^{21}$	西呀	$ɕi^{33}ia^{52}$
药材		$ho^{55}ts^{h}ɿ^{33}$	恨琴	$xən^{21}tɕ^{h}in^{52}$
肺	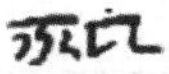	$ts^{h}ɿ^{21}mo^{21}$	雉抹	$ts^{h}ɿ^{52}mo^{34}$
油	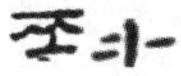	$ts^{h}ɿ^{33}ku^{33}$	此过	$ts^{h}ɿ^{34}ko^{21}$
地	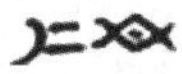	$mɿ^{33}dɯ^{33}$	咩多	$mie^{33}to^{33}$
星	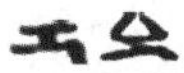	$mu^{33}tɕɿ^{33}$	姆鸡	$mu^{33}tɕi^{33}$
脚		$ɕɿ^{33}$	奚	$ɕi^{33}$
水		$ʑɿ^{33}$	一	i^{31}
（轻）重	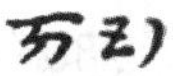	$ɑ^{33}lɿ^{33}$	阿利	$a^{33}ni^{21}$

表 3 所示，凉山彝语舌尖元音 ɿ 对应的汉语既有舌尖元音 ɿ ，又有舌面高元音 i。Ts 组声母后汉语有 ɿ、i 两个高元音，i 前的 Ts 组声母后来腭化为 Tɕ 组；非 Ts 组声母后汉语只有 i，没有 ɿ。因此彝语非 Ts 组声母后面的 ɿ 对应汉语 i 有音近对应的可能，无法判断彝语当时读 i 还是 ɿ；而彝语 Ts 组声母后的 ɿ，在汉语存在 ɿ、i 两个元音可以匹配的情况下，有些词对应 ɿ，有些词对应 i，甚至同一个彝文在不同的词里也有对应 ɿ、i 的不同，如："李"，彝语 ，$sɿ^{21}kɑ^{33}$，标音汉字"丝噶"；"桃"，彝语 ，$sɿ^{21}ʑi^{33}$，标音汉字"西哟"，表示果实的前缀 $sɿ^{21}$，一个对音"丝"，一个对"西"。这种对应说明译语时期彝语这些字的读音正处于变化的过程中，即元音

① 朱晓农：《汉语元音的高顶出位》，《中国语文》2004 年第 5 期。
② 徐世梁：《桌仓藏语中的元音高化和高顶出位》，《语言科学》2014 年第 1 期。

的“高顶出位”还没有彻底完成。

（二）汉语知庄章组的读音

表 4　汉语知庄章组字对应彝语声母和今读比较表

汉字声母来源 表现		知组	章组	庄组	精组洪音
《猓一》	对应彝语	Tʂ	Tʂ	Tʂ: 扎沙（庄二） Ts: 初楚助（庄三）生（庄二）	Ts
	汉字今读	Ts	Ts	Ts	Ts
《猓二》	对应彝语	Tʂ	Tʂ	Tʂ: 喳沙砂（庄二）师（庄三） Ts: 差士事数初（庄三）生（庄二）	Ts
	汉字今读	Tʂ	Tʂ	Tʂ：喳沙砂（庄二） 差（庄三） Ts: 师事数初（庄三）生（庄二）	Ts
《猓三》	对应彝语	Tʂ	Tʂ	Tʂ: 渣炒扎查沙山杀（庄二）史（庄三） Ts: 楚踈差初（庄三）生争省乍（庄二）	Ts
	汉字今读	Ts	Ts	Ts	Ts
《猓四》	对应彝语	Tʂ	Tʂ	Tʂ: 乍抄找劄沙渣 砂差查（庄二） Ts: 初助踈瘦搜参邹（庄三）生争（庄二）	Ts
	汉字今读	Tʂ	Tʂ 例外：树	Tʂ：乍抄找劄沙渣砂差查（庄二） Ts：初助踈瘦搜参邹（庄三）生争（ 庄二）	Ts
《猓五》	对应彝语	Ts	Ts	Ts	Ts
	汉字今读	Ts	Ts	Ts	Ts

《猓一》《猓三》汉语方言今只有平舌音，没有翘舌音，即古知庄章组字和精组洪音字一样都读 Ts 组，但是当地的彝语有平舌和翘舌两类声母。从上表可见，280 年前的译语中，知组、章组字只对应彝语 Tʂ 组声母，说明 280 年前汉语知组、章组字读翘舌音 Tʂ 类；庄组字对应 Tʂ 组和 Ts 组两组声母，庄组二等字以及三等止摄字对应 Tʂ 组，庄组三等字以及二等梗摄字对应 Ts 组。而今《猓一》《猓三》知庄章组字全部变成了平舌音，与精组洪音混同。

《猓二》《猓四》汉语方言今有平舌音，也有翘舌音，古知组、章组字今读 Tʂ 组声母，译语中也只对应彝语 Tʂ 组声母；古庄组字对应 Tʂ 组和 Ts 组两组声母，庄组二等字以及三等止摄字对应 Tʂ 组，庄组三等字以及三等梗摄字对应 Ts 组。这样的对应反映了 280 年前，知、章组字读 Tʂ 类音，而庄组字有 Tʂ 组和 Ts 组两类读音。到今天《猓二》《猓四》基本还保持这样的格局，只有少数字音发生了变化，如《猓四》“树”译语对应彝语 ʂ，今读 s，由翘舌音变成了平舌音；《猓二》“师”对应彝语 ʂ，今读 s，由翘舌音变成了平舌音；《猓二》“差”对应彝语 tsh，今读 tʂh，由平舌音变成了翘舌音。

《猓五》汉语和彝语今都只有 Ts 类音，没有 Tʂ 类音，汉语 Ts 类音对音彝语 Ts 类音，非常整齐，但是这并不是译语时期的读音。大部分彝语方言都有 Tʂ 组和 Ts 组两类声母，因此《猓五》代表的大方彝语没有 Tʂ 组应该也是后来的语音变化。彝语有舌尖后塞音 ʈ 类声母，这是汉语没有的音类，通常用相近的舌尖中塞音 T 类声母或舌尖后塞擦音 Tʂ 类声母对应。

表 5 《猓四》彝语 ʈ 类音对应汉语情况

彝语	汉语	总次数	例字（例字后的数字是该字出现的次数，下同）
ʈ	t	2	打 2
	tʂ	2	浊 2
$ʈ^h$	t^h	40	拖 5 妥 2 驼 1 他 2 秃 24 托 3 驼 3
	$tʂ^h$	6	出 4 杵 2
ɖ	t	16	得 4 堕 2 躲 1 朵 1 赌 2 楪 1 德 1 杜 1 歹 1 豆 1 邓 1

《猓四》汉语有 Tʂ 组和 Ts 组两组声母，如表 5 所示，《猓四》中彝语 ʈ 类声母可用发音方法相同的 T 类声母对应，也可用发音方法相同的 Tʂ 类声母对应，但不能用 Ts 类声母对应，因为 Ts 组声母与舌尖后塞音发音部分和方音方法都不同，音值相差太大。

表 6 《猓五》彝语 ʈ 类音对应汉语情况

彝语	汉语	总次数	例字
ʈ	ts	2	乍 1 猪 1
ɖ	t	9	得 3 德 1 多 1 牒 2 朵 1 歹 1
	ts	6	注 1 找 1 着 1 只 1 着 1 止 1
ʈh	t^h	9	托 3 提 1 屉 1 替 1 特 1 妥 1 吐 1
	ts^h	18	处 11 痴 2 濯 3 错 2
	ts	2	輙（辄）2

表 6 所示，《猓五》彝语舌尖后塞音除了对应汉语舌尖中塞音 T 类外，还对应 Ts 类声母，但这是今读音。今当地汉语没有 Tʂ 类声母，只有 Ts 组，来自古知、庄、章、精组，但是分析这些对音字的中古来源，可以看到：对应彝语舌尖后音 ʈ、ʈh、ɖ 的汉字，包括中古知组字：猪着辄痴（三等）濯（二等）；章组字：注只止处；庄组字：乍找（二

等）等。这些字在另外四种《猓猡译语》中都对应彝语 Tʂ 组。（只有“错”是精组字，是个例外。）这说明译语时期《猓五》中这些汉字应该读为 Tʂ 组，也就是说《猓五》的汉语方言当时也是有 Tʂ 组和 Ts 组两套，Tʂ 组和 Ts 组两套声母的区分与另外四种《猓猡译语》的情况是一样的。同时，《猓五》记录的彝语方言也有 Tʂ 组和 Ts 组两套声母。虽然今天大方彝语和大方汉语都没有了 Tʂ 组声母，但是我们可根据对音汉字的中古来源判定其当时读 Tʂ 组还是 Ts 组，并据此判定彝语词当时读 Tʂ 组还是 Ts 组。

四、结语

《猓猡译语》有同时的五种译音材料，《猓一》《猓四》《猓五》都属于彝语的东部方言，东部方言内部差异较小，尤其《猓四》《猓五》非常接近；《猓三》记录的是四川叙永水潦彝语，水潦彝族属于彝族扯勒部，历史上与水西部落有联姻，语言上与《猓四》《猓五》有很多相同的地方。《猓二》属于彝语北部方言，与东部方言差别较大。汉字记音都是当地通行的西南官话，语音的内部一致性比较强。这批对音材料的综合利用、对比分析，对研究彝语和汉语西南官话的语音历史有非常重要的价值，彝汉对音材料可以显示某些语音演变的历史过程和细节。

故宫藏第五本《猓猡译语》基础方言考证[①]

聂 鹏
（江西财经大学 南昌 330013）

【提要】北京故宫博物院图书馆现藏五本《猓猡译语》，其中第四、第五本未标注采集区域。本文将第五本译语的汉字音、古彝文与现代彝语各方言作了比对，认为其彝语应采自今贵州大方一带，并根据汉彝对音规律及清代官话音系特征，推断其注音汉字的基础方言应是清代西南官话，同时就其中存在的几种典型音变现象进行了解释。

【关键词】《猓猡译语》；基础方言；彝语；语音演变

一、引言

《猓猡译语》系“华夷译语”丛书（丁种本）中的一类，是清代乾隆年间官方编纂的彝汉对译系列辞书，成书于1748年前后。书中用汉字为彝语词汇注音，各词条均由三部分组成：上为采集地彝文，中为汉义词项，下为注音汉字。北京故宫博物院图书馆现藏五本《猓猡译语》，我们按其编号分称《猓一》《猓二》《猓三》《猓四》《猓五》，其中《猓一》明确标注为“东川府属”，故可推知其彝语应采自今云南会泽一带，其余四种并未标注采集区域。但据孔祥卿（2016）研究，故宫藏《猓二》《猓三》分别与日本大谷本、今西本相对应，只是前者为校录本，后者为进呈本，因后者封面题有“建昌属”“永宁属”等字样，故可推知《猓二》《猓三》应分别采自今四川西昌、叙永两地。《猓四》《猓五》仅见故宫一种版本，由于缺少标注，采集区域无从得知。

20世纪80年代初，日本学者西田龙雄（1980：7-11）在其专著《倮儸譯語の研究：ロロ語の構造と系統》中也提到了《猓四》《猓五》，但受材料限制未能确定其基础方言，仅以“X”“Y”分别代表二者属地，并以明末北京音作注音汉字的基础

① 本文受教育部人文社会科学研究青年基金项目“基于清代译音文献‘猓猡译语’的彝语历时音变研究”（20YJC740045）资助。

方言构拟了彝语古音系统。众所周知，研究对音材料首先要明确其所对为何时、何地之音，否则后续一切研究均无基础可言。《猓猡译语》是我们了解 18 世纪以来彝语、汉语历史音变及彝文字形演变的珍贵材料，而判断其所属的基础方言是利用这些材料进行深入研究的重要前提。鉴于此，我们展开考证并撰写此文，旨在判定《猓五》彝语、汉语基础方言，以便后续深入研究。

二、彝语、彝文概况及相关考证方法

彝语主要分布在我国西南的云贵川及广西西北地区，区域内山川阻隔、交通不便，加之各民族交错杂居、相互影响，使得彝语方言差异较大，有些土语间甚至不能交流。陈士林等（1985：5）将现代彝语划分为六大方言区，分别为北部、东部、东南、南部、西部、中部。

从基本词汇来看，若以北部方言喜德彝语为参照标准，其与东部方言禄劝彝语相近的比例约为 39%，与东南文山彝语约为 33%，与南部新平彝语约为 36%，与西部巍山彝语约为 31%，与中部大姚彝语约为 35%（朱文旭 2005：33-34）。这仅是就大多数单音节词汇而言，若是将一些常用的双音节词汇也包含在内，比例则低于此。彝语方言差异之大可见一斑。

彝文是彝族古老的自源文字，彝语称“$\text{bu̱}^{33}\text{mɑ}^{33}$”，义为图画。早期彝文多为象形字，例如  （人）、  （鹰）、 （藤）等，后来随着同音假借现象的增多，有向音节文字过渡的倾向，但直至近代，彝文仍应属于表意体系文字（黄建明 2003：113）。由于彝族历史上并未形成全民族的统一政权，彝文也不用于政治统治，所以彝文规范程度较低，异体俗体众多。古彝文多由毕摩（彝族祭司）父子相承，而毕摩为了维护自身职业和地位的神圣性，常在一些彝文上随意增减笔画，以防止外人学习，这进一步加剧了彝文在书写和使用上的不规范现象。彝族谚语说：“pi^{33}tɕho^{55}hɑ^{33}ȵi^{44}tsi^{33}，su^{33}tɕho^{55}ȵi^{21}tsi^{33}lɿ^{33}”，即彝文“  ”有一百二十种写法，“  ”有二十四种写法，这虽有夸张，但却反映出彝文书写混乱的事实。

表 1 各地彝文字形差异概览①

词义	区域									
	北部	东部					东南	中部		南部
	凉山	禄劝	威宁	大方	盘县	隆林	弥勒	路南	双柏	墨江
火	[illegible]	[illegible]	[illegible]	[illegible]	[illegible]	[illegible]	[illegible]	[illegible]	[illegible]	[illegible]
冬	[illegible]	[illegible]	[illegible]	[illegible]	[illegible]	[illegible]	[illegible]	[illegible]	[illegible]	[illegible]
鱼	[illegible]	[illegible]	[illegible]	[illegible]	[illegible]	[illegible]	[illegible]	[illegible]	[illegible]	[illegible]
弓	[illegible]	[illegible]	[illegible]	[illegible]	[illegible]	---	[illegible]	[illegible]	[illegible]	[illegible]
用	[illegible]	[illegible]	[illegible]	[illegible]	[illegible]	[illegible]	[illegible]	[illegible]	[illegible]	[illegible]
真	[illegible]	[illegible]	[illegible]	[illegible]	[illegible]	[illegible]	[illegible]	[illegible]	[illegible]	[illegible]

鉴于各地彝语、彝文存在较大差异，我们据此制定了考证彝语采集地的方法：首先，从彝语六大方言中各选一个代表点，将《猓五》的汉字音与各方言代表点读音进行比对，最为接近的便可能是基础方言。其次，在初步确定基础方言的前提下，将《猓五》彝文与该区域内现行彝文作比对，以进一步缩小范围，确定次方言或土语。最后，通过田野调查并利用该次方言或土语来解释《猓五》中的疑难词条，若可以合理解释，则表明推断正确。此外还要参考该区域明清时期的彝族分布状况，确保历史可能性。

三、《猓五》彝语基础方言考证

（一）《猓五》汉字音与彝语各方言的比对

我们从彝语六大方言中各选取了一个代表点，分别是北部方言喜德、东部方言大方、东南方言弥勒、南部方言墨江、西部方言巍山、中部方言南华。上述代表点现今仍为彝族聚居区且远离方言交汇处，语音、词汇具有一定特色和代表性，便于开展比对。

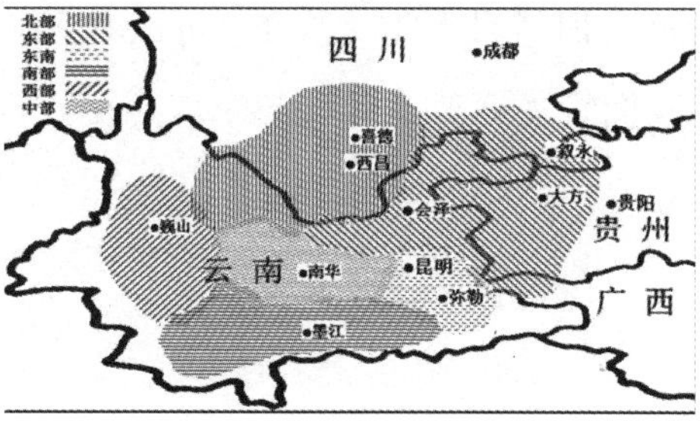

图 1 彝语方言分区及代表点分布

① 表中彝文主要参考《滇川黔桂彝汉基本词汇对照词典》（中央民族学院彝族历史文献编译室，1984 年）、《汉彝简明词典》（四川民族出版社，2011 年）及《通用彝文字典》（贵州民族出版社，2016 年）。若无特殊说明，文中彝文及音标均来自以上辞书，“---”表示缺少资料，下同。

《猓五》共计740个词条，然而逐一进行比对并不现实也不必要，原因如下：（1）一些词条由于年代原因，在现代彝语各方言中已无对应词汇，或是在采编之初就使用了汉语借词，即注音汉字与汉义词项相同，前者如"朝贡""敕谕""皇图"等，后者如"水银""檀香""珊瑚"等，类似词条无法与现代彝语各方言进行有效比对。（2）一些核心语汇词条在现代彝语各方言中读音相似，例如"水""马""竹"等，无法根据汉字音判断其近似方言。上述两类词条占总数一半以上。（3）部分词条的汉字音可能由于音变或其他原因，与现代彝语各方言均不对应，在基础方言未知的情况下不便参与比对。（4）少数词条字迹模糊，无法做准确判断。在尽可能排除上述几类词条后，我们确定了108个可以用以比对的词条（见附录一）[①]，这些词条多为常用词汇，且在现代彝语各方言中均可找到相关语料，确保了比对的全面性、可靠性。

鉴于是对音材料且基础方言未知，比对中我们不做严格要求，只需汉字音与彝语核心语素的音节读音近似即可，对于彝语口语化、双音节化产生的前缀、后缀等附着成分忽略不计。通过比对我们发现，在108个词条中，与东部方言大方彝语近似的有105个，占比为97.2%，仅"官""疮""换"三词不合；与其他方言近似的比例则不及20%，其中东南方言最高，为19.4%，西部方言最低，为8.3%。由于排除了在各方言中读音一致的词汇且包含了部分双音节词汇，所以这一结果远低于前文提到的基本词汇相近比的范围（30%—40%），但却可以使我们更加清晰准确地判断《猓五》彝语基础方言的归属。根据比对结果，我们可以把查找范围缩小到东部方言内。

（二）《猓五》彝文与东部方言彝文的比对

彝语东部方言包含三种次方言，分别为黔西北次方言、滇东北次方言和盘县次方言。次方言间语音差异较小，但通过上文（表1）可以看到，不同次方言间的彝文字形仍有不小差异。据此，我们将《猓五》彝文与东部各次方言所用彝文进行了比对，希望确定具体土语。

① 巍山、南华彝语及下文出现的彝语支民族语言参见《藏缅语族语言词汇》（中央民族学院出版社，1992年）。大方城关、安乐、八堡等彝族乡镇彝语口语中已无翘舌音，但流传在当地的彝文文献仍保留翘舌音，且与大方相邻并同属水西土语的大屯、田坎等彝族乡镇60岁以上的老人也保留翘舌音，这说明大方彝语的翘舌音应是近代才消失的。故凡涉及平翘的词条，我们以当地彝文文献中的读音为准，缺少文献记载的则采用大屯彝族乡老派发音语料，由笔者田野调查所得。

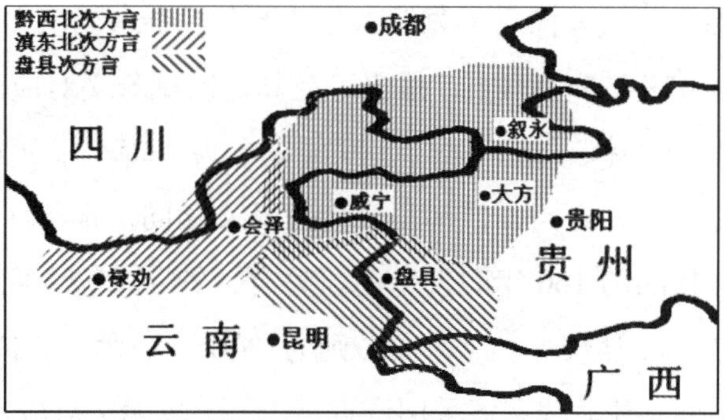

图 2 彝语东部方言三大次方言分布图

从“华夷译语”系列的采编情况看，同一行政区域在同一时期一般不会采集两本译语，这样就基本排除了《猓五》采自会泽（《猓一》）、叙永（《猓三》）的可能性，我们也粗略比对了三种译语的古彝文，的确存在不小差异。在东部方言剩余区域中，我们选取了四处彝文文献相对丰富的区域与《猓五》进行比对，分别为大方、威宁、盘县、禄劝，这四处也覆盖了东部方言全部次方言。

彝文同音假借现象严重，不同意义的词只要读音相同或相近便可用同一彝文表示，如在《猓五》中，“肚”“蓝”彝文均用“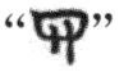”，注音汉字均为“卧”；“草”“当”彝文均用“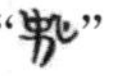”，注音汉字分别为“施”“释”；“骨”“舅”彝文均用“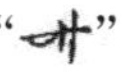”，注音汉字分别为“硬”、“额”。为避免同音假借带来的干扰，我们倾向使用藏缅语同源词（黄布凡 1997）进行比对，这类词在彝语各方言中所用彝文相对固定，有些还保留着造字之初的象形特征。通过筛选并排除在各方言中字形均相同的词条，我们共找到102 个符合要求的词条，并将这些词条的彝文与上述四地进行了细致比对（见附录二），结果为：《猓五》与大方彝文相近词条数量为 82，占比为 80.4%，与威宁、盘县、禄劝相近的词条占比分别为 40.2%、28.4%、3.9%。为进一步核实，我们又将《猓五》与大方县水西大渡河石桥碑文[①]（以下简称《碑文》）中的彝文进行了比对，两者音义相同的词语共 73 例，其中有 6 例用字不同[②]，具体如下：“臣”，《猓五》为“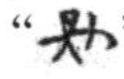”，《碑文》为“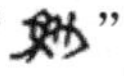”，《碑文》与今盘县（）一致；“念”，《猓五》为“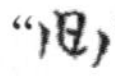”，《碑

① 水西大渡河石桥位于今大方县鸡场乡，明代万历二十年（1592）官方为纪念石桥竣工而作彝汉双文石碑立于桥头。我们认为碑文所使用的应是明代大方地区较为规范的彝文，早于《猓五》约 160 年。碑文现收录于《爨文丛刻》（四川民族出版社，1986 年）之《水西大渡河建石桥记》篇。由于碑文所用彝文与今大方彝文相似度很高，故不再列出，仅提供存在差异的例字。

② 另有“平”字，《猓五》为“”，《碑文》为“”，两字虽均有平义，但读音和用法略有差异，“”读“do^{21}”，多作形容词；“”读“nde^{33}”，多作动词，应属两词，故不在共有词汇之列。

文》为""，《碑文》与今禄劝（）近似，我们认为《猓五》在上述两词条中可能使用了异体字，而《碑文》为本字，故仍可与其他区域彝文对应。"熊"，《猓五》为"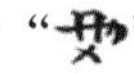"，《碑文》为"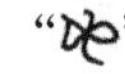"[①]；"花"，《猓五》为""，《碑文》为""，此二字《猓五》与《碑文》不同，但却与今大方彝文相同，推测两词用字变化应是在《碑文》与《猓五》相隔的160年间发生的。另有"钟""鞍"两词用字不同，《猓五》为""""（马鞍），《碑文》则为""""，读"tʂʊ^{33}""ɣʊ^{21}"，由于两词属于汉语借词，各地彝文多采用音近字书写，故无法对应。排除这两例，《猓五》与《碑文》彝文近似度则在94%以上。

威宁与大方虽同属黔西北次方言，但却是不同土语，前者为乌撒土语，后者为水西土语，两地除在彝文上存在部分差异外，在元音"-i""-u"的使用上也呈现出一定对应性。我们考察了《猓五》中相关词条，例如"天"，注音"木"，大方为"mu^{33}"，威宁为"mi^{33}"；"皇帝"，注音"乌目"，大方为"$\text{vu}^{33}\text{mu}^{33}$"，威宁为"$\text{vu}^{33}\text{mi}^{33}$"；"眉"，注音"那慕"，大方为"$\text{nɑ}^{33}\text{mu}^{33}$"，威宁为"$\text{nɑ}^{33}\text{mi}^{21}$"；"仙鹤"，注音"以赍"，大方为"$\text{ʑi}^{21}\text{ndʑi}^{33}$"，威宁为"$\text{ʑi}^{21}\text{ndʑu}^{33}$"；"谁"，注音"阿西"，大方为"$\text{ɑ}^{33}\text{ɕi}^{33}$"，威宁为"$\text{ɑ}^{21}\text{su}^{33}$"。这样，我们不仅从彝文上证明了《猓五》采自大方而非威宁，也从语音上排除了威宁的可能性。

（三）大方彝语、彝文对《猓五》词条的解释

我们利用大方彝语、彝文对《猓五》中的疑难词条进行了合理解释，并分析了部分词条存在对音差异的原因，这进一步肯定了《猓五》采自大方的推断。由于校勘、释义并非本文主旨，这里我们仅举部分例子以说明问题。

《猓五》将"朝贡"记为"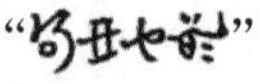"，注音"乌目着何"，现代彝语已无"朝贡"一词，根据大方彝语、彝文解释，"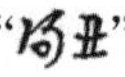"读"$\text{vu}^{33}\text{mu}^{33}$"，义为皇帝，"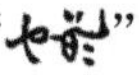"读"$\text{dʐo}^{21}\text{xʊ}^{33}$"，前字为财物，后字为赠送，朝贡即赠送皇帝财物。《猓三》采自叙永，亦属黔西北次方言，其"朝贡"彝文为"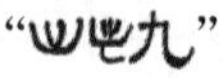"，注音"恩沐根"，"恩沐"即"乌目"，""读"kɯ^{33}"，义为供奉，朝贡即供奉皇帝。"敕谕"彝文为"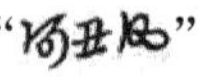"，注音"乌目惰"，""读"dʊ^{33}"，义为话语，敕谕即皇帝所言，类似口头训令。"皇图"彝文为"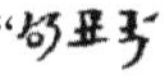"，注音"乌目己"，""读"dʑi^{33}"，义为管辖，皇图即皇帝管辖的范围，也就是王

① 大方彝语中，""""均可指熊，但读音不同，前者读"ŋɯ^{55}"，后者读"ɣɯ^{21}"，可能是明末至清初彝语发生音变，故使用不同文字记录。

朝版图。“太子”彝文为“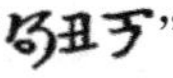”，注音“乌目租”，“”读“zu^{33}”，义为儿子，太子即皇帝的儿子。

再如“馆驿”，注音“茂觉果”，彝文为“”，三字今读“mu^{33}ndʑʊ^{21}gʊ^{33}”，义为臣过处，馆驿即官员路过休息的处所；“语录”，注音“巴姑歌”，彝文为“”，三字今读“mbɑ^{33}gu^{21}ŋgo^{33}”，义为说完写，语录即把说过的话记录下来；“牛黄”，注音“呢记猓”，彝文为“”，三字今读“ȵi^{13}tɕi^{33}lo^{33}”，义为牛胆石，牛黄即牛科动物胆囊中的结石；“砚”，注音“落那敖滕”，彝文为“”，四字今读“lo^{33}nɑ^{33}ɣu^{33}thɯ^{33}”，义为石黑入塘，砚即将黑色的石头（应指墨）放入水塘。由于汉义词项在彝语中没有与之对应的概念，出现类似的自造词也就不足为奇。

我们根据大方彝文、彝语对《猓五》中存疑词条进行了合理解释，例如“日出”“月出”词条，彝文分别为“”“”，其中“”今读“mu^{33}”，义为天，但注音却是“铎”，两者不符，查阅当地彝文，我们认为“”应是“”（do^{33}，义为出、涨）笔误所致；“气”，彝文为“”，注音“洒”，大方彝文未见此字，但有“”，义为气体，读“sɑ^{13}”，推测前字应是笔误。再如“火”，彝文为“”，读“to^{55}”，与今大方彝文“火（）”一致，但注音却是“隋”，推测应是“惰”笔误；“褥”，今读“khʊ^{33}mbɯ^{21}”，但注音却是“靠希”，推测“希”应是“布”笔误；“丰足”，彝文为“”，“”今读“bo^{21}”，义为富裕，但注音却是“愽”，推测应是“博”笔误。另有“塔”，注音“托洛节”，但彝文只有“”两字，前字应是“（石，lo^{33}）”的异体字，后字读“ze^{21}”，义为柱，“托”所注彝文缺失，根据大方彝语，我们认为缺失彝文应为“”，今读“thɯ^{33}”，义为砌，塔即砌石柱，应是自造词。《猓三》中“塔”彝文为“”，注音“躲多不”，今读“mi^{33}dʊ^{21}bɯ^{21}”，义为“地生山”，也是自造词，这恰佐证了我们的推断。

对于一些音义不合的词条，除了音变和笔误，还可能是词义理解不对等或词义演变所致。例如“烟”在天文门，指烟雾（mu^{33}kɤ^{33}），但其注音仍用“烟”，与“烟草（ʑe^{33}）”对应；“皂”在声色门，应指黑（nɑ^{33}），但注音却是“好凄”，彝文为“”，今读“hʊ^{21}tɕhi^{33}”，前字义为染（色），后字义为草药，合起来即染色用的草药，实指植物皂斗，其壳可煮汁，用以染黑。“智慧”彝文为“”，注音“奶忆”，与今“灵巧（，nei^{33}ʑi^{33}）”对应；“神”彝文为“”，注音“业”，与今“祖灵（，ȵi^{13}）”对应；“女”出现在“子”前，应指女儿（ɑ^{21}mə^{33}），但注音“嫩”，与今“妇女（nɯ³³）”对应；“日”出现在“年”后，应是量词，但注音“举”，与今“太阳（ʥy²¹）”对应；“以后”今读“ɣʊ²¹dʊ³³”，但注音“尺腻”，与今“后天（tʂhʅ³³ȵi²¹）”对应；“青”今读“ȵi²¹”，但注音“那”，与今“黑（nɑ³³）”对应；“走”今读“sɯ³³”，但注音“胎”，与今“跑（the³³）”对应。类似的例子很多，不再赘述。对于前文提到的对音不合的三词“官”“疮”“换”也可得到合理解释：大方彝语中，“官（nʥi³³）”总指一切公务人员或官办机构，另有“ʂɑ³³tsʊ⁵⁵”一词，专指汉族官员，与注音“沙纵”一致；“疮”实指“疥”，今读“ŋguə³³”，与注音“国”一致；“换”实指“翻”，今读“po³³”，与注音“波”一致。《猓五》中三词彝文分别为“”“”“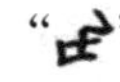”，今大方彝文为“”“”“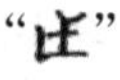”，亦保持一致。

大方是否具备采编《猓五》的历史条件，这里我们略作说明。从“华夷译语”系列标注的采集区域看，成为采集地需具备两个条件：一是在采编时期当地属于民族聚居区，二是当地设有土府或其他管辖机构。大方原称大定，至少在明初已是水西彝族聚居区，并设有水西宣慰司，由彝族土司安氏世袭。清初为大定州，雍正七年（1729）改为大定府，管辖今黔西、毕节一带（王天玺、张鑫昌 2012：138）。可见，大方亦具备采编《猓五》的历史条件。

综合语音、文字、语义、历史等多方面因素，我们认为《猓五》应采自今大方一带。

四、《猓五》注音汉字的音系特征

若要考证《猓五》注音汉字的基础方言，则首先要弄清注音汉字的音系特征，这是判断注音汉字基础方言的主要依据。在确定《猓五》采自大方后，我们根据大方彝语、彝文对《猓五》词条进行了逐一标注（少数无法辨识的词条除外），从注音汉字与彝语的对音关系中发现了一些规律。

（一）注音汉字的尖团问题

首先我们必须指出，彝语与汉语一样，也存在着一个腭化过程，但是彝语各方言腭化进度参差不齐。总的来看，西部方言腭化现象尚不多见；但东部方言，特别是大方彝语，腭化非常普遍，现大方彝语中的舌面前辅音 [ʨ][ʨh][ʥ][nʥ][ɕ] 多是腭化的产物。①

① 李永燧先生（2010：323）在拟测缅彝语古声母时亦无舌面前辅音，我们推测大方彝语舌面前辅音应是近几个世纪才出现的，与汉语近代音变情况类似，下文详细说明。

表 2 彝语腭化现象举例

词义	区域									
	彝语方言							彝语支民族语言		
	大方	威宁	盘县	禄劝	喜德	弥勒	巍山	哈尼	拉祜	纳西
铜	dʑi^{33}	dʑi^{33}	dʑi^{33}	dʑi^{33}	dʐʅ^{33}	dzi̠^{21}	gɯ^{21}	gɯ^{31}	kɯ^{53}	ɚ^{33}
线	tɕhie^{21}	khe^{21}	tɕhɚ^{21}	tɕhɚ^{21}	ɕi^{33}	khɛ^{33}	khɯ^{55}	khɔ^{55}	khɛ^{33}	khɯ^{21}
脚	tɕhi^{33}	tɕhi^{13}	tɕhi^{21}	tɕhi^{33}	ɕʅ^{33}	gɯ̠^{21}	khɯ^{55}	khɯ^{55}	khɯ^{33}	khɯ^{33}
牵	ɕie^{21}	se^{21}	ɕɚ^{21}	sɚ^{21}	si^{21}	sɛ^{33}	sʅ^{33}	tshʅ^{55}	ɕi^{11}	ʂ̠ɚ^{21}
官 / 君	ndʑi^{33}	ndʑu^{33}	ndʐʅ^{33}	ndʑhɯ^{33}	ndʐʅ^{33}	dʑu^{21}	dʐʅ^{21}	tsi^{31}	dʑɔ^{53}	sue^{33}

今大方彝语中，喉音 h- 仍可与前高元音 -i 结合，舌尖前、舌面后辅音与高元音结合时多已腭化，同近代汉语趋势一致。但透过一些对音差异的词条，我们仍有所发现。

表 3 汉彝对音中的尖团差异词条①

汉义词项	风	边	房	柱	塔	草果	九	百	起营
所用彝文					□	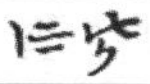			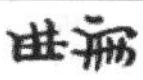
大方今音	hi^{21}	ndʑe^{21}	he^{21}	ze^{21}	□ lo^{33}ze^{21}	di^{13}hi^{55}	kɯ^{33}	hʊ^{21}	mɑ^{13}hi^{13}
注音汉字	行$_{\text{匣5}}$	赍$_{\text{精}}$	闲$_{\text{匣5}}$	姐$_{\text{精}}$	托洛节$_{\text{精}}$	低系$_{\text{匣}}$	居$_{\text{见3}}$	兄$_{\text{晓}}$	骂兴$_{\text{晓}}$

表 3 反映出注音汉字仍有尖团之分，那么当时的尖团是严格对立还是仅在少数词语中存在对立呢？由于彝语与汉语音变趋势相同，因此以现今大方彝语来看注音汉字的尖团很难有太多发现，但若结合彝语方言或彝语支民族语言，我们便可做出大体判断。

表 4 彝文与汉字尖团音的对应关系②

彝文	字义	数量	大方	弥勒	巍山	哈尼	拉祜	腭化前声母	注音汉字
	路	7	dʑʊ^{21}	go^{33}	gɑ^{55}	gɑ^{55}	qɔ^{33}	g-/q-	脚$_{\text{见2}}$、角$_{\text{见}}$、局$_{\text{群3}}$、觉$_{\text{见}}$
	六	7	tɕho^{13}	khu̠^{21}	kho^{21}	ku^{31}	khɔ^{21}	kh-/k-	怯$_{\text{溪}}$、却$_{\text{溪}}$、壳$_{\text{溪}}$、确$_{\text{匣4}}$
	草药	4	tɕhi^{33}	tshi^{21}	tshʅ^{21}	tshi^{31}	tshi^{33}	tsh-	凄$_{\text{清}}$、棲$_{\text{心}}$、漆$_{\text{清}}$、七$_{\text{清}}$
	细	4	tɕhe^{33}	tshɛ^{33}	tshʅ^{55}	ȵi^{33}	tɕhe^{33}	tsh-	切$_{\text{清2}}$、千$_{\text{清}}$、钱$_{\text{从}}$
	胆	4	tɕi^{33}	tɕi^{33}	kɯ^{33}	khɯ^{55}	kɤ̆^{33}	k-/kh-	稽$_{\text{见}}$、记$_{\text{见}}$、季$_{\text{见}}$、芨$_{\text{见}}$
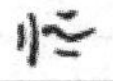	寒	4	dʑɑ^{33}	dʑe^{33}	dʑɪ^{33}	gɑ^{33}	kɑ^{54}	g-	家$_{\text{见3}}$、架$_{\text{见}}$
	血	4	ɕi^{33}	su^{21}	sʅ^{21}	si̠^{31}	si^{11}	s-	西$_{\text{心3}}$、须$_{\text{心}}$

① 汉字脚注前项为该字中古声韵，后项为该组对音在《猓五》中出现次数，未标注则为 1 次，“□”表示文字缺失，下同。

② “字义”指彝文常用义，但部分词条只是借用该字读音，并不涉及意义，例如“”在“绳”“小鼓”词条中表示细，在“钱”“奏文”词条中只是同音假借。

表4显示，彝文腭化前的声母同注音汉字的尖团对应整齐。同样，根据注音汉字的尖团我们也可推测腭化前的大方彝语声母，例如“”“”均用“写”注音，大方彝语也均读“ɕie^{21}”，前字为果树名称前缀，后字义为主人，因“写”为心母，故推测两字腭化前声母应为“s-”，查今巍山方言发现，两字分读“sʌ^{21}”“sɛ^{21}”；再如“”“”均用“欺”注音，大方彝语分读“tɕhy^{33}”“tɕhi^{33}”，前字义为狗，后字义为脚，因“欺”为溪母，故推测两字腭化前声母应为“kh-”，查今巍山方言发现，两字分读“khɯ^{21}”“khɯ^{55}”。词条“白芨”，注音“白季”，彝文“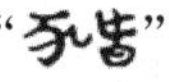”，今读“$\text{po}^{33}\text{tɕi}^{33}$”，彝文在此仅表音无义，可见该词为汉语借词。值得注意的是，“芨”为见母，与之对应的注音汉字“季”也是见母，彝文“”腭化前声母亦为“k-”，三者统一只有在注音汉字、大方彝语均未腭化的情况下才最有可能出现。另有一字“”，今大方读“ɕi^{55}”，威宁、盘县读“sɯ^{55}”，《猓五》中出现9次，5次用“色”注音，4次用“细$_{\text{心}}$”注音，可见当时“色”“细”音近，“”尚未腭化，声母仍是“s-”。注音汉字的尖团与腭化前的大方彝语声母保持高度一致，这说明在译语采编时期两者均未腭化，尖团区分明确，否则不会对应如此准确。① 至于尖团合流，应是在此之后才出现的。由于彝语、汉语腭化条件相似，音变结果相同，所以即便到了现代，两者在尖团问题上依然保持统一，少有例外。

（二）注音汉字的平翘问题

我们考察了《猓五》注音汉字中知、庄、章、精四组字与彝语平翘的对音关系，发现知、章、精三组字的平翘区分较为明确，庄组字则较为特殊，但亦有规律可循。②

表5　注音汉字与彝语平翘音的对音关系

声母	数量	平舌	翘舌	平 / 翘占比
知组	41	2	39	4.9%/95.1%
庄组	51	36	15	70.6%/29.4%
章组	117	2	115	1.7%/98.3%
精组	122	119	3	97.5%/2.5%

① 我们考察了《猓五》中绝大多数存在尖团问题的词条，仅发现“酱”一条对音不准，其彝文为“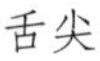”，今读“hʊ^{21}”，属见组，注音仍为“酱”，属精组，两者不合，推测当时彝、汉均有腭化倾向，但非主流。

② 大屯彝语有五个翘舌音 [tʂ][tʂh][ʂ][dʐ][ndʐ]，此外，《猓五》中也会用翘舌音汉字对彝语舌尖后辅音 [ʈ][ʈh][ɖ]，如“白 -ʈhu^{33}- 处”“鹰 -ʈɑ^{13}- 乍”（汉义词项 − 大方彝语 − 注音汉字，下同），这种情况我们亦记作翘舌。章组字（勺）、见组字（系、希）均可与彝语清化边音 [ɬ] 对音，情况较为复杂，这里暂不列入统计。

知组"宅""择"和章组"扯₂""奢"各有一次用来注彝语平舌音，且"宅""择"均对音"tshɯ[21]"；精组"错₄"两次、"珊"一次用来注翘舌，且"错"两次均对音"ʈho[13]"。

庄组字共有20个（出现51次），其中10个（出现36次）用来注彝语平舌音，分别为：色16、疏8、差2、初2、䟽2、数2、[illegible]、参、生、所，均系三等字，其中"差2"对音"tshei[13]"，"参"对音"sɯ[33]"。在剩余10字中，除"使"字为三等外，其余均为二等。也就是说庄组平翘分化的条件大体上是三等平舌，二等翘舌。

（三）注音汉字的鼻边音问题

大方彝语与汉语鼻边音相关的声母有四个，分别为鼻音[n][ȵ][ɳ]和边音[l]，我们考察了《猓五》注音汉字中泥、娘、来三组字与上述声母的对音情况。大体上看，鼻音与边音区分明确，但来母注鼻音的比例略高，为7.8%，超过了前文平翘相混的最高比例（4.9%），表明注音汉字的鼻边音已有相混趋势。此外，泥、娘二母也有区别，泥母主要对n-、ɳ-；娘母二等多对n-，三等多对ȵ-，这与陈瑶、王健（2016）对古泥娘二母分立条件的推测相似。

表6 注音汉字与彝语鼻边音对音关系

声母	数量	n–	ɳ–	ȵ–	l–	鼻/边占比
泥母	56	46	9	1	0	100%/0%
娘母	38	10	2	25	1	97.4%/2.6%
来母	64	3	2	0	59	7.8%/92.2%

（四）注音汉字的疑、影母问题

疑、影二母字的使用情况较为复杂，两类字涉及的彝语声母主要包括[ɣ][ȵ][ŋ][v][ʑ]，对音中分工并不明确，例如"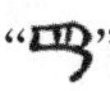"，今读"ʑi[33]"，注音汉字既用"银疑"，也用"忆影"；再如"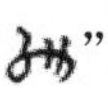"，今读"ʑi[55]"，注音汉字既用"玉疑"，也用"衣影"，可见，当时疑、影二母已有合流趋势。但其中也有部分字的对音呈现一定规律性，例如"嗷疑4""我疑4"只与"ŋ-"对音，"硬疑7""卧疑6""俄疑4"只与"ɣ-"对音，"额疑22"有7次与"ŋ-"对音，15次与"ɣ-"对音，表明疑母开口洪音字在当时的实际音值接近[ŋ]/[ɣ]；"业疑11""虐疑5""义疑"三字均只与"ȵ-"对音，表明疑母开口细音字在当时的实际音值接近[ȵ]。

（五）其他

注音汉字曾梗摄与深臻摄合流，例如“”，今读“thɯ33”，注音汉字既用“吞臻”，也用“滕曾”；“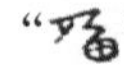”，今读“ɣɯ55”，注音汉字既用“艮臻”，也用“硬梗”；“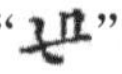”，今读“vi33”，注音汉字既用“允臻”，也用“永梗”；“”，今读“sɯ21”，注音汉字既用“色曾”，也用“参深”，还可用“生梗”。

注音汉字齐齿呼与撮口呼多有混淆，例如“血 -ɕi^{33}- 须”“狗 -tɕhy^{33}- 欺”“玉 -ʑi^{55}- 玉”。

另外，彝文“”义为肉，今大方读“fu^{33}”，《猓五》中三次出现，分别是在“肉”“珊瑚”“琥珀”中（后两词条中仅表音），注音汉字分别为“呼$_{晓}$”“瑚$_{匣}$”“琥$_{晓}$”，推测当时晓（匣）母合口呼字可能读“f-”。但查今禄劝、弥勒、墨江、巍山、南华及同语支傈僳语发现，“肉”一词声母均为“x-”，这样就存在另一种可能，即彝文“”在译语采编时代读“x-”，与其他方言读音一致，晓（匣）母合口呼字亦读“x-”，未出现音变。鉴于两种情况均有可能，暂不下定论。

综上，我们可以将注音汉字的主要音系特征概括为五点：（1）尖团分立。（2）平翘分立，知庄章合流与精组对立，但庄组三等多归精。（3）鼻边分立但有相混趋势。（4）疑、影二母合流，疑母开口洪音为 [ŋ]/[ɣ]，细音为 [ȵ]。（5）曾梗摄与深臻摄合流。

五、《猓五》注音汉字的基础方言判定

《猓猡译语》由官方编纂，彝语采自今贵州大方一带。据此两点，我们推测其注音汉字的基础方言最有可能为清代北方官话或西南官话，前者是官方较为通用的语言，后者则是采集地通用语言。我们通过列表将《猓五》注音汉字的主要音系特征与上述两区域进行了比较，其中清代北方官话音系特征参考《于氏捷韵》和《圆音正考》的相关研究成果①，西南官话参考《常用字义》的研究成果②。

①《于氏捷韵》由河北承德于孟（一说于长）编著，成书于乾隆年间（具体年份不详），据曹鹏鹏（2016）研究，其反映的是清代北方官话音系，书中精见组细音多腭化，尖团部分混淆；《圆音正考》编者不详，成书于1743年，与《猓五》近乎同时，据杨亦鸣、王为民（2003）研究，当时北京音系中尖团已合流。由于《圆音正考》反映的是北京音，更具官方代表性，且成书时间与《猓五》近同，而《于氏捷韵》具有“存雅求正”的性质，可能仍有意区分尖团，故在尖团问题上我们以《圆音正考》为准。

②《常用字义》由四川内江苏鸣鹤编著，成书于乾嘉时期（具体年份不详），据周赛华（2015）研究，其反映的是清代内江方言音系。另据李蓝（1991）、明生荣（2007：7）研究，毕节地区方言在明末清初已基本定型，虽受湖广、江西移民影响，但基础音系仍是四川话。这样，我们可以推测大方在清代与内江同属四川话，用《常用字义》代替大方方音亦是可行、可信的。

表 7 《猓五》注音汉字音系特征与清代官话比较

官话	韵书韵图	尖团	平翘	鼻边	疑母	前后鼻音
北方	《于氏捷韵》《圆音正考》	合流	平翘分立，知照合	分立	疑母多读零声母	曾梗与深臻分立
西南	《常用字义》	分立	平翘分立，知庄章合，其中少数字归精	合流	疑母开口细音与泥（娘）母合	曾梗深臻合
?	《猓五》	分立	平翘分立，知庄章合，庄组三等多归精	分立但有相混趋势	疑母开口洪音为 ŋ-/ɣ-，细音为 ȵ-	曾梗深臻合

通过表 7 我们看到，注音汉字的音系特征与清代北方官话相去甚远，而与西南官话近乎一致。为确保无误，我们利用代表字读音并结合现代大方汉语方言对结果进行验证。①

今大方汉语方言尖团合流，但从《常用字义》看，清代西南官话仍尖团分立，这与《猓五》反映的情况一致。《猓五》中“宅”“择”二字均与“tshɯ^{21}”对音，《常用字义》“格”韵下恰有“宅 = 择 = 策 = 拆”，今大方汉语知庄章与精组合为平舌，且“宅”“择”均读送气音，三者保持高度一致。大方汉语现鼻边不分，这在《猓五》中已初见端倪。疑母开口洪音字“嗷”“我”“硬”“卧”在今大方汉语中声母均为“ŋ-”，细音字“业”“虐”“义”声母均为“ȵ-”，与《猓五》一致。大方汉语曾梗摄与深臻摄合流，无后鼻音，“滕”“硬”“永”“生”与“吞”“艮”“允”“参”韵尾均为“-n”，与《猓五》反映情况类似。撮口呼在今大方汉语中多读为齐齿呼，如“局”“曲”“育”等韵母均为“-iu”，“去”“婿”“驴”等韵母均为“-i”，还有一些字则是齐撮均可，如“砌”“集”“欺”等，这与《猓五》反映的齐撮相混情况类似。

综上，我们认为《猓五》注音汉字的基础方言应是清代西南官话，由于注音汉字的读音与今大方汉语方言高度吻合，我们可进一步推测其基础方言即清代大方汉语方言。《猓五》彝语采自大方，注音汉字反映当地汉语方音，这是合乎逻辑和情理的。在注音汉字基础方言确定的前提下，“”的对音问题也就迎刃而解。根据《常用字义》“姑”韵下“（呼 = 乎）≠（夫 = 肤）、（扶 = 符）≠（胡 = 湖）”来看，乾嘉时期西南官话中晓（匣）母字与非（敷奉）母字分立，大方彝文“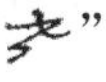”以“呼”“瑚”“琥”注音，表明其在清代声母应为“x-”，与现今彝语其他方言读音一致，符合前文第二种推断。至于大方彝语“x- > f-”的音变，应是近两个多世纪里才发生的。需要注意

① 现代大方汉语方言语料为笔者田野调查所得，同时也参考了明生荣的《毕节方言研究》。

的是，今大方汉语方言中“呼”“瑚”“琥”等遇摄合口晓（匣）母字也发生了“x->f-”的音变，彝汉音变仍然保持一致。

六、结语

《倮㑩译语》自西田龙雄后鲜有人研究，客观原因是资料藏于故宫，不易获取；主观原因则是部分学者认为其历时较短，研究价值不高。事实上，《倮㑩译语》所记语料均是定时定点，音变脉络十分清晰，可弥补彝语方言、西南官话历时研究中缺少韵书韵图的不足。此外，通过考释彝文词条含义，也让我们对清代水西彝族的历史、文化及社会生活有了一定了解，这对民族学、历史学领域的研究也有重要参考价值。本文仅是对《倮五》的基础方言做了初步考证，解释了其中存在的典型音变现象，接下来需要做好《倮五》词条的校勘、释义工作，为之后其他各领域学者的研究提供便利。

附录一　语音比对词表

汉义词项	注音汉字	彝语六大方言代表点读音					
		北部喜德	东部大方	东南弥勒	南部墨江	西部巍山	中部南华
日	举	ho^{33}bu^{33}	ʥy^{21}	dʐi̱^{21}	ʥi^{21}	ɑ^{55}m̩^{21}ɣɯ^{55}	mə^{21}ȵi^{33}
月	哄	ɬo^{21}bo^{21}	hʊ^{21}	lo^{33}	xo^{21}	xɑ^{33}bɑ^{33}	ɕiɔ^{33}bo^{33}
雷	木遮	mu^{33}tsɿ^{33}	mu^{33}dʐʅ^{33}	ᴀ^{55}mu^{21}tu^{21}	mu^{33}tɯ^{21}	ˀmu^{21}ɣu^{21}	mə^{21}kɯ^{55}
雹	乌罗	ʥi^{33}sɿ^{33}	vu^{33}lo^{33}	lu̱^{33}ho^{33}	lu^{33}tɕhe^{21}	ˀlo^{33}bɑ^{55}	ɣo^{21}sæ^{21}læ^{21}
水涝	以爹	mu^{33}nu^{33}	ʑi^{21}tie^{33}	ʑi^{33}ni^{33}	ʑi^{21}ni^{21}	ɣɯ^{55}ti^{33}	ʑi^{33}gɑ^{21}
井	以都	ʑɿ^{33}ʥu̱^{33}	ʑi^{21}du^{21}	ʑɿ^{33}ɖu^{21}	ʑi^{21}tsᴀ̱^{21}	ɣɯ^{55}du^{21}	ʑi^{33}du^{21}
墙	着布	tsɑ^{33}phu^{34}	dʐʊ^{33}bu^{33}	ȵi^{55}tɕɪ^{33}	ne̱^{21}tsi^{55}	lu^{55}di^{33}	lu̱^{55}mu^{33}di^{33}
桥	吞	ʥi^{33}	thɯ^{33}	ʥɯ^{33}	ʥɯ^{21}	ɣo^{21}ʥy^{55}	ʥɿ^{33}
低	乃	i^{33}m̩u^{33}	ne^{21}	nɛ^{33}	di^{55}	ˀni^{55}	piɑ^{33}
窄	窝	i^{34}vu^{33}	ɣʊ^{33}	ɣo^{55}	tsɯ̱^{21}	ˀtsᴇ^{13}/khɯ̱^{33}	ȵo̱^{33}
硬	梀	ɑ^{34}kɔ^{33}	khɑ^{33}	kɯ̱^{33}	tɕhe̱^{33}	xᴇ^{55}	kɯ̱^{33}
沟	觉	ʑɿ^{33}bo^{34}	tɕo^{33}lo^{33}	ʑi^{33}go^{33}	ʑi^{21}tho^{33}	ɣɯ^{55}khɑ^{21}	ʑi^{33}ɕo^{21}
热	撮	tshɑ^{33}	tshʊ^{21}	tsho^{33}	tshi̱^{33}	tshɑ^{55}	xɯ̱^{33}
夜	快	khɯ^{55}mo^{21}	khuə^{55}	ᴀ^{33}mu^{21}tɕhi̱^{21}	mu^{33}tɕhi^{33}kᴀ^{55}	m̩^{21}khɯ̱^{33}ɕy^{55}	i^{55}mə^{33}kɑ^{33}
早	黑黑	ʂɯ^{33}tɯ^{34}	hɯ^{33}hɯ^{33}	nɯ^{33}nɪ^{55}xɯ^{33}	mu^{33}ɕe^{55}	ny̱^{21}ˀny^{55}ɕi^{55}	mu^{33}the^{33}ɑ^{21}tɕhi^{55}

续表

汉义词项	注音汉字	彝语六大方言代表点读音					
		北部喜德	东部大方	东南弥勒	南部墨江	西部巍山	中部南华
晚	原原	mu^{33}vi^{33}phu^{34}	vie^{33}vie^{33}	mu^{21}dʑi^{21}vɛ^{33}	mu^{33}tɕhi̱^{21}	m̩^{21}khɯ̱^{33}ɕy^{55}	i^{55}m^{21}tɕhi̱^{55}
再	播	hi^{33}ʑi^{21}	po^{33}	gu̱^{21}	dʑᴀ^{21}	pho^{33}	phu^{55}
今年	齿课	ʂu̱^{33}khu^{55}	tʂhʅ^{21}kho^{13}	i^{33}khu̱^{21}	e^{55}khu̱^{33}	tʂhʅ^{21}nɪ̱^{33}	i^{55}khu̱^{55}
官	沙纵	ki^{34}zɯ^{33}/ndʑʅ^{33}	ndʑi^{33}	dʑu^{21}mɯ^{55}	dʑi^{33}mᴀ̱^{21}	dʑʅ^{21}	dʑi^{21}mɑ^{21}
亲	朝	ȵo^{34}kho^{33}	tʂhʊ^{21}nə^{33}	ku^{33}	kɒ^{55}tɕe̱^{21}	ˀnɑ^{21}fɑ^{55}	ɕe^{21}nɑ^{21}
叔	瓦	phɑ^{55}vu^{33}	ɑ^{21}və^{21}	ᴀ^{33}ŋɛ^{33}	ᴀ^{51}lɛ^{21}	ɑ^{55}bɑ^{21}	ɑ^{33}vɑ^{33}ʑɑ^{21}
伯	瓦额	phɑ^{55}vu^{33}	vɑ^{21}ɣe^{33}	tᴀ^{55}ti^{33}	tᴀ^{55}te^{33}	tɑ^{55}ti^{33}	ɑ^{33}bo^{21}mɑ^{21}
子	租	zɯ^{33}	zu^{33}	zo^{21}	zo^{33}	zɑ^{21}	zo^{21}
兄	位	vʅ^{55}vu^{33}	ɑ^{33}vei^{33}	ᴀ^{33}ko^{33}	ᴀ^{33}mu^{55}	ɑ^{55}kɑ^{33}	ɑ^{33}ʑu^{33}
富	波	su̱^{33}gɑ^{55}	bo^{21}	bɯ^{33}	bɒ^{21}	bu^{33}	so^{33}
贫	输	su̱^{33}ʂɑ^{33}	ʂu^{33}	ʂo^{55}	so^{33}	ʂɑ^{21}	ʂo^{55}
贼	克素	su^{55}khu^{55}	khɯ^{33}su^{33}	dʑᴀ̱^{33}	dʑᴀ̱^{33}	khu^{21}sʅ^{55}pɑ^{21}	dʑæ^{33}
男子	租约	bo^{34}dʑɯ^{33}	zu^{33}ʑo^{33}	vu^{33}tʂɛ^{55}pho^{21}	ŋu^{33}tsɛ^{55}zo^{33}	ʐo^{33}pɑ^{21}	tshɑ^{33}pho^{21}
妇人	腻嫩	si^{33}n̥i^{33}	ȵi^{55}nɯ^{33}	mɛ^{21}dʐɯ^{21}mo^{33}	mɛ^{21}dʑe^{21}	ɑ^{55}mɑ^{55}ɑ^{55}zɑ^{21}	tshɑ^{33}mo^{33}ge^{33}
和尚	阿施	pi^{33}mo^{34}	ɑ^{33}ʂʅ^{33}	ʂo^{33}tʂho^{33}pho^{21}	xo^{21}sÃ^{55}	ɑ^{21}ʂʅ^{21}pɑ^{21}	du^{33}po^{33}
眼	那	ȵɔ^{33}dʑʅ^{21}	nɑ^{33}	ȵe^{33}	ne̱^{33}	ˀmɪ̱^{33}tsᴇ^{21}	me̱^{33}du^{21}
耳	猓播	nɑ^{21}po^{33}	lo^{21}po^{33}	no^{55}	no^{55}	ˀn̥ɑ^{21}pu^{55}	no^{55}pɑ^{33}
鼻	糯慕	n̥ɑ^{21}bi^{55}	nʊ^{33}mʊ^{33}	no^{33}bɯ̱^{21}	no^{55}ko̱^{21}	ˀn̥ɑ^{55}khu̥^{33}	no^{33}ku̱^{33}pi̱^{33}
齿	者	dʐʅ^{33}mɑ^{33}	dʐo^{21}	dʑɛ^{33}	dʑɛ^{21}	ɕy^{21}	sə^{21}
乳	照	ɑ^{34}ne^{33}	tʂʊ^{13}mʊ^{21}	nᴀ^{55}nu̱^{33}	ᴀ^{55}nɛ^{33}	ɑ^{55}tʂʅ^{33}bɪ̱^{33}	pɯ^{55}dʐʅ^{33}
手	蜡	lo^{55}	lɑ^{13}	le^{21}	le̱^{21}	lɪ̱^{21}phɪ̱^{33}	le̱^{21}
肚	卧	i^{21}mo^{21}	ɣo^{33}	ᴀ^{21}pɯ^{33}	ᴀ^{21}pe^{55}	hɪ̱^{21}mɑ^{33}dʑʅ^{33}	xe^{55}pɯ^{33}
气	洒	so^{55}	sɑ^{13}	se^{21}	ɕe̱^{21}	ɕi^{21}	se̱^{33}
疮	国	mɑ^{33}ɣɑ^{33}	bo^{33}mʊ^{33}	bu̱^{55}	bu^{33}mɯ^{55}	ʑᴇ^{21}phu^{21}	gæ^{21}
面	托	khɑ^{33}ȵɔ^{33}	thʊ^{55}	ɬu^{21}	thɒ^{21}	pho^{21}mᴇ^{33}	phe^{21}me̱^{33}
指	蜡致	lo^{55}tɕʅ^{33}	lɑ^{13}tʂʅ^{33}	le^{21}tʂu^{33}	le̱^{21}tsi^{55}	lɪ̱^{21}n̩^{55}zɑ^{21}	le̱^{21}ȵi̱^{33}
毛	择	ȵɛ^{33}	tshɯ^{21}	nɯ̱^{33}	nu^{33}	tɕhy^{55}	mə^{33}
窗	是朵果	sɛ^{34}ȵɔ^{33}	ʂʅ^{55}dʊ^{21}ŋgʊ^{33}	tʂÃ^{33}fu^{33}	χe^{21}tso^{55}	ɑ^{55}chɑ^{21}du^{21}	ɑ^{55}du^{21}
碗	碟	tʂɯ^{21}zɯ^{33}	di^{13}	se^{55}pe^{33}	pe̱^{33}	ɑ^{55}cᴇ^{21}	ɣo^{21}pæ̱^{33}
斗	赌	mɑ^{34}po^{33}	tɯ^{33}	ʂu^{33}kɯ^{33}	tɯ^{21}	ty^{33}	tə̱^{33}
盆	飞	phi^{21}ndʑʅ^{33}	fe^{33}	ᴀ^{55}khᴀ̱^{33}	khᴀ̱^{21}	lu̥^{21}	ɕi^{33}phɯ^{21}tsʅ^{33}
锅	黑抛	hɯ^{34}dʑʅ^{33}	xɯ^{21}pho^{33}	lᴀ̱^{21}vi̱^{33}	ɕe^{21}tshɛ^{21}	ɑ^{55}tʂhɑ^{55}	xɯ^{33}tʂhɯ^{33}

续表

汉义词项	注音汉字	彝语六大方言代表点读音					
		北部喜德	东部大方	东南弥勒	南部墨江	西部巍山	中部南华
勺	约	i^{55}tʂhʅ^{21}	ʑo^{13}	ʐu̱^{55}bᴀ̱^{21}	zu̱^{21}mo^{21}	ʐɑ̱^{21}o^{33}	i^{55}gɯ^{33}
刀	柞黑	do^{34}mu^{33}	xɯ^{21}	mi^{55}thɒ^{21}	ᴀ^{55}te^{55}	ɑ^{55}tho^{21}	ɑ^{55}thɑ^{21}
弓	奓	xo^{55}	tɕhɑ^{13}	no^{55}mo^{33}	tɕhe̱^{21}	tɑ^{21}li^{33}ɑ^{33}	tɕhe̱^{33}
绳	渣切	tɕe^{33}po^{21}	tʂɑ^{33}	tɕe^{33}	tɕe̱^{33}	hi^{55}tshɿ^{55}	xɑ^{33}væ̱^{33}
伞	错冷	sɯ^{21}ɬu^{55}bu^{21}	tsho^{33}lɯ^{21}	sᴀ̱^{21}	sᴀ̃^{21}	---	sɑ̱^{21}
梯	达则	dɔ^{33}tsi^{21}	dɑ^{33}dʑɯ^{33}	de̱^{33}gɯ̱^{21}	de̱^{33}dʑɛ^{21}	tɪ̱^{33}o^{21}	dʑɯ^{33}ɣə^{21}
米	左处	tʂhɯ^{33}tɕhu^{33}	dʑʊ^{21}ʈhu^{33}	tɕhi^{33}ɬo^{33}	tɕhe^{21}thu^{55}	dʑɑ^{21}khɑ^{55}fu̩^{55}	tɕhe^{33}phyo^{33}
油	密	ʑo^{21}ʑɿ^{33}	mi^{21}	ʐu^{21}ʑi̱^{33}	zo^{33}ʑi^{21}	ʐu^{55}ɣɯ^{55}	ʑo^{33}ʑi^{33}
甜	痴	tɕhɿ^{33}	tʂhʅ^{33}	tʂhu^{33}	tshi^{55}	tʂhʅ^{55}	tʂhʅ^{33}
苦	枯	khɯ^{33}	khu^{33}	kho^{21}	khɒ^{33}	khɑ^{21}	khɑ^{21}
白	处	tɕhu^{33}	ʈhu^{33}	ɬo^{33}	thu^{55}	fu̩^{55}	phyo^{33}
红	能	ɑ^{33}n̥i^{33}	nɯ^{21}	ȵi^{33}	nɯ^{55}	ˀn̩^{33}	ȵi^{33}
蓝	卧	ɑ^{33}vu^{55}	ɣo^{13}	mu̱^{33}ʂu^{33}	phɛ^{21}	ˀn̩^{55}tʂʅ^{33}	ȵi^{33}tʂʅ^{33}
墨	落那	mɑ^{33}ndzɑ^{33}	lo^{33}nɑ^{33}	mɯ̱^{21}	mɯ̱^{21}	mᴇ^{13}	mə̱^{21}
笔	疏魁	thɯ^{21}ʑɿ^{33}bu̱^{33}du^{33}	su^{33}khuei^{21}	pi̱^{21}	pi̱^{21}	pi^{13}	pi^{21}
东	费	bu^{34}du̱^{33}	fi^{55}bo^{21}	dʑi^{21}do̱^{33}du^{21}	dʑi^{21}du̱^{33}bo^{55}	du̱^{33}gɯ^{55}ɕi^{55}	bə^{33}the^{33}
西	勺	bu^{33}dʑi^{33}	ɬo^{55}	dʐi̱^{21}dɯ^{33}	dʑi^{21}dɯ^{21}bo^{55}	ʐᴇ^{33}gɯ^{55}ɕi^{55}	bə^{33}phiɑ^{21}
南	卧	ʑɿ^{34}m̥ɿ^{33}	ɣo^{13}	tʂɛ̱^{33}ʑi̱^{21}	ɕi^{21}nᴀ̃^{21}	ʐɑ^{55}lɪ̱^{21}ɕi^{55}	ɬi^{33}tʂi^{55}
北	阔	ʑɿ^{34}o^{33}	mu^{33}khuə^{33}	ɕi^{21}nᴀ^{21}mi^{33}	ɕi^{21}nᴀ^{21}mi^{55}	ˀvᴇ^{21}lɪ̱^{21}ɕi^{55}	ɬi^{33}mɛ^{33}mi^{33}
右	细	ʑi^{33}	ɕi^{55}	ʐo^{33}	zo^{55}	ʐɑ^{33}	ʐo^{33}
前	撅	me^{21}	tɕe^{55}phɑ^{21}	ᴀ^{33}hi^{55}phi^{55}	ᴀ^{55}vi̱^{21}	y^{33}ɕi^{33}	ɣɯ^{21}lɯ^{33}
后	度	ɣɑ^{33}	dʊ^{33}	ᴀ^{33}do^{33}	ᴀ^{55}do^{21}	cᴇ^{55}vu^{21}ɕi^{55}	gu^{33}du^{33}
中间	过宫	kɑ^{55}tsɿ^{33}	ko^{33}/gʊ^{33}	kᴀ^{33}	kɑ^{55}	kɑ^{21}ku^{55}	ɑ^{33}kɑ^{33}kɑ^{33}
根	扯	sɿ^{33}ndʑi^{21}	tʂhʅ^{21}	u^{33}bɯ̱^{21}	pᴀ̱^{21}	khɯ^{55}tɕi^{33}	ɕi̱^{33}tɕe^{55}
枝	戛	sɿ^{33}lo^{55}	kɑ^{33}	tɕe^{55}	le̱^{21}	sɿ^{33}phɑ^{21}lɪ̱^{21}	ɕi̱^{33}kɑ^{55}le̱^{21}
叶	吐	sɿ^{33}tɕhi^{33}	ʈhu^{33}	phe^{21}	phe̱^{21}	phɪ̱^{21}	phe̱^{55}
熊	额暮	ɣo^{33}	ɣɯ^{21}mu^{55}	tshɯ^{33}mu-^{55}mo^{33}	bɒ^{33}	tsɑ^{55}phɑ^{21}lɑ^{21}	ɣə̱^{33}
鹰	乍	tɕo^{55}	ʈɑ^{13}	te^{55}	te̱^{21}mɒ^{21}	ɑ^{55}dʑy^{55}	tɕi̱^{55}mɑ^{21}
虎	路	lɑ^{55}	lu^{55}	lo^{55}	lo̱^{21}	lɑ^{21}pa^{21}	lo^{21}
羊	虿	tʂhʅ^{55}	tʂhei^{13}	tɕhi^{21}	ᴀ^{55}tɕhi̱^{21}	ɑ^{55}tʂhʅ^{21}	ɑ^{55}tʂhʅ^{55}
鸡	阿	vɑ^{33}	ɣɑ^{33}	ʑe^{33}	ʑe̱^{33}	ɑ^{33}ʑɪ^{33}	ʑi^{33}

续表

汉义词项	注音汉字	彝语六大方言代表点读音					
		北部喜德	东部大方	东南弥勒	南部墨江	西部巍山	中部南华
猪	凹	vo^{55}	vɑ^{13}	ve^{21}	ve̱^{21}	ɑ^{55}vɪ̱^{21}	ve̱^{21}
鹅	我	o^{21}	ŋo^{21}	ʑe^{33}χo^{33}mo^{33}	ɛ^{55}lo^{33}	ɑ^{55}ny^{55}	ə^{33}
飞	歹	dʑi^{33}	ɖʅ^{21}	dɯ^{33}	be^{21}	by^{55}	byo^{33}
鸣	库	vu^{21}	khu^{33}	ɲɛ^{33}	ɲɛ^{21}	vi^{55}	ə^{33}
宿	易	ŋgɯ^{21}	ʑi^{13}	he^{21}	xe̱^{21}	dʑɪ̱^{33}	ɣɯ̱^{21}
银	处	thu^{33}	ʈhu^{33}	ɬo^{33}	thu^{21}	fṳ^{55}	phyo^{33}
一	他	tshʅ^{21}	thɑ^{21}	thi^{21}	thi^{21}	tʂhʅ^{21}	thi^{21}
万	明	vɑ^{55}	mi^{21}	vÃ^{55}	ne^{21}	vɑ^{33}	me^{21}
一两	他撒	tshʅ^{21}ʑɔ^{21}	thɑ^{21}sɑ^{21}	thi^{21}lo^{21}	thi^{21}lo^{21}	tʂhʅ^{21}lṳ^{21}	thi^{21}lo^{21}
一匹	他派	tshʅ^{21}phʅ^{55}	thɑ^{21}phi^{21}	thi^{21}dɯ^{21}	thi^{21}dɯ^{21}	tʂhʅ^{21}mɑ^{55}	thi^{21}ti^{33}
他	体	tshʅ^{33}	thi^{21}	kɯ^{33}	kɯ^{55}	o^{33}	ʑæ^{21}
自	约约	mi^{21}ʑi^{55}	ʑo^{33}ʑo^{55}	ᴀ^{21}mɯ^{55}	ᴀ^{33}mɛ^{33}	^{ʔ}ᴇ^{55}mᴇ^{33}ko^{21}	mə^{55}bə^{33}
喜	耿	khɑ^{55}	gɯ^{21}	mu^{55}tʂhɛ^{55}	gɯ^{21}sɛ^{21}	sᴇ^{21}	gɯ^{33}sʅ^{33}
来	哩	lɑ^{33}	li^{21}	lɪ^{33}	le^{21}	li^{55}	le^{33}
到	咳	ɕi^{33}	khɯ^{33}	kɯ̱^{33}	tshɯ^{33}	tɕhi^{55}	di^{33}
寻	勺	ʂɯ^{21}ŋgo^{33}	ʂo^{13}	ʂɑ^{44}	ʂo^{21}	tʂɑ^{33}	tʂo^{33}
告	哪	hi^{21}kɯ^{21}/pɑ^{33}	ɳo^{33}	pu^{55}	ko̱^{33}	^{ʔ}nɑ^{21}kɑ^{21}	be̱^{33}gə^{21}
迟	牒牒	ȵɛ^{55}	ɖe^{21}	lɛ^{33}	phi^{21}	mɑ^{33}kɯ̱^{21}	myo^{33}
急	撮撮	kɔ^{33}tshɑ^{33}	tshʊ^{33}	tɕi̱^{21}	tɕi̱^{21}	lɑ^{55}tshɑ^{55}lɑ^{55}mɪ̱^{33}	ɑ^{33}tsɑ^{33}tɕo̱^{21}
藏	务	mbo^{55}/zʅ^{21}	vu^{55}	nɯ̱^{33}/no̱^{33}	nɯ̱^{33}to^{21}	khɯ^{21}piɑ^{33}	lɑ^{33}fɪ̱^{21}
可惜	多浓	bo^{33}ŋgɯ^{21}	do^{33}nʊ^{21}	xo^{55}	kho^{21}ɕi^{55}	fɑ^{21}	---
说	巴	hi^{21}	mbɑ^{33}	dzɯ̱^{33}	be̱^{33}	bɪ̱^{33}	be̱^{33}
写	歌	bu̱^{33}	ŋgo^{33}	gu̱^{33}	tshu^{33}	vɑ^{33}	væ̱^{21}
罪	压	ʑo^{55}	ʑɑ^{13}	kho^{21}	tsui^{55}	---	khɑ^{21}
斤	者	tɕi^{21}	tʂʅ^{21}	kɛ^{33}	tsɛ^{55}	tɕi^{55}	tɕi̱^{33}
平	朵	ndʑo^{33}	do^{21}	di^{33}	dɒ^{21}	phi^{21}	bə^{33}
瘦	舍	gɯ^{34}dʑi^{33}	ʂʅ^{21}	ɕɪ^{33}	kɯ̱^{33}	ɟy^{55}	gɯ^{33}dɯ^{21}
字	疏那	bu̱^{33}mɑ^{33}	su^{33}nɑ^{33}	su^{55}	su^{33}so^{21}/tsi^{55}	thi^{21}ɣu^{21}tsʅ^{55}	su^{55}dʑi^{21}
轻	倮	ʑo^{34}so^{33}	lo^{21}	lu^{33}	lɒ^{21}	lu^{33}	lɑ^{33}
换	波	ɬo^{33}	ɬʊ^{13}	po^{33}	po^{55}	pɑ^{55}	po^{33}/læ^{55}

附录二　文字比对词表

汉义词项	猓五	大方	威宁	盘县	禄劝	汉义词项	猓五	大方	威宁	盘县	禄劝
天						老					
月						贼					
星						身					
云						发					
雷						耳					
霜						鼻					
雨						口					
火						乳					
石						手					
山						心					
道						脚					
桥						疮					
长						指					
远						肝					
近						房					
深						春					
浅						夏					
高						秋					
低						冬					
软						热					
硬						凉					
父						温					
母						吃					
女						米					
子						肉					
盐						刀					

续表

汉义词项	倮五	大方	威宁	盘县	禄劝	汉义词项	倮五	大方	威宁	盘县	禄劝
甜	[illegible]	[illegible]	[illegible]	---	[illegible]	弓	[illegible]	[illegible]	[illegible]	[illegible]	[illegible]
苦	[illegible]	[illegible]	[illegible]	[illegible]	[illegible]	绳	[illegible]	[illegible]	[illegible]	[illegible]	[illegible]
红	[illegible]	[illegible]	[illegible]	[illegible]	[illegible]	铜	[illegible]	[illegible]	[illegible]	[illegible]	[illegible]
东	[illegible]	[illegible]	[illegible]	[illegible]	[illegible]	铁	[illegible]	[illegible]	[illegible]	[illegible]	[illegible]
西	[illegible]	[illegible]	[illegible]	[illegible]	[illegible]	一	[illegible]	[illegible]	[illegible]	[illegible]	[illegible]
左	[illegible]	[illegible]	[illegible]	[illegible]	[illegible]	四	[illegible]	[illegible]	[illegible]	[illegible]	[illegible]
右	[illegible]	[illegible]	[illegible]	[illegible]	[illegible]	六	[illegible]	[illegible]	[illegible]	[illegible]	[illegible]
花	[illegible]	[illegible]	[illegible]	[illegible]	[illegible]	百	[illegible]	[illegible]	[illegible]	[illegible]	[illegible]
木	[illegible]	[illegible]	[illegible]	[illegible]	[illegible]	千	[illegible]	[illegible]	[illegible]	[illegible]	[illegible]
草	[illegible]	[illegible]	[illegible]	[illegible]	[illegible]	万	[illegible]	[illegible]	[illegible]	[illegible]	[illegible]
熊	[illegible]	[illegible]	[illegible]	---	[illegible]	多	[illegible]	[illegible]	[illegible]	[illegible]	[illegible]
豹	[illegible]	[illegible]	[illegible]	[illegible]	[illegible]	少	[illegible]	[illegible]	[illegible]	[illegible]	[illegible]
鼠	[illegible]	[illegible]	[illegible]	[illegible]	[illegible]	我	[illegible]	[illegible]	[illegible]	[illegible]	[illegible]
鹰	[illegible]	[illegible]	[illegible]	[illegible]	[illegible]	知	[illegible]	[illegible]	[illegible]	[illegible]	[illegible]
牛	[illegible]	[illegible]	[illegible]	[illegible]	[illegible]	打	[illegible]	[illegible]	[illegible]	[illegible]	[illegible]
狗	[illegible]	[illegible]	[illegible]	[illegible]	[illegible]	新	[illegible]	[illegible]	[illegible]	[illegible]	[illegible]
虎	[illegible]	[illegible]	[illegible]	[illegible]	[illegible]	说	[illegible]	[illegible]	[illegible]	---	[illegible]
龙	[illegible]	[illegible]	[illegible]	[illegible]	[illegible]	写	[illegible]	[illegible]	[illegible]	[illegible]	[illegible]
马	[illegible]	[illegible]	[illegible]	[illegible]	[illegible]	重	[illegible]	[illegible]	[illegible]	[illegible]	[illegible]
羊	[illegible]	[illegible]	[illegible]	[illegible]	[illegible]	轻	[illegible]	[illegible]	[illegible]	[illegible]	[illegible]
猪	[illegible]	[illegible]	[illegible]	[illegible]	[illegible]	用	[illegible]	[illegible]	[illegible]	[illegible]	[illegible]
鹅	[illegible]	[illegible]	[illegible]	[illegible]	[illegible]	肥	[illegible]	[illegible]	[illegible]	[illegible]	[illegible]
鱼	[illegible]	[illegible]	[illegible]	[illegible]	[illegible]	皮	[illegible]	[illegible]	[illegible]	---	[illegible]
飞	[illegible]	[illegible]	[illegible]	[illegible]	[illegible]	薄	[illegible]	[illegible]	[illegible]	[illegible]	[illegible]
碗	[illegible]	[illegible]	[illegible]	[illegible]	[illegible]	厚	[illegible]	[illegible]	[illegible]	[illegible]	[illegible]

清代《白马译语》译音汉字的读音特点①

王 振

（四川师范大学 成都 610068）

【提要】《白马译语》译音汉字的基础方言是当时的四川方言。根据译语对音材料，可以归纳出译音汉字所代表的四川方言有如下几个典型的语音特点：鼻边音部分洪音相混，细音一般不混；不分尖团；区分平翘舌；疑母开口一等音[ŋ]，三等音[ȵ]；宕江摄入声韵主元音多圆唇。

【关键词】白马译语；对音；译音汉字；四川方言

一、引言

《白马译语》是清代《西番译语》（丁种本）之一种，于乾隆十五年（1750）在四川采编完成，记录的是四川省平武县白马乡一带的白马语②。目前所知《白马译语》有四种版本：越南河内远东学院藏本、故宫博物院藏本、北京大学图书馆藏本和中国国家图书馆藏本。其中，河内本表格和汉义部分均为印刷体，③应是初编本，④其余三本都是抄本或抄本的晒蓝本。详见下表。

① 本文受教育部人文社会科学基金青年项目"基于九种'西番译语'（丁种本）对音文献的清代四川方音研究"（项目编号：19YJC740084）资助。

② 西田龍雄、孫宏開：《白馬譯語の研究》，京都：松香堂，1990年，第59页。

③ 孙伯君：《傅斯年图书馆藏＜松潘属包子寺等各西番译语＞初探》，《兰州学刊》2015年第9期，第106—119页。

④ 河内远东学院藏有《西番译语》（丁种本）七种，《白马译语》是其中的一种（参见西田龍雄：《多續譯語の研究》，京都：松香堂，1973年，第20页），但是河内本译语目前未见公布，不知所踪。

表 1　《白马译语》版本情况

版本	版本性质	刊布、整理情况
河内本	初编本	未刊
故宫本	清抄本	故宫博物院影印出版[1]
国图本	20 世纪抄本	西田龙雄、孙宏开整理并将原文影印；孙宏开等重新核对、修订，再次公布[2]
北大本	20 世纪晒蓝本	据故宫本所制晒蓝本，聂鸿音、孙伯君校录出版[3]

与同时期其他《西番译语》一样，《白马译语》共收录 740 词，按照“天文门、地理门”等义类依次排序，内容包括汉语词条、译音汉字和藏文。丁种本各《西番译语》藏、汉文的性质和关系有所不同，《白马译语》藏文并非规范藏文词，而是和注音汉字一样主要承担记音功能，属于“记音式”藏文，不过汉字比藏文注音更加确切[4]。《白马译语》藏汉注音材料和现代白马语三者之间在语音上存在几种不同的关系，详见下表[5]。

表 2　《白马译语》对音材料的基本类型

类型	译音汉字	藏文	现代白马语	举例[6]
1	+	+	+	50 地方 - 萨扎 -sa cad-sha^{53}ʧɑ^{53}
2	-	+	+	453 猴 - 土哈 -spri dmar-tʂʅ^{13}mɑ^{35}
3	+	-	+	701 正月 - 执八 -va ra-tʃʅ^{53}pɑ^{53}
4	+	+	-	626 可怜 - 舍泽是 -shar tsha sri-ȵɔ^{35}ʃʅ^{13}
5	-	-	-	371 卷 - 业行外知 -vkhor lo red-pɔ^{13}kɑ^{53}

关于《白马译语》最早也是最有代表性的研究成果当属 1990 年出版的《白馬譯語の研究》一书。该书结合田野调查材料，对《白马译语》作了系统的文献整理，并建立起译语记录的白马语词与现代白马语的对应关系，对译语翻译、记录的特点与问题逐一说明，对白马语的语音、词汇、语法进行系统分析，实现了历史文献材料和现

① 故宫博物院：《故宫博物院藏乾隆年编华夷译语》，北京：故宫博物院出版社，2018 年。
② 西田龍雄、孫宏開：《白馬譯語の研究》，京都：松香堂，1990 年；孙宏开、齐卡佳、刘光坤：《白马语研究》，北京：民族出版社，2007 年，第 138—182 页。
③ 聂鸿音、孙伯君：《〈西番译语〉校录及汇编》，北京：社会科学文献出版社，2010 年。
④ 西田龍雄、孫宏開：《白馬譯語の研究》，京都：松香堂，1990 年，第 59 页。
⑤ 表格引自王振：《清代“西番译语”记音式藏文对藏语历史语音研究的价值——以〈白马译语〉藏文注音为例》，《中央民族大学学报》2017 年第 5 期，第 162—170 页。表中“+”的对应项之间具有对音关系。
⑥ 数字为词条编号，即该词条在译语 740 词中出现的次序，后文表格中“编号”亦然。编号之后分别为汉语词条、译音汉字、藏文拉丁转写、现代白马语音。现代白马语材料引自西田龙雄、孙宏开《白馬譯語の研究》一书。

代田野调查资料的结合。该著作的主要目的是通过《白马译语》这一历史文献来考察清代白马语的基本面貌。此外，王振《清代"西番译语"记音式藏文对藏语历史语音研究的价值——以〈白马译语〉藏文注音为例》一文利用《白马译语》对音材料，对其中藏文注音的基础音系和历史特点进行了研究，同时讨论了白马语的相关历史音变问题。目前，我们尚未见到对《白马译语》译音汉字的读音特点进行系统分析的文章，这是本文的研究重点。

本文结合已有的《白马译语》基础文献资料建立包括1000多个对音音节的数据库，利用与译音汉字有对音关系的藏文和现代白马语材料，[①] 考察译音汉字的语音特点。

二、《白马译语》译音汉字的语音特点

一般认为《白马译语》译音汉字的选择是以四川方言为基础的，其中一个重要的证据就是汉字音 n- 和 l- 分辨不清。[②] 我们同意这一观点，同系列的其他丁种本《西番译语》的译音汉字也体现出了四川方言或西南官话的音系属性。[③] 即便如此，我们也不能先入为主地认为译语汉字有全然相同的语音特点，而不对每种译语对音材料进行细致的考察。虽然都以四川方言为基础，但是《西番译语》译语汉字仍可能具有不尽相同的语音面貌——这可能是清代四川方言内部差异或者语体差异[④] 的表现，有必要对每种译语的对音材料进行详细分析。本文在前辈学者成果的基础上，根据译语对音材料，进一步对《白马译语》译音汉字的主要语音特点加以总结，以了解其所代表的四川方言音系的基本面貌。

（一）鼻边音：部分洪音字相混，细音一般不混

n-、l- 分辨不清这一特点在译语中确实存在，而且西田龙雄、孙宏开的著作中多

① 藏汉对音材料最为重要，因为它们都是译语采编时书写的，时代相同；相应的白马语音材料取自现代白马语，与译语所记大体一致，也值得参考。因此，只要某一词条的藏文、汉字音和现代白马语音之间有两项对音（即表2中的类型1—4），即纳入本文考察的范围。此外，一些汉语借词，尤其是"香药门"中的中草药名称，基本都是汉借词，藏、汉文注音均标记其在汉语中的读音，对音整齐，对考察藏、汉文的音系特点有较大参考价值。

② 西田龍雄、孫宏開：《白馬譯語の研究》，京都：松香堂，1990年，第60、165、177页。

③ 参见施向东：《〈西番译语〉藏汉对音中的一些问题》，《南开语言学刊》2016年第2期，第2—13页；王振：《〈栗苏译语〉所反映的清前期四川官话音系特点——兼谈基于译语文献研究汉语方音的方法问题》，《语言研究》2019年第4期，第69—77页；王振：《〈多续译语〉藏汉对音与清前期四川方音》，《方言》2021年第2期，第228—237页（后文关于《多续译语》译音汉字读音的认识，均参考此文，不再单独注明）。

④ 参见曾晓渝：《〈西蜀方言〉的音系性质》，《方言》2018年第3期，第263—275页。

次提及，但其分混的具体条件和表现并不清楚。我们把译语中泥、来母注音汉字全部统计后发现，鼻边音相混的情况虽然存在，但为数不多。下表统计了《白马译语》（后文简称“译语”）中涉及 n- 和 l- 的音节对音情况。

表 3　泥来母字与鼻边音对音情况统计

汉字声母	统计范围	对 n 或 ȵ	对 l– 或 r–
来母	藏文	7	52（88%）
	现代白马语	6	43（91%）
泥母	藏文	48（89%）	6
	现代白马语	42（84%）	5

上表数据可见，汉字音来母对音的藏文和白马语大部分都是 l- 或 r-，也有少数为鼻音声母，而汉字音泥母对音的藏文和白马语声母基本都是鼻音，也有个别为 l- 或 r-。可见，译语注音汉字鼻边音有所区别，相混是少数情况。为了解鼻边音相混的条件，还需要对泥、来母注音汉字的对音情况展开进一步的观察。

表 4　泥来母相混的注音汉字

编号	汉义	汉音	中古声母	藏文	现代白马语
115	明日	罗	来	gnam	$nɔ^{13}$
130	半夜		来	gnam	$nɔ^{13}$
171	妻	拉	来	na	
579	入		来	snang	$nɔ^{13}$
370	目录	略	来		$nɔ^{53}$
402	北	炉	来		ny^{13}
581	便益	六	来	snang	
593	若干		来	nad	$nɔ^{13}$
13	雹	纳	泥	ra	$rɑ^{53}$
78	软		泥	lags	$lɑ^{13}$
258	盆		泥	rag	
508	片脑	脑	泥	lo	$lɔ^{53}$
509	樟脑		泥	lo	$lɔ^{53}$
732	自己	那	泥	rang	$rɔ^{13}$

上述鼻边音相混的字主要是洪音字，如“罗、拉、那、纳、脑”等，而译语中还有“力、里、年、尼、宁”等细音字不存在鼻边音相混的情况。例字见下表。

表 5　泥来母细音字对音举例

编号	汉义	汉音	中古声母	藏文	现代白马语
643	是谁	里	来	red	re^{13}
220	胸	力	来	ring	rʅ^{35}
210	疮	利	来	rig	ri^{35}
673	平	列	来	red	re^{13}
338	绫	绫	来	li	lĩ^{35}
712	临洮	临	来	li	lĩ^{13}
192	懒惰	呢	泥	nyes	ȵe^{53}
532	二	呢	泥	gnyis	ȵi^{341}
157	祖	尼	泥	nyes	ȵe^{35}
686	不听	你	泥	snyan	ȵɛ^{35}
104	昼夜	年	泥	nyen	ȵyɛ^{35}
198	眉毛	宁	泥	nyi	ȵi^{13}
389	笔	纽	泥	nyu	ȵy^{341}

根据上表的统计和举例，可以发现译语汉字音系中鼻边音多数区分清楚，泥母汉字与鼻音对，来母汉字与 l- 或 r- 对，洪音字中有部分存在鼻边音相混淆的情况，而细音字鼻边音区分较为清楚，一般是泥母字读 ȵ-，来母字读 l-。

现代四川方言中泥来母分混的情况比较复杂，孙越川将其分为四种。[①]《白马译语》汉字音的情况与其中第二种类似，即泥来母在开口呼、合口呼前混读，在齐齿呼、撮口呼前对立。

（二）不分尖团

《白马译语》中精、见组细音字已经合流。我们统计发现，精见组细音字对音的藏文基本一致[②]，多数都是 Ky- 或者 By- 类音节，译语中藏文 Ky 和 By 已经腭化为舌

① 孙越川：《四川西南官话语音研究》，北京：电子工业出版社，2016 年，第 45—50 页。
② 部分中古见系二等字也有腭化的情况，我们统计时将这类字也包括在内。

面音；相应白马语声母多是舌面音 Tɕ-。例词以及对音数据统计详见下表。

表 6 精见组细音字对音举例

编号	汉义	汉音	声母	藏文	现代白马语音
274	刀鞘	急	見	dkyil	$tɕe^{13}$
275	甲	秋	清	khyas	$tɕhø^{13}$
459	鳳凰	屈	溪	khyung	$tɕho^{35}$
538	八	節	精	brgyad	$dʑe^{341}$
622	就	就	從	kyug	$tɕu^{35}$
659	功德	謝	邪	spyan	$ɕe^{13}$
502	速香	香	曉	bya	$ɕã^{53}$
512	杏仁	杏	匣	byin	$ɕĩ^{35}$
149	秀才	秀	心	byug	$ɕu^{53}$

表 7 精见组细音字对音统计

注音汉字	对音藏文		对音白马语	
	Ky– 或 By–	其他	Tɕ–	其他
见组细音	50（91%）	5	43（96%）	2
精组细音	25（78%）	7	33（94%）	2

可见，精见组细音字对音情况一致，声母的读音趋于相同，即尖团合流。结合藏文和白马语音值来看，当时汉字音尖团合流为舌面音 Tɕ-。

据《四川方言调查报告》所附方言地图，现代四川地区方言多数尖团相混，少数地区仍分尖团。① 同属于《西番译语》（丁种本）的《多续译语》中注音汉字也以四川官话音为基础，基本分尖团，见组细音已经腭化，精组细音未腭化不过已经出现腭化端倪；反映清乾嘉时期内江方音的《常用字义》区分尖团 ②。可见，在 18 世纪四川方言中已经出现了尖团合流的现象，但是并未全然普及，有些材料反映尖团合流基本完成，如《白马译语》对音材料；有些材料反映尖团合流刚刚开始，如《多续译语》对音材料；有的材料则尚未开始，如《常用字义》记录的内江方音材料。这种现象当另有解释，但是弄清楚各类材料反映的客观语言事实应是首要任务。

（三）区分平翘舌

考察《白马译语》精组字和知庄章组字发现，这两类译音汉字具有不同的对音模式，

① 杨时逢：《四川方言调查报告》，台北：“中研院”历史语言研究所，1984 年，四川方言地图第三图。
② 周赛华：《〈常用字义〉音系与内江方音》，《语言研究》2015 年第 4 期，第 86—92 页。

主要包括：

（1）精组细音 =Ky/By-=Tɕ-；

（2）精组洪音 =Ts-=Ts-；

（3）知庄章组 =Kr/Br-=Tʂ-；

（4）知庄章组 =C-= ʧ-；

（5）知庄章组 =Ts-=Ts-①

（1）（2）两组对音体现了精组洪音和细音的区别；（3）和（4）两组汉字音相同，但记录的白马语音不同，这是因汉字音系无法区分卷舌和舌叶两组音，只能都用知庄章组字来记录这两种部位不同但相近的辅音。具体统计数据见下表。

表 8 精组与知庄章组对音比较

注音汉字	对音藏文	次数（比例）	对音白马语	次数（比例）
精组细音	Ky/By-	25/32（78%）	Tɕ-	33/35（94%）
精组洪音	Ts-	69/74(93%)	Ts-	53/55(96%)
知庄章组	Kr/Br-	57/177(32%)	Tʂ-	20/161（12%）
	C-	79/177(45%)	ʧ-	106/161（66%）
	Ts-	36/177(20%)	Ts-	32/161(20%)

精组字和知庄章组字对音有较大的区别，平舌音主要和精组对，翘舌音主要和知庄章组字对。虽然有 20% 知系字与舌尖前音 Ts- 对音，但知庄章组字主流的对音趋势还是卷舌或者舌叶音。因此，译音汉字代表的方言音系应该是基本区分平翘舌的。

知系字中有几个对音情况值得关注。详见下表。

表 9 "择、泽、常"的对音情况

编号	汉义	汉音	中古音韵地位					藏文	现代白马语音
124	夜	择	梗	开	二	入	澄	mtshan	$ndzɛ^{35}$
129	半日	择	梗	开	二	入	澄	tshan	$tsha^{13}$
322	盐	择	梗	开	二	入	澄	tsha	$tsha^{53}$
626	可怜	泽	梗	开	二	入	澄	tsha	
79	硬	常	宕	开	三	平	禅	zha	$ʃɑ^{53}$

① "="表示对音关系，"="连接的分别是译音汉字声母类别、与之对音的藏文辅音、与之对音的白马语声母。另有知庄章组与藏文 By- 对音的用例 5 个，所对音的白马语包括 ʂ-（2 例）、ʃ-（2 例）、ɕ-（1 例）。

梗开二澄母入声字"择、泽"对音的藏文和白马语均为平舌，说明这两个字在当时的汉字音系中已经变为平舌音，而且从对音趋势看"择、泽"的声母应该还是送气的 tsh-。"常"在译语中只出现了 1 次，但对应的藏文和白马语均为擦音而非塞擦音，故推测其声母应为 [ʂ]。而同时期《多续译语》中也是注音汉字"择"声母送气、"常"声母为擦音，与《白马译语》完全相同，可能是当时四川方言中较为普遍性的读法。

（四）疑母的音值：开口一等 ŋ，开口三等 ȵ

译语中疑母合口字和部分开口字读为零声母，与今北京话相同。我们重点关注开口字中仍然保留鼻音声母的情况。举例如下。

表 10 疑母开口字对音举例

编号	汉义	汉音	中古音韵地位					藏文	白马语	疑母音值
681	换	俄	果	开	一	平	歌	gho	$ŋgɔ^{13}$	ŋ
219	面	峨	果	开	一	平	歌	ngo	$ŋo^{53}$	ŋ
77	动	额	梗	开	二	入	陌	vgim	$ŋgi^{35}$	ŋ
530	牛黄	牛	流	开	三	平	尤	nyur	$ȵu^{13}$	ȵ
463	鱼	业	咸	开	三	入	业	nya	$ȵɛ^{53}$	ȵ
642	旧	业	咸	开	三	入	业	nyi	$ȵi^{341}$	ȵ

疑母开口一等字主要与藏文 ng、vg 和白马语 ŋ、ŋg 对音，推测汉字音声母为 ŋ；开口三等字主要记录白马语的 ȵ，与之对音的藏文 ny- 音值也是 ȵ，推测汉字音声母为 ȵ。现代成都话中疑母开口字读音与此相同。①

（五）宕江摄入声韵主元音倾向圆唇

《白马译语》对音材料中宕江两摄入声字对音的藏文和白马语有明显的倾向性。②例如下表。

表 11 宕江摄入声字对音举例

编号	汉义	汉音	韵摄	开合	等	韵	声	藏文	现代白马语
242	门	恶	宕	开	一	铎	影	sgo	$ngɐ^{341}$
127	晚	恶	宕	开	一	铎	影	dgong	go^{13}

① 甄尚灵：《成都语音的初步研究》，《四川大学学报》1958 年第 1 期，第 1—30 页。
② 我们仅统计开口字的对音情况，因为江摄没有合口，宕摄合口字译语中很少见，暂未纳入统计范围，故本文所谓宕江入声字均不包括合口字。表中空格表示译语中相应的对音材料阙如。

续表

编号	汉义	汉音	韵摄	开合	等	韵	声	藏文	现代白马语
208	脚	各	宕	开	一	铎	见	rkang	ko^{35}
607	太平	各	宕	开	一	铎	见	ko	ko^{13}
200	鼻	各	宕	开	一	铎	见	go	$ngɐ^{53}$
132	旧年	约	宕	开	三	药	影	yo	$iɐ^{53}$
330	圆领	约	宕	开	三	药	影	spyogs	$ʒo^{35}$
569	走	脚	宕	开	三	药	见	vbyor	$dʑo^{341}$
370	目录	略	宕	开	三	药	来		$nɔ^{53}$
428	麦	角	江	开	二	觉	见	kyor	$tɕɔ^{53}$
61	墙	觉	江	开	二	觉	见		$tɕɔ^{35}$

宕江摄入声字的具体对音情况见下表的统计。①

表 12　宕江摄入声字对音统计

<table>
<tr><td rowspan="4">对音藏文情况</td><td>韵母</td><td>o/oC</td><td>u/uC</td><td>ang</td><td>其他</td><td></td><td></td></tr>
<tr><td>数量</td><td>26</td><td>6</td><td>12</td><td>9</td><td></td><td></td></tr>
<tr><td rowspan="2">比例</td><td colspan="2">60%</td><td>23%</td><td></td><td></td><td></td></tr>
<tr><td colspan="3">83%</td><td></td><td></td><td></td></tr>
<tr><td rowspan="4">对音白马语情况</td><td>韵母</td><td>ɔ</td><td>o</td><td>u</td><td>ø</td><td>ɐ</td><td>其他</td></tr>
<tr><td>数量</td><td>17</td><td>14</td><td>2</td><td>2</td><td>13</td><td>3</td></tr>
<tr><td rowspan="2">比例</td><td colspan="4">69%</td><td>25%</td><td></td></tr>
<tr><td colspan="5">94%</td><td></td></tr>
</table>

据上表的统计，宕江摄入声字对音的藏文多数都以 o 或 u 为韵母，占到总数的 60%。《白马译语》藏文音系存在 -ang>-o 的音变，将藏文 -ang 韵母也考虑在内，则比例高达 83%；对音的今白马语中，以圆唇元音为韵母者占大多数，比例为 69%。我们推测译语中宕江摄入声字韵母应为 o。

同时，有 25% 的宕江摄入声字对音现代白马语的 -ɐ 韵母。我们认为现代白马语中的 -ɐ 有一些可能是译语时代的圆唇元音演变来的，因为译语中记录白马语 -ɐ 的藏文和汉字韵母均以圆唇音为主。如果系统考察整个译语中白马语 -ɐ 的对音情况可以发

① 藏文 -oC 中 C 代表辅音韵尾，-oC 包括 ov 一次、ogs 一次、og 两次、ong 三次、or 四次，uC 包括 ung 两次和 ur 一次，译语中尚无证据表明上述韵尾可使元音发生音变，故我们将这些 oC 和 uC 视同 o 和 u。另外表中白马语的 -ɐ 出现 13 次，其中包括 2 次 iɐ。

现，与之对音的藏文有 65%（20/31）是圆唇韵母。与之对音的汉字，“缩、锅、罗、夺、独、足、木、入、速”等字与白马语 -ɐ 对音的情况十分常见，占 72%（32/42）。例词见下表。

表 13 白马语 -ɐ 在译语中的对音材料举例

编号	汉义	汉音	韵摄	开合	藏文	现代白马语音
37	白霜	锅	果	合	go	kɐ⁵³
53	石	独	通	合	rdo	dɐ³⁵
143	徒弟	足	通	合	gtso	tsɐ¹³
401	南	六	通	合	lho	lɐ¹³
414	木	夺	山	合	rdo	dɐ¹³
430	芝麻	缩	通	合	zor	sɐ¹³
436	熊	独	通	合	dom	tɐ¹³
563	笑	多	果	合	sdo	dɐ¹³

这些注音汉字和藏文的韵母基本可以肯定是圆唇元音或者包括圆唇音素，其记录的白马语在当时应该也是圆唇元音，所以现代白马语中的 -ɐ 有一些可能是译语时代的圆唇元音演变来的。

如果这一推论是正确的，那么宕江摄入声字记录的白马语音中则有 94% 为圆唇元音。宕江摄入声韵主元音圆唇的现象在今四川方言中依然存在。①

三、结语

《白马译语》中的藏汉注音材料和其所记白马语词的现代读音之间可以建立语音对应关系，本文通过与藏文和现代白马语音的比较发现注音汉字的方音特点：（1）鼻边音大体分明，部分洪音字相混，细音字一般不混；（2）不分尖团；（3）区分平翘舌；（4）疑母开口一等音 ŋ，开口三等音 ȵ；（5）宕江摄入声韵母主元音倾向圆唇。译语注音汉字以四川方言为基础，上述特点反映了 18 世纪中期四川方言的语音特点。

① 参见孙越川：《四川西南官话语音研究》，北京：电子工业出版社，2016 年，第 149—150 页。

丁种本"百夷译语"与清代傣语方言分区

章富刚

（江西财经大学 南昌 330013）

【提要】清乾隆时云南傣族土司所编十三册"百夷译语"是研究傣语极为重要的历史文献材料，文章通过考察这批译语的编纂过程及其地域分布，结合重要音韵特征的傣汉对音分析，探究清代傣语方言的分布，并与现代方言分区互相对照。文章认为，无论从现代还是历史来看，德宏方言的德保土语和孟耿土语的分界线应当在昌宁、永德和孟定以东。

【关键词】 "百夷译语"；傣汉对音；傣语方言

清乾隆十三至十六年间（1748—1751）云南傣族土司编纂了十三册傣汉双语词汇对照资料，学界称为丁种本"百夷译语"，现藏于北京故宫博物院图书馆。这批"百夷译语"编纂于云南当地，其断代明确、数量丰富、所涉地域广泛，是了解清代云南傣语状况的珍贵资料，具备很高的语言学价值。

国内外学界对丁种本"百夷译语"的早期研究多基于单册译语，如泉井久之助《干崖译语》（1946）、罗美珍《车里译语考》（1983）。近年来，随着材料的逐渐公布，对丁种本"百夷译语"的综合性研究开始出现，如曾晓渝《基于〈百夷译语〉的傣语汉语历史语音探讨》（2015）、章富刚和倪博洋《傣语ph、f的时空分布及其音位学启示》（2020）。不过，关于清代"百夷译语"编纂始末、地域分布、历史方言等问题，目前还少有人全面探究。本文将详细考证译语的编纂、考知译语的分布，以此分析清乾隆年间这一区域的傣语方言分区情况，并与现代分区互相对照。

一、“百夷译语”编纂始末

清政府重视对边疆的管理，乾隆皇帝又好大喜功，宣扬“同文盛治”，在这样的背景下，一批各语种翻译辞书应运而生。清廷首先于乾隆十三年合并会同、四译两馆为会同四译馆，并入礼部，这一举措从表面上看是精简机构，实际上使得权力更为集中，加强了中央对周边少数民族部落的管理（聂鸿音、孙伯君 2010:19）。合并两馆后，为整顿边务，乾隆下旨要求广为搜集既有成篇之译语，加以校正，同时敕谕四川、西康、云南等近疆督抚照“西番体例”采录语言材料，交与会同四译馆勘校。《清实录》记载如下：

> （乾隆十三年九月）谕。朕阅四译馆所存外裔番字诸书，虽分类音译名物，朕所识者，西番一种，已不无讹缺。因思象胥鞮译，职在周官，辅轩问奇，载于汉史。我朝声教四讫，文轨大同。既有成编，宜广为搜辑，加之核正。悉准重考西番书例……著交与该国附近省分之督抚，令其采集补正。此外，如海外诸夷，并苗疆等处，有各成书体者，一并访录。亦照西番体例，将字音与字义，用汉文注于本字之下，缮写进呈，交馆勘校，以昭同文盛治。著傅恒、陈大受、那延泰总理其事。①

元明两代虽也有各语种译语资料，但多由京城官方机构编就，如明代四夷馆之百夷馆编《百夷馆译语》（乙种本），会同馆编《百夷译语》（丙种本）。此次各地语言的采录编纂则要求按明代《西番馆译语》书例在当地编写新的译语，这种朝廷下旨、地方办理的方式有效保证了材料的可靠性和准确性。三年之后，云南巡抚爱必达的奏折反映了云南各种译语的督办、采录和呈送情况：

> （乾隆十六年十月）云南巡抚爱必达奏：采集番字。镇远府之僰夷，普洱府之车里，东川府之猓罗，顺宁府之猛甸、猛麻，永昌府之耿马、镇康、潞江、

①《清实录》（第 13 册），北京：中华书局，1986 年，第 352 页。

芒市、猛卯、遮放、干崖、南甸、盏达、陇川、孟连、湾甸、猛猛等一十八种，内遮放与猛卯，盏达、陇川与南甸，猛猛与湾甸字体相同，分汇成书一十四本进呈。下部知之。①

按"有各成书体者，一并访录"的要求，云南编纂了傣文、彝文的"番字"材料。所述乾隆十六年（1751）"分汇成书一十四本"中除"东川府猓罗"记录彝语、彝文外，其余十三本均记录傣语、傣文，此即丁种本"百夷译语"。这十三册译语均冠之府属和土司名，按常理推测，各译语应当是各地土司按朝廷要求完成的，其采集记录的地点应为当时土司司治所在地，反映的是当时当地傣语的实际状况。此外，"百夷译语"各本体例一致，词条均为"傣文—汉义—汉字注傣语"格式，但门类安排相似而不同，所列词条内容及数量不完全一致，表明了各自独立编纂的过程。各册译语具体情况见表1。

表1　十三册译语的门类、词条数统计

译语	僰夷	车里	猛缅	猛麻	耿马	镇康	潞江	芒市	猛卯	干崖	南甸	孟连	湾甸
门类	16	16	15	15	15	17	16	15	16	16	16	14	16
词条数	112	431	378	378	350	806	744	458	473	338	334	374	413

关于十三册译语所列词条，《僰夷译语》以"敦孝弟以重人伦"等十六句七言乡规民约为内容，逐字翻译，单辟一种形式。其余十二册均按天文、地理、时令等门类编次，但其中《镇康译语》又较为特殊，所有词条均拆为单字对译，因此词条数最多。

二、丁种本"百夷译语"的地域分布

丁种本"百夷译语"以傣族土司命名，并在每册首页题记中注明了译语的行政归属、通行地域，我们可以将当时和现在的地名对应起来，考知译语的分布。我们根据各册译语的首页题记，查阅龚荫《中国土司制度》（1992）、线世海《傣族土司制度与傣族土司》（2016）等资料，同时赴各地实地查访，最后将译语对应土司及其治所位置考证情况列表如下（见表2）。

①《清实录》（第13册），北京：中华书局，1986年，第279页。

表 2 十三册百夷译语对应土司考证

序号	译语	首页题记	对应土司	治所位置
1	《僰夷译语》	镇沅府属	（镇沅府）	普洱市镇沅县恩乐镇
2	《车里译语》	普洱府属	车里宣慰使司	西双版纳州景洪市
3	《猛缅译语》	顺宁府属	猛缅长官司	临沧市临翔区
4	《猛麻译语》	顺宁府属	大猛麻巡检司	临沧市云县大寨镇
5	《耿马译语》	永昌府属	耿马宣抚司	临沧市耿马县耿马镇
6	《镇康译语》	永昌府属	镇康土知州	临沧市永德县永康镇
7	《潞江译语》	永昌府属	潞江安抚司	保山市隆阳区潞江镇
8	《芒市译语》	永昌府属	芒市安抚司	德宏州芒市芒市镇
9	《猛卯译语》	永昌府属，遮放同	勐卯安抚司	德宏州瑞丽市勐卯镇
			遮放副宣抚司	德宏州芒市遮放镇
10	《干崖译语》	永昌府属	干崖宣抚司	德宏州盈江县新城乡
11	《南甸译语》	永昌府属，盏达、陇川同	南甸宣抚司	德宏州梁河县遮岛镇
			盏达副宣抚司	德宏州盈江县平原镇
			陇川宣抚司	德宏州陇川县拢把镇
12	《孟连译语》	永昌府属	孟琏宣抚司	普洱市孟连县娜允镇
13	《湾甸译语》	永昌府属，猛猛同	湾甸州土知州	保山市昌宁县湾甸乡
			猛猛巡检司	临沧市双江县猛猛镇

现将各译语所对应土司情况分述如下。

1.《僰夷译语》（题记：镇沅府属）

傣族土司中并无称名“僰夷”者，但根据题记“镇沅府”可知所对应土司为镇沅府土知府。明建文三年（1401）开设镇沅州，永乐四年（1406）升府；清初平滇投诚，仍授世职，雍正五年（1727）因贪劣削职，改设流官。乾隆时镇沅土司名号已无，故此译语以“僰夷”命名，“僰夷”即“百夷”。治所在今镇沅县县城，管辖地域大约为今镇沅县除东北思乐镇部分地区外的区域。

2.《车里译语》（题记：普洱府属）

车里军民宣慰使司，明洪武十九年（1386）由车里军民府改置，清初投诚，仍授世职，治所在西双版纳州景洪，管辖区域：东至落恐蛮界，南至波勒蛮界，西至八百大甸宣慰使司界，西北至元江军民府界。大致为今西双版纳傣族自治州全境及普洱市南部地界两县、南部国界外猛乌和乌得两地。

3.《猛缅译语》（题记：顺宁府属）

猛缅长官司，明万历二十一年（1593）授猛缅宣抚司，清初投诚，仍授世职，乾隆十一年（1746）革职，安置江西，设流官通判分驻。其地为缅宁厅，后改为猛缅厅，即今临沧市临翔区。

4.《猛麻译语》（题记：顺宁府属）

大猛麻巡检司，明万历二十二年（1594）授土巡检，清初投诚，仍授世职，治所即今临沧市云县东南大猛麻寨，今称大寨镇。辖地为今晓街、茶房、大寨一线，连同这些乡镇的河谷被当地人称为"勐麻槽子"。大寨镇现有勐麻土主庙。

5.《耿马译语》（题记：永昌府属）

耿马宣抚司，明万历十三年（1585）升耿马安抚司置，清初仍授世职，治所即今临沧市耿马县县城。辖地：东至威远，南至孟琏，西至木邦，北至镇康。

6.《镇康译语》（题记：永昌府属）

镇康土知州，明洪武十七年（1384）降镇康府置，清初仍授世职，治所即今临沧市永德县永康镇。辖地：东四十里至山街、顺宁界，南六十里至无量山、耿马界，西七十里至潞江边，北五十里至黑龙塘、湾甸界。

7.《潞江译语》（题记：永昌府属）

潞江安抚司，明洪武二十二年（1389）改柔远路置潞江长官司，永乐九年（1411）升为安抚司，治所位于今保山市隆阳区西南潞江镇。辖地：在保山、腾越之间，东以怒江为界，西以高黎贡山分水岭与腾越（今腾冲）界，南北沿怒江两岸二百三十里，北至荡习河八十里交上江，南至竹坝河，一百五十里交芒市界。

8.《芒市译语》（题记：永昌府属）

芒市安抚司，明正统九年（1444）以芒施府改置芒市御夷长官司，崇祯十三年（1640）升安抚司，清初仍授世职，治所即今德宏州芒市。辖地：东至平戛山三里，南至遮放十里，西至猛徕山五里，北至猛弄十里。

9.《猛卯译语》（题记：永昌府属，遮放同）

猛卯安抚司，明万历二十六年（1593）授安抚司，清初仍授世职，治所即今德宏州瑞丽市勐卯镇。辖境：东至遮放抵南弄六十里，南至木邦界抵江边十里，西至孟密界暮习天马关八十里，北至陇川界邦中山顶四十里。

遮放副宣抚司，明正统元年（1436）置，清初仍授世职，治所即今德宏州芒市遮放镇。辖地：东至镇康，南至木邦，西至陇川，北至潞江。

10.《干崖译语》（题记：永昌府属）

干崖宣抚司，明永乐元年（1403）设干崖长官司，永乐九年（1411）升宣抚司，清初仍授世职，治所初置今盈江县旧城镇。辖地：东、北、西至南甸，南至陇川。管理盈江县新城、旧城、弄璋一带（盈江县东半部分），新中国成立前司署迁至今新城乡。新城乡仍留有干崖土司府署，现为“刀安仁故居”纪念馆。

11.《南甸译语》（题记：永昌府属，盏达、陇川同）

南甸宣抚司，明正统八年（1443）升南甸州置，清初仍授世职，治所在蛮干（今德宏州梁河县东北九保街），清初移治永安城（今梁河县东北），后又移治遮岛镇（今梁河县县府所在地）。辖境：东至芒市、潞江，南至陇川，西至干崖、孟养，北至腾越，幅员之广，为三宣冠。南甸宣抚司署尚存于梁河县遮岛镇，是目前云南保存最完好的土司衙门，也是德宏州唯一的国家级文物保护单位。

盏达副宣抚司，明正统年间置，清顺治十六年（1659）仍授世职，治所在今德宏州盈江县西北盏达莲花山。辖地：东至海巴江五十里，南至铜壁关一百二十里，西至巨石关八十里，北至万仞关七十里。《康熙永昌府志》载其为“干崖之二也”。这一区域为德宏自治州 20 世纪 50 年代时的莲山县，后并入盈江县。

陇川宣抚司，明正统九年（1444）置，清初仍授世职，治所即今德宏州陇川县西南拢把镇，后多有迁移，新中国成立前迁至城子镇。辖地：东至芒市，南至木邦，西至干崖、孟定，北至南甸。

12.《孟连译语》（题记：永昌府属）

孟琏宣抚司，明永乐四年（1406）置孟连长官司，清康熙十八年（1679）升为孟琏宣抚司，治所即今普洱市孟连傣族拉祜族自治县县城娜允镇。辖地：其东为车里，西为木邦。

13.《湾甸译语》（题记：永昌府属，猛猛同）

湾甸州土知州，明洪武十七年（1384）置，土司衙门明代设于今保山市昌宁县西南湾甸傣族乡，清初迁更戛乡，后迁勐统乡。辖地：东二十里至孟统，南二十里至镇康，西三十里至猛波罗，北七十里至姚关，又东北至顺宁，西至木邦。即今昌宁县境，但西南部地域较今昌宁县大。

猛猛巡检司，明万历二十七年（1599）授巡检世职，清康熙五十四年（1715）仍授世职。辖地：东至澜沧江九十里，南至腊撒江九十五里，西至课散一百里，北至南班千一百里。（《新纂云南通志·土司考》）即今临沧市双江县县境。从地理上看，双江与湾甸相距较远，按理译语不当归为一册。

十三册译语在地图上的对应分布如图 1。

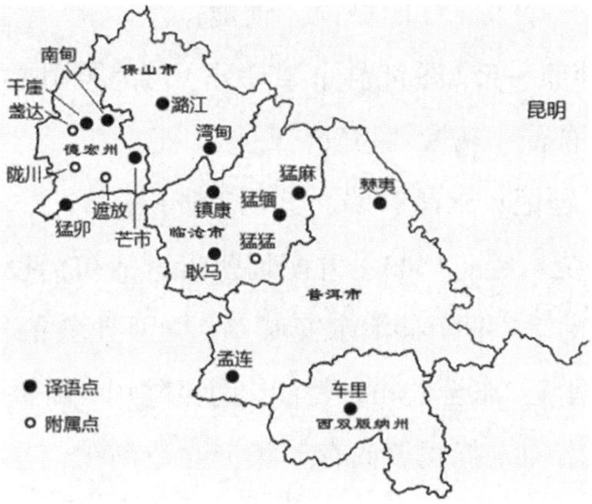

图 1　清代“百夷译语”分布图

清朝在开国平滇过程中，由于根基未稳，为实现一统江山的目的，在边番地区采取妥协笼络的政策，对“投诚”的傣族土司采取“仍授世职”的方式延续明代的土司制。这样的举措对迅速平定边境局势、保证社会稳定和经济发展起到了良好的效果。雍正时，朝廷在靠近内地的地区逐步开展改土归流，而边地的傣族土司自明代以来在当地深耕已久，势力庞大，朝廷实施改土归流殊为不易。

采集语言材料地点的选择代表了清朝政府边地管理的侧重方向，从云南巡抚所督办编纂译语的傣族土司分布来看，云南西南部是清朝政府的重点管控区域，而编纂译语材料的活动体现了清朝政府在保持这类民族地区原有的社会结构和管理机制的同时，也力图对傣族土司实现更有力的管理，这为我国现代边疆的形成奠定了基础。

三、丁种本“百夷译语”分布区域的现代方言情况

周耀文、罗美珍（2001:13—14）将现代傣语方言划为四片，其中红金、金平方言分布比较分散，德宏、西双版纳两大方言比较集中，这两大方言区也是现代傣族的聚居区。上述译语所涉地点亦集中于这两大方言区。现代德宏、西双版纳傣语方言的分区情况见表 3。

表 3 傣语德宏、西双版纳方言分区情况

德宏方言	德保土语区：芒市、盈江、梁河、陇川、瑞丽、畹町（以上属德宏州）、隆阳、腾冲、龙陵、施甸（以上属保山市）
	孟耿土语区：孟连、景谷、澜沧、镇沅、西盟、景东、思茅、宁洱、墨江（以上属普洱市）、昌宁（属保山市）、耿马、临沧、双江、沧源、永德、镇康、云县、凤庆（以上属临沧市）
西双版纳方言：景洪、勐海、勐腊（以上属西双版纳州）、江城（属普洱市）	

纵观德宏方言两大土语、西双版纳方言，他们之间最大的差别是：西双版纳方言大多数地方有浊塞音声母 b、d，德宏方言没有，b 已并入 m（德保土语）或 v（孟耿土语）。这类读音来自早期傣语的 *ʔb 声类（来自原始台语的 *ʔb、*ʔbl/r 等），*ʔb 声类在以景洪为代表的西双版纳方言区读 b，在以芒市、孟定为代表的德保土语区读 m，在以耿马、孟连为代表的孟耿土语区读 v，例词见下表 4。

表 4 德保土语、孟耿土语、西双版纳方言 *ʔb 声类读音例词

	芒市	孟定	耿马	孟连	景洪
肩膀	ho^{1}ma^{5}	ho^{1}ma^{5}	ho^{1}va^{5}	ho^{1}va^{5}	ba^{5}
叶子	maɯ^{6}	maɯ^{1}	vɑ^{6}	vɑ^{6}	bai^{1}
村	ma:n^{3}	ma:n^{3}	van^{3}	van^{3}	ba:n^{3}
薄	ma:ŋ^{6}	ma:ŋ^{1}	vaŋ^{6}	vaŋ^{6}	ba:ŋ^{1}
井	lam^{4}mo^{5}	nam^{4}mɔ^{5}	nɑm^{4}vɔ^{5}	nɑm^{4}vɔ^{5}	nam^{4}bo^{5}
葱	phak^{7}mo^{5}	mi^{5}mo^{5}	mi^{5}vo^{5}	phɑk^{10}vo^{5}	phak^{7}bo^{5}

*ʔb 声类在上述三个区域的今读类型分布如图 2[①]。

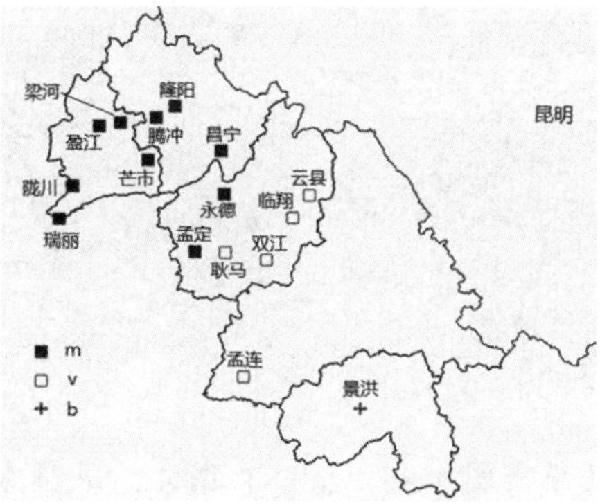

图 2 *ʔb 声类在德宏、西双版纳方言区的今读类型

① 本文景洪的材料来自周耀文、罗美珍《傣语方言研究》，云县大寨、临翔忙令、双江猛猛、耿马耿马、耿马孟定、永德永康、昌宁湾甸、隆阳潞江、腾冲五合、梁河遮岛、盈江新城、陇川章凤、瑞丽弄岛、芒市、孟连娜允的材料由作者于 2016 年 7—8 月、2017 年 7—8 月分批调查所得。

可见这一区域的傣语方言按 *ʔb 声类读音鲜明统一地分为 m、v、b 三类。演变过程分析：首先，ʔb＞b 是最早的直接变化，"泰语及某些粤方言里有 ʔb~b 两读可以证明这一点"（陈忠敏 1989），傣语中的 b 音也有一些 ʔb 的听感；其次，ʔb（b）＞m 和 ʔb（b）＞v 也是直接变化，即 ʔb（b）变为 m 或 v 不须经历 v 或 m，这有金平傣语"老年人保留 b，年轻人 b 变为 v"和西双版纳傣语方言地区"勐旺 b 变 m""景哪 b 变 v"的共时证据（周耀文、罗美珍 2001：33）。陈忠敏（1989）亦指出"先喉塞音 ʔb 的演变是一种直接的多线条式的演变"。因此 *ʔb 声类在西双版纳和德宏方言德保、孟耿土语的读音体现了方言土语分化初始的状况，且在这一特征上各方言土语区具备内部的一致性和外部排他性，可以作为判定方言区的重要参项。

另外值得说明的是，周耀文、罗美珍（2001:11—12）同时也提出了德宏傣语中德保土语与孟耿土语的一些其他区别特征，如 ph、f 对立 /ph、f 不分（斜线前为德保土语特征，斜线后为孟耿土语特征，后同），n 并入 l/n、l 对立，ɔ、ɛ 并入 o、e/ɔ、ɛ 与 o、e 对立，保持 aɯ/aɯ 变为 ɑ，带韵尾以长短 a 区分 / 带韵尾以 ɑ、a 区分，等等，我们对这些特征也进行了调查，其地理分布情况如下图 3、图 4、图 5、图 6。

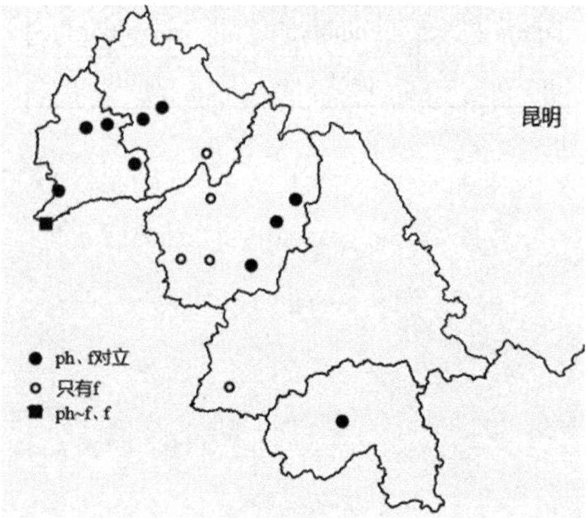

图 3　ph、f 分混情况分布图

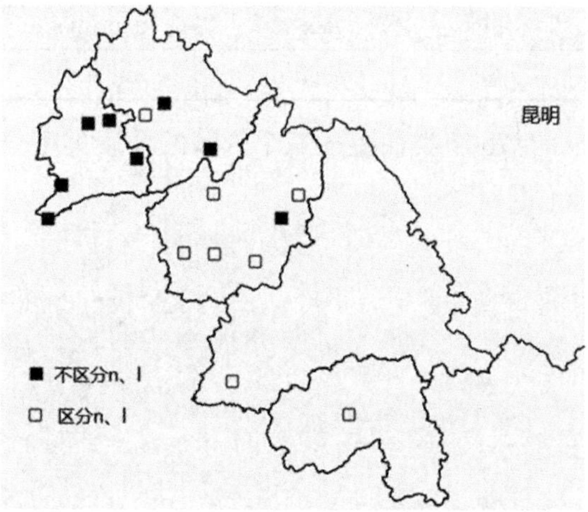

图 4　n、l 分混情况分布图

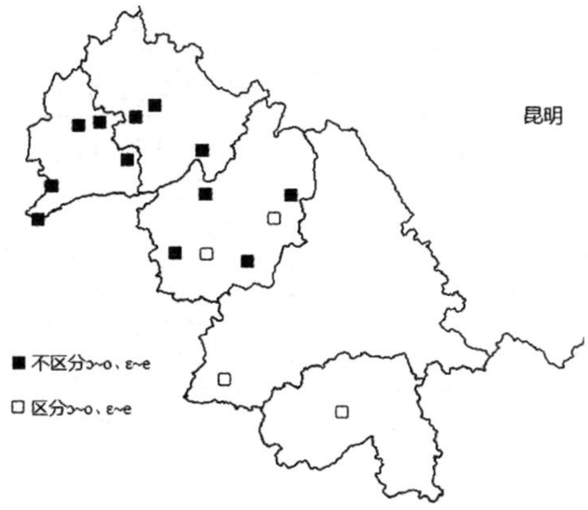

图 5 ɔ~o、ε~e 分混情况分布图

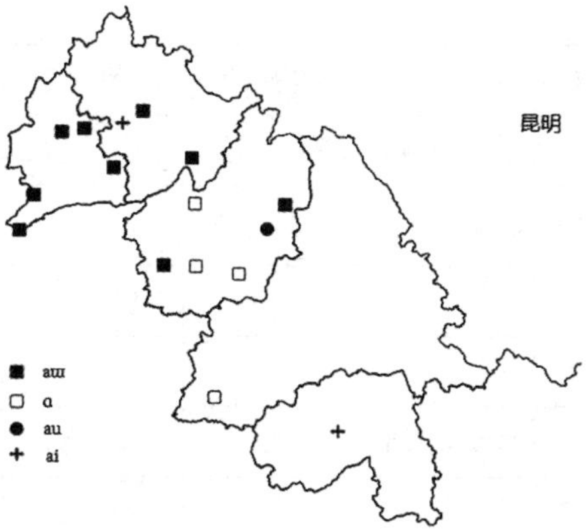

图 6 aɯ 韵今读情况分布图

可见这几条特征只代表芒市与孟连两地傣语的区别，在其他土语点并不完全统一，不具备土语区内部的统一性和外部的排他性，例如 n、l 在德保土语区腾冲话中仍然保持对立，是存古，而孟耿土语区的临翔话 n、l 却不分，是新变，其他几条特征的分布也较杂乱、不统一。因此，依据这些特征较难准确划分两大土语的边界，但以 *ʔb 声类的读音为标准，我们可以确定德保土语和孟耿土语的边界在昌宁、永德、孟定这一线的东侧[①]，而周、罗所提出的分界线则在昌宁、永德西侧至孟定的东侧。

四、“百夷译语”所体现傣语历史方言分区

我们再观察清代译语资料所体现的方言分区情况，清代十二册译语[②]在 *ʔb 声类特征上也体现为三种类型。

1.m 类

《芒市译语》等 7 种译语材料体现了这类读音情况，例词见表 5。

表 5 体现 m 类读音的译语材料

《镇康》	《潞江》	《芒市》	《勐卯》	《干崖》	《南甸》	《湾甸》	芒市	景洪
		井 - 湳暮	水井 - 南磨				mo^5	bɔ^5
		厰 - 暮		開厰 - 横茂	開廠 - 横慕		mo^5	bɔ^5

① 孟定虽在耿马县境内，但孟定方音属德保土语，参见周耀文《傣语孟定方音及其文字》，《民族语文》1983 年第 6 期。
②《爽夷译语》按乡规民约编纂，难以找到体现傣语音韵特点的基本词。

续表

《镇康》	《潞江》	《芒市》	《勐卯》	《干崖》	《南甸》	《湾甸》	芒市	景洪
	葱 - 怕麽	葱 - 怕麽	葱 - 葙沒			葱 - 怕麽	mo^{5}	bo^{5}
蓮 - 摹	荷花 - 幕汙	荷花 - 暮麽				荷花 - 幕污	mo^{6}	bo^{6}
			筐 - 孟	籮 - 猛	籮 - 孟		moŋ^{6}	buŋ^{1}
肩 - 罵	肩 - 漫罵		肩 - 嗎	肩頭 - 冒嗎	肩頭 - 冒罵	肩 - 漫罵	ho^{1}ma^{5}	ba^{5}
	寨柵 - 岡蠻		寨 - 蠻				ma:n^{3}	ba:n^{3}
薄 - 龙			薄 - 哤				ma:ŋ^{6}	ba:ŋ^{6}
			瞎 - 嘜				mɔt^{9}	bɔt^{9}
			啞 - 吒				maɯ^{3}	bai^{3}
			輕 - 吒				mau^{6}	bau^{6}

上述译语中这类词的注音字为 m 声母汉字，其声母用ᥛ字母书写，代表德宏古傣文的 m，与缅文 m（ မ ）的写法对应，表明 *ʔb 声类在这一区域傣语中读 m。

2.v 类

《孟连译语》等 4 种译语材料体现了这类读音情况，例词见表 6。

表 6　体现 v 类读音的译语材料

《猛缅》	《猛麻》	《耿马》	《孟连》	孟连	芒市	景洪
			蜘蛛 - 甕高	voŋ^{3}kau^{6}	moŋ^{3}ka:u^{6}	buŋ^{3}ka:u^{1}
			薄 - 汪	vaŋ^{6}	ma:ŋ^{6}	ba:ŋ^{6}
			肩 - 凹	ho^{2}va^{5}	ho^{1}ma^{5}	ba^{5}
荷 - 窩	荷 - 暮巫	荷 - 慕窩		vo^{6}	mo^{6}	bo^{6}
	籮 - 翁	籮 - 甕		vuŋ^{6}	moŋ^{6}	buŋ^{1}
		陰 - 兀		vot^{10}		bot^{7}
葱 - 臥	葱 - 餓			vo^{5}	mo^{5}	bo^{6}
井 - 餓	井 - 臥			vɔ^{5}	mo^{5}	bɔ^{5}

上述译语中这类词的注音字为 u 韵头起始的汉字[①]，其声母用ᥝ字母书写，代表德宏古傣文的 w，与缅文 w（ ဝ ）的写法对应，表明 *ʔb 声类在这一区域傣语中读 w（v）。

① 某些汉字如“饿”在云南方言中读 uo。

3.b 类

《车里译语》体现了这类读音情况，例词见表 7。

表 7　体现 b 类读音的译语材料

序号	词条	注音汉字	今景洪傣语
46	村	辦	ba:n³
65	陰	法奔	fa⁴bot⁷
85	藕	播	ha:k⁸bo¹
130	毛虫	蚌	mɛŋ²buŋ³
255	瓦房	恨本	hən²bəŋ³
287	鐘	并	biŋ¹
376	海巴	别	be³
417	薄	謗	ba:ŋ¹
418	歪	彪	beŋ⁵

《车里译语》中这类词的注音字为 p 声母汉字，傣文声母用ᨷ字母书写，代表古西双版纳古傣文的 b，与泰文 b（บ），老挝文 b（ບ）的写法对应，表明 *ʔb 声类在这一区域傣语中读 b。

从上面的地理分布来看，清代译语中《镇康》《潞江》《芒市》《勐卯》《干崖》《南甸》《湾甸》等七册对应今德保土语特征，《猛缅》《猛麻》《耿马》《孟连》等四册对应今孟耿土语特征，《车里》对应今西双版纳方言特征，这与我们上面的新分类一致，可见清代土司译语所反映的傣语方言分布格局与现代的情况一致。因此，《湾甸》（昌宁）、《镇康》（永德）二地的傣语方言，无论从现代还是历史来看，都应当属于德保土语区，而不属于孟耿土语区。

五、结语

在史实考证和实地查访调查的基础上，本文对清代十三册“百夷译语”得出如下初步结论：

（1）乾隆年间云南的十三册译语资料由各地傣族土司编纂，可视为现代相应地点傣语的祖语，通过比较可探究其 270 年间的发展变化。

（2）通过各册译语首页题记中的府属、通行地域的信息，可以考知各译语的确切地点和分布。

（3）这些译语分布在现代傣语德宏方言、西双版纳两大方言区，通过对具备内部一致性和外部排他性的 *ʔb 声类特征的考察，清代傣语的分布格局与现代一致，而《湾甸》（昌宁）、《镇康》（永德）两地方言无论从现代还是历史上来看都应归于德保土语，德保土语和孟耿土语的分界线在昌宁、永德至孟定一线的东侧。

清代《暹罗番书》音译汉字的基础音系

张玲妹

（南昌大学 南昌 330031）

【提要】《暹罗番书》是清代《华夷译语》的一种，成书于1749年，其在原有《暹罗馆译语》的基础上补正而成，主要负责人是尚书王安国，完成地为北京。本文分析出《暹罗番书》音译汉字的主要音系特征，并认为其基础音系主要为南系官话，但同时又受到中古音或粤方言的影响。

【关键词】《暹罗番书》；泰语；音译汉字；基础音系；南系官话

一、引言

《暹罗番书》是泰语和汉语的对音材料，是清代《华夷译语》的一种。乾隆十三年（1748），乾隆帝在审阅原《西番译语》的过程中发现有讹误之处，为纠正以往所编各"译语"讹误，以标榜清廷"同文之盛"策略，皇帝命军机大臣傅恒、陈大受、那延泰等，加以汇集校正各"译语"（春花、李英等 2018）。本文所用《暹罗番书》版本为故宫博物院藏本，全本分为20门，分别是天文门、地理门、时令门、人物门、人事门、身体门、饮食门、衣服门、宫室门、器用门、珍宝门、文史门、花木门、香药门、鸟兽门、鱼虫门、彩色门、方隅门、数目门、通用门，共收词971个，每个词条都有汉语词义、泰文、音译汉字三部分。

泰文为表音文字，音节结构与汉语相同，每个音节都包含声韵调三部分。《暹罗番书》中的泰文书写系统与现代标准泰语基本相同，可以认为译语所用泰语与现代标准泰语是一脉相承的，故本文按现代标准泰语规则转写译语所用泰语。

目前学界尚未有研究清代《暹罗番书》音译汉字的相关文章，本文旨在分析该译语音译汉字的主要音系特征，并判断其用以对音的汉语基础音系。

二、音译汉字的声母特征

（一）浊音清化，平送仄不送

以下是《暹罗番书》音译汉字中来源于中古浊阻塞音声母与泰语辅音的对音情况（下标数字表示出现的次数，下同）。

表 1 音译汉字中古浊阻塞音的对音情况 ①

汉字声母	泰语辅音		
	送气	不送气	其他
並	平：婆 $_{10}$ 皮 $_{4}$ 坪 $_{2}$ 盘盆蒲跑 $_{5}$ 蒲訊爬平 $_{3}$ 朋旁 仄：被勃拔哱 $_{2}$	平：婆 $_{2}$ 仄：抱勃孛办拌 $_{2}$ 伴咇薄哱 $_{2}$ 蚌	
定	平：腾搪提唐 $_{6}$ 图条亭 $_{2}$ 同 仄：特 $_{3}$	仄：达 $_{9}$ 待夺 $_{2}$ 钝 $_{3}$ 舵荡	
群	平：球	仄：竭觐轿近	
从		仄：酢	
澄	平：茶 $_{3}$	仄：濯	
床	平：柴 $_{3}$		事 $_{2}$ 实述
总计	61（平 53，仄 8）	37（平 2，仄 35）	4

以上汉语中古浊阻塞音在对音时只有一个"蚌"对应泰语的浊音 [b]，其余对应泰语清辅音，对应清送气辅音 61 次，不送气辅音 37 次，汉语中古浊阻塞音能对应泰语送气音，说明音译汉字音系浊音已经清化。浊音清化的基本规律为"平送仄不送"，汉语浊平声母有 53 次与泰语送气音对应，仅有 2 次（婆 $_{2}$）对应不送气声母；汉语仄声字有 35 次对泰语不送气音声母，仅 8 次（特 $_{3}$ 被勃拔哱 $_{2}$）对送气声母，其中"婆"另有 10 次对泰语送气音，"哱"另有 2 次对泰语不送气音，"婆哱"二字在注音时不十分准确，真正例外的对音情况只有"特 $_{3}$ 被勃拔"等 6 处。

以上对音情况说明《暹罗番书》音译汉字音系浊音已经清化，清化规律是平声送气，仄声不送气。

① 表中泰语送气音包括泰语的高辅音与低辅音，高辅音来源于古台语清送气辅音，低辅音来源于古泰语浊辅音，至 18 世纪时，泰语低辅音已经清化，与高辅音同读为送气音，故本文将这两类辅音归为一类；表中泰语不送气音包括泰语的中辅音，中辅音来源于古台语清不送气辅音和带前喉塞音的辅音，其中前喉塞辅音在现代泰语中读成浊音，记为 b-、d-。

（二）区分鼻边音

《暹罗番书》音译汉字音系泥来二母基本不混，对音情况如下表。

表 2 鼻边音的对音情况

泰语声母	来母	泥母
b-	1（俩）	
d-	80	
n-	8（拉陆$_2$朗$_3$郎伦）	117
l-	130	
r-	128	1（瑙）

汉语没有与泰语 [d]、[r] 辅音相配的声母，因 [d]、[r] 读音与 [l] 相似，故都用来母字注音。

来母有 8 处对 n-，包括“拉陆$_2$朗$_3$郎伦”，但这些音译汉字并非只对 n-，“拉”的对音情况为 [d]$_3$、[r]$_{20}$、[l]$_5$、[n]$_1$；“陆”的对音情况为 [d]$_1$、[r]$_2$、[l]$_8$、[n]$_2$；“朗”的对音情况为 [l]$_5$、[n]$_3$；“郎”的对音情况为 [r]$_5$、[l]$_{10}$、[n]$_1$。从对应次数看，“拉陆朗郎”四字仍倾向于读 [l]。故来母基本读 [l]，

泥母字“瑙”对 r-，为汉借词，其借词来源复杂，为例外现象，除“瑙”外，泥母字全部对 [n]，不与来母字相混。

（三）见精组细音字

见晓组与精组细音字对音情况如下表。

表 3 见精组细音字的对音情况

汉语声母	音译汉字	泰语声母
见组	京 -kiŋ 谨 -kiːn$_3$ 脚 -kɯːak 敬 -kiːn 捡 -kiːan 叫 -kɛːu 吉 -kiʔ 结 -keːp 契 -kheː 遣 -khiːan 起 -khiː$_2$ 谦 -khiːan$_2$ 乞 -khit 吃 -khit 溪 -khiː 竭 -kiːat 觐 -kiːn 轿 -kiːau 球 -khiːu	K-
	京 -tsiːn 结 -tseːt$_4$/tseːp 几 -tsiʔ 屈 -tshɯː 羌 -tshiːaŋ 近 -tsiːŋ	Ts-
晓组	歇 -heːp 欣 -hiːn$_7$ 朽 -heːu 显 -heːn 翕 -hiːp 悻 -hiːŋ	h-
精组	进 -tsim 爵 -tsɔːp 精 -tsiːŋ$_2$ 千 -tshiːan 七 -tshiː 逡 -tsom 楼 -tshiː 鲜 -seːn 细 -siː$_5$ 锡 -siːt 信 -seːn 枭 -siː 洗 -siː$_3$ 想 -siːaŋ 亵 -siːat 仙 -seːn 西 -siː$_4$ 修 -siu	Ts-

见组细音字“京结几屈羌近”等可对 Ts- 类声母，说明见组细音字已开始腭化。

晓组全部对 h- 声母，还未腭化。精组细音字也未腭化，[tsɔːp]、[tsom] 两音节的声母与 tɕ- 差别较大，若精组已腭化，应用洪音字给这两个音节注音，而不应采用“爵逡”二字。故《暹罗番书》音译汉字见组细音字已开始腭化，晓组、精组细音字还未腭化。

（四）影喻疑母

表 4 影喻疑母的对音情况

声母	等第	对音情况	泰语声母
影	一等	开：爱 -ʔaːi/ʔɔːi$_2$ 恩 -ʔeːŋ/ʔeːn$_3$ 暗 -ʔɔːn/ŋɔːn 安 -ʔɔːn$_2$/ʔan 遏 -ʔeːk/ŋop 讴 -ʔeːu$_2$ 嗳 -haːi 阿 -ʔaː$_6$/ʔaʔ/ʔak/ʔoː/ŋaː$_2$ 俺 -ʔaːn$_2$/ʔɛːn/ŋaːn$_2$ 合：汪 -waŋ$_4$ 温 -ʔun 屋 -ʔok$_2$/ʔuʔ 稳 -wɛːŋ 翁 -ʔoŋ 偎 -ʔui	∅、ŋ-、h-
	二等	开：挨 -jai$_{10}$ 偓 -ʔɔːk 坳 -ʔaːu 凹 -ʔaːu 矮 -ʔaːi 押 -jat 哑 -ʔaː 压 -jaːk 娅 - jɔːm 淹 -jeːn 鸦 -jaː$_4$、jaːk 握 -ʔɔːk$_4$/ʔup/ʔot/ʔop/ʔut 合：歪 -wai$_2$ 挖 -wat/waːt	∅
	三等	开：腰 -iːau 伊 -ʔiʔ/jiː 央 -ʔiaŋ/jaːŋ 嫣 -jaːn$_2$ 因 -ʔim 椅 -ʔiː 饮 -jɯː 影 -jiːŋ$_2$ 优 -juː 约 -jaʔ 一 -ʔeːt$_2$/ʔiːt 合：缊 -ʔeːn 拥 -juŋ 壅 -juŋ 宛 -wan 畏 -wiʔ 琬 -waːn	∅
喻	三等	开：也 -ʔeː$_2$ 演 -jeːn 遥 -jaːu$_2$ 移 -jiː$_2$ 叶 -jeːt 鹞 -jiːau$_2$ 合：欲 -juʔ$_2$ 勇 -juːŋ	∅
疑	一等	开：鳌 -ʔau 我 -ŋɔː 艾 -ŋaːi 俄 -wuːa 合：讹 -ŋuː	∅、ŋ-
	二等	开：崖 -jaːi/jai 雅 -jaː$_3$/jɔː 额 -ŋat 呀 -jaːt	∅、ŋ-
	三等	开：仰 -iːaŋ 银 -ŋəːn$_2$	∅、ŋ-

影母主要对应零声母，其中开口一等“暗遏阿俺”四字既可以对应零声母，也可以对应 [ŋ] 声母，“暗遏阿俺”四字可能存在文白异读的情况。疑母也主要对应零声母，其中“我艾讹额银”等可能保留 ŋ- 声母。喻母全部读零声母。以上对音情况说明除影母一等开口部分字及疑母部分字可能保留 ŋ- 声母外，其余影喻疑母趋于合并，读成零声母。

三、音译汉字的韵母特征

（一）塞音韵尾

下表是《暹罗番书》音译汉字中古塞音尾与泰语塞音尾的对应情况。

表 5 塞音尾的对音情况

泰语	汉语				
	咸深摄 -p	山臻摄 -t	宕江曾梗通摄 -k	-∅	合计
-p	46（11） 纳$_{4}$拉$_{5}$搭合塔$_{4}$腊$_{6}$嗑夹力翕习$_{21}$	6（5） 萨$_{2}$遏铁结讷	13（9） 绰握$_{2}$勒克$_{2}$拍$_{2}$喀秃禄陆$_{2}$		65
-t	14（8） 拉$_{2}$塔$_{2}$蜡$_{4}$腊$_{2}$聂叶帖押	59（38） 萨$_{3}$达撒辣喇$_{4}$擦葛沫夺抹$_{3}$拨脱$_{3}$濶扒八拔挖$_{2}$察铁$_{2}$结$_{4}$涅撇$_{3}$鳖列说竭袜密$_{2}$一$_{3}$笔乞窟$_{2}$骨咄讷没$_{2}$卒亵	47（28） 若绰莫各$_{3}$乐搻洛握$_{2}$剥匿勒$_{3}$额拍$_{3}$赫伯$_{4}$夕辟惕$_{8}$锡吃卜縠速$_{2}$谷育穆$_{2}$陆力	9（5） 婆阿$_{2}$呀兔$_{3}$芥$_{2}$	129
-k	11（8） 纳$_{2}$拉$_{2}$搭蜡恰压法$_{2}$立	21（13） 萨$_{3}$噶遏末抹$_{5}$濶扎八$_{3}$匹必慄讷述	93（38） 酌略$_{2}$掠$_{2}$脚诺$_{12}$鹤洛$_{12}$漠莫偓握$_{4}$濯力$_{2}$北墨$_{2}$默或$_{5}$拍$_{3}$蚱客惕哭秃$_{2}$禄$_{7}$斛屋$_{2}$鹿陆$_{9}$竹熟目$_{2}$服酷$_{2}$督$_{3}$笃绿足麦	5（5） 阿爬鸦骂打	130
-ʔ	16（6） 搭$_{6}$拉$_{6}$纳蜡榻塔	40（12） 擦$_{2}$达葛$_{5}$喇$_{16}$辣$_{3}$萨$_{3}$剌抹茉八$_{5}$吉不	11（10） 洛各托乐桌勒喀$_{2}$珀屋欲	9（8） 洒素$_{2}$梯伊哩几畏蒲	76
-m	拉	噶萨	喀		
-∅	16（7） 搭答纳拉$_{9}$蜡$_{2}$塔法	31（13） 喇$_{6}$萨$_{2}$噶$_{3}$葛渴脱$_{3}$契筏$_{7}$七实屈讷$_{2}$[讷阿][埒阿]	34（19） 酢柝[幕窒]酪特$_{3}$勒$_{3}$[勒阿]$_{2}$塞[塞阿]$_{2}$噻[勒挨]喀$_{4}$窄麦$_{4}$脉这[璧阿][的鸦]禄[簇阿][秃阿][陆阿]		81
合计	104	159	199	23	

除以上对应外，另有 12 例用汉字单独标记泰语塞音尾[①]，如下。

“不”标记 -p 尾：[梭不]

① 泰语短元音单独与辅音构成音节时，通常带有喉塞音尾，本文为泰语短元音音节转写，一律将喉塞音尾写出。

"布"标记 -p 尾：[拉布][猎布][萨布][歇布]

"姆"标记 -p 尾：[蛤姆][噶姆][扎姆][嘎姆][结姆][爵姆][厅姆]

泰语促声韵与汉语促声韵相对应的音译汉字比例较高，证明汉语基础方言存在促声韵。泰汉促声韵相对应的情况虽占绝大多数，但上表显示有部分汉语中古促声韵对应泰语舒声韵，或汉语中古舒声韵可对应泰语促声韵，其实这些例外现象大部分都可解释。

（1）汉语中古促声韵对应泰语舒声韵的情况包括以下几类。

①"[讷阿][埒阿][幕窪][勒阿]$_2$[塞阿]$_2$[勒挨][璧阿][的鸦][簇阿][秃阿][陆阿]"等用两个音译汉字注一个泰语音节，前一个汉字都是中古入声字，两个汉字注一个泰语音节时，前一汉字的读音紧凑、短促才能使其听起来和谐，故这些对音情况中的促声韵字不能说明音译汉字促声韵舒化。

②咸深摄中古促声韵"搭答纳拉$_9$蜡$_2$塔法"等字对应泰语舒声韵，但其中部分字还可对泰语促声韵，它们对应泰语促声韵的次数为："搭"6次，"纳"7次，"拉"15次，"蜡"8次，"塔"7次，"法"2次。因此这部分音译汉字仍倾向于读促声韵。

山臻摄中古促声韵"喇$_6$萨$_2$噶$_3$葛渴脱$_3$契$_2$筏$_7$七实屈讷$_2$"等字对泰语舒声韵，其中"喇萨噶葛脱讷"还可对泰语促声韵，它们对应泰语促声韵的次数为："喇"20次，"萨"11次，"噶"1次，"葛"15次，"脱"3次，"讷"3次。山臻摄促声韵对泰语舒声韵的音译汉字中仅"渴契筏七实屈"等字对舒声韵，其他音译汉字仍倾向于读促声韵。

宕江曾梗通摄中古促声韵"酢柝酪特$_3$勒$_3$塞噻喀$_4$窄麦$_4$脉这禄"等字对应泰语舒声韵，其中"勒喀麦禄"等字还可对泰语促声韵，它们对应泰语促声韵的次数为："勒"5次，"喀"3次，"麦"1次，"禄"8次。

以上汉语中古促声韵字中只对泰语舒声韵的有"答渴契筏$_7$七实屈酢柝特$_3$噻窄脉这"。

③部分泰语舒声韵可能在汉语中找不到与之匹配的汉语舒声韵常用字，故只能用汉语中古促声韵字对应这些音节，如以下几处对应。[①]

咸摄：搭 -taː　答 -taː　拉 -laː$_9$　蜡 -laː$_2$　塔 -thaː　法 -faː

山摄：脱 -thuːa$_2$　筏 -faː$_7$　喇 -daː$_2$/laː$_3$/raː

① 本文研究不涉及泰语声调的相关问题，且泰语声调系统复杂，故转写时未标明声调。

臻摄：讷 -nɛː

曾摄：勒 -$rɛː_2$　　特 -$thɯː_2$/thəː

（2）汉语中古舒声韵可对泰语促声韵音节，包括“婆阿$_2$呀兔$_3$芥$_2$爬鸦骂洒素$_2$梯伊哩几畏蒲”等音译汉字，这些音译汉字的对音情况可分为以下几类。

①“阿婆鸦洒伊哩”等除对应泰语促声韵外，还可对舒声韵，对应泰语舒声韵的次数为：“阿”20 次，“婆”3 次，“鸦”5 次，“洒”1 次，“伊”1 次，“哩”6 次。部分音译汉字仍倾向于读舒声韵，对应泰语促声韵应属偶然现象。

②泰语促声音节受后接音节影响，促声韵尾读音可能不明显，故用汉语舒声韵字对应，如以下几处对应。

婆：面 -[pɛːŋ khau phoːt saː liː]- 摆英靠婆洒里

阿：皇后 -[phraʔ ʔak khaʔ maʔ heː siː]- 拍喇阿喀麦孩西

爬：忠 -[phak diː]- 爬里

打：日晒 -[taːk dɛːt]- 打列

蒲：芙蓉 -[phuʔ taːn]- 蒲丹

素：善 -[suʔ phaːp]- 素拍　　金叶表文 -[suʔ phan naʔ bat]- 素攀那沫

梯：殿 -[phraʔ thiʔ naŋ]- 拍喇梯囊

伊：黄蛎 -[hɔːi ʔiʔ rom]- 海伊洛姆

哩：年丰 -[baʔ riʔ bon]- 磨哩扪

几：袈裟 -[tsiʔ wɔːn]- 几晚

畏：争 -[wiʔ waːt]- 畏挖

以上“婆阿爬打蒲素梯伊哩几畏”等音译汉字对应的泰语促声音节处于词首或词中，其促声韵尾读音容易模糊，听感上不易察觉，所以可用汉语舒声韵字注音。

通过对以上两类对音情况的分析，汉语中古韵尾的舒促与泰语不匹配大多是偶然现象，汉语促声韵对泰语促声韵仍是主流，音译汉字音系应存在促声韵。

确定音译汉字音系存在促声韵后，我们还需要探讨另一个问题：汉语促声韵韵尾的读音是什么？

部分泰语 -p 尾会用“不布姆”三字单独标记，说明音译汉字音系没有 -p 韵尾。泰语 -t 尾用汉语山臻摄字注音的比例为 46%（59/129），用宕江曾梗通摄注音的比例为 36%。泰语 -k 尾主要用汉语宕江曾梗通摄字对应，比例为 72%（93/130），而从纵向观察，汉语宕江曾梗通对应泰语 -t 尾和 -k 尾的比例分别为 24%（47/199）、47%（93/199）。以上对音情况说明汉语山臻摄和宕江曾梗通摄的韵尾合流。

泰语同音音节或近似同音音节的对音情况可以证明音译汉字音系中古 -t 尾与 -k 尾合流，泰语促声韵同音音节可用山臻摄和宕江曾梗通摄字注音，详见下表。

表 6　音译汉字中古 –t 尾与 –k 尾合流举例

序号	汉语词义	泰语	音译汉字	相关字	汉语中古韵摄
437	禁约	[kot haːm]	谷哈姆	谷	通、臻、宕
771	木香	[kot sɔː]	骨梭	骨	
798	川穹	[koːt buːa]	各母阿	各	
53	日出	[dɛːt ʔɔːk]	勒握	勒	曾、山
66	日晒	[taːk dɛːt]	打列	列	
339	幼	[deːk]	力	力	曾、臻
688	铁	[leːk]	慄	慄	
746	椰	[maːk phraːu]	麦泼捞	麦	梗、山
803	槟榔	[maːk]	抹	抹	
534	冠	[muːak]	抹	抹	山、宕
601	盔	[muːak krɔʔ]	莫噶拉	莫	
387	安	[suk khaʔ]	述喀	述	臻、通
518	饭	[khau suk]	靠熟	熟	
105	险	[tsak kaʔ lɛːn]	扎葛令	扎	山、梗
862	蝉	[tsak tsan]	蚱賛	蚱	

从以上对音情况可以得出汉语中古 -p 尾与 -k 尾合流的结论。综上，本文认为《暹罗番书》音译汉字音系的塞音尾全部合流，可能读为喉塞音尾。

但是上述对音情况中存在例外现象，表 5 显示除去单独用汉字标记 -p 韵尾的音节外，其他泰语 -p 尾音节仍主要与咸摄字对应，泰语 -p 尾用咸深摄字对应的比例为 58%，《暹罗番书》用汉字单独标记泰语 -p 尾，但泰语 -p 尾音节过半数用咸深摄字对应，两种对音现象产生矛盾。汉语山臻摄字对应泰语 -t 尾的次数最多，泰语 -k 尾又主要用汉语宕江曾梗通摄字对应，这也与汉语中古 -t 尾与 -k 尾合流的结论相矛盾。这些特殊对音现象，留待后文讨论。

（二）鼻音韵尾

下表是《暹罗番书》音译汉字鼻音韵尾与泰语鼻音韵尾的对应情况。

表 7 鼻音尾的对音情况

泰语	汉语					
	咸深 -m	山臻 -n	宕江曾梗通 -ŋ	塞音尾	-∅	总计
-m	10（5）南$_2$勘 三$_5$担敢	12（10）看$_2$丹兰干懒毡$_2$进銴班因	16（9）郎$_2$平$_2$砼亭笼咴陇$_6$龙肿	拉 噶 萨 喀	娅	43
-n	45（22）堪蝻坎暗$_2$勘甘蓝敢$_3$览揽俺$_5$廉染检$_2$脸$_{15}$敛谦$_2$淹訊临廪瞻	196（98）珊丹$_2$安$_3$滩$_2$干$_2$难$_2$栏摊汗散$_3$坦$_4$懒$_3$伞$_2$趱$_3$汉$_2$賛宽潘酸$_2$瞒盘算$_2$湍拌$_2$满$_3$伴款暖$_3$卵煖班$_4$攀$_3$扳$_3$蛮$_2$产$_2$盏$_2$办千扁显腆嫣$_2$鲜仙连$_4$演免遣专$_2$转赶$_3$宛晚$_{12}$反$_2$琬万宾$_2$嗔银$_2$僯觐信轮伦蠢文緼闻粉$_4$[illegible]紊问汶欣$_7$谨$_3$敦奔$_2$温昆坤$_{10}$墩昏扪$_6$喷盆门论滚$_3$捆$_6$稳顿闷钝$_3$吞$_4$恩$_3$恳$_5$们	16（13）肯$_3$生$_2$冷京敬铿灵令嵩封蒙松挤			257
-ŋ	蓝	19（11）懒趱鸾$_2$娈颠腆近喷扪$_4$恩恨$_3$稳	193（105）常$_2$央$_2$霜$_3$装良$_2$涼羌长$_4$仰想俩厂两$_3$诳匡房方纺倣罔网望访囊$_6$郎$_{13}$桑$_2$瑯$_2$囔$_2$狼搪唐$_6$当仓缸冈康廊沆榔忙蟒$_4$帑$_2$朗$_7$慷$_3$漭荡莽炕阆浪$_2$汪$_4$光夯$_2$江双$_3$邦攮讲$_2$蚌能楞腾等$_3$生$_2$烹羹冷$_8$京坪$_2$平影$_2$茎耕精$_2$领$_2$聘伶灵玲悻幪笼烘胧垄$_4$通$_5$翁聋同总贡送隆$_2$风咴茸龙$_9$擁恭壅松耸$_2$勇鿄陇			213
-k					打	1
-∅		管			打$_4$	5
总计	56	228	225	4	6	519

除以上对应外，《暹罗番书》还用汉字"姆"标记 -m 尾，共计 71 例。此外大量 -m 尾字对应泰语 -n 尾音节，从"姆"标记 -m 尾的情况和咸深摄字对应泰语 -n 尾情况来看，

音译汉字音系 -m 尾丢失，并入 -n 尾。

从上表可知，-n、-ŋ 韵尾基本不混。但是我们注意到部分音译汉字有 -n、-ŋ 韵尾相混的情况，泰语同音或近似同音的音节可以使用 -n、-ŋ 韵尾的音译汉字注音，举例如下。

表 8　音译汉字 –n、–ŋ 韵尾相混的情况

泰语韵尾	具体对音情况	音译汉字中古韵摄
-n	廉 -dɛ:n　连 -lɛ:n　令 -lɛ:n　冷 -lɛ:n	咸、山、梗
	恳 -khɯn/khɯ:n　肯 - khɯ:n	臻、曾
	谨 -ki:n　觐 -ki:n　敬 -ki:n	臻、梗
	廪 -di:n　僯 -li:n　灵 -li:n	深、臻、梗
	鲜 -se:n　仙 -se:n　生 -se:n	山、梗
	粉 -fon　封 -fon	臻、通
-ŋ	蓝 -ra:ŋ　懒 -la:ŋ　郎 -raŋ　狼 -la:ŋ	咸、山、宕
	鸾 -lu:aŋ　娈 -ru:aŋ　朗 -lu:aŋ　榔 -lu:aŋ	山、宕
	喷 -phɯ:ŋ 坪 -phɯŋ　烹 -phɯ:ŋ　朋 -phɯ:ŋ	臻、梗、曾
	近 -tsi:ŋ　精 -tsiŋ	臻、梗

泰语同音音节既可用 -n 韵尾的汉字注音，也可用 -ŋ 韵尾的汉字注音，尤其"觐 -ki:n"与"敬 -ki:n"对应的是同一个泰语语素"绢"，"粉 -fon"与"封 -fon"对应泰语词形完全一致 ฝน[fon]（意思为"雨，磨"），说明音译汉字的 -n、-ŋ 尾确有部分相混。

综上，《暹罗番书》音译汉字音系的 -m 尾已经丢失，并入 -n 尾；-n、-ŋ 基本分明，但有少数字前后鼻音相混。

四、音译汉字基础音系分析

（一）译语编纂者及其语言背景

清顺治元年（1644），清廷设立会同馆、四译馆，前者专门从事掌管朝廷与各藩属国之间的外交事务，后者专门负责来文翻译事项。后会同馆、四译馆合并为会同四译馆，乾隆十三年（1748）年五月"会同四译馆"下分设"西域馆""百夷馆"二馆，代替以往八馆。"合回回、高昌、西番、西天为一馆，曰西域馆。除蒙古、唐古忒毋庸置译字生外，将回回、西番译字生酌留四人。合暹罗、缅甸、百夷、八百并苏禄、南掌为一馆，曰百夷馆。”[①] 同年九月，乾隆下令校正、汇集各译语：

> 乾隆上谕礼部曰：“朕阅四译馆所存外裔番字诸书，虽分类音译名物，朕所识者，西番一种，已不无讹缺。因思象胥鞮译，职在周官，輶轩问奇，载于汉史。我朝声教四讫，文轨大同。既有成编，宜广为搜辑，加之核正。悉准重考《西番》书例，分门别类，汇为全书。所有西天及西洋各书，于咸安宫就近查办。其暹罗、百夷、缅甸、八百、□□、高昌等书，著交与该国附近省分之督抚，令其采集补正。此外，如海外诸夷并苗疆等处，有各成书体者，一并访录。亦照《西番》体例，将字音与字义，用汉文注于本字之下，缮写进呈，交馆勘校，以昭同文盛治。著傅恒、陈大受、那延泰总理其事。”[②]

《暹罗番书》本应交与暹罗国附近省份的督抚采集补正，然而乾隆十四年七月暹罗国人恰好在京城，朝廷便令人询问暹罗使臣以补正译语，《清实录》卷三四四载：

> 端慧皇太子园寝，谕军机大臣等，暹罗国使臣，不必俟朕到京，即令回国，再傅恒、陈大受所办西洋等国番书，暹罗国人现既在此，可将伊国之文字，交尚书王安国，向伊等询问明白改正。

《暹罗番书》是在原有《暹罗馆译语》的基础上补正而成的，补正时间是乾隆十四年（1749），地点是北京，负责人是王安国，译语使用的泰语采自前来朝贡的暹罗国使臣。

《清史稿·列传九十一》记载王安国为江南高邮人，雍正二年（1724）一甲二名进士，受编修，再迁侍讲、提督广东肇高学政，复再迁左佥都御史，乾隆五年（1740），任左都领御史兼领广东巡抚，乾隆九年父丧，十年（1745）被召为兵部尚书，调礼部，服阕，乃入朝。以此推算王安国在广东任职二十余载后才进入中央朝廷任官。

王安国是江苏高邮人，受过良好的教育，又在广东任职二十余年，其语言背景可能包括当时的南系官话及粤方言。《暹罗番书》是在北京完成的，且《暹罗番书》的

①《大清会典则例》卷九十五礼部。
②《清代历朝起居注合集·清高宗》卷七，乾隆十三年九月。

编纂者可能不止王安国一人，也有可能采用当时通行的官话语音作为《暹罗番书》音译汉字基础语音。

那么清初通行的官话是以何种语音为基础的呢?

此时官话语音存在南北两系，南系官话以南京音为基础语音，北系官话以北京音为标准，南北官话相互竞争，互相渗透，但北系官话至清末才取得正统地位，南系官话在相当长的时间内都是占据主要地位。不少学者就此问题发表过自己的观点，如下。

陈辉（2015）认为明代中国文人及西方传教士重视的是南京音，南京音是官话语音的典范，南京音与北京音构成官话语音的一正一俗，成为官话的两套实际样板，一直延续到19世纪中后期。北京官话在19与20世纪交替之际取代南京官话，获得正统地位，成为学堂官话教本的标准。

曾晓渝（2019）认为明清时期读书音、通用口语雅音倾向于有入声的南官话（南京音为代表），北京音到清末才成为全国通用语的标准。

姚小平（2020）根据明清以来传教士及欧美汉学家的记载，梳理了南北官话之争的过程，明代南北官话相互竞争，19世纪中叶以后，来华西士视北京话为正宗，但仍拿南官话说事，反复比较二者。

综上，清初通行的官话语音为南系官话的可能性较大，但也不排除有北系官话加入的可能性，二者是相互影响的关系。

（二）基础音系判定

以上分析了《暹罗番书》音译汉字可能使用的语音，包括粤方言、南系官话、北系官话。根据上文分析的音译汉字音系特征我们可以排除粤方言和北系官话，音译汉字见组细音字已开始腭化及-m、-p韵尾丢失等现象不符合粤方言的语音特征；音译汉字存在入声韵这一特征又与北系官话不符，如代表北京官话的《等韵图经》不存在入声韵（汪银峰2014）。

为进一步比较南系官话与《暹罗番书》音译汉字音系的关系，本文选取代表近代官话（口语通用雅音）的《西儒耳目资》及代表南系官话的《书文音义便考私编》，并与现代江淮官话比较，各类语音材料的音系特征简述如下。

1.《西儒耳目资》

《西儒耳目资》（以下简称《西儒》），作者金尼阁，成书于1626年，曾晓渝（2019）认为其综合了明代中原、江淮官话的特点，基本反映了明代官话（口语通用雅音）的特点。

声母特点：全浊声母清化，平送仄不送；见精组细音未腭化，分尖团；分 n、l；疑微母与影母相混，影喻母部分字并入疑微母。

韵母特点：-m>-n；-n、-ŋ 分；无入声韵但有入声调（也有学者认为入声韵尾混同，变成喉塞音韵尾）。

2.《书文音译便考私编》

《书文音译便考私编》（以下简称《私编》），作者李登，江苏上元人，1586 年写就。李新魁（1983：286—287）概括《私编》声类有 21 个：见、溪、疑、晓、影；奉、微、帮、平、明；端、透、泥、来；照、穿、审、日；精、清、从。

声母特点：全浊声母清化；见精组细音未腭化；影喻母合并为影母，疑母独立不与影母相混；分 n、l。

根据叶宝奎（2001）的研究，《私编》韵母特点包括：-m>-n；-n、-ŋ 分；入声韵尾弱化混并为 -ʔ 尾。

3. 现代江淮官话

现代江淮官话的音系特征采用钱曾怡（2010：291—305）的观点。

声母特点：全浊声母清化，洪巢片和黄孝片平送仄不送，泰如片无论平仄大多送气；n、l 大多不分；见精组细音腭化，不分尖团；疑母字跟影喻母字合并。

韵母特点：-m>-n；-n、-ŋ 不分；泰如片、黄巢片入声韵有塞音韵尾，黄孝片有入声调而无入声韵类。

《暹罗番书》音译汉字音系与以上各语言系统之间的关系整理如下表（表格中"+"表示特征相同，"-"表示特征不同，"+/-"表示部分特征或部分地区的特征相同）。

表 9 《暹罗番书》音译汉字音系与《西儒》《私编》及现代江淮官话的关系

《暹罗馆译语》	《西儒》	《私编》	现代江淮官话
浊音清化，平送仄不送	+	?	+/-
分 n、l	+	+	-
见组细音腭化	-	-	+
晓组、精组细音未腭化	+	+	-
影喻疑母趋于合并	+	+/-	+
-m>-n	+	+	+
-n、-ŋ 分	+	+	-
塞音尾合流为喉塞音尾	+/-	+	+/-

《暹罗番书》音译汉字 -n、-ŋ 韵尾基本分明，与《西儒》《私编》相同，但是有少部分字前后鼻音相混，这一现象又与现代江淮官话相似。总体而言，《暹罗番书》的音系特征介于《西儒》《私编》与现代江淮官话之间，应处于近代南系官话向现代江淮官话转变的过渡阶段，可以判定《暹罗番书》音译汉字所用语音主要为南系官话。

但是上文分析《暹罗番书》音译汉字还存在特殊对应现象，如泰语 -p 尾除单独用汉字标记外，其余仍主要用汉语咸摄字对应，汉语中古 -t 尾字对应泰语 -t 尾的次数最多，泰语 -k 尾又主要用汉语中古 -k 尾字对应。

产生以上现象的原因可能有两个：其一，译语编纂者是受过良好教育的官员，他们在选择音译汉字时可能受到中古音的影响，清初康熙命人编纂的《音韵阐微》可以作为旁证，该韵书是当时为"正音"而作，然其用韵、释音都与《广韵》《集韵》有密切关系（陈辉 2015：27—28），中古音对韵书的编纂有非常大的影响，同样也可能对《暹罗番书》产生影响。其二，若《暹罗番书》主要是由王安国一人完成的，因其有广东任职经历，则他的语言可能会受到粤方言的影响。总之，《暹罗番书》音译汉字中古塞音尾与泰语塞音尾呈现出的部分规则对应情况，应是受到其他语言系统的影响，如古音或粤方言等。

五、结语

本文通过考察清代《暹罗番书》的对音情况，分析出其音译汉字的主要音系特征。声母特征包括：浊音清化，平声送气，仄声不送气；分 n、l；见组细音字已开始腭化，晓组、精组细音字还未腭化；影喻疑母趋于合并，读为零声母。韵母特征为：-m>-n；分 -n、-ŋ，但有部分字的前后鼻音混淆；-p、-t、-k 韵尾合流为喉塞音尾。通过文献考察，发现《暹罗番书》是在原有《暹罗馆译语》的基础上补正而成的，主要负责人是尚书王安国，编纂地为北京。该译语的基础音系主要应为南系官话，但同时可能受到中古音或粤方言的影响。

第四章

西夏“译音对勘”资料研究

夏汉对音的视角：西夏文本《孙子兵法》与《类林》对音语料的音韵图像

林英津
（"中央研究院" 台北）

【提要】学术界关注西夏语文献中的对音语料——由于形义文字书写系统不直接表音——与黑水城出土西夏语文献同时。1909年，伊凤阁（Ivanov, A. I.）发布《〈掌中珠〉研究》之后，1916年，美国的Laufer, B. 就根据《掌中珠》的汉语与西夏语对音语料推论西夏语和彝语有密切的关系，为系属Si-Lo-Mo语的语言。1961年，桥本万太郎发表《〈掌中珠〉のタンゲート·漢對音研究の方法》，认为利用夏汉对音能解决汉语音韵史上的若干问题。龚煌城（1981,1989,1995）"关于十二世纪末汉语西北方音"的论述，彻底实践并验证了桥本的主张。1985年，克平释出西夏文本《类林》，识读了413个人名，并给予对音西夏字——标注索孚洛诺夫1968的拟音。1991年，龚煌城又进一步利用《类林》的对音西夏字逐字检讨，并认可这些对音语料具有研究"汉夏音韵"的价值与意义。本文加入《孙子兵法》、并扩及人名之外的对音语料，针对436个对音西夏字，论西夏语音译汉语；企图实践并检验前代学人对"夏汉对音"与"汉夏音韵"的论述。

【关键词】对音研究；夏汉对音；音韵系统；西夏语文献

一、绪论

1909年，伊凤阁（Ivanov, A. I.）发布《〈掌中珠〉研究》之后，1916年，美国的Laufer, B. 就根据《掌中珠》的汉语与西夏语对音语料推论西夏语和彝语有密切的关系，为系属Si-Lo-Mo语的语言①。这个结论似是而非。汉语的书写系统也是方块字，定格的方块汉字并不反映不同时代、地域的真实语音。

①Laufer, B.(1916). The Si-hia Language, a Study in Indo-Chinese Philology. *T'oung Pao*, 2nd Series 17.1, 1-126.

1926 年，聂斯克（Nevsky, N. A.）发表了《西藏文字对照西夏文字抄览（*A Brief Manual of the Si-Hia Characters with Tibetan Transcriptions*）》，以藏文字母为西夏字注音。藏文固然表音，用来注音写成方块字的西夏语，一样存在种种问题。后续，除了 Wolfenden（1931，1934）曾经试图梳理①，要一直到戴忠沛（2008）《西夏文佛经残片的藏文对音研究》才能有进一步的开展（主要有两点结论，可看第 201—203 页）。本文专注讨论夏汉对音，不拟深论夏藏对音的细节。

1955 年，村田治郎、藤枝晃的《居庸关》收录西田龙雄对西夏小字的注音及对应的梵音陀罗尼。我们仿佛从中看到西夏语对音梵语的语料。这方面，我 2002 年曾经全面检讨居庸关的西夏刻文，指出夏梵音韵类的对应相当有规律，但是无解于《文海》复杂分韵的道理。② 荒川慎太郎（2004）*On the Sanskrit-Tangut Phonetic Transcription Rule: A Study of dhāranī in the Buddhist Test* 进一步指出，夏梵对音可以印证龚煌城（1994）的假设——《文海》将同一个韵类拆分为三个韵，西夏语韵分三等。③

1961 年，桥本万太郎发表《〈掌中珠〉のタングート・漢對音研究の方法》，认为利用夏汉对音能解决汉语音韵史上的若干问题。龚煌城（1981a，1989，1995）关于“十二世纪末汉语西北方音”的论述④，彻底实践并验证了桥本的主张。然而，此一主张偏长声母类的检验。这是因为西夏语的声母系统，根据《文海》反切系联、《同音》的九品声类，就能进行“内部拟测”；论难的空间本来就有限。再说，《掌中珠》虽然是一人一时之作，语料的同质型无可置疑，但毕竟资料有限。又如龚煌城（1981b）《西夏语中的汉语借词》就只讨论 184 个西夏字。

1985 年，克平释出西夏文本《类林》，该书（第 106—110 页）识读了 413 个人名，并给予对音西夏字，用索孚洛诺夫（1963）的拟音一一标注。⑤ 龚煌城（1991）

①Wolfenden, S. N.(1931). On the Tibetan Transcriptions of Si-Hia Words. *Journal of the Royal Asiatic Society*, 47-52. Wolfenden, S. N.(1934). On the Prefixes and Consonantal Finals of Si-Hia as Evidenced by Their Chinese and Tibetan Transcriptions. *Journal of the Royal Asiatic Society*, 745-770.

② 林英津:《居庸关六体石刻西夏文再检讨(Ⅰ)》,《石璋如院士百岁祝寿论文集——考古・历史・文化》，台北：南天书局，2002 年，第 559—586 页。

③Gong, Hwang-cherng. (1994). A Hypothesis of Three Grades and Vowel Length Distinction in Tangut. *Journal of Asian and African Studies*, 46-47, 305-314.

④ 龚煌城：《十二世纪末汉语的西北方音（声母部分）》，载《中研院史语所集刊》，1981a, 52.1，第 37—78 页。龚煌城：《十二世纪末汉语的西北方音（韵尾问题）》，《中研院第二届国际汉学会议论文集》：第 145—190 页。龚煌城：《十二世纪末汉语的西北方音韵母系统的构拟》，1995 年，原发表于 The Joint Meeting of the 4th ICCL and 7th NACCL,1995。后收入《汉藏语研究论文集》，台北：中研院语言所筹备处，2002 年，第 331—378 页。

⑤Sofronov, M. V. ,& Kychanov, E. I. (1963). *A Study of the Phonetics of the Tangut Language* (in Russian). Moscow:Hayka.

《类林西夏文译本夏汉对音字研究》又进一步利用《类林》的 347 个对音西夏字（汉字对音字 874 字）逐字检讨，并认可这些对音语料具有研究“汉夏音韵”的价值与意义。

二、文献回顾

根据对音数据研究两个语言的音韵对应关系，前提是数据需具有代表性与普遍性（龚煌城，1991）。这一点经常为汉语与 X 语译音研究中所忽略，通常只能就个别语料印证或证反汉语某类音读的性质。夏汉对音（包括汉夏对音），似乎比较没有这个顾忌，至少根据《掌中珠》及西夏文本《类林》的对音语料已经受到论证，并明确符合此一前提（同上龚煌城，1991a，1981b）。

（一）关于夏汉对音

这一节简单摘录，过去根据《掌中珠》用西夏字注音汉字，及所谓西夏语中的汉语借词所观察到的对音条例。主要参考了龚煌城（1981a）《十二世纪末汉语的西北方音（声母部分）》、（1981b）《西夏语中的汉语借词》、（1991）《类林西夏文译本汉夏对音字研究》，及李范文（1997）《夏汉字典》。如后：

西夏语中的汉语借词，大致可分为两个层次：一方面保存了中古汉语浊声母及鼻音声母的中古音层，另一方面有鼻音已经读为鼻化浊塞、塞擦音的近古音。西夏语的声调与汉语的声调没有任何对应关系，不能反映汉语借词的声调差异。西夏语是开尾韵的语言，不能反映汉语的阳声韵、入声韵与阴声韵三分，虽然《文海》特设有鼻化元音韵母，并不一致反映汉语的阳声韵母。

读全清声母的汉字，均用不送气清辅音如 *p-, *t-, *k- 的西夏字注音；西夏语的正齿音 *tś-（是比照汉语正齿音〈照系〉分类命名的辅音类），可注音包括知系、照$_{二}$、照$_{三}$系的汉字。

读次清与浊音声母的汉字，均可以送气清辅音，如 *ph-, *th-, *kh- 的西夏字注音。读次浊声母的汉字，可以分由西夏语读鼻音及浊音声母的字注音。读轻唇音与喉音声母（非、敷、奉，晓、匣）的汉字，都以西夏语读 *x- 声母的字注音。读微母，及疑母、喻母、影母合口的汉字，以同类西夏字注音：读喻母、影母开口的汉字，以同类西夏字注音。读舌齿音声母的汉字，自成一类，以西夏语《同音》第九类声母字注音。

西夏译音，不仅有读汉语阳声韵母字为开尾韵者，也有将非阳声韵母字读为阳声韵母（即《文海》的鼻化元音韵母）的现象；读汉语入声韵，则如同阴声韵，有时也读为鼻化韵母。

（二）汉夏对音的角度

龚煌城讨论《类林》374 个音译 874 个汉字的西夏对音字，比数不到 1 比 2.4。结论之一是“对音汉字在中古音韵中之分布……相当普遍，……足以代表汉语各韵类”（第 461 页）。这个结论，从汉夏对音的角度看，即使加上人名之外对音语料基本上是不会改变的。

本文加入《孙子兵法》（简称《孙子》），以 123 个西夏字音译 344 个汉字专名，比数将近 1 比 2.8。其中，有些西夏字是《孙子》有、《类林》不用的，也有汉字在《类林》不需要音译，而《孙子》用为专名的；反之亦然。有几种情况：

《孙子》[illegible] źji^{1}	尒	《类林》[illegible] źji^{1}	耳、儿
《孙子》[illegible] tśji^{1}	智	《类林》[illegible] tśji^{2}	智、（之、织）
《孙子》[illegible] phji^{1}	备、弼	《类林》[illegible] phji^{1}	备、嚭、丕、枇、琵（“弼”不用为专名）
《孙子》[illegible] thji^{1}	逖	《类林》[illegible] thji^{1}	只作实义词用。
…… ……			
《孙子》[illegible] khjã^{1}	谦		
[illegible] ljɨ^{2}	律	《类林》	“谦、律”也不用为专名，不需要音译。
《孙子》不用		《类林》[illegible] thji^{2}	翟、狄

换句话说，龚先生研究《类林》人名对音的结论之一，应该也适用说明《孙子》的语料；比数的差异，1 比 2.4 相对 1 比 2.8 不具有统计的意义。理论上，再加入《慈孝传》等其他有专名对音的语料，应该也不会改变。

龚先生的另一个结论是：“任取两种语言比较其音韵……若完全分离，则有违语言之通性。……然而对音数据所呈现者，却如下图 B 状态。”（第 453 页）这是说，音译汉字的西夏字集中在综合韵 R1- 60，除了 R104, 105 之外，R61 以下只有零星的例外对音。亦即 Sofronov 所说的“小循环韵”具有某些汉语音韵缺乏，是西夏语独特的音韵特征。因此，龚先生所谓 B 状态，是两个同心圆，汉语是里头的小圆，由外面的西夏语团团包裹。

三、讨论：夏汉对音

我的关怀集中在B状态里头的小圆，并企图从夏汉对音的角度，探看西夏语与汉语完全迭合的表象下，西夏语如何呈现汉语。唯有如此，才能深入检验桥本（1961）“利用夏汉对音能解决汉语音韵史上的若干问题”。

（一）流水账

以下，以声母为纲，记述《类林》《孙子》二书夏汉对音字的音韵概览。①

西夏语的 ź-

西夏语读 ź- 声母的字，无一例外，只对音汉语的日母字。反之，汉语的日母字也只以西夏语的 ź- 对音。西夏语 l- 声母的字基本上也只对音汉语的来母字。但是，lu^2 可以对音汉语泥母的“农泥冬开”。汉语读来母的“朗来荡开”以西夏语 no^2 对音、“琅来唐开”以 nji^1 对音（但也可以 lo^1 对音）。此外，有一例来母的“犖来狝开”以 dźjaa^2 对音。②

西夏语属于《同音》第九类的还有 z- 声母，读 zji 的西夏字只出现两次对音：在《类林》以□ zji 对音汉字“哀影咍开”③、在《孙子》以□ zji 对音“舒审书鱼合”④。

西夏语的 ś-、s-

与 ź-、z- 相当的，西夏语还有两个清擦音声母：ś-、s-。大体上，西夏语读 s- 声母的字无差别的对音汉语读心、邪母的字，明确反映了汉语浊音清化。但是，西夏语读 sjo 的字，在《孙子》中可以对音日母字“穰”与禅母字“臣”。西夏语读 ś- 声母的字对音汉语各类读齿擦音的声母，也不分别清浊。唯是，读 śjiw 的字可以对音读喻四的“攸”。

① 本文虽未能增上，直接就韵母系统展开讨论。实际上，论音节与音节的对音关系，观察声母的同时，并不能对韵母部分视而不见。这一点，一定程度呈现在我就对音汉字的语料标注上。

② 可以看到，西夏语的声调无差别地对音汉语不同声调的字。以下，凡西夏字读音将不再标调。

③ 一般说，实义词不作对音字用；西夏语的□ zji^2 接近是状语或副词。《类林》3 次以□□ zji^2 kha^1 的形式对当汉语的“最‘first, the highest degree’”。□ zji^2 在《孙子》也 3 次以□□ zji^2 kha^1 的形式出现，对当的汉文虽然不用“最”，而有 first, the highest degree 之意；1 次以□□ zji^2 dźju^2 对当汉文本的“最下者”。《类林》另外用到□ geej^2 对“哀”。《孙子》则以□ geej^2 对“敖疑豪开”，而汉字“哀”不为专名用字。

④ 传世西夏文本《类林》没有用到□ zji^1；汉字“舒”以□ śie^1 对音。

西夏语的 x-

西夏语读 x- 声母的字几乎没有例外，只作汉语读轻唇音与喉音声母字的对音，唯非、敷、奉与晓、匣声母字有明显的用“字”分别。少数例外，“秀心宥开”以 xia 对音，“琼群清合、雄喻云东合”以 xjow 对音。此外，《孙子》的“荀心谆合”以 xju 对音。①

西夏语的 · –

读喉塞音 · – 声母的西夏字，若配合口元音，基本上都对音汉语读微、疑、影、喻母的合口字；但是西夏语的·jow 既可对音“雍影鍾/用合”、“应影證開、鸯影陽/唐開”、“容喻四鍾合、融喻四東合”及“王喻三陽/漾合”，也可对音读喻四开口的“羊、阳、杨、扬”。

喉塞音声母配 -a- 元音的西夏字（包括·a, ·ã, ·ia, ·ja, ·jã, ·jaa,），都对音汉语读影、喻四声母的开口字，而读·jwar 的西夏字对音汉语读喻三的合口字、·jwã 则对音读影合、疑合、喻四合口的汉字。读 ·ji, ·jɨ, ·jɨj, ·jiw, ·jĩ 的西夏字，都对音汉语读影、疑、喻四开口的字；唯有读 ·jwĩ 的西夏字对音汉语的喻三合口字。②

西夏语的 ɣ-

西夏语还有浊的擦音声母 ɣ-。读 ɣu 的西夏字，可对音汉语读疑、影的合口字，及 ɣjwã 对音汉语读疑、影、喻的合口字。其余，ɣẽ、ɣã 则对音汉语读影母的开口字，ɣju[1] 对音疑母开口字；而 ɣiwəj 对音“嚣晓宵开”。

西夏语的 w-

读 w- 声母的字，只作汉语读微、影、疑、喻声母的合口字，并不区别汉语喻三、喻四声母。比较特别的是，汉字“阿影歌開”可以 wow 对音，及“熏曉文合、佛奉物合”以 wjɨ 对音。

西夏语的 g-

大量读浊塞音 g- 声母的西夏字，作汉语疑母字的对音，绝大多数是开口字；仅 guu, gjii, gjuu 对音汉语读疑母的合口字。其中，西夏语读 gjuu 的字，不仅对音疑母合口字，还可对音喻三合，及匣合的“胡”、晓合的“珝”。

可以留意，西夏语实有读 ŋ- 声母的字，而几乎不用来对音汉语的疑母字。唯一的例外是 ŋiaa，不仅用来对音汉语疑母开口的“颜、雅、牙”，还可对音影母开口的“晏、英”、喻四开口的“琊、邪、夜”。

① 可看下文，读心母的汉字，一般以读 s- 声母的西夏字对音。
② 西夏语𗁅 ·jij[1] 应可对音汉字“（班婕）妤”。

西夏语的鼻音或浊塞音

西夏语同时以读 m- 与 b- 声母的字对音汉语读明母的字。与之近乎平行，西夏语读 n-, d-, dź- 声母的字都可以对音汉语的泥母字。① 只有一例，以 dźjuu 对音汉语的“女娘语合”。

西夏语的塞音和塞擦音

基本上，确实反映了汉语的浊音清化、并入送气清音。具体的情况可分述如下：

读双唇音 p- 的西夏字，除了可能是汉语借词的“避並寘開”读 bji 之外；对音汉语读帮母的字，读 ph- 的西夏字对音汉语读滂母、並母的字。但是，读 pjɨ 的西夏字，既对音汉字“彪幫幽開”、也对音“膑並軫開”；读 pio 的西夏字，既对音汉字“苞幫肴開、包幫肴開”；也对音“鲍並巧開”。而且汉字“鲍”又能以读 phio 的西夏字对音，读 phio 的西夏字也对音汉字“璞滂覺開”。读 pjɨj 的西夏字，既对音汉字“邴幫映開、秉幫梗開”，又对音“嫔並真開、扁並銑開”。虽然读 ph- 声母的西夏字未见对音读帮母的汉字；但是，以 phja 对音汉字“别”，我们要如何确认取的是“别”的並母读、还是帮母读？

一如唇音声母，读 t- 声母的西夏字都对音读端母的汉字，读 th- 声母的西夏字都对音读透母、定母的汉字。除了《孙子》的汉字“洲章尤開”以读的西夏字䋎对音之外，没有例外②。但是，我们看到汉字“敦（煌）”以读 thu 的西夏字对音，而“（王）敦”以读 tũ 的西夏字对音。

读 ts- 系声母的西夏字对汉字音，也有如唇音、舌音的现象。例如，以读 tsə 的西夏字对音汉字读从母的“茨”，读 tshjwu 的西夏字同时注音汉字的“雀精藥開”和“鹊清藥開”。则高渐离的“渐”，也以读 tshjwu 的西夏字对音，是必取其从母读？若“班捷妤”的“捷精葉開”，以读 tshja 的西夏字对音，究竟正确不正确？③

读 tś- 系声母的西夏字对汉字音，亦同。若以读 tśioow 的西夏字对音汉字“谡審生屋合”、tśhjij 对音“疆見陽開”、tśhjwã 对音“掾喻四線合”，④ 或可以存而不论。然而，为什么以读 tśjiij 的西夏字对应读澄母的汉字“稚澄至開”？怎么能认定以读 tśhjiw 的西夏

① 西夏语的䫁 dźiej^2 应可对音汉字“溺日药开/泥锡开”。

②《孙子》的䋎 thã^1 还对音“谈”。《类林》则以䋎 thã^1 对音汉字“檀定寒開，昙定覃開，段定換合，谭定覃開，诞定旱開”。

③ 参看上文注释中，西夏语𤕰 ·jij^1 应可对音汉字“（班婕）妤”。《类林研究》以西夏语的㢜 tshja^1 作汉语“妤喻四魚合”的对音，无论如何是说不过去的（第 119 页，258 页）。

④ 此字也许是译者有边读边、无边读中间的误读？因为汉字“篆澄合”以 tśhjwã 对音。

字对音的汉字，是“（隗）照$_{\text{照章笑開}}$”、不是“超$_{\text{徹宵開}}$”？①

读 k- 系声母的西夏字对音汉字，相对整齐。但还是有少数模糊的状况，例如宫之奇的“奇$_{\text{見/群支開}}$”、斳尚的“斳$_{\text{見欣開}}$”以读 khji^{1} 的西夏字对音，当取群母读吗？屈原的“屈$_{\text{見/溪物合}}$”以 khjwɨ^{1} 对音，确定取溪母读吗？为什么对音勾（句）践的“勾（句）”读 kew，而句章的“句”以 kju 对音？

（二）从夏汉对音的角度看汉语的问题

其实，资料量的多寡仍然会牵引夏汉对音的音韵图像。暂时，就数据量相对充分的音类对应，我只想追问三个小问题：

（1）夏汉对音无疑反映了中古汉语浊塞（塞擦、擦）音已经清化。浊音清化之后，塞音、塞擦音究竟都是送气还是不送气，或是送气与不送气形成条件音变（如平声送气、仄声不送气）？具体的情况，能不能用来推论更早的浊音送不送气？这是老掉牙的问题了。我认为是不能的，而且这是汉语的问题。

（2）承上，为什么规范汉语清塞音送气不送气的明确界线，在西夏语对音却显得有若干游移？能简单地以例外看待吗？我认为，西夏译者很可能只是忠实反映汉语——中古真实的汉语，清塞音送气或送气应该不是截然两分的音类。这一点，我们透过高丽译音也可以看到（参看林英津《从高丽译音（Sino-Korean）看汉语音韵史上的送气清声母》，《开篇》vol. 36，2018 年，第 49—74 页）。

（3）既然对音汉语语料的音韵构成，是自然西夏语的内容（同心圆的效应）；为什么这些对音字几乎都不见用于对译实义词？当然，这是“目治——用眼睛看”的好处。光是“出口、入耳”，众多对音是无法分辨的。我们还经常看到译者在地名对音之后标记 睫饲 lji̱^{2}·io̱^{1}，以提醒读者（或听者），该词不表达原生语言的语义。显然，西夏时代的翻译事业，尚未迈入严谨规范的阶段。

四、暂时的结论——“方法”的想象

本文加入《孙子兵法》，并扩及人名之外的对音语料，企图实践并检验龚先生的论述。我想说的是，数据量的增加，使我们看到对音语料存在的任意性，远不如《掌

① [illegible] wəj^{1}tśhjiw^{1} 是西夏文本《类林·方术篇》仅存小目的人名，《类林研究》以“隗照”批注（114 页）。

中珠》的学术严谨；然而，其能反映的很可能更接近西夏人的自然语言——不论操弄的是汉语、还是说西夏语的事实。

此外，研究以表音节方块字音写方块字的语料，不尽然只是移借或延伸"梵汉对音研究"的办法；如何切分并表记音节内的音段，永远存在不确定的风险。

重申己见。即使像《类林》和《孙子》这样大量的对音语料，表面上数据量显示的普遍性——能涵盖被对音语言的所有音段、音类，并不能保证反映了被对音语言的系统性。如果没有既定的假设，对音语料充其量只能印证或证反被对音语言的某类音可能具备某些特质。

从夏藏对音资料看西夏语的声调①

荒川慎太郎 著[1] 孟令兮[2] 麻晓芳[3] 译
（1. 东京外国语大学 东京；2. 神田外语大学 千叶；3. 北京语言大学 北京 100083）

【提要】西夏语是11世纪至13世纪中国西北部西夏国使用的语言。尽管西夏语已经成为死语言，但仍留存丰富的以佛经为主的文献资料。西夏文佛经文献中，夏藏对音材料十分有价值且存世较多用藏文给西夏文注音的材料，故此本文主要以俄罗斯科学院东方学研究所圣彼得堡分所（以下简称东方学研究所）收藏的夏藏对音资料为主要研究对象，对此前未经系统研究的西夏语声调进行讨论。本文研究的结论为推定西夏语平声为调值较高的高平调，上声为由低到高的低升调。文中第一部分概述研究使用的材料；第二部分对西夏文韵书中声调的记述，西夏语声调相关前期研究成果，以及其他语言对音资料的研究情况进行简要论述；第三部分论述藏语的声调以及本文论及的与藏文相关的问题；第四部分为主要论证部分，以夏藏对音中的藏文转写材料为基础讨论西夏语的声调问题；第五部分为本文的结论。

【关键词】西夏语；对音；藏文；声调

一、关于夏藏对音材料

（一）夏藏对音材料及其对西夏语音韵研究的贡献②

西夏时期佛教兴盛，现今已经发现了大量的西夏文佛教文献，其中不乏对西夏音韵研究有重要价值的材料。例如体现夏、梵对音的佛经陀罗尼以及一系列音译的佛教术

① 本文写作过程中庄垣内正弘、东方学研究所所长E.I.克恰诺夫、K.B.克平博士等学者也提出有益意见，在此一并感谢。

② 西夏文用例标注：西夏文献录文，荒川构拟的西夏语音，韵书中记录的声调、韵类及字义。藏语使用拉丁字母转写。圆括号内数字表示夏藏对音残片的编号、行数以及字序。夏藏对音材料中藏文的转写参见文中272页第一节的内容。本文藏文转写中，C1C2为前加字＋基字时写作C1-C2，为上加字＋基字（或基字＋下加字）时写作C1C2以示区分，例如g与y两个辅音连续，表示前加字g+基字y时写作g-y，表示基字＋下加字y时写作gy。

语等。除此之外，西夏文佛经中还有一种在西夏字旁标注藏文读音的夏藏对音材料。

夏藏对音材料是对西夏语音韵学研究十分有价值的外来语言对音资料，在西夏语研究的早期就曾备受关注。聂历山在《西藏文字对照西夏文字抄揽》中记录了 334 个西夏字，并标注了他构拟的语音、字义、夏藏对音以及夏汉对音。① 这份材料现今仍被看作是极有参考价值的西夏文字典，且此后的西夏语音构拟也常以聂历山的材料为线索。② 本文相关的夏藏对音用例将在 270 页第三节中详述。

（二）东方学研究所藏夏藏对音资料

无我和克平曾将本文使用的东方学研究所藏夏藏对音资料（文本编号 1-20③）、大英博物馆斯坦因藏品中的各残片的版式（字体、行数、字书等）与旧编号进行了对比。本次调查分析的对音材料具体内容会陆续在其他文章中详细描述，下文只对东方学研究所藏品的最新整理编号、佛典分类和文献版式等进行简单描述。

东方学研究所藏夏汉对音残片从内容上可以分为以下三类。如下表为各佛经残片的数量及编号。Fr. 表示克平博士整理后的编号。

1) 未定名七言偈文 (6 张残片)	No.8362, Fr.1, 2, 3, 4, 5A, 5B
2) 未定名佛经 (11 张残片)	No.8362, Fr.1(6), 2(7),3(8), 4(9), 5(10), 6(11)④, 7(12), 8(13), 9(14), 10(15), 11(16)
3)《金刚般若波罗蜜经》⑤(1 张残片)	No.8299

1）为大小不同的 6 张残片（长 24 厘米，宽 12—38 厘米）组成的七言偈文，原件应为写本，卷子装。七言偈文一行分上下两句（每行 14 字），西夏文右侧标注藏文注音。这些残片此前未曾刊布，是今后调查分析的重要资料。经考察可知这套残片中的四张可以缀合，顺序为 Fr.5A→5B→4→1。

2）为长 27 厘米，宽 15—31 厘米的残片（每行 22—25 字），这套残片共 11 张，

① 参见聂历山：《西藏文字对照西夏文字抄揽》（亚细亚研究第四号），大阪东洋学会，1926 年。

② 伍尔芬敦（S. N. Wolfenden）以西夏语复辅音声母的起首音与辅音的结合及其可以与四川省嘉戎语中的起首音相对应为依据，进而提出嘉戎人是西夏人的直系后裔这一假说。参见 Wolfenden, S. N.(1931). On the Tibetan Transcription of Si-hia Words. *JRAS*.“西夏语—嘉戎语直系说”与藏语复辅音（前加字 + 基字）标记的音值与西夏语起首音对应这两种假说，现今已基本被学者否定。关于这些假说及王静如的反驳意见在西田龙雄《西夏语研究》书中有详细论述。

③ 无我和克平(Driem&Kepping)的文本编号，因源自整理后的照片图版，残片的数量与编号并不对应，文本 1-19 对应 1）、2），文本 20 对应 3）。参见 Driem，G. V，& Kepping, K.B.（1991）. The Tibetan transcriptions of Tangut(His-hsia) ideograms. *LTBA* vol.14, 1.

④ 旧整理号为 108b。

⑤ 经笔者对内容的比较，可知此残片为《金刚般若波罗蜜经》。相应内容可在东方学研究所藏 Танг.386，инв.№ 101《金刚般若波罗蜜经》（鸠摩罗什重译汉文本）中找到。

很可能来自同一部卷子装的写本佛经。西夏文右侧标注藏文注音，其中两张残片的藏文书写笔画较细，笔迹有变化的痕迹，似出自不止一人手笔。经考察可知这套残片可以缀合，顺序为 Fr.3(8) → 9(14) → 1(6) 和 4(9) → 7(12) 和 11(16) → 10(15)。

3）为长 20 厘米，宽 9 厘米相对较小的残片，今存 6 行，行 12 字。3) 与其他资料不同，藏文标在西夏字左侧，用红字凸显。但是诸如“须菩提”这样的音译词，并未使用藏文标注其读音。

所有残片均无卷首卷末题款，因此无法确知抄经日期，只能推测这三类残片为 11 世纪初至 13 世纪初的文献。

但是利用资料 1）中的藏文对音来研究西夏语的语音还需要慎重考察。一个原因是佛经中重复出现的偈文省略了藏文注音。另一个原因是较之 2）、3）来说，1）中的藏文注音几乎没有使用前加字。① 由此可见 1）并不是更加完善的资料。因此本文不采用 1）类残片。

（三）大英博物馆藏夏藏对音资料

除了上文中简述的俄藏文献以外，在大英博物馆斯坦因藏品中也有相关资料。根据无我和克平中的描述，这些材料为由四张残片组成的未定名佛经。劳费尔曾刊布部分材料，并将藏文注音转写为拉丁字母，② 但其他资料均未公开。与东方学研究所藏文献相同，无我和克平也曾简要介绍了这些英藏残片。本文使用的英藏文献为斯坦因收录的一张影印版残片。③

二、西夏语的声调

（一）西夏语的声母和韵母

西夏语的音节结构为 CV(C)/ T (T= 声调)，通常一个西夏字表示一个音节。西夏语韵书模仿汉语传统音韵学，将 CV(C)/ T 分解为 C-(声母) 和 -V(C)/ T (声母以外的部分)。按照汉语音韵学的术语，将 C- 称为声母，-V(C)/ T 称为韵母。

本文不以西夏语声母的构拟为主要研究目的，因下文会论及西夏语声母和声调存

① 这个原因可能反映了不同资料所记录的藏语存在年代和地域差异，但是至今无法论证。
②FRAGMENT OF HIS-HSIA (TANGUT) MS. ROLL, K.K. II. 0234.k,WITH INTERLINEAR TRANSLITERATION FROM KHARA-KHOTO 中刊登了 Stein(1928) 的影印件与其中藏文的转写。
③Stein, A.（1928）. *Innermost Asia*. Oxford:The Clarendo Press.

在密切关系，所以有必要在此提及一下西夏语韵书中对声母的分类。

西夏语音韵学将声母依据发音部位分为九类：重唇音（p，ph，b，m），轻唇音（f，v，w），舌头音（t，th，d，n），舌上音（ty'，thy'，dy'，ny'），牙音（k，kh，g，ng），齿头音（ts，tsh，dz，s），正齿音（c，ch，j，sh），喉音（'，h），来日音（l，lh，ld，z，r，zz）下文称作"声类"。圆括号给出声类包含的声母。《文海》等韵书中将声母按照全清、次清、全浊、次浊进行分类。本文虽然借鉴了西田的分类，但笔者对各声母的标记方法进行了改动。①

在西夏韵书中，韵母被分作平声 97 韵，上声 86 韵。除了声调对立，韵母相同的形式外，被归纳为 105 韵类。本文研究目的并非构拟韵母，因此使用归类较为宽泛的 105 类综合韵。转写方法见参考资料中所示。西夏字声韵音值为笔者根据《文海》等韵书中的反切重新构拟的结果。

（二）西夏语韵书中的"声调"

西夏语的声调有"平声"和"上声"两种。迄今为止能够得见的西夏人本土文献均无关于声调调值的具体记录②。虽有与西夏文"平声"和"上声"相应的对音汉字，但其不一定与汉语的平、上声相应。也就是说，韵书中所有能确定的西夏字均可以分作平声、上声两类，但是具体的调值仍然是不明确的。本文使用的西夏文字的声调均可以在西夏韵书中得到确认。调类不明的西夏字不纳入本文研究范畴。

此前的西夏学研究中并未见有对西夏语声调具体调值进行探讨的成果。虽然西田龙雄依据构拟材料，对西夏语的声调和藏文注音中数种音节进行了比较，但是综合考察后并未获得明显进展。

（三）西夏语声调的研究概况

如前所述，聂历山虽提出与藏文辅音对应的西夏字或许与某种声调有关，但并未提及具体文字与声调的对应关系。③西田龙雄《西夏语研究》中曾这样描述西夏语音与藏文注音之间的关系："本来西夏语没有以 l- 为次辅音组成的复辅音声母，而在藏

① 来日音 z 和 zz 相当于西田龙雄构拟的 ž 和 ʁz。本文使用的资料中，两者不作区分，均以 z 表示。

② "平"和"上"对应西夏文是"[西夏字]"和"[西夏字]"。以下例子均出自李范文编著的《夏汉字典》（1997）：
[西夏字]，在《文海》中的字义为"平坦也，广平也"。（《文海》平声第 39 韵）
[西夏字]，[西夏字][西夏字]（上来）。参见《同音》重唇音类。

③ 根据聂历山（1926：24—25）的序言。这个字典提供的材料仍然存在不足，就是没有写出各西夏字在韵书中的分类，即声调和韵母的分类不明，且没有注明各藏文转写的出处及转写与原文的差异。当然这并非聂历山字典的主题，所以并不影响其价值。

文标音材料里出现的 gl-，bl- 是用来表示西夏语的调位的。”“（藏文有）gl-，kl- 表示平声韵、l- 表示上声韵的规则。”藏语的诸方言中，以 l- 做声母的音节为低声调，以 gl-，kl- 做声母的音节为高声调。所以虽然文中未明言，但提示了西夏语平声与藏语高调相关，西夏语上声与藏语低调有关的假说。[①]

西田龙雄同时还指出存在“bl- 表示的小类常为上声韵”这一例外。这个例外若成立，确定的是西夏语上声与高调的关系。这一结论与西田之前的假说相矛盾。关于这一点，本文将在 277 页第 5 点中详述。而且西田龙雄并未提及边音以外的声母，即鼻音，与前加字和声调的关系，所以本文将对此进行详细论证。

（四）夏汉对音资料以外其他对音资料中的西夏语声调

1. 西夏语声调与汉语四声的关系

12 世纪编写的《番汉合时掌中珠》是一本西夏语—汉语对照的字书。西夏文词语后标注与之对应的汉语词义与读音，汉字词后又对应西夏语读音。也就是说，这本书既是西夏语记录汉语的资料，也是汉语记录西夏语的资料。

在此前的研究中，这份材料常被用于西夏语声韵母的构拟。笔者认为这批材料同样可以用于西夏语声调的研究。从荒川所使用的汉语对音材料开始[②]，本文对这一问题重新进行简单的考证。

使用汉语记录西夏语的对音资料（汉语→西夏语　对音资料 A）显示，已确定的西夏语、汉语调类的对应字例有 1120 组。西夏语的平声、上声和汉语四声的对应关系见下表：

西夏语声调与汉语四声的关系（汉语→西夏语　对音资料 A）

Tan. 声调 / 汉语四声	平声	上声	去声	入声	总计
平声	262	61	43	221	587
上声	160	94	64	215	533

使用西夏语记录汉语的对音资料（西夏语→汉语　对音资料 B）显示，已确定的汉语、西夏语调类的对应字例有 1101 组。上述对应关系如下表：

① 西田龙雄在之后的研究中并未继续考证该问题。西田的“音韵系统”中将韵书中的重纽（同一音节看似多余的部分）与声调相关联，提出同为平声字（或被归为平声字）也会被归为不同的声调分类，这里西田并未对具体调值进行考察。本文研究的数据并未找到能视作重纽的用例，所以对此不深入探讨。

② 荒川慎太郎：《韻書の構成法から見た西夏語音の研究—等韻の構造に関する一考察—》，京都大学大学院修士論文，1997 年。

西夏语声调与汉语四声的关系（西夏语→汉语 对音资料 B）

Tan. 声调 / 汉语四声	平声	上声	去声	入声	总计
平声	381	132	133	125	771
上声	113	77	66	74	330

即使不考虑入声音节，从这份资料中也很难看出西夏语的平声、上声与汉语四声相关联。因此，汉语对音资料并不是推定西夏语声调的有效材料。

2. 西夏语声调和梵语对音的关系

佛经中的陀罗尼是使用西夏语标记梵语语音的对音资料。荒川列举了一些普遍规律：“用西夏语转写梵语音节时，上声音节多于平声音节。”[①] 例如，西夏语与梵语音节 ti 对音时，不常用平声音节𗋽 1ti:，而往往用上声𗍫 2ti: 来对音。也就是说，声韵母相同的音节西夏字在与梵语音节对音时，上声音节的西夏字更常用来与梵语对音。而与梵语音节 ta 对音时，之所以不使用上声音节 2ta:，而使用平声音节的𗀔 1ta:，是因为不存在发音为上声音节 2ta: 的西夏字。

西夏语的声调与梵语对音时虽然存在上述对应规律，但是对于推定西夏语声调的具体调值并不具备参考价值。

三、夏藏对音资料中所见藏文与藏语

（一）关于藏文

为了表示 CC- 这样的复辅音，“前加字（prefixed letter）+ 基字（root consonant letter）”与“上加字（superfixed letter）+ 基字”在藏文正字法中有所区别。有时也会出现前加字和上加字同时连接基字的情况。但是，本文所使用的夏藏对音资料并未见到前加字和上加字同时连接基字的情况。因此，如若无须区分两者，本文统一使用 C1- 进行标记。在藏文正字法中 Cl- 类复辅音转写，C- 为基字，l- 为下加字，本文统一视为上加字 C-＋基字 l-。

①荒川慎太郎:《サンスクリット音転写規則から見た西夏語音の考察—西夏文陀羅尼を用いて—》，京都大学卒業論文，1995 年。

夏藏对音资料中的藏文用例及本文中的标记

辅音：

ka	ཀ	kha	ཁ	ga	ག	nga	ང
ca	ཅ	cha	ཆ	ja	ཇ	nya	ཉ
ta	ཏ	tha	ཐ	da	ད	na	ན
pa	པ	pha	ཕ	ba	བ	ma	མ
tsa	ཙ	tsha	ཚ	dza	ཛ	wa	ཝ/ཝ
zha	ཞ	za	ཟ	'a	འ	ya	ཡ
ra	ར	la	ལ	sha	ཤ	sa	ས
ha	ཧ	a	ཨ				

元音：

i①	◌ི	u	◌ུ	e	◌ེ	o	◌ོ

介音：

-y-	◌ྱ	-w-	◌ྭ

需要注意的标记：

rgyu	རྒྱུ	khyu	ཁྱུ	rme	རྨེ	rne	རྣེ

（二）夏藏对音资料中关于藏文标记的特征

1. 西夏语中的起首辅音和藏文前加字来表示辅音的关系。

在夏藏对音资料中，西夏语的起首辅音 C- 可以转写为藏文的 C1-C2- 或 C1C2-。这时，C1- 并不与具体某个西夏语辅音对应，C2- 与西夏语的声母相对应。

例 Tan. 𘟣 1mi: 平声 11 韵〈否定辞〉— Tib. d-mi(14.4.8)

这个西夏语音节的声母与梵语音节的起首辅音 m- 相对应。因为𘟣的声母常与汉语的明母字对音，所以表示 C1 藏文的前加字 d- 就很难确定与哪个辅音相对应。藏文中 C1- 的功能就需要进一步解释。

① 虽说藏文的声母符号中，i 是让左右翻转的符号，但在资料中并没有出现。

2. 藏文 C1- 的种类与功能

在夏藏对音资料中，前加字、上加字 C1- 有 g-, d-, b-, m-, '-, s-, r-, 1-①。因为用例较少，所以我们从种类和功能两方面介绍前加字、上加字。

前加字 m-，s- 的用例较少，因此暂时还不能判断其功能。

前加字 '-，基本上与西夏语中的鼻音化了的浊音中的浊鼻音相对应。

上加字 r- 不与西夏语的声母对音，我们推测可能是用于与韵母中的卷舌元音对音。已知后加字 -r 确与卷舌音韵母对音，我们在资料中也能见到上加字 r- 与卷舌音韵母对音的例子。

例 Tan. 肜　　1nur，“指”　　—Tib. rnu (9.8.6)

Tan. 禨　　1tsyer，“法”　　—Tib.rtse(4.2.6)

虽然上加字、下加字的使用规则仍需讨论，但 r- 用于标记卷舌音韵母是毋庸置疑的。

在 C1- 中，g-，d-，b- 等虽频繁出现②，但至今仍无法判断其功能。仅仅知道它们与某些具体的西夏语起始辅音并不对应。而且，材料中也存在这些前加字与鼻音、边音的起始辅音对音的例子。这些例子仍然需要利用夏藏对音资料，从藏语与藏文的关系角度进行探讨。

（三）藏语的音变与拼写的关系

众所周知，在藏语某些方言的历史演变中，复辅音的起首音 C1- 会消失，取而代之的是产生了声调的对立。在藏语的历史变化中，浊音声母的清化也导致了声调的产生（低声调化）。此后 11—13 世纪夏藏对音资料记录的藏语某种方言中，起首音也脱落消失，进而产生了声调的区别。作为同时代的材料，注音中表示 C1- 的藏文很可能用以区别西夏语音节声调的不同。

四、从夏藏对音资料看西夏语的声调

（一）夏藏对音资料

现代藏语（拉萨方言等）中，以鼻音（ng-，ny-，n-，m-），边音（1-），半元音（y-）

① 上加字 l- 在正字法中仅在表示 lh- 时才与基字 h- 同现。本文中不使用此上加字。

② 关于前加字 b-，聂鸿音在《中国文字概略》中认为与介音 u 对应。例如，bku 实际上读作 kuo，bsi 实际上读作 sui（尽管聂给出标记，但是并未列出具体的词语）。西夏语韵母中的确存在介音（本文标记为 w）。虽然在夏汉对音资料中也可以确认这一点，如本文第四节中所举的例子，但前加字 b- 并不确定与介音 w 对音，用前加字 b- 注音的音节多数也不带介音。

为起首辅音,再添加前加字、上加字时读作高声调。这一基本规则并不用于表示复辅音,而是为了在对音中体现声调的对立。这条规则若能用于某种藏语方言转写西夏语语音的话,就可以解释对音中出现的与西夏语辅音无法对应的前加字和上加字。

因此,藏语的鼻音、边音等文字转写的西夏语音节将成为本文研究的线索。声母中含有鼻音、边音的声类有重唇音、舌头音、舌上音、牙音和来日音这五种。

1. 重唇浊鼻音声母 m-

用藏文为重唇鼻音声母 m- 作起首辅音的音节注音时,常常后接前加字,特别是 d-。这些音节多为平声。多数例外情况是,本应附加前加字? (否定词)的四例缺失了前加字,这几例可视作讹误现象。而且平声音节中未附加前加字的只出现在?(施舍)、?(母)这样特定的例子中。

此外,没有添加前加字的情况多为上声。例外中超过半数是?(种)的 5 例转写。这个字的藏文转写是否有前加字仍无定论。

例 Tan. ? 1mi:,平声 11 韵"否定词" —Tib. d-mi (8.6.14)

Tan. ? 2me:',上声 35 韵"下" —Tib. me (6.10.17)

藏文转写以 m- 为起首辅音的西夏语音节时,前加字出现的频次如下表。

Tib.C1- /Tan. 声调	平声	上声
ø-	14	24
g-	1	0
d-	32	61
'-	0	2
C1-	33	8
总计	47	32

2. 舌头浊鼻音声母 n-

用藏文为舌头鼻音声母 n- 为起首辅音音节注音时,常常附加前加字 g-。这些音节多为平声。例外中有两例是?(心)未附加前加字,这两例可以视作讹误。?(故、因)的藏文注音并不统一,附加前加字的有 13 例,未加的有 6 例。在藏文正字法规则中并未找到前加字 b-。

不附加前加字的情况多为上声。

例　Tan. 𗐱　　1nyI’ 平声 32 韵“二”　　—Tib. g-ni (S.6.21)

Tan. 𗐲　　2nI: 上声 28 韵，“~ 等”　　—Tib. ni(7.6.3)

藏文转写以 n- 为起首辅音的西夏语音节时，前加字出现的频次如下表。

Tib.C1- /Tan. 声调	平声	上声
ø-	10	62
g-	46	0
C1-	46	0
总计	46	62

3. 舌上浊鼻音声母 ny'-

用藏文为舌上鼻音声母 ny'- 为起首辅音音节注音是西夏韵书中最不常见的类别，在注音材料中也很少出现。藏文转写这类音节时，后接前加字 '- 平声韵的例子仅在 1）类资料中找到一个孤例。在所见的资料中转写上声韵音节时并不连接前加字。

例　Tan. 𗐳　　1ny'　平声 41 韵“浊”　　—Tib. '-nged (5.7.4)

Tan. 𗐴　　2ny'o:n 上声 49 韵“恶”　　—Tib. nyo(7.4.22)

藏文转写以 ny'- 为起首辅音的西夏语音节时，前加字出现的频次如下表。

Tib.C1- /Tan. 声调	平声	上声
ø-	0	4
'-	1	0
C1-	1	0
总计	1	4

4. 牙音类浊鼻音声母 ng-

用藏文为牙音类鼻音声母 ng- 为起首辅音的音节进行注音时，多后接前加字且声调为平声。𗐵（空）共计 10 例，𗐶（五）共计 6 例。两字均出现一例未接前加字的情况，但明显可视作讹误。

此外，没有后接前加字的音节几乎都为上声字。但是在对某些特定的西夏字进行注音时也存在例外，例如属于上声字且后接前加字的𗐷（善），四例全部后接 d-；四例𗐸（一切）全部后接 b-。

例 Tan. □ 1ngu' 平声 5 韵“唱” —Tib. d-ngu (15.2.6)

Tan. □ 2ngu 上声 1 韵“以” —Tib. ngu (11.2.2)

藏文转写以 ng- 为初头子音的西夏语音节时，前加字出现的频次如下表。

Tib.C1- /Tan. 声调	平声	上声
ø-	3	58
d-	13	4
b-	17	5
C1-	30	9
总计	33	67

5. 来日音中的边音声母 l-

用藏文为来日音中的边音 l- 为起首辅音的音节进行注音的时，有两种情况：基字（k-,g-,b-）+ 下加字 -l- 及前加字 + 基字 l-。这类音节多为平声。例外有□（风）的转写不一致，后接上加字两例，未接上加字也有两例。□（～也）共计 8 例，后接前加字和上加字 g- 的各有一例。

此外，仅使用基字 l- 注音的时候多对应上声。既为上声字又后接前加字的音节只在转写□（固）、□（墓）等特定文字时才出现。

例 Tan. □ 1leu 平声 43 韵“一” —Tib. gli (10.1.6)

Tan. □ 2lywuq 上声 52 韵“身” —Tib. ngu (14.7.12)

藏文转写以 l- 为起首辅音的西夏语音节时，前加字出现的频次如下表。

Tib.C1- /Tan. 声调	平声	上声
ø-	8	30
k-	5	2
g-	14	4
b-	4	7
C1-	23	13
总计	31	43

西田（1964）中提到“用 b1- 来表示的小类均为上声字”，虽使用 b1- 来转写上声音节的确存在，但也有使用 bl- 转写平声音节的例子。

例　Tan. 𗀔　　1li:　平声 11 韵“子”　　—Tib. gli (8.10.7)

因此，用 bl- 来表示的小韵，并不绝对为上声字。

（二）西夏语声调与藏语声调的关系

上文提及的以鼻音、边音为起首辅音的西夏语音节的藏文转写对应例证的总数整理如下：

Tib.C1- /Tan. 声调	平声	上声
ø-（计）	34	178
C1-（计）	133	30
总计	167	208

西夏语的鼻音、边音声母音节中，存在后接 C1- 和不接 C1- 两种情况。在考察这些音节的调类后发现，后接 C1- 时多为平声音节，不接 C1- 时多为上声音节。也就是说，夏藏对音材料显示出：藏文转写西夏语的平声音节时会后接 C1-，即藏语中以高调表示。与之相反，藏文转写西夏语的上声音节时不会后接 C1-，即藏语中以低调表示。

藏文转写鼻音、边音以外的音节时后接前加字的例子较少，这是因为即使原本高声调的音节后接 C1-，并不改变原音节的高声调。所以在藏文标注西夏语语音时，西夏语声调的区别是无法体现来的。

五、结语

从夏藏对音材料中可以确认以下几点：

1）西夏语的单音节在藏文中常以前加字的形式或者复辅音的形式来转写，多出现在声母为鼻音或边音的音节中。

2）藏文后接 C1- 的音节常与西夏语韵书中平声韵的音节对应，不接 C1- 的音节与上声韵音节对应。这种分布并不是偶然现象，而是藏文用来区别西夏语声调的一种方式。

综上所述，可知西夏语的平声为高声调，上声为低声调。考虑到西夏语“平”“上”的区别，西夏语平声可推定为调值较高的高平调，上声为由低到高的低升调。西夏语的声调也可能是高低调的对立，其中低声调指的是发音上为上升调，所以被称作“上声”。

本文对西夏语声调的具体调值进行尝试性解释，同时也指出用来记录西夏语音的某种 11—12 世纪藏语方言存在声调的对立。但这个推论是否存在时代的问题，仍然需要结合其他语言的对音资料进行讨论，这也是今后的研究方向。

附录：

本文使用的缩略符号：

Tan.—西夏语　　Tib.—藏语　　Fr.—残片编号　　S.—斯坦因（大英博物馆藏残片）

本文西夏语音转写方法（荒川 1999）

1. 声调

平声 1

上声 2

2. 声母

重唇音	p	ph	b	m		
轻唇音	f		v		w	
舌头音	t	th	d	n		
舌上音	ty'	thy'	dy'	ny'		
牙音	k	kh	g	ng		
齿头音	ts	tsh	dz		s	
正齿音	c	ch	j		sh	
喉音	'	h				
来日音	l	lh	ld		z	r

3. 韵母

下表编纂按照综合韵编号、韵书中平声韵及与之对应上声韵编号的顺序。以下综合韵表中省略了合口韵 w 标记。此前研究中无法按韵摄进行分类的 100 以后的韵类将按照荒川构想的循环进行分组。

		第 1 循环			第 2 循环			第 3 循环	
等		第 1 摄			第 8 摄			第 14 摄	
1	R.1	平 1= 上 1	u	R.61	平 58= 上 51	uq	R.80	平 75= 上 69	ur
2a	R.2	平 2= 上 2	yu	R.62	平 59= 上 52	yuq	R.81	平 76= 上 70	yur
2b	R.3	平 3= 上 3	yu						
3	R.4	平 4= 上 4	u:						
1	R.5	平 5= 上 5	u'						
2	R.6	平 6	yu'						
3	R.7	平 7= 上 6	u:'						
		第 2 摄			第 9 摄			第 15 摄	
1	R.8	平 8= 上 7	i				R.82	平 60= 上 53	ir
2	R.9	平 9= 上 8	yi	R.60	平 60= 上 53	yeq	R.83	平 78	yir
3a	R.10	平 10= 上 9	i:						
3b	R.11	平 11= 上 10	i:				R.84	平 79= 上 72	i:r
1	R.12	平 12= 上 11	i'						
2	R.13	平 13	yi'						
3	R.14	平 14= 上 12	i:'						
1	R.15	平 15= 上 13	in	R.64	平 61= 上 54	enq			
2	R.16	平 16	yin	R.65	平 62= 上 55	yenq			
		第 3 摄			第 10 摄			第 16 摄	
1	R.17	平 17= 上 14	a	R.66	平 63= 上 56	aq	R.85	平 80= 上 73	ar
2	R.18	平 18= 上 15	ya				R.86	平 81	yar
3a	R.19	平 19= 上 16	a:	R.67	平 64= 上 57	a:q	R.87	平 82= 上 74	a:r
3b	R.20	平 20= 上 17	a:						
4	R.21	平 21= 上 18	ya:						
1	R.22	平 22= 上 19	a'				R.88	平 83	ar'
2	R.23	上 20	ya'				R.89	上 75	yar'
3	R.24	平 23= 上 21	a:						
1	R.25	平 24= 上 22	an						
2	R.26	平 25=23	yan						

3	R.27	平26=24	a:n						
		第4摄			第11摄			第17摄	
1	R.28	平27=上25	I	R.68	平65=上58	iq	R.90	平84=上76	Ir
2	R.29	平28=上26	yI	R.69	平66=上59	yiq	R.91	平85	yIr
3a	R.30	平29=上27	I:	R.70	平67=上60	i:q	R.92	平84=上76	I:r
3b	R.31	平30=上28	I:						
1	R.32	平31	I'	R.71	平68	iq'			
2	R.33	平32=上29	yI'						
3				R.72	平69=上61	i:q'			
		第5摄						第18摄	
1	R.34	平33=上30	e				R.93	平87=上78	er
2	R.35	平34=上31	ye				R.94	平88=上79	yer
3a	R.36	平35=上32	e:						
3b	R.37	平36=上33	e:						
1	R.38	平37=上34	e'						
2	R.39	平38	ye'						
3a	R.40	平39=上35	e:'						
3b	R.41	平40	e:'						
1	R.42	平41=上36	en						
2	R.43	平42=上37	yen						
		第6摄							
1	R.44	平43=上38	eu						
2	R.45	平44=上39	yeu						
3a	R.46	平45=上40	eu:						
3b	R.47	平46	eu:						
1	R.48	上41	eu'						
2	R.49	平47	yeu'						
		第7摄			第12摄			第19摄	
1a	R.50	平48	o	R.73	平70=上62	oq	R.95	平89=上80	or
1b	R.51	平49=上42	o						

2	R.52	平 50＝上 43	yo				R.96	平 90＝上 81	yor
3	R.53	平 51＝上 44	o:				R.97	平 91＝上 82	o:r
1	R.54	平 52＝上 45	o'						
2	R.55	平 53＝上 46	yo'						
1	R.56	平 54＝上 47	on	R.74	平 71＝上 63	onq			
2	R.57	平 55＝上 48	yon	R.75	平 72＝上 64	oq			
3	R.58	平 56＝上 49	o:n						
1	R.59	平 57	o"						
2	R.60	上 50	yo"						
1							R.98	上 83	wor
2							R.98	上 84	ywor
				第 13 摄					
				R.76	上 65	eq2			
				R.77	平 73＝上 66	yeq2			
				R.78	上 67	eq'2			
				R.79	平 74＝上 68	yeq'2			
							R.100	平 92＝上 85	yIr
							R.101	平 93＝上 86	yer2
				R.102	平 94	woq2			
	R.102	平 95	ya:n						
	R.102	平 97	un						
	R.102	平 98	ua						

※ 凡例

1ma	重唇音	平声 17 韵
2chwa:	正齿音	上声 16 韵

本文译自荒川慎太郎《夏藏对音资料からみた西夏语の声调》，《言语学研究》第 17—18 号，Kyoto，1999 年，第 27—44 页。

西夏译《佛说智炬陀罗尼经》咒语对音研究[①]

麻晓芳

（北京语言大学 北京 100083）

【提要】《佛说智炬陀罗尼经》的西夏译本译自唐提云般若同名汉文佛经，该佛经陀罗尼显示出与汉传佛经陀罗尼不同的对音用字规律。经与汉、藏两种译本对勘，西夏译本的密咒用字符合梵藏对音用字特征，说明其咒语经由熟悉梵藏文的僧人重新校正。西夏文佛经密咒的用字规律体现出两种不同的译经来源：汉传佛经与中原汉字咒语对音规律一致；藏传佛经与梵藏对音用字规律一致。西夏对音用字与梵、藏、汉咒语对音用字规律也可以作为判断西夏译经是否具备藏传佛教背景的依据之一。此外，据史料记载，西夏仁宗时期曾开展大规模的校经活动，密咒用字的修正也是校经重点。西夏译《佛说智炬陀罗尼经》中密咒对音用字规律也可为西夏仁宗皇帝大规模的校经实践提供除帝后题款之外其他的实例佐证。

【关键词】对音；西夏文；陀罗尼；校经

《佛说智炬陀罗尼经》的西夏译本1909年出土于内蒙古额济纳旗黑水城遗址，现已发现инв. № 609、6806及or12380-2289三种残片，分别收藏于俄罗斯科学院东方文献研究所及英国国家图书馆。俄藏инв. № 6806残片中保留了完整的陀罗尼部分。关于这部佛经翻译的底本，西田龙雄先生曾怀疑此佛经译自藏文，因此在《西夏文佛经目录》中同时给出唐代三藏法师提云般若所译大正藏第1397号《智炬陀罗尼经》及藏文佛经 *H̲phas-pa ye-shes ta-la-la shes-bya-bah̲i gsungs h̲gro-ba thams-cad yongs-su sbyong- ba*（《圣智炬陀罗尼能净一切趣》）两种对应佛经。[②] 经与汉、藏不同译本佛

① 本文受国家社科基金"冷门绝学"研究专项"学术团队"项目"基于汉语通语与方言研究的番汉对音数据库建设"（20VJXT016）和北京语言大学院级项目（中央高校基本科研业务费专项资金）（21YJ140005）资助。

②З.И. ГорбачеваиЕ.И. Кычанов, *Тангутскиерукописиисилографы*, Москва: Издательствовосточнойли тературы, 1963.

经对照，这部佛经系由提云般若汉译本翻译而来。[①]инв. № 6806 残片中陀罗尼对音用字却显示出与中原译经传统对音用字不同。本文分析《佛说智炬陀罗尼经》的密咒对音用字，通过西夏、汉、藏三种译本陀罗尼对音用字的分析对勘，兼与其他佛经密咒对音用字比对，借此探求西夏译本密咒用字的对音特征，考察不同译经来源的西夏佛经陀罗尼的用字规律。

西夏时期的佛教流布主要有汉传与藏传两种途径，难以见到梵文原本，因此本文对勘研究选择的藏文本为德格版藏文大藏经《圣智炬陀罗尼能净一切趣》[①]，汉文本为《大正新修大藏经》第 21 册第 914 页提云般若译《智炬陀罗尼经》。用以对照使用的咒语用字材料：a.《大宝积经・无边庄严会》，译自唐代菩提流志新译同名汉文佛经。b.《菩提心及常作法事》，译自藏文 Byang-chub-kyi sems-bskyed-pa dang yi-dam blang-ba’i cho-ga（发菩提心及受持护仪轨）c.《大随求陀罗尼经》，佚名译自藏文佛经 ’phags pa rig pa’i rgyal mo so sor ’brang ba chen mo（圣明咒妃大随求母）。

一、辅音的夏、藏、汉对音

藏	夏	例字	汉	例字
k-	k-	[illegible] kjij^{1} [illegible] kja̱^{1} [illegible] kju̱^{1} [illegible] kji^{1} [illegible] ku^{1}[(1)]	见	鸡羯迦吉计屈
kh-	kh-	[illegible] khu^{1}	见	屈
c-	ts-/dz-	[illegible] tsju^{1} [illegible] dzju^{2} [illegible] tsja^{1}	章 / 端	斫遮咄竖
j-	dz-	[illegible] dzo̱^{2}	遇	树
ṭ-	t-	[illegible] tja^{1} [illegible] tji^{2}	知 / 透	咤徵拕
ṇ	n-	[illegible] nji^{2}	娘	腻
t-	t-	[illegible] tja^{1} [illegible] tju^{2} [illegible] tji^{2} [illegible] dwu^{2}[(2)]	端 / 透	怛多底低替咄
th-	th-	[illegible] thjij^{2} [illegible] thja^{2} [illegible] tha^{0}	端 / 透	怛他阏
d-	d-	[illegible] dja^{2} [illegible] djar^{1} [illegible] dwu^{2} [illegible] djã^{1} [illegible] dja̱r^{2}[(3)]	透 / 定	达陀谈杜地
dh-	d-	[illegible] dja^{2} [illegible] dji^{1} [illegible] dju̱^{2} [illegible] djij^{1} [illegible] djij^{2} [illegible] dwu^{2}[(4)]	端 / 透 / 定	低达拕驮陀提地杜蒲徒度哆炭地
n-	n-	[illegible] nja^{2} [illegible] nji^{2}	泥 / 娘	那儞

① 西田龙雄：《西夏文华严经》第 3 册，京都：京都大学文学部，1977 年。

续表

藏	夏	例字	汉	例字
p-	p-	□ phji^1 □ pja^1 □ pjɨ^1 □ pjij^1 □ bji^2[(5)]	帮	簸钵篦必
b-	b-/w	□ bjij^2 □ bo̱^{2} □ bu^1 □·wa^1 □·wji^2	帮 / 滂 / 並	陛鞞勃毘
m-	m-	□ mja^1 □ mu^2 □ mjij^1	明	摩忙米没
bh-	b-	□ ba^2	並	婆
y-	Ø	□·jā^2 □·ja^2 □·jij^1	影	耶衍曳
r-	r-	□ rjir^1 □ rjijr^2 □ rjur^2 □ rjar^1	来	啰 嘌 唎噜嚧 喔
l-	l-	□ lji^2 □ lo^2 □ lju^2 □ lja^2	来	罗洛理鲁卢
h-	x-/d-	□ xa^0 □ xu^1 □ dwu^2	晓 / 匣 / 澄	诃户柱
s-	s-/z-	□ sji^1 □ sju^2 □ sja^1 □ sjɨ^2[(6)]	心	萨逊窣斯苏娑悉
ś-	ś-	□ śjwo^1 □ śju̱^{1}	书	戍
kṣ-	ś-/kh-	□ śja^1 □ khju^2	初	刹刍

说明：

（1）与藏文 k- 对音的西夏辅音共计 12 例，11 例为西夏清音 k- 声母字。仅一特例 kī，西夏用浊声母字“□”gji^2 对音，汉文对音字为“祇”。

（2）与藏文 t- 对音的西夏辅音共计 13 例，11 例为西夏清音 t- 声母字。有两个特例，tya 西夏用浊声母字“□”dja^2 对音，汉文对音字为“埵”。tu 使用浊声母字“□”dwu^2 对音，汉文对音字为“咄”。

（3）与藏文 d- 对音的西夏辅音共计 7 例，仅有一个特例 dī，西夏文用清声母字“□”tji^2 对音，汉文对音字为“地”。

（4）与藏文 dh- 对音西夏辅音共计 19 例，表中列举 6 个西夏对音字对应 15 例 d-。另有四个使用清声母 th-/t- 的特例。其中两例用双字与鼻音韵尾音节 dhan 对音，即□□ tha̱r^{1}nji^2 与□□ thja^{2}nja^2。两者使用送气轻音字“□”tha̱r^1 和“□”thja^2 与浊送气音对音。前者小字□ njɨ^2 在陀罗尼中是常见的用来与 -n 对音的西夏字。另两例为 dhā 用“□”tha^0 对音，dhu 用“□”tju^2 对音。

（5）与藏文 p- 对音西夏辅音共计 8 例，6 例用西夏清音 p- 声母字对音。另有两例，一例使用“□”phji^1 与藏文复辅音声母 pr- 中的辅音 p 对音；另一例用“□”bji^2 与藏文音节 pi 对音。

（6）与藏文 s- 对音西夏辅音共计 18 例，17 例用西夏清音 s- 声母字对音。有一特例，sa 西夏使用浊声母字“□”zjị^1 对音。

二、元音的夏、藏、汉对音

	西夏对音字[1]				汉文对音字	
藏	音韵地位	对音字	频次	备注	音韵地位	对音字
a	R.20 ja：	[illegible]	21		果摄	娑那诃啰罗陀拕埵婆摩簸
	R.19 ja	[illegible]	5		假摄	咤耶
	R.21 ja̱	[illegible]	2		山摄阳声	案
	R.17 a	[illegible]	1	唇音	山摄入声	怛曷达怛
	音韵不详 a	[illegible]	3		臻摄入声	悉姪羯
	R.87 jar	[illegible]	3	卷舌韵[2]	宕摄入声	斫
	R.89 ja̱r	[illegible]	1	卷舌韵	遇摄字	野
ā	R.20 ja	[illegible]	9		果摄	娑罗迦阿他哆
	R.21 ja̱	[illegible]	2		山摄入声	钵怛闼
	R.19 ja	[illegible]	1			
	音韵不详 a	[illegible]	3			
i	R.11 ji	[illegible]	14		止摄	斯提地儞腻理毘徵唎嘌 嚁
	R.10 ji	[illegible]	2		山摄入声	怛
	R.37 jij	[illegible]	2		蟹摄	底低
	R.84jir	[illegible]	5	卷舌韵	臻摄入声	吉
ī	R.11 ji	[illegible]	2		止摄	地祇
e	R.37 jij	[illegible]	8		蟹摄	鸡计篦米陛替翳
	R.36·jij	[illegible]	2		止摄	提
o	R.50 jwo	[illegible]	1		遇摄	戍树卢
	R.51 o	[illegible]	1			
	R.54 o̱	[illegible]	1			
u	R.1 u	[illegible]	12		遇摄	户杜度徒柱竖苏蒲鲁噜嚧
	R.3 ju	[illegible]	6		臻摄入声	屈勃咄窣
	R.7 ju̱	[illegible]	2		果摄	娑
	R.81 jur	[illegible]	6	卷舌韵	止摄	以
	R.20 ja	[illegible]、[illegible]	2			
	R.54 o̱	[illegible]	1			
ū	R.3 ju	[illegible]	1		臻摄	没
	R.4 u	[illegible]	1		遇摄	苏

说明：

（1）由上表所见，除去卷舌韵之外的对音相当有规律。与藏文元音 a 和 ā 对应的西夏文构拟元音为 *ja，对音字属于综合韵 R.19、R.20、R.21。与藏文元音 i 和 ī 对应的西夏文构拟元音为 *ji，对音字属于综合韵 R.10、R.11。与藏文元音 e 对应的西夏文构拟元音为 * jij，对音字属于综合韵 R.36、R.37。与藏文 u 对应的西夏文构拟元音为 *u/*ju，对音字属于综合韵 R.1、R.3。龚煌城（1994）曾提出西夏语韵分三等的假设。[①] 荒川（2004）总结梵夏对音规律时，也曾论及梵文的前元音（-a，-i，-e）用西夏文三等字对音，后元音（-u，-o）则用一等字对音。[②] 本文陀罗尼对音结果并未跳出前人研究结果，但略有出入。除去 -o 对音字例较少，规律不明显之外，藏文元音 a/ ā /i/ ī /e 对音用字显然为龚先生所区分的三等韵字。后元音 -u 对音字显示两种情况，本经陀罗尼所见用例显示一等韵 R.1 与三等韵 R.3/R.7 的辅音声母互补分布，辅音 c-/s-后的元音 -u 与西夏文一等字对应；其他辅音后的元音 -u 则与三等字对应。

藏文元音	西夏文元音拟音	三等韵	一等韵	藏文辅音
a/ā	*ja	R.19/R.20/R.21		
i/ī	*ji	R.10/R.11		
e	* jij	R.36/R.37		
u	*u		R.1	c-/s-
u	*ju	R.3/R.7		b-/dh-/k-/kh-/l-/t-

（2）西夏卷舌韵母的藏夏对音。荒川（2004）认为西夏语中的卷舌韵 R.80-99 常被用来与梵文音节中的 -r 对音，因为西夏语的 r- 声母并不附加在主要元音上而是卷舌元音（retroflex-vowels）。《智炬陀罗尼经》中西夏语的卷舌韵主要与两类音节对音，一类如荒川归纳，为藏文 r- 声母或韵尾音节对音。另一类则是梵文音节 dya。

dya — R.87 djar [illegible] / R.89 dja̲r [illegible]

ri — R.84 rjir [illegible]

ru/ -r — R.81 rjur [illegible]

① 龚煌城：《西夏语韵分三等、元音分长短的假设》，见《西夏语言文字研究论集》，北京：民族出版社，2005 年，第 305—314 页。

②Arakawa Shintaro. On the Sanskrit- Tangut Phonetic Transcription Rule:A Study of “dhāraṇī”in the Buddhist Texts. 见《汉藏语研究龚煌城先生七秩寿庆论文集》，台北：“中研院”语言学研究所，2004 年，第 499—514 页。

三、对音讨论

从《智炬陀罗尼》咒语中辅音的夏、藏、汉对音情况来看，提云般若汉译本体现了中原传统梵汉对音用字规律，西夏译本的陀罗尼部分并非从汉译本用字直接转译而成，而是与藏文的对音用字更为切合。

1. 顶音和齿音的对音

梵汉对音中，提云般若将辅音 ṭ 与知母字"徵"对音；辅音 ṇ 与娘母字"腻"和"拏"对音。与 t 对音的汉字"底""替""怛""低"都是端组字；与 n 对音的汉字"儞"为泥母字，但也混入了娘母字"腻"。可见顶音 ṭ、ṇ 与知组字对音，齿音 t、n 主要与端组字对音。

梵夏对音中，顶音与齿音的对应有两种情况。一种是如《智炬陀罗尼经》的咒语，ṭi/ti 的对音字均为□ tji^2；ṇi/ni 的对音字均为□ nji^2。再如《尊胜陀罗尼》中 ṭi/ti 的对音字为□ tji^2；ṇi/ni 的对音字为□ nji^2。顶音和齿音使用相同的对音字与梵汉对音规律不同。另一种则是严格遵照汉文咒语翻译，如《无边庄严会》西夏译本中 ṭa 的对音字为□ $tśia^1$，与汉文本中知母字"吒"对音；ta 的对音字为□ ta^1，与汉文本中端母字"多"对音。我们认为前者是译自藏文佛经或者参照藏文佛经校正过的咒语，后者则是严格遵照中原传统译经标准翻译的咒语。这也是辨别咒语翻译原典的重要标准之一。

2. 腭音五母的对音

罗常培先生曾以梵文腭音五母汉文对音为参证，解释了梵文腭音五母藏文对音中的特殊现象，即 c，ch，j，jh，ñ 中，前四个塞擦音声母通常使用舌面前音 [tɕa][tɕha][dʑa][dʑha] 对音。但是西藏所译的佛经遇到陀罗尼或诸佛名号中含有梵文腭音的时候，都用舌尖前的塞擦音 [tsa][tsha][dza][dzha] 对音。① 这一点也可以用作考察西夏文咒语来源的佐证。以《智炬陀罗尼经》和《无边庄严会》两部佛经中的咒语用字为例，见下表。

《智炬陀罗尼经》				《无边庄严会》（汉传）				藏传佛经				
夏	拟音	汉	藏	夏	拟音	汉	梵	夏	拟音	汉	藏	出处
□	$tsju^1$	遮章	ca	□	$tɕja^1$	折章	ca	□	$tsja^1$	讚	ca	《大随求陀罗尼经》

① 罗常培：《梵文腭音五母的藏汉对音研究》，见《罗常培语言学论文集》，北京：商务印书馆，2004 年，第 71—72 页。

续表

《智炬陀罗尼经》				《无边庄严会》（汉传）				藏传佛经			
[illegible]	tsja^{1}	斫$_{\text{章}}$	cakṣu	[illegible]	ɕja^{1}	折$_{\text{章}}$	ca	[illegible]	tsa^{1}	佐	ca	《大随求陀罗尼经》
[illegible]	tsju^{1}	咄$_{\text{端}}$	cu	[illegible]	tɕhja^{2}	掣$_{\text{昌}}$	che	[illegible]	sji^{1}	呬	ci	《大随求陀罗尼经》
[illegible]	dzju^{2}	竖$_{\text{昌}}$	cu	[illegible]	tɕja^{1}	者$_{\text{章}}$	ca	[illegible]	dzjaa^{1}	瞻	ja	《菩提心及常所作法事》
[illegible]	dzọ^{2}	树$_{\text{昌}}$	jyo	[illegible]	tɕji^{2}	至$_{\text{章}}$	ci	[illegible]	dzjɨ^{1}	唧	j-	《菩提心及常所作法事》
				[illegible]	tɕjɨ^{1}	只$_{\text{章}}$	ci	[illegible]	tsja^{1}	萨	ca	《不动如来净除业障咒》
				[illegible]	ɕja^{1}	阇$_{\text{昌}}$	jo	[illegible]	tsji^{2}	啨	cī	《摩利支天母咒》
								[illegible]	tsow^{2}	咗	jo	《大随求陀罗尼经》

两部佛经里汉文本中与腭音五母字对音的都是章组的正齿三等字，在中古切韵音系中应为舌面前音。《无边庄严会》中的西夏文咒语对音字的声母均为舌面前音，可以与汉文咒语的对音用字相合。《智炬陀罗尼经》中的西夏文对音字则全部为舌尖前的塞擦音声母，与汉文章组对音字不合，却与藏译佛经中腭音五母字使用舌尖前塞擦音对音的用字规律一致。这也说明《智炬陀罗尼经》的咒语的确参照藏文咒语校正过。

3. kṣ 的对音

cakṣu，汉文本译作“斫刍”，西夏译作[illegible] tsja^{1}khju^{2}。

lakṣa，汉文本译作“洛刹”，西夏译作[illegible] lja^{2}śja^{1}。

梵夏对音在对译梵文 kṣ 时，因西夏语音节全部为无辅音尾的开音节，所以使用辅音 kh 或 ś 直接对译 kṣ。又如《吉祥遍至口合本续》中 kṣa 的西夏对音字为[illegible] khja$^{2.17}$；kṣo 的西夏对音字为[illegible] khjo$^{2.44}$。这说明西夏人将 kṣ 理解为单辅音，西夏文中最常用来对译梵文 kṣ 的声母是牙音 kh。

中原汉译传统中，kṣ 在唐代的佛经里最常见的对译用字为刍、蒭、刹等初母字，不空以后也使用双字对音，如“乞洒$_{\text{二合}}$”。[①] 使用双字对音时，往往将 kṣ 分开对音，第一个字通常是收 -k 韵尾的入声字，而第二个字则是送气的初母字。例如与 ca 和 la 对译的字“斫”和“洛”都是宕摄的入声字，而“刍”和“刹”则是初母字。

在西夏文献中 kṣa 还有另一种与中原对音传统一致的译法。《金光明最胜王经》第四卷中，kṣa 的西夏对音字是[illegible] khjɨ^{1}śja^{1}，正与汉文常用的对音字“乞洒$_{\text{二合}}$”相当。

① 施向东：《音史寻幽——施向东自选集》，天津：南开大学出版社，2008 年，第 27 页。

这也说明《智炬陀罗尼经》中的译法与梵藏对音一致，而非中原传统的梵汉对音译法。

4. e 元音的对音

藏文元音 i，e 的对音在汉传文献与藏传文献中对音规律不同。汉文佛经中对音字相同，均为止摄开口三等字或蟹摄开口四等字。藏传佛经与梵文对音一致，i 和 e 两个元音相区别。《智炬陀罗尼经》中与梵藏文咒语对音规律的一致，将两个元音明确区分。元音 i 用西夏语第二摄字对音，r- 声母字用综合韵 R.84 的字对音，其他声母字用综合韵 R.10、R.11 的字对音，元音拟音为 *ji（卷舌韵拟作 *jir）。元音 e 用西夏语第七摄字对音，r- 声母字用综合韵 R.79 的字对音，其他声母字用综合韵 R.36、R.37 的字对音，元音拟音为 *jij（卷舌韵拟作 *jijr）。第七摄 R.36、R.37、R.79 等韵的主要元音在龚煌城先生的拟音系统中也为 i。因其与梵藏文对音中与 e 元音的严整对应关系，荒川慎太郎也曾建议将西夏语 R.36、R.37 韵主要元音构拟为 e。陀罗尼中字例如下。

西夏文对音字	拟音	音韵地位	汉文对音	藏文对音	
[illegible]	rjijr^2	R.79	㗚	re	curedhe
[illegible]	rjijr^2	R.79	㗚	re	parihare
[illegible]	rjir^1	R.84	㗚	ri	kirikiri
[illegible]	rjir^1	R.84	㗚	ri	karkāri
[illegible]	rjir^1	R.84	㗚	ri	dhiridhiri
[illegible]	djij^2	R.37	提	dhe	ucuredhe
[illegible]	dji^1	R.11	提	dhi	hatabuddhi
[illegible]	tji^2	R.11	替	tit	ittitdhansa
[illegible]	thjij^2	R.37	替	the	syādyathedan

5. 辅音韵尾的对音

西夏密咒使用两个字表示梵语中的辅音韵尾，后一个西夏字多为小写，辅音韵尾与藏文本一致，均有对音。提云译本辅音尾 -n 以阳声韵字对应。辅音尾 -r 在西夏本中使用"[illegible]" rjur^2 对应。-r 在汉文本中无对应字，但是与整个音节对应的汉字皆为收 -t 尾的入声字，如与 kur 对音的"屈"和"羯"为臻摄三等入声字，与 mūr 对音的"没"

为臻摄一等入声字。

西夏文对音字	拟音	汉文对音	藏文对音	
[illegible]	thar^{1}$_{\text{nji}2}$	炭他邓反	dhan	ittitdhansa
[illegible]	thja^{2}nja^{2}	炭	dhan	itdhansa
[illegible]	ku^{1}rjur^{2}	屈居勿反	kur	kurma
[illegible]	ku^{1}rjur^{2}	羯	kur	kurmapāṇi
[illegible]	mu^{2}$_{\text{rjɨr}^{2}}$	没	mūr	mūrtini
[illegible]	pja^{1}$_{\text{djɨ}^{2}}$	钵昙	pad	padma

四、余论

《佛说智炬陀罗尼经》为汉传密宗文献，该佛经咒语之外的叙述部分与汉文佛经对应严整，陀罗尼中间间杂“二”“三”等汉文数字。这些说明佛经翻译所据原典应为提云般若所译的汉文佛经。然而，上文讨论的几条陀罗尼咒语对音用字特征与提云般若译本对音规律不合，反而与藏译本陀罗尼对音规律一致。经与清代乾隆年间编纂的《四体合璧大藏全咒》对照，咒语中确有“以上一句番经缺，依汉文咒语音入”或“以上一句汉经缺，依番经咒语添入”等藏、汉无法对应之处。此外，汉文佛经缺失咒语之处，西夏文咒语往往可与藏文咒语一一对应。因此，从咒语的对应关系上看，西夏文咒语的确与藏文咒语的对应更为契合。解释这种现象只有一种可能，我们推测《佛说智炬陀罗尼经》虽在汉文佛经基础上译出，但是在仁宗大规模校经时，陀罗尼部分又经过重新校正。西夏时期译经原典的来源主要有汉传、藏传两种，很难见到梵文佛经原本，因此结合某些特定的用字特征可以判断出该佛经陀罗尼带有藏传佛教的背景或经过精通藏文的僧人重新校对。这正与西夏仁宗皇帝大规模校译佛经的史实相合。

在玄奘提出的“五种不翻”中，第一种不翻的原因就是“秘密”，也就是陀罗尼。陀罗尼咒语只能音译，念诵发音必须绝对准确，否则不但收不到辟邪祈福的作用，而且会因诵咒而得祸事，因此佛经陀罗尼的对音用字往往会带有某些时代或者地域方音的特征。仁宗时期推翻了早期西夏佛经翻译中按照汉语的西北方音翻译的陀罗尼，制定了一套更为规范的用字体系。这套体系在对待声母清浊、送气等对音用字的某些语

音特征更为审慎，力求读经人所颂的陀罗尼最大程度接近梵语。西夏时期新译佛经陀罗尼标音用字规则包括：自造陀咒语专用译音字；梵语复辅音声母使用大小双字表示；加注“䍏”表示长元音；使用小字表示部分辅音收尾的音节等。[①]

本文通过对《智炬陀罗尼经》密咒对音用字的分析，进一步细化了参照藏文佛经校译的陀罗尼的用字特征。力求以佛经密咒对音用字的特征为标准，追溯西夏文佛经的来源，对缺少题款的西夏文佛经进行时代或来源上的判定。参照藏传佛经密咒校改的几点常见特征如下：

第一，使用两个西夏字表示梵语中的复辅音声母或辅音韵尾，后一个西夏字多为小写，复辅音和辅音韵尾与藏文本一致。

第二，使用 kh 或 ś 辅音字直接对译梵文辅音 kṣ。

第三，顶音和齿音均使用舌尖前辅音西夏字对音。

第四，腭音中的塞擦音使用舌尖前音 [ts][tsh][dz][dzh] 对音。

第五，e 元音与单元音 i 使用不同韵摄西夏字对音。

在探讨西夏遗存的汉文佛经的来源时，孙伯君就曾指出汉传佛经密咒对音汉字反映的是唐宋时期的中原汉语或长安话；藏传佛经密咒的对音字反映的则是西夏地区流行的汉语西北方音。根据陀罗尼对音用字规律，她将一些没有题款的、一般认为是宋元时期翻译的汉文佛经确定为西夏时期翻译的。[②] 本文考察西夏文佛经陀罗尼对音用字规律，明确与梵藏译经陀罗尼对音一致的特征。若西夏文汉传佛经中显示出如上陀罗尼对音用字规律，则可以以此判定此佛经译成后经由精通藏文的僧人重新校正。这正与西夏仁宗时期大规模校经活动的史实相合，因此也可以判断为仁宗时期校译过的佛经译本。

① 孙伯君:《西夏新译佛经陀罗尼的对音研究》，北京：中国社会科学院出版社，2010年，第89—98页。
② 孙伯君:《西夏新译佛经陀罗尼的对音研究》，北京：中国社会科学院出版社，2010年，第89—98页。

第五章
回鹘“译音对勘”资料研究

回鹘文记汉语《礼忏文》两叶残片及其对音研究

张铁山
（中央民族大学 北京 100081）

【提要】在回鹘文文献中，幸存有一些用回鹘文记写汉语的文献残片。因回鹘文是拼音文字，可以较好地记录当时汉语的语音，因此研究用回鹘文记写的汉语材料，可以为汉语史、汉语音韵学研究提供极其宝贵的材料。本文以回鹘文记汉语《礼忏文》两叶残片为基础材料，对残片的回鹘文进行转写，并对所记汉语的语音进行分析。

【关键词】回鹘文；汉语《礼忏文》；对音研究

汉语与回鹘文献语言是系属不同的语言，在语言结构上有着明显的差别。但是，由于民族间的长期交往和接触，回鹘文文献中也保存了一些回鹘语—汉语对音材料。这些材料主要包括三个方面：一是回鹘语中有大量的汉语借词，二是幸存有一些用回鹘文记录汉语的文献材料，三是用汉字记录回鹘语的文献材料。运用这些资料可以有效地进行回鹘语和汉语的对音研究，前贤已有不少研究。

（一）运用回鹘语中的汉语借词进行对音研究。

罗常培：《唐五代西北方音》，上海，1933年。

高田时雄：《ウイゲル字音史大概》，《东方学报》62册，1990年。

庄垣内正弘：《〈畏兀儿馆译语〉の研究—明代ウイゲル口语の再构》，《内陆アジア言语の研究》I，第51—172页。

Kahar Barat: A Turkic Chinese Transcription Sestem, Rrodeedings of the 38th Permanent International Altaistic Conference, s. 5-83.

陈宗振：《关于维吾尔语的早期汉语借词的探讨》，《民族语文研究文集》，青海民族出版社，1982年。

聂鸿音：《回鹘文〈玄奘传〉中的汉字古音》，《民族语文》1998年第6期。

张铁山:《汉—回鹘语对音研究》,《现代语言学理论与中国少数民族语言研究》,民族出版社,2003 年。

张铁山、朱国祥:《回鹘文〈金光明经〉中的汉语借词对音研究》,《新疆大学学报》2014 年第 1 期。

朱国祥、张铁山:《回鹘文佛教文献中的汉语借词研究》,甘肃文化出版社,2000 年。

(二)用汉字记录回鹘语的文献材料,如《高昌馆杂字》《高昌馆来文》以及用汉字标记回鹘语的其他材料。

胡振华,黄润华:《明代文献〈高昌馆课〉》(拉丁文字母译注),新疆人民出版社,1981 年。

胡振华,黄润华:《高昌馆杂字》,民族出版社,1984 年。

高田时雄:《回鹘字音考》,《敦煌·民族·语言》,中华书局,2005 年。

高田时雄:《回鹘字音史概述》,《敦煌·民族·语言》,中华书局,2005 年。

(三)运用以回鹘文记录汉语的文献材料进行对音研究。

B. Csongor: Chinese in the Uighur Script of the Tang-Period, AOH(2), 1952.

B.Csongor: Some more Chinese Glosses in Uighur Script, AOH(4),1954.

S. Raschmann, T. Takata: Ein chinesischer Turfan-Text mit uigurischen phonetischen Glossen, AOH(20), 1993.

P. Zieme: A Fragments of the Chinese Manjusrinamasamgiti in Uigur Script from Turfan, Studies on the Inner Asian Languages, XI.

庄垣内正弘:ロシア所藏ウイゲル語文献の研究—ウイゲル文字表記漢文とウイゲル語仏典テキスト:京都大学大学院文学研究科,2003.

高田时雄:《回鹘字注音的吐鲁番汉文写本残片》,《敦煌·民族·语言》,中华书局,2005 年。

本文的研究属于第三种类型,即运用以回鹘文记录汉语的文献材料进行对音研究。[①] 所用两叶回鹘文残片均收藏于俄罗斯科学院东方文献研究所。

编号 SI O 105,长 27.5 厘米,高 25.5 厘米。草书回鹘文,存回鹘文 16 行。另一

① 本文所用换写以庄垣内正弘的研究为基础。参见庄垣内正弘:《ロシア所藏ウイゲル語文献の研究—ウイゲル文字表記漢文とウイゲル語仏典テキスト》,京都:京都大学大学院文学研究科,2003 年,第 30—36 页。

面为汉文。

编号 SI 4b Kr.176，长 35 厘米，高 16 厘米。草书回鹘文，存回鹘文 18 行。另一面为汉文。

编号 SI 4b Kr.175，长 60 厘米，高 26.5 厘米—16 厘米。草书回鹘文，存回鹘文 25 行。另一面为汉文。后二残片可连接，共 43 行。

经研究，编号 SI O 105 残片记写的与汉文《黄昏礼忏》（《敦煌宝藏》第 44 册，斯 5620 号）、《礼忏文》（大正藏第 85 卷，No.2854）、《集诸经礼忏仪》（大正藏第 17 卷，No.1982）相对应。

编号 SI 4b Kr.176 和编号 SI 4b Kr.175 记写的与汉文《黄昏礼忏》和《集诸经礼忏仪》对应。

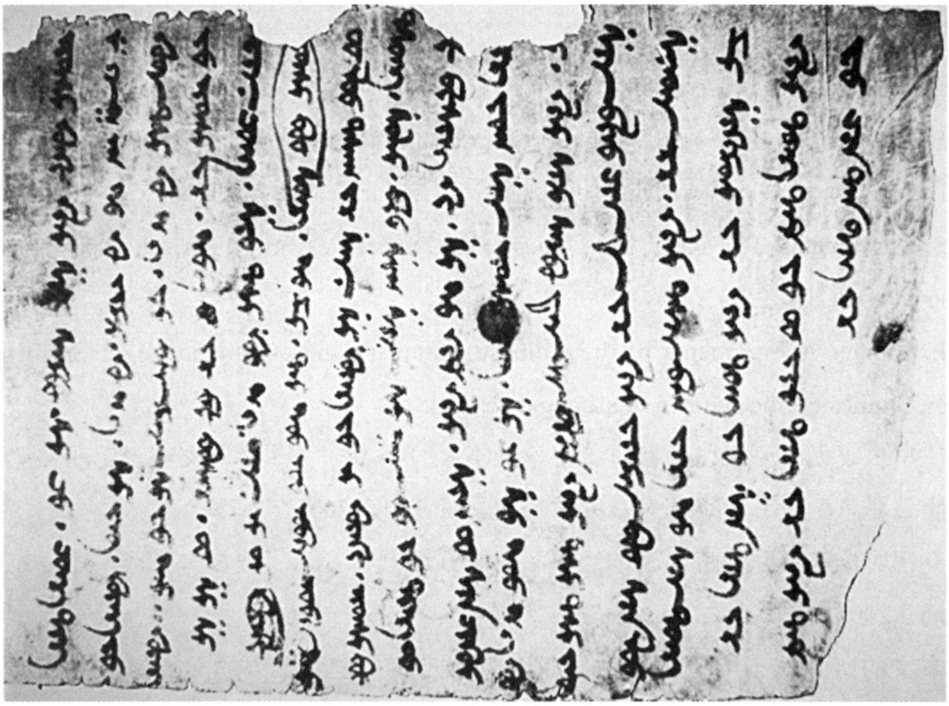

图版 1　编号 SI O 105 残片

图版 2　编号 SI 4bKr.176 残片

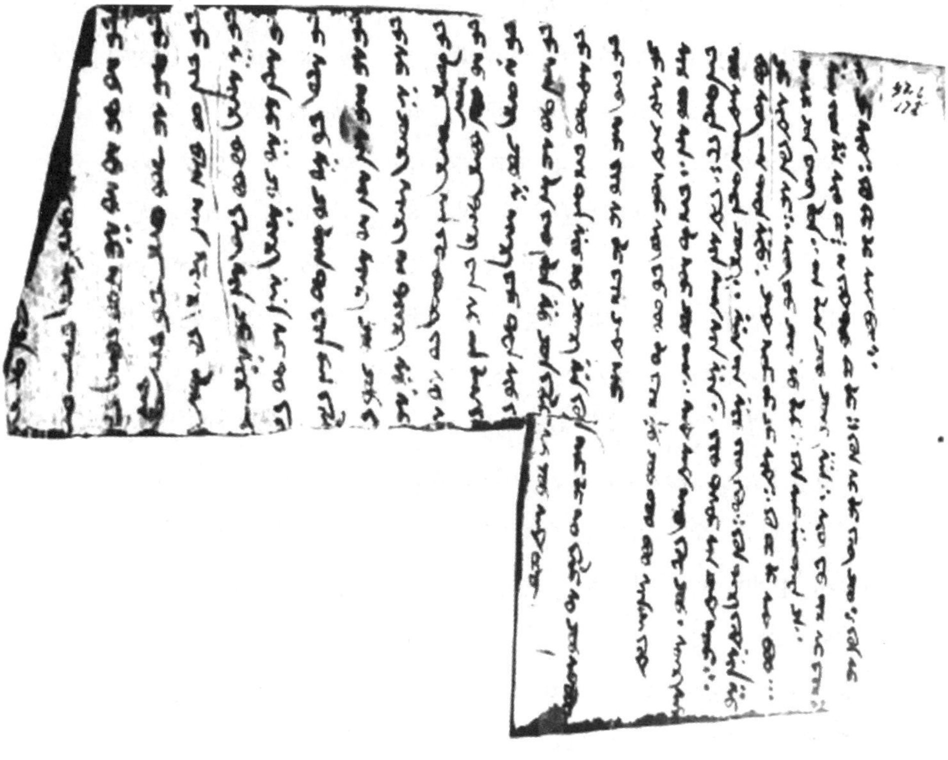

图版 3　编号 SI 4bKr.175

编号 SI O 105 残片的换写及其对应的汉文原文如下。

（01）'ytsy kwnky kyly šycw s'mpw. sy cw cwnk tynk
一切 恭敬 敬礼 常住 三宝 是 诸 众 等

（02）ž-yn q̈-'q qw kw yymcy. kw q-'. šy v'p. kwynk yw
人 各 胡 跪 严持 香花 如 法 供 养

（03）kwwn tsy kw q-'. vy pyn m'n šy vw q'y : kwynk
愿 此 香花 云 遍 满 十 方 界 供

（04）yw 'ytsy vr. qw-' vr py pws'r. ww šy šy
养 一切 佛 化 佛 并 菩萨 无 数 声

（05）vyṅ cwnk. šyw tsy kww q-' wyṅ 'y wy (kwynky
闻 众 受 此 香 花 云 以 为 供养

（06）[']ytsy pww swnk.) qw my. t'y qww 'ww 'wpyn 'wpyn q'y
一切 普 诵 光明 台 广 于 无边 无边 界

（07）ww lww ts'q vrš'n šy kwynk yw 'y kwynky. 'ytsy pww
无 量 作 佛? 事 供 养 以 供敬 一切 普

（08）swnk. swl'y. pyw šyq syn sy q̈'n ww yw tynk ww
诵 如来 妙 色 身 世 间 无 与 等 无

（09）[p]y pysynk ky. šy qw kym kyly. šyq ww syn cykwy
比 不思 (?) 议 是 故 今 敬礼 色 无 尽 智慧

（10）[y]yk vwq šyn 'ytsy v'p. šy cw šy qww q-' kww
亦 复 然 一切 法 常 住 是 故 我 归

（11）[']y. kyly sycw s'mpw d'n t' p'm kyly tsy tsy v'p
依 敬礼 常住 三宝 叹 ? 敬礼 清 净 法

（12）šyn pylw cy' d' vr kyly vynm'n pww syn lww
身 毘卢 遮 那 佛 敬礼 圆满 报 身 卢

（13）šy't'vr. kyly tsyn p'q yyk qw syn twnk
舍那佛 敬礼 千 百 亿 化 身 同

（14）my šykymwny vr ky(l)ly twnk vw šyn tyk vr
名 释迦牟尼 佛 敬礼 东 方 善 德 佛

（15）kyly twnk t’m vw ww yyw tyk vr kyly t’m

敬礼 东 南 方 无 忧 德 佛 敬礼 南

（16）vw cyn t’n tyk vr

方 旃 檀 德 佛

编号 SI 4b Kr. 176 残片的换写及其对应的汉文原文如下。

（01）kyly sy sy v’p syn (py) lw [cy’ d’ vyr]

敬礼 清净 法 身 毘卢 遮那 佛

（02）kyly vyn m’n pww syn l[w] sy’ [d’ vyr]

敬礼 圆满 报 身 卢舍 那 佛

（03）kyly syn p’q ’yk qw syn twnk [my s̈ykymwny vyr]

敬礼 千百 亿 化 身 同 名 释迦牟尼 佛

（04）kyly twnk vw syn tyk vyr

敬礼 东 方 善 德 佛

（05）kyly twnk t’m vw ww yyw tyk vy[r]

敬礼 东 南 方 无 忧 德 佛

（06）kyly t’m vw cyn t’n tyk vyr

敬礼 南 方 旃 檀 德 佛

（07）kyly sy t’m vw pww s̈y vyr

敬礼 西 南 方 宝 施 佛

（08）kyly sy vw ww lw my vyr

敬礼 西 方 无 量 名 佛

（09）kyly sy (py[k]) vw q’ tyk vyr

敬礼 西 北 方 花 德 佛

（10）kyly pyk vw sww tyk vyr

敬礼 北 方 相 德 佛

（11）kyly twnk pyk vw s’m synk qy v[yr]

敬礼 东 北 方 三 胜 行 佛

（12）kyly s̈w vw qw cwnk tyk vyr

敬礼 上 方 广 众 德 佛

（13）kyly q' vw my tyk vyr ::

敬礼 下 方 明 德 佛

（14）kyly tw l'y q' š py lww swn vyr

敬礼 当 来 下生 弥勒 尊 佛

（15）kyly qw kyn vy l'y syn syp vw s['m sy 'yr sy cw vyr]

敬礼 过 现 未来 身 十 方 三 世 一切 诸 佛

（16）kyly s'ly ky sw ww lw pww t'p

敬礼 舍利 形 象 无 量 宝 塔

（17）kyly syp šy vww swn ky sym sym [v'p sw]

敬礼 十 二 部 尊 经 甚 深 法藏

（18）kyly cw t'y vww s'r m'q̈' s'r cw[nk]

敬礼 诸 大 菩 萨 摩诃 萨 众

编号 SI 4b 175 残片的换写及其对应的汉文原文如下。

（19）kyly cw šy vyn wyn kwq tynk ['yr sy kyn sy]

敬礼 诸 声 闻 缘 觉 等 一切 贤 圣

（20）vy sy syp v' r tyn syk v' n wn[k tynk kyly sw cww s' m pww]

为 二十 八 天 释 梵 王 等 敬礼 常住 三 宝

（21）vy qwty qwqw šyq' ww kwnk kyl[y sw cww s'm pww]

为 皇帝 皇后 圣化 无 穷 敬礼 常 住 三 宝

（22）vy t'y sy cww wnk vw yyn (v'n) [yyp kyly sw cww s'm pww]

为 太子 诸 王 福 延 万 叶 敬礼 常住 三 宝

（23）vy vynww p'q q'n qynk kw lwq [yw kyly sw cww s'm pww]

为 文武 百官 恒 其 禄 位 敬礼 常 住 三 宝

（24）vy š synk pw pw kyp syn cy šyk [kyly sw cww s'm pww]

为师 僧 父 母 及 善 知识 敬礼 常住 三 宝

（25）vy s'v sy šw cw šynk s'n sy tw ky[ly sw cww s'm pww]

为 ？？ ？？ ？？？ ？ 敬礼 常住 三 宝

（26）vy syp vw s̈w cw lwq tw vyn m’n kyl[y sw cww s’m pww]
为 十方 施主 六度 圆 满 敬礼 常住 三宝

（27）vy sy q’y syn syn sw synk cww cww k[yly sw cww s’m pww]
为 ？？ ？？ ？？ ？ ？ 敬礼 常住 三宝

（28）vy sy s̈ cwnk synk q’ tynk s̈w sy [kyly sw cww s’m pww]
为 ？？ ？ ？？ ？ ？？ 敬礼 常住 三宝

（29）vy lwnk wnk q’n ky pwnk yw sw s[kyly sw cww s’m pww]
为 龙 王 欢喜 风 雨 ？？ 敬礼 常住 三宝

（30）vy qw qwq pwnk tynk v’n sy ’’n l’q k[yly sw cww s’m pww]
为 五谷 丰 登 万事 安乐 敬礼 常住 三宝

（31）vy q̈’ wnk cww s̈ qynk vy t(’)v syw k[yly sw cww s’m pww]
为 过现 诸师 恒 为 道 首 敬礼 常 住 三宝

（32）vy qwq tww sy l’n v’p lwn s̈w cwn kyly sw cww s’m pww
为 国 土 ？？ 法 轮 常 转 敬礼 常住 三宝

（33）vy s’m tww v’r t’n s̈yw qw cwnk s̈’ kwn q’y ly qw kyly sw cww s’m pww
为 三 涂 八难 受苦 众 生愿 皆 离苦敬礼 常住 三宝

（34）vy v’p q’y yyw sy ly vyr c’m qwy
为 法 界 有 情 礼 佛 忏 悔

（35）cy sym c’m qwy syp vw www lw vyr s̈w cww www pww syn q’ kym
至 心 忏 悔 十 方 无 量佛 所知 无 不尽 我今

（36）syr ’ww syn : v’r lw qwy cww ’’q : s’m s’m q’p kyv cww . swnk s’m
悉 于 前 发露 悔 诸 恶 三 三合 九 种 从 三

（37）v’n t’v ky :: kym syn s̈’q syn s̈yn : yyw tswy syn c’m qwy ::
烦 脑起 今 身若 前 身 有 罪 尽 忏 悔

（38）’ww s’m ’’q t’v cwnk : s̈’q ’yn s̈yw kyp pww :: kwn tyk kym s̈yn s̈w
于 三恶道 中 若应 受 业 报 愿 德 今身 常

（39）pww s̈yp ’’q t’v s̈yw : c’m qwy ’y cy sym :: kw my ly s’m pww::
不 入 恶道 受 忏 悔 已至 心 归命 礼三 宝

（40）cy sym kwn sy :: syp vw cww sw l'y :: kyn s'y s̈y t'v c' :
至 心 劝 请 十 方 诸 如 来 现 在 成道 者

（41）q' sy cwn v'p lwn : ''n l'q cww cwnk s̈' : syp vw 'yr sy vyr:
我 请 转 法 轮 安 乐 诸 众 生 十 方 一切 佛

（42）s̈'q ywq s̈' syw my : q' kym tyw my ly :: kwn sy ly kyp cww :: kwn sy
若 欲 舍 寿 命 我 今 头 命 礼 劝 请 令 久 住 劝 请

（43）'y cy sym : kw my ly s'm pww ::
已 至 心 归 命 礼 三 宝

从上面的回鹘文来看，其换写字母与其所记语音的关系是：y = i、ï、e；' = a、ä；w = u、o、ö、ü。

王力先生曾将汉语史分为上古（3 世纪以前）、中古（4—12 世纪）、近代（13—19 世纪）和现代（五四运动以后）四个时期。[①] 回鹘文献语言时期大致与汉语中古时期的后半段及近代时期的前半段相当。因此，下面我们以汉语中古时期的语音为基础，以上述两叶回鹘文记写汉语残片为材料，探讨汉语—回鹘语对音问题。

《汉语史稿》将中古声母分为 5 类 35 母[②]，把《广韵》的 206 韵分成 61 个韵类 141 个韵母[③]。下面我们将这两叶回鹘文残片的汉字按此分类列出其声韵。

1. 声母

①唇音：帮（非）p 滂（敷）p‘ 並（奉）b 明（微）m

帮 = 回鹘 p、v，如：遍 =pyn（105-03[④]）；报（身）=pwwsyn（105-12）法 =v' p（176-01）；八 =v' r（175-33）；方 =vw（176-04）；北 =pyk（176-10）

滂 = 回鹘 p，如：菩（萨）=pws' r（105-04）；普 =pww（105-6）

並 = 回鹘 b、v，如：並 py（105-04）；佛 =vyr（176-10），部 =vww（176-17）；父 =pw（175-24）

明 = 回鹘 p、m、v、Ø，如：母 =pw（175-24）；满 =m'n（105-03）；命 =my（175-39）；弥（勒）=py lww（176-14）；明 =my（176-13）；文武 =vyn

① 王力：《汉语史稿》，北京：中华书局，1980 年，第 35 页。
② 王力：《汉语史稿》，北京：中华书局，1980 年，第 50—54 页。
③ 王力《汉语史稿》原书作 91 个韵母。后来郭锡良在其《汉字古音手册》（北京大学出版社，1986 年）"前言"中根据韵表实际情况校改为 141 个韵母（见该书第 6 页）。
④ 括号内的数字，前面分别指 SI 0 105、SI 4b Kr.176、SI 4b 175 残片，后面是残片的行数。下同。

ww（175-23）

②舌音：端 t　透 t　定 d　泥 n　来 l

知　徹　澄

端 = 回鹘 t，如：东 =twnk（176-11）；德 =tyk（176-13）；当 =tw（176-14）

透 = 回鹘 t、d，如：太（子）=t'y sy（175-22）；叹 =d' n（105-11）；土 =tww（175-32）；台 =t'y（105-06）

定 = 回鹘 t，如：大 =t' y（176-18）；度 =tw（175-26），道 =t'v（175-38）；同 =twnk（105-13）

泥 = 回鹘 t、d'，如：南 =t'm（176-06）；难 =t'n（175-33）；那 =t'（105-13）~d'（105-12）

来 = 回鹘 l，如：（敬）礼 =ky ly（176-01）；（未）来 =vy l'y（176-15）；（弥）勒 =py lww（176-14）；离 =ly（175-33）

知 = 回鹘 c，如：（广）众 =qw cwnk（176-12）；中 =cwnk（175-38）

澄 = 回鹘 c，如：持 = cy（105-02）

娘 = 回鹘 n，如：（释迦牟）尼 = s̈ykymwny（105-14）

③齿音：精 ts　清 ts'　从 dz　心 s　邪 z

壮 tʃ　初 tʃ'　崇 ʤ'　山 ʃ

章 tɕ　昌 tɕ'　船 ʥ'　书 ɕ　禅ʒ　日 nʒ

精 = 回鹘 s、ts，如：（太）子 =t'y sy（175-22）；尊 =swn（176-17）；

作 =ts'q（105-07）

清 = 回鹘 s、ts，如：（一）切 = 'y tsy（105-01）；千 =tsyn（105-13）；

此 =tsy（105-03）

从 = 回鹘 s、ts，如：（现）在 =kyn s'y（175-40）；前 =syn（175-37）；

罪 =tswy（175-37）

心 = 回鹘 s，如：三 = s'm（175-36），心 =sym（175-40）；思 =synk（105-09）；相 =sww（176-10）；悉 =syr（175-36）

邪 = 回鹘 s、ts，如：诵 =swnk（105-08）；

壮 = 回鹘 s，如：（太）子 =t'y sy（175-22）

崇 = 回鹘 s，如：（万）事 =v'n sy（175-30）

山 = 回鹘 s，如：师 = ṡ（175-31）；

章 = 回鹘 c，如：者 =c'（175-40）；主 =cw（175-26）；至（心）=cy sym（175-35）；诸 =cw（105-01）

书 = 回鹘 s、ṡ，如；舍 = ṡ'（175-42）；（化）身 =qw syn （105-13）

禅 = 回鹘 s、ṡ，如：是（故）= ṡy qw（105-09）；常（住）= ṡy cw（105-10）

日 = 回鹘 s、ṡ、ż，如：人 =ż-yn（105-02）；如（来）=sw l'y（105-08）

④喉音：影 Ø　余 j　晓 x　匣 ɣ

影 = 回鹘 '、''、'y、y、yy，如：于 ='ww（175-38）；亿 ='yk（176-03）；一（切）='y tsy（105-01）；安乐 =''n l'q（175-41）；（归）依 =kww 'y

晓 = 回鹘 q、q̈、k，如：（忏）悔 =c'm qwy（175-35），欢喜 =q'n ky（175-29）；花 =q-'（105-03）；香花 =kw q-'（105-03）~kww q-'

匣 = 回鹘 q、k、Ø，如：现 = kyn（176-15）；皇（帝）=qw ty（175-21）；胡 =qw（105-02）；下 =q'（176-13）；有（罪）=yyw tswy（175-37）；王 =wnk（175-22）；为 =vy（175-23）；雨 =yw（175-29）；云 =vy（105-03）~wyn（105-05）

⑤牙音：见 k　溪 k'　群 g　疑 ŋ

见 = 回鹘 q、q̈、k，如：界 =q̈'y（105-06），敬（礼）=kyly（176-01）；过 =qw（175-15）；各 = q̈-'q（105-02）；九 =kyv（175-36）

溪 = 回鹘 q、k，如：苦 =qw（175-33）；起 =ky（175-37）

群 = 回鹘 k，如：劝 =kyn（175-40）；跪 =kw（105-02）；其 =kw（175-23）

疑 = 回鹘 k，q，如：业（报）=kyp pww（175-38）；五 =qw（175-30）

2. 韵母

东董送 = 回鹘 wnk，如：中 =cwnk（175-38）；东 =twnk（176-04）；同 =twnk（105-13）

冬宋沃 = 回鹘 wnk，如：众 =cwnk（105=01）

钟肿用 = 回鹘 wynk、w，如：供（养）=kwynk yw（105-03/04）；从 =swnk（175-36）

支纸寘 = 回鹘 y、w，如：施 = ṡy（176-07）~ 施（主）= ṡw cw（175-26）；弥（勒）=py lww（176-14）；智（慧）= cy kwy（105-09）；为 =vy（175-23）

脂旨至 = 回鹘 y，如：至（心）=cy sym（175-35）；二 = ṡy（176-17）~sy

（175-20）

之止志 = 回鹘 y，如：以（为）='y ww（105-05）；事 =sy（175-30）

鱼语御 = 回鹘 w，如：与 = yw（105-08）

虞麌遇 = 回鹘 u，如：父 = pw（175-24）；（施）主 = šw cw（175-26）

模姥暮 = 回鹘 w，如：五（谷）= qw qwq（175-30）；胡 =qw（105-02）；（是）故 =šy qw（105-09）

齐荠霁 = 回鹘 y，如：（皇）帝 =qw ty（175-21）；（敬）礼 =kyly（105-01）

祭 = 回鹘 y，如：（三）世 =s'm sy（176-15）

泰 = 回鹘 'y，如：大 =t'y（176-18）；太（子）=t'y sy（175-22）

皆骇怪 = 回鹘 'y，如：皆 =q'y（175-33）

灰贿队 = 回鹘 wy，如：（忏）悔 =c'm qwy（175-37）；罪 =tswy（175-37）

咍海代 = 回鹘 'y，如：未来 =vy l'y（176-15）

真珍震 = 回鹘 yn，如：身 =syn（175-37）；尽 =syn（175-37）；人 =ž-yn（105-02）

文吻问 = 回鹘 wyn，如：文 =vyn（175-23），云 =vy（105-03）~ wyṅ（105-05）

元阮愿 = 回鹘 wn、'r、'n，如：愿 =kwn（175-38）；发 = v' r（175-36）；万 = v' n（175-30）

寒旱翰 = 回鹘 ''n，如：安（乐）=''n l'q（175-30）；

桓缓换 = 回鹘 'n，如：官 =q'n（175-23）

山产裥 = 回鹘 'n，如：间 = q̈'n（105-08）；八 =v'r（175-20）

先铣霰 = 回鹘 yn，如：天 =tyn（175-20）；前 =syn（175-36）；贤 = kyn（175-19）

仙狝线 = 回鹘 yn，如：延 =yyn（175-22）；然 = šyn（105-10）；善 =syn（175-24）

豪皓号 = 回鹘 'v，如：道 = t'v（175-38）

歌哿个 = 回鹘 '，如：我 =q'（175=42）

戈果过 = 回鹘 '、w、y，如：过 =qw（176-15）~q'（175-31）；摩 =mw（105-14）；（释）迦（牟尼）= šykymwny

麻马禡 = 回鹘 '、w，如：化 =qw（105-13）~q'（175-21）；下 = q'（176-13）

阳养漾 = 回鹘 w，如：供养 =kwynk yw（105-07）；（十）方 = s̈y vw（105-03）

唐荡宕 = 回鹘 w、如：皇 =qw（175-21）；光（明）=qw my（105-06）

庚梗映 = 回鹘 y、如：敬（礼）=ky ly（176-06）；（归）命 = kw my（176-39）

清静劲 = 回鹘 y、如：成 = s̈y（175-40）；令 ly（176-42）

青迥径 = 回鹘 y、如：经 =ky（176-17）

蒸拯证 = 回鹘 yn，如：应 =’yn（176-38）

登等嶝 = 回鹘 ynk、yk，如：等 =tynk（105-01）；僧 =synk（175-24）；德 =tyk（176-12）

尤有宥 = 回鹘 yw，如：有 =yyw（176-37）；久 = kyp（176-42）

侯厚候 = 回鹘 w、yw，如：皇后 =qw qw（175-21）；母 =pw（175-24）

侵寝沁 = 回鹘 y、yp、ym，如：十（方）= s̈y vw（105-03）~syp vw（176-15）；甚 = sym（176-17）；及 = kyp（175-24）；入 = s̈yp（176-39）

覃感勘 = 回鹘 ’m、’p，如：南 =t’m（176-06）；合 =q’p（175-36）

谈敢阚 = 回鹘 ’m、yp，如：三 =s’m （176-11）

盐琰灎 = 回鹘 yp，如：业（报）=kyp pww（175-38）；叶 = yyp（176-22）

衔栏鑑 = 回鹘 ’m，如：忏（悔）=c’m qwy（176-34）

严俨酽 = 回鹘 ym、yp，如：严持 =yym cy（105-02）；业 = kyp（176-38）

凡范梵 = 回鹘 ’n，如：梵 =v’n（175-20）；法轮 = v’p lwn（176-41）

通过以上对两叶回鹘文记汉语残片的分析，可以看出回鹘语基本保留了中古汉语的语音特点，但也有一些与中古汉语的语音不同。其中主要的区别如下。

（1）带鼻音 -ŋ 的韵。鼻音 -ŋ 有的还保留，如：同 =twnk，众 =cwnk，等 =tynk，胜 =synk 等；有的已经消失了，如：命 =my，请 =sy 等。鼻音 -ŋ 的消失大约是从唐代开始的，其间经历了一个漫长的发展过程。因此，在回鹘语中，消失了 -ŋ 的现象，可以认为是唐代以后吸收的。

（2）收 -t 的韵。在用回鹘文标记汉语的材料中，汉语韵母尾音 -t 有的保留着，有的变成了 -r，有的消失了。这说明，尾音 -t 在西北方言中经历了 -t>-r>0 的发展过程。这一发展演变过程也印证了中古汉语 -t 韵母的消失过程。[①]

（3）收 -k、-p、-m 的韵。汉语韵母尾音 -k、-p、-m 的字仍保留着这些尾音。如：德 =tyk，释 =syk，南 =t'm，三 =s'm，法 =v'p，及 =kyp 等。

（4）声母泥 n。有的保持着汉语的语音，有的在回鹘语中写作 d。这一现象是由于唐西北方言所造成的。罗常培在研究敦煌汉藏对音写本时也发现有这种现象，“泥 n”声母的汉字在藏语中既可以写作 n，也可以写作 d[②]。

（5）许多声母和韵母在回鹘语中对应不同的字母。这是由两个方面的原因造成的。一方面，发音越接近的音，其对应的范围就越小，如心 s= 回鹘 s；反之，发音越模糊，其对应的范围就越广，如帮 = 回鹘 p、v。这说明不同民族对语音的感知差别是不同的。在一种语言中差别很小的语音，在其他的民族听起来也许会感觉差别很大。另一方面，在回鹘文中，字母 b 和 p、t 和 d、s 和 š、q 和 γ、g 和 k 有不分的现象，这也造成了对应的字母会有所不同。

（6）许多复韵母在回鹘语中有单元音化的趋势，或因韵尾辅音的消失而前面的复韵母变成单元音。这一变化是受到回鹘语语音自身特点的影响而产生的，因为回鹘语没有复元音，汉语的复元音韵母势必向单元音靠拢，渐渐地变成了单元音。

（7）入声字大多还保留着韵尾。如：八 =v'r，大 =t'y，昔 =syr，百 =p'q，十 =syp，及 =kyp，国 = qwq，合 = q'p，识 = s̈yk，等等。

① 王力认为，韵尾 -p、-t、-k 在北方话里的消失经历了 -p、-t、-k>ʔ>0 的过程。14 世纪（或更早）的北京话里，韵文 -p、-t、-k 就已经消失了。参见王力：《汉语史稿》，北京：中华书局，1980 年，第 134 页。

② 罗常培：《唐五代西北方音》，上海中国科学公司代印，1933 年，第 19 页。

浅析回鹘文《玄奘传》第六卷中的音译型佛教术语

崔　焱
（辽宁师范大学　大连　116029）

【提要】回鹘文《玄奘传》对于研究中古时期回鹘佛教文献语言的面貌有很大的价值。以回鹘文译本《玄奘传》第六卷为蓝本，同时与相应的汉文本进行对照，从翻译方法的角度，遴选出一些音译型佛教术语，尝试分析这些音译型佛教术语的汉语原文、回鹘文拉丁字母转写、词源、释义及语音对应情况，借助这些语料分析其中来自梵语的词音译为回鹘语时的语音对应规律。

【关键词】 回鹘文；玄奘传；音译型佛教术语；梵语

一、回鹘文《玄奘传》概况

回鹘文《玄奘传》约在公元 10—11 世纪由新疆别失八里人胜光法师译自汉文，它是 20 世纪以来新疆出土的重要回鹘文文献之一，就其价值而言，可与之相比的只有《金光明经》《弥勒会见记》等少数几部篇幅较大的回鹘文文献。该文献不仅为我们提供了关于中亚及印度佛教史方面的材料，还记录了中亚及印度的许多地名的正确发音，为音韵学学者的研究提供了依据，对于研究古代维吾尔人及其周围和中亚诸民族的语言文字、文化、宗教、历史等具有十分重要的意义。

回鹘文佛经的翻译是随着佛教的东传而开始，并伴随中原佛教的兴盛和藏传佛教的影响而成长，最终以伊斯兰教的进入而衰落。回鹘文佛经的来源大致有三：第一，早期的回鹘文佛经译自西域古代语言，如译自吐火罗文的《弥勒会见记》便是一例；第二，译自汉文，如《玄奘传》《金光明最胜王经》《八阳神咒经》等；第三，译自藏文，如《胜军王问经》等。 在回鹘佛教的流传过程中，佛经的翻译也经历了一个漫长的发展过程。众多译者都为佛经的翻译做出了贡献，积累了不少宝贵经验。这些经验虽没有被正式提出或记录流传下来，但它存在于具体佛经的翻译实践中。

胜光法师在译完《金光明经》和《玄奘传》后，在译书之末这样写道：“于大小乘一切经纶，洞彻无疑，多闻博学”，“他们从梵文译成汉文，而自己又从汉文译为回鹘文”，表达了对玄奘、义净法师极端景仰膜拜的心情。

回鹘文《玄奘传》写本的发现表明，一千多年以前汉文《玄奘传》就被翻译为回鹘文了。译者僧古萨里（胜光法师），是高昌回鹘王国时期有影响的佛教翻译家和学者。僧古萨里将汉文翻译成回鹘文的佛教著作，有两部重要作品流传至今，一部是著名的佛教大乘经典《金光明最胜王经》（又称《金光明经》）；另一部就是《大唐大慈恩寺三藏法师传》（简称《玄奘传》）。胜光法师精通汉语文和佛法，从其将汉文佛教术语还原为梵文的情况来看，似乎也精通梵文或焉耆—龟兹文。根据他将较难的佛教术语还原为梵语这一点，有学者推测，他可能利用了双语词典。

从双语学研究的角度来看，回鹘文《玄奘传》是一部典型的双语对比的文献，将其汉文本与回鹘文本的语言进行对比研究，尤其是对其中音译型的佛教术语进行研究，不仅能了解古代汉语和回鹘语这两种语言本身的特点，而且能从中发现古代汉语在音韵、文法等方面对回鹘语的使用所产生的影响，并能在此基础上研究两种语言背后的文化联系。

二、词汇举例及语音对应分析

（一）音译型佛教术语举例及语音变化分析[①]

音译，顾名思义就是用读音相同或相近的词来翻译外来语词。回鹘文属于拼音文字系统，其结构突出语音，语言社团的潜意识里倾向于把文字作为一种纯粹的表音符号来使用，因而在吸收外语借词时尽可能采用音译法。

ačari（法师）＜Skr. Ācārya 汉语音译为“阿阇梨、阿舍黎、阿遮利耶”等，略称阇梨，意译为轨范师、正行、悦众、应可行、应供养、教授、智贤、传授。意即教授弟子，使之行为端正合宜，而自身又堪为弟子楷模之师，故又称导师。在古代印度，阿阇梨本为婆罗门教中教授弟子有关吠陀祭典规矩、行仪之师，此名词后为佛教所采用，且于佛世时已普遍使用。梵语词中的长元音 ā 对应为相应的短元音；y 对应为了 i；

① 文中所用的符号、缩略语说明：Chin.：汉语；Skr.：梵语；Sogd.：粟特语；＜：词源；[ ]：补全脱落的部分（ ）：补写缺省的元音。

词尾元音 a 脱落。

mandal /manḍal/mantal（坛场；道场）< Skr. maṇḍala 有二义：①指佛家说教法之场所。②密教之曼荼罗，为密教修行者作法修行之处所。[①] 词尾的元音 a 脱落。

lakšan/lakšan-lar（相）lakšan < Skr. lakṣaṇa 即形象或状态之意；乃相对于性质、本体等而言者，即指诸法之形象状态。[②] 词尾元音 a 脱落。

čak(i)r lakšan（轮相）čak(i)r < Skr. cakra（轮）； lakšan < Skr. lakṣaṇa 为佛三十二相之一。谓佛足跖如千辐轮之印纹。[③] 两个词词尾的元音 a 均脱落；在音译为回鹘文的过程中，cakra 中复辅音 kr 之间增加了元音 i。

d(a)rni d(a)rni-lar（陀罗尼 [音译自梵文]；咒）darni < Skr. dhāraṇī 译作持，总持，能持能遮。即能总摄忆持无量佛法而不忘失之念慧力。换言之，陀罗尼即为一种记忆术。[④] 梵语词中的长元音 ā 和 ī 都对应为相应的短元音；r 后面的 a 脱落。

namo budaya（南无佛〈音译〉）namo < Skr. namo：致敬，归命，是佛教徒一心归顺于佛的用语；budaya < Skr. buddhāya：佛辅音 ddh 中的 dh 脱落；长元音 ā 对应为短元音 a。

namo d(a)rmaya（南无〈音译〉法）d(a)rmaya < Skr. dharmāya：法长元音 ā 对应为短元音 a。

namo sanggaya（南无僧〈音译〉）sanggaya < Skr. sanghāya：僧长元音 ā 对应为短元音 a，清辅音 h 对应为浊辅音 g。

ksantï（忏悔）ksantï < Skr. kṣānti，长元音 ā 对应为短元音 a。

mangal-lïγ（吉祥）mangal < Skr. maṅgala，原词尾的 a 脱落；缀加了形容词构词附加成分 -lïγ。

nirvan nirva(a)n-lïq（涅槃〈音译自梵文〉）< Skr. nirvāna，原来指吹灭，或表示吹灭的状态；其后转指燃烧烦恼之火灭尽，完成悟智（即菩提）之境地。此乃超越生死（迷界）之悟界，亦为佛教终极之实践目的，故表佛教之特征而列为法印之一，称"涅槃寂静"。[⑤] 原词尾的 a 脱落，长元音 ā 对应为相应的短元音，缀加了名词构词附加成分 -lïq。

① 慈怡主编：《佛光大词典》，高雄：佛光文化事业有限公司，1999 年，第 623 页。
② 慈怡主编：《佛光大词典》，高雄：佛光文化事业有限公司，1999 年，第 3898 页。
③ 慈怡主编：《佛光大词典》，高雄：佛光文化事业有限公司，1999 年，第 6186 页。
④ 慈怡主编：《佛光大词典》，高雄：佛光文化事业有限公司，1999 年，第 3607 页。
⑤ 慈怡主编：《佛光大词典》，高雄：佛光文化事业有限公司，1999 年，第 4149 页。

nom nom ärdini（经；法）nom＜Sogd. nwm；ärdini＜Skr. ratna 宝；经，梵语 sūtra。关于经（修多罗）之名义，列举如下：释尊演说之教理，本称"法"（达磨），即教法之意。后世以之为教理纲要书，而称为"经"（修多罗）。修多罗原为婆罗门教之用语，后为佛教采纳，逐渐演变而指冗长之文，取其"连缀文义不散"之意。[①]法，梵语 dharma。盖真理为普遍不变之真实道理，称之为法。[②]译者用 ärdini 一词与 nom 连用，起修饰作用，强调此经之妙。

šlok（颂）šlok＜Skr. śloḳaśloḳa，韵律的一种（4×8 音节）诗节；偈，颂，诗。[③]词尾元音 a 脱落。

bodis(a)t(a)wlar m(a)xas(a)t(a)wlar（菩萨摩诃萨［音译自梵文］）bodis(a)t(a)w＜Skr. bodhisat(t)wa；m(a)xas(a)t(a)w＜Skr. mahāsat(t)va 摩诃萨：①乃菩萨或大士之通称。mahā，意译作大；sattva，乃有情、众生之义。摩诃萨埵即大有情、大众生。谓此大众生系愿大、行大、度众生大，于世间诸众生中为最上，不退其大心，故称摩诃萨埵。②为释尊于因位修菩萨行时之名。[④]两个词词尾的 a 均脱落；长元音 ā 对应为相应的短元音。

pratyikabutlar（独觉）pratyikabut＜ Skr. pratyekabuddha，又曰缘觉。指独自悟道之修行者。即于现在身中，不禀佛教，无师独悟，性乐寂静而不事说法教化之圣者。[⑤]词中的 e 对应于窄元音 i；词尾的 ddha 中的 dha 全部脱落。

sančanačaye urunγut sančanačaye yer urunγut（正了知大将；正了知神大将）sančanačaye＜ Skr. saṃjñeya，散脂大将的意译。系北方毗沙门天王八大将之一，二十八部众之总司。鬼子母之次子，父名德叉迦。一说为鬼子母之夫。[⑥]辅音丛 ṃjñ 中的 ṃ 对应为 n，j 对应为 č，jñ 中间增加了元音 a，ñ 后面的 e 根据元音和谐规则对应为 a；词尾 a 对应于窄元音 e。

tagar（多揭罗音译自梵文）tagar＜Skr. tagara，意译作根、不没、木香。多伽罗香系采自多伽罗树所制成之香。[⑦]原词尾的 a 脱落。

---

① 慈怡主编：《佛光大词典》，高雄：佛光文化事业有限公司，1999 年，第 5548 页。
② 慈怡主编：《佛光大词典》，高雄：佛光文化事业有限公司，1999 年，第 3336 页。
③ 林光明、林怡馨：《梵汉大辞典》，台北：嘉丰出版社，2004 年，第 1183 页。
④ 慈怡主编：《佛光大词典》，高雄：佛光文化事业有限公司，1999 年，第 6084 页。
⑤ 慈怡主编：《佛光大词典》，高雄：佛光文化事业有限公司，1999 年，第 6132 页。
⑥ 慈怡主编：《佛光大词典》，高雄：佛光文化事业有限公司，1999 年，第 4973 页。
⑦ 慈怡主编：《佛光大词典》，高雄：佛光文化事业有限公司，1999 年，第 2327 页。

buši ber- buši-qa bol-(施)buši < Chin.，布施从汉语借入回鹘语后，词性发生了变化，从动词对应成名词，其后可以缀加向格 -qa，然后与助动词 bol- 连用或直接与 ber- 连用构成动词。

magat（摩揭陀）Skr. < Magadha，摩揭陀王国，又称摩揭、摩羯陀（英文名称：Magadha kingdom），是古代中印度王国，佛陀时代印度四大国之一，鼎盛于频毗婆罗王和阿阇世王时期，疆域包括恒河南岸（今比哈尔邦），国都在王舍城（今拉杰吉尔 Rajgir）。在不同王朝统治下，摩揭陀王国的疆域有很大变化，有时以摩揭陀为核心区域的政权会扩张为囊括整个北印乃至南印部分地区的大帝国。辅音 d 变为 t，辅音 h 与 a 脱落。

baranas（婆罗尼斯国）< Skr. Bāraṇasi，长元音 ā 变为相应的短元音，词尾元音 i 脱落。

kavï（经书）< Skr. Kāvya，指佛经，如《佛说阿弥陀经》《观无量寿佛经》《佛说观无量寿佛经》《佛说八吉祥神咒经》《金刚般若波罗蜜经》等。原词尾的 a 脱落。

tamu tamu-luγ（地狱）tamu < Sogd. tmw-luγ 是回鹘文献语言中构词能力极强的名词构词附加成分，缀接在 tamu 的后面，表示与 tamu 有关的事物。

dyan（定）< Sogd. Dhyāna，令心专注于一对象，而达于不散乱之精神作用，或即指其凝然寂静之状态。定之意义有种种异说。①h 脱落，由原来的 dhy 辅音组对应为 dy 复辅音；长元音 ɑ̄ 对应为相应的短元音，词尾 a 脱落。

šamnanč（比丘尼 < Skr. bhiksunī）šamnanč< Sogd. šmn’nč /šamnānč/ šamnānč 原指出家得度，受具足戒之女性，其后泛指出家之女子。② 汉文的比丘尼音译自梵语，而回鹘文本中，译者并没有采用梵语词，而是用了粟特语词。③

（二）音译加解释型佛教术语举例及语音变化和结构分析

mrgadava（鹿野“园林名”）< Skr. Mṛgadāva 长元音 ā 对应为相应的短元音。

drmač(a)kr（法轮）< Skr. Dharmacakra 去掉了辅音 h、元音 a；c 对应 č；长元音 ā 对应为相应的短元音；脱落了 a。

ratnadivači atlγ burx[an] [ra]tnaduvači [at]lγ t(ä)ngri [burxan]（宝相；宝相佛）

① 慈怡主编：《佛光大词典》，高雄：佛光文化事业有限公司，1999 年，第 3171 页。
② 慈怡主编：《佛光大词典》，高雄：佛光文化事业有限公司，1999 年，第 1480 页。
③《佛光大词典》第 127 页 0830 处无对应的汉文，这三个词与“比丘”toyïn 一起出现，即 toyïn šamnanč upase upasanč，toyïn（出家）和 upase（在家）是男信徒，šamnanč（出家）和 upasanč（在家）是女信徒，当为下文“四部众”的阐释。

ratnadivači< Skr. *ratnadhvaja（杂语）谓佛像庄严也。《佛学》复辅音 dv 中间增加了 i；词尾的 a 对应于窄元音 i。atlγ：叫……的；t(ä)ngri：天，神；burxan：佛。

abita at[lγ burxan] abita [atlγ t(ä)ngri burxan]（无量寿）abita<Chin. 阿弥陀 < Skt. Amitāyuḥ, Amitābha，为西方极乐世界之教主。又作阿弥多佛。意译无量寿。[1]atlγ：叫……的；t(ä)ngri：天，神；burxan：佛。

ručirakïtu atl(ï)γ bodïs(a)tw（妙幢）ručirakïtu< Skr. rucira-ketu：妙幢；bodïs(a)tw< Skr. bodhi-sattva：菩萨 k 后面的 e 调整为较低的 ï，这是整个词元音和谐的需要。译者为了让读者能够理解梵语词的所指，补译出了 at-l(ï)γ bodïs(a)tw“名叫……的菩萨”来对“妙幢”的身份进行说明。

gantamadin atlγ uluγ taγ（衔香山）gantamadin< Skt. Gandahamādana（地名）在无热池之北，阎浮提洲之最高中心。汉所谓昆仑山也。俱舍论谓之香醉山。《佛学》ha 音节脱落；长元音 ā 对应为相应的短元音；da 中的 a 对应于窄元音 i；词尾 a 脱落。atlγ：叫……的；uluγ：大；taγ：山。

akšobi atlγ burxan AY1-0333; [akšobi atlγ] t(ä)ngri burxan AY1-0518（阿閦[音译]；不动[意译]）akšobi < Skr. akṣobhya（佛名）如来名。具名阿閦鞞、阿閦婆。译曰无动，不动。无嗔恚。又依密教谓阿閦为金刚界五智如来中住于东方之如来。左手作拳，右手持梵函。黄金色。[2]y 对应成 i；词尾 a 脱落。atlγ：叫……名字的；t(ä)ngri：天，神；burxan：佛。这种表达方式与下面的两个词一样，都是对音译梵语佛名的补充说明。

[grtirakut] atlγ qar[a] quš sängirlig [taγ] [grtira]kut atlγ taγ（鹫峰山；鹫山）grtirakut<Skt. Gṛdhrakūṭa（地名）又云灵鹫山。佛尝居此。智度论曰耆阇崛山，即鹫头山，山顶似鹫，王舍城人因而名之。又王舍城南林中多死人，诸鹫常来食之，还集山头。时人遂名鹫头山。[3]辅音丛 dhr 中间的 h 脱落，d 与 r 中间增加了元音 i；长元音 ū 对应为相应的短元音；词尾 a 脱落。qar[a] quš：鹫；sängirlig：山坡；atlγ：叫……的；uluγ：大；taγ：山。音译词后面以直译的方式对这一地名的由来作了解释。

šarir-liγ sügükläri（舍利音译自梵文）šarir <Skr. śarīra 长元音 ī 对应为相应的短元音，词尾 a 脱落；sügük-lär-i 意为骨，是对舍利性质的说明。

---

① 慈怡主编：《佛光大词典》，高雄：佛光文化事业有限公司，1999 年，第 3680 页。
② 丁福保：《佛学大辞典》，北京：文物出版社，1984 年，第 379 页。
③ 丁福保：《佛学大辞典》，北京：文物出版社，1984 年，第 887 页。

t(ä)ngri xormuz[t]a; xormuz[t]a t(ä)ngri äzrua t(ä)ngri（帝释主；帝释）xormuz[t]a< Sogd. xwrmwzt Ïndra; äzrua< Sogd. 'zrw'：梵，梵天帝释天，梵名 Śakra Devānām-indra。又作天帝释、天主。本为印度教之神，于古印度时，称因陀罗；入佛教后，称为帝释天。据诸经论所载，帝释天原为摩伽陀国之婆罗门，由于修布施等福德，遂生忉利天，且成为三十三天之天主。此类记载系印度自吠陀以来，至佛教时代，将其因陀罗之神格具象化而成者。其于佛教中之地位，与梵天同为佛教之护法主神，乃十二天之一。镇护东方，居于须弥山顶之忉利天，其城称善见城。①或于 xormuzta 前，或于其后加 t(ä)ngri“天，神”，都是强调崇高、尊敬之意。

m(a)habrahmi uluγ äzrua t(ä)ngri（大梵天）m(a)habrahmi <Skr. mahābrahmā; äzrua< Sogd. 'zrw'：梵，梵天位于色界初禅天之第三天。又称梵天王、梵天、梵王、大梵、梵童子（梵 Brahmāsanaṃkumāra）、世主天、娑婆世界主（梵 Brahmā sahāṃpati）。大梵天以自主独存，谓己为众生之父，乃自然而有，无人能造之，后世一切众生皆其化生；并谓已尽知诸典义理，统领大千世界，以最富贵尊豪自居。大梵天为梵书时代以来之神格，尔后婆罗门即以大梵天为最尊崇之主神。②长元音 ā 对应为相应的短元音；词尾的 ā 对应于窄元音 i；uluγ：大 äzrua：梵 t(ä)ngri：天，是以直译的方式对前面的梵语词作解释。

karšapan altun（迦利沙波拏[音译自梵语]）karšapan < Skr. kārṣapaṇa（杂名）钱量名。译曰贝齿。四百钱。③长元音 ā 对应为相应的短元音；词尾 a 脱落。altun 是金子的意思，说明 karšapan 是金钱的名称。

kalp üḍlär（劫）kalp<Skr. kalpa 意译分别时分、分别时节、长时、大时、时。原为古代印度婆罗门教极大时限之时间单位。佛教沿之，而视之为不可计算之长大年月……④词尾 a 脱落。üḍ-lär“时间”乃对 kalp 所作的本族语解释。

v(a)čirapani tonga AY6-P100 0481（金刚密主[音译加解释]）v(a)čirapani＜Skr. vajra-pāṇi 即金刚手菩萨，金刚萨埵也。又名普贤。⑤j 对应成 č；jr 中间增加了 i；长元音 ā 对应为相应的短元音；tonga 意为“力士”，是对前面音译词身份的说明。

---

① 慈怡主编：《佛光大词典》，高雄：佛光文化事业有限公司，1999 年，第 3776 页。
② 慈怡主编：《佛光大词典》，高雄：佛光文化事业有限公司，1999 年，第 850 页。
③ 丁福保：《佛学大辞典》，北京：文物出版社，1984 年，第 360 页。
④ 慈怡主编：《佛光大词典》，高雄：佛光文化事业有限公司，1999 年，第 2811 页。
⑤ 丁福保：《佛学大辞典》，北京：文物出版社，1984 年，第 555 页。

m(a)habodi sögüt（菩提树［音译加解释］）m(a)habodi＜ Skr. mahā-bodhi 长元音 ā 对应为相应的短元音；dh 后面的 h 脱落。sögüt“树”是对前面音译词的解释。

sala sögüt（娑罗［音译自梵语］）sala< Skr. śāla 有坚固、高远之义。属龙脑香科之乔木，产于印度等热带地区。相传为过去七佛中第三毗舍婆佛之道场树。[①] 长元音 ā 对应为相应的短元音。sögüt“树”是对 sala 性质的解释。

mandarik m(a)hamandarikatl(ï)γt(ä)ngridäm hua čäčäklär（天曼陀罗花摩诃曼陀罗花［音译加解释］）mandarik＜ Skr. mandāraka; m(a)hamandarik＜ Skr. mahāmandāraka; hua＜ Chin. 花曼陀罗，其花大者，称为摩诃曼陀罗华。曼陀罗华为四种天华之一，乃天界之花名。[②]mandāraka 中的长元音 ā 对应为相应的短元音，r 后的 a 对应于窄元音 i，词尾 a 脱落；mahāmandāraka 中所有的长元音都对应为相应的短元音，r 后的 a 对应于窄元音 i，词尾 a 脱落。译者在音译的曼陀罗后对其进行了详细的说明：at-l(ï)γ：叫……名字的，t(ä)ngri-däm 意为此物天上有，hua čäčäk-lär 构成重叠词表明其性质。

šloktaγsut（赞）šlok ＜ Skr. sloḳa（术语）梵语 Stotra，以偈颂而赞叹佛德者。[③] 词尾 a 脱落。这里直接借用了“颂”的梵语词，表明赞的形式，后面加固有词 taγsut“诗歌，长诗”对其进行解释。

nom bitig; nom y(a)rlïγ（经；法）nom＜Sogd. nwm 经，梵语 sūtra。关于经（修多罗）之名义，列举如下：释尊演说之教理，本称“法”（dharma 达磨），即教法之意。后世以之为教理纲要书，而称为“经”（修多罗）。修多罗原为婆罗门教之用语，后为佛教采纳，逐渐演变后指冗长之文，取其“连缀文义不散”之意。[④]nom 后面加 bitig“知识”或 y(a)rlïγ“教义”都是用固有词对 nom 的解释说明，在长期共同使用的过程中，两个词的贴合越来越紧密。

nom-čï；nomla-dačï nom-čï（法师）nom< Sogd. nwm：经，法；nom-čï：法师 nomla-tačï：讲经人。虽然 nom 音译自粟特语，但后面加上回鹘语的名词构词附加成分 -čï，表示讲经的人；nom 后先加动词构词附加成分 -la，变成一缀词干，表示讲经，在此基础上加 -tačï，表示动作的发出者，即讲经的人。

① 慈怡主编：《佛光大词典》，高雄：佛光文化事业有限公司，1999 年，第 4079 页。
② 慈怡主编：《佛光大词典》，高雄：佛光文化事业有限公司，1999 年，第 4398 页
③ 慈怡主编：《佛光大词典》，高雄：佛光文化事业有限公司，1999 年，第 850 页。丁福保：《佛学大辞典》，北京：文物出版社，1984 年，第 167 页。
④ 慈怡主编：《佛光大词典》，高雄：佛光文化事业有限公司，1999 年，第 5548 页。

pra kušatrelar（宝盖；盖）pra < Sogd. ;kušatre < Skr. Kṣattāra 乃遮日防雨之伞。后世作圆筒形丝帛制品，高悬于佛座或高座之上，而成为佛殿之庄严具。① 复辅音 kṣ 中间增加了 u；tt 中脱落了一个 t；长元音 ā 脱落；词尾 a 对应于窄元音 e。

ksantï qïl- ötün-（忏悔）ksantï < Skr. kṣānti：忏悔长元音 ā 对应为相应的短元音，词尾 i 受回鹘语元音和谐规则的调整对应为 ï。qïl-：做，助动词，与前面的音译词共同构成动词；ötün-：忏悔，这个固有词是对前面音译词的解释。

三、回鹘文《玄奘传》第六卷梵语音译词的语音对应规律

回鹘文《玄奘传》佛教术语中的音译词以梵语音译词为主，由于两种语言的语音不是完全一致的，所以在借入梵语词时，必然需要根据回鹘语语音系统的特点而改变一些不适合自身的语音因素，下面总结反映在上表佛教术语及个别《金光明经》中部分规律性较强的语音对应现象。

从辅音系统看：梵语中的复辅音比较多，有的由两个辅音构成，有的由三个辅音构成；而回鹘文固有词中一般只有两个辅音相连的情况，所以梵语词被借入回鹘文中，在实际的读音中必须向本族固有词的发音习惯靠近，最多只能出现两个辅音组成的复辅音。故一般会在相连的辅音之间插入元音，或者把 y 对应为 i，以此来破坏复合辅音结构。例如：盖——kušatre < Skr. kṣattāra，复辅音 kṣ 中间增加了 u，tt 中脱落了一个 t；鹫峰山——grtirakut < Skt. Gṛdhrakūṭa，dhr 中 d 与 r 中间增加了元音 i；宝相——ratnadivači < Skr. *ratnadhvaja，dhv 中 dv 中间增加了 i；阿閦——akšobi < Skr. akṣobhya，bh 中 y 对应为 i；金刚密主——v(a)čirapani <Skr.vajra-pāṇi，j 对应为了 č；jr 中间增加了 i；薜室啰末拏 vaiširavane < Skr.vaiśravaṇa，复辅音 śr 中间增加了 i；正了知——sančanačaye < Skr. saṃjñeya，辅音丛 ṃjñ 中的 ṃ 对应为 n，j 对应为 č，jñ 中间增加了元音 a；大迦摄波——maxa[kašipi] < Skr. Mahā-kāśyapa，复辅音 śy 中的 y 对应为 i；那提迦摄——naṭikašipi < Skr. Nadī-Kāśyapa，复辅音 śy 中的 y 对应为 i；等等。

从元音系统看：

（1）梵语中有长元音，回鹘语中则没有，所以在借入时长元音一般都要对应

① 慈怡主编：《佛光大词典》，高雄：佛光文化事业有限公司，1999 年，第 5910 页。

为相应的短元音，比如：陀罗尼——darni< Skr. dhāranī，诃利底母——karini< Skr. hārītī，南无法——d(a)rmaya< Skr. dharmāya，忏悔——ksantï< Skr. kṣānti，衔香山——gantamadin< Skt. Gandahamādana，舍利——šarir < Skr. śarīra，等等。

（2）很多梵语词以元音 a 结尾，借入后词尾的元音 a 有两种情况，一是脱落，如：坛场——mandal<Skr. mandala，相——lakšan< Skr. lakṣaṇa，龙脑——kapir < Skr. karpūra，颂——šlok < Skr. sloḳa，菩萨摩诃萨——bodis(a)t(a)w<Skr. bodhisat(t)wam(a)xas(a)t(a)w< Skr. mahāsat(t)va，吉祥——mangal< Skr. maṅgala，多揭罗——tagar< Skr. tagara，乌昙跋——udumbar< Skr. udumbara；二是对应为较窄的 e/i，如：莫呼洛迦——mahorage< Skr. mahoraga，紧那罗——kinare< Skr. kiṁnara，那提迦摄——naṭikašipi < Skr. Nadī-Kāśyapa。

（3）梵语中有复元音，而回鹘语中没有，所以当借入的梵语词中含有复元音时，译者会根据回鹘语的习惯而将复元音对应为单元音。主要有两种情况：一是将复元音中的 i 对应为 y，如制底——čaytï < Skr. caitya；二是将复元音对应为发音部位和发音方法相近的单元音，如阿若憍陈如——[atyantikondini] < Skr. Ājñāta-Kauṇḍdinya 中的 au 对应为单元音 o。

从词重音来看：回鹘文献语言的重音还保留着鄂尔浑—叶尼塞碑铭语言的传统，即重音处于词的第一音节，但重音的位置已经发生了变化，正处在由词首向词尾转移的变化过程中。回鹘文献语言中的梵语借词与梵语原词相比，第一音节的语音不发生变化，而经常省略或改变最后的元音。如：经——sudur< Skr. sutra，轮——čakïr< Skr. cakra。

回鹘文献语言中的梵语借词与梵语原词的第一音节语音不发生变化，这正是说明回鹘文献语音的重音在第一音节上的例证；省略或改变梵语而不是读作重音。这是将回鹘文献语言的重音习惯带入梵语原词中所造成的。可以设想一下，如果回鹘文献语言的重音在最后一个音的感受和理解带入借词中去，也就不会出现省略或改变最后元音的现象，而只能是将梵语原词中的最后元音完整地、清晰无误地保留下来。

《西域尔雅》回汉对音[1]

赵洁洁

（中央民族大学 北京 100081）

【提要】利用番汉对音法研究《西域尔雅》回语部分的音译汉字，首先校勘整理所有音译汉字对应的回语词，其次将对音材料的音段全部拆分，依照《方言调查字表》的体例制作对音表，然后通过译音对勘分析，归纳和总结辅音、元音的回汉对音条例，最后讨论了几个突出的语音现象。以期通过论述，展现《西域尔雅》一书的文献语言学价值。

【关键词】西域尔雅；译音对勘；回语；近古汉语

针对汉语和外民族语言音译材料对勘的研究方法，学界称之为"番汉对音"。[2]番汉对音材料主要是用汉语为汉族以外的、多是古代北方少数民族语言记音的资料。20世纪20年代，北京大学《国学季刊》上发表的两篇文章，钢和泰的《音译梵书与中国古音》和汪荣宝的《歌戈鱼虞模古读考》，标志着番汉对音正式作为一种研究方法登上汉语言学的舞台。此后百年间，涌现了大量利用梵语、藏语、阿尔泰语系诸语言与汉语对音的材料研究汉语古音的学术成果，如罗常培的《唐五代西北方音》（1933）、日本学者高田时雄的《敦煌资料与汉语史的研究——九、十世纪的河西方言》（1988）、聂鸿音的《回鹘文〈玄奘传〉中的汉字古音》（1998）、孙伯君的《西夏译经的梵汉对音与汉语西北方音》（2007）等。这些著作以研究中古汉语语音为主，涉及近古语音的相对较少。

学者虽然对番汉对音研究法的评价不一，但无法否认它为研究某些语音现象作出的贡献。在实践对音理论和方法的过程中把握原则，讨论出现的问题与偏差，便能运用这种方法做出科学的研究，使它在汉语音韵学中发挥应有的作用。

---

① 本文受中央民族大学研究生科研实践项目资助。
② 聂鸿音：《番汉对音简论》，《固原师专学报》1992年第2期，第70页。

一、《西域尔雅》回汉对音材料

《西域尔雅》是清嘉庆元年（1796）由嘉定方泰镇（今上海）人王初桐编排的一本多体分类小辞书，作者王氏自序从《钦定西域同文志》《西域图志》《西域闻见录》等书中挑出汉字音译的民族语词，整理汇编而成。全书涉及多种民族语，皆用汉字音译，无民族文字；每卷内采取同义系连的方式串联语词，每一项列出音译词、注明语言类别、解释词义（以“裕赤，回语，三也”为例），是一份弥足珍贵的语言材料。根据书中标注，所收词语涉及11种语言，分别是回语、西番语、西藏语、蒙古语、准语、布鲁特语、哈萨克语、帕尔西语、蛮语、梵语、哈拉替良语。通过考证词源可知，《西域尔雅》的语料引自《钦定西域同文志》，而后者是一本地名、人名的对译辞书。其中回语词标记统计为341个，实际上，由于王氏对文本缺少校勘，有张冠李戴之嫌，并不足量。

回语，是一个历史语言学的概念，在不同历史时期、不同文献中含义不同。《西域尔雅》所指称的回语，是清代天山南路各个绿洲使用的察合台语，即现代维吾尔语的前身，与古代突厥语、回鹘语有同源关系，属阿尔泰语系突厥语族。综合王远新[①]、张铁山[②]、李经纬[③]、阿布都鲁甫[④]等学者的观点，我们认为回语共包括8个元音音位（不涉及长短元音的问题），分别是a[a]、ä[ɛ]、o[o]、ö[ø]、u[u]、ü[y]、i[i]、ï[ɨ]；26个辅音音位，分别是b[b]、č[tʃ]、d[d]、f[f]、g[g]、h[χ]、j[dʒ]、k[k]、l[l]、m[m]、n[n]、ŋ[ŋ]、p[p]、q[q]、r[r]、s[s]、t[t]、v[v]、w[w]、š[ʃ]、y[j]、z[z]、ɣ[ʁ]、ḥ[h]、ž[ʒ]、ḍ[ð]。

首先查阅台湾世界书局1985年出版的《摛藻堂景印四库全书荟要·史部》中的《钦定西域同文志》二十四卷，通过“被释词，释词”同他种文献记录的一致性能够考证词条出处，使用他校法发现《西域尔雅》中回语词的音译汉字[⑤]存在一些讹误，如衍文、脱文、误文、错标语种等。然后判断音译汉字所对应的回语词，主要依据2016年塔

① 王远新：《突厥历史语言学研究》，北京：中央民族大学出版社，1995年，第74页。
② 张铁山：《回鹘文献语言的结构与特点》，北京：中央民族大学出版社，2005年，第50页。
③ 李经纬：《高昌回鹘文献语言研究》，乌鲁木齐：新疆大学出版社，2003年，第109页。
④ 阿布都鲁甫·甫拉提：《察合台维吾尔研究导论》，北京：民族出版社，2017年，第76页。
⑤ 用汉字拼写民族语，这类汉字叫作“音译汉字”，也称为“汉字音标”“译音汉字”“汉字注音”等。

依尔·阿不都外力等汇编的《五体清文鉴（汉维部分）》中的转写，并参考了胡振华和黄润华1984年整理的《高昌馆杂字：汉文回鹘文分类词汇》、刘义棠同年编写的《〈钦定西域同文志〉校注：新疆回语部分》，及新疆大学中国语文系1982年主编的《维汉词典》。

以下整理出一份字词对照表，列明音译汉字及回语词，勘误之处径改，未能对照还原的词语删去不录。回语词所使用的转写以拉丁字母为基础，加上个别特殊符号，学界称之为"标元音式回鹘文拉丁转写字母"。

表1 回汉字词对照表

音译汉字	回语词	音译汉字	回语词	音译汉字	回语词
裕赤	üč	库克	kök	奇尔归	qirɣuy
伯什	bäš	色勒克	sarïq	库克纳克	kök nak
托古斯	toqquz	阿克	aq	哈尔噶	qarɣa
托克三，转音为托克逊	toqusan	赫色勒	qïzïl	纳沁	lačin
明	miŋ	哈喇	qara	乌哈尔	uqar
察克	čaq	库楞	kül räng	托木硕克	tumšuq
爱雅克	ayaq	喀什	qaš	乌成	učïn-
乌沙克	ušaq	干	käng	期伊克	kiyik
喇克	-raq	他尔	tar	布斯	boš
巴尔、鲁克、里克楚克、	bar -luq -liq -čuq	楚克	-čuq	布里	böri
齐克	čïq	赛喇木	sayram	阿什布里	aš böri
洋、英噶、英额、英阿	yangi	裕勒	öl	推格	tögä
查盘、库纳	japa kona	库陇勒	körlä	托什干	tošqan
乌勒	ulu	哈喇	qara-	阿特	at
松	čong	固璊	guman	察毕达尔	jabdar
玉斯屯	üstün	玉陇	yurung	伊勒	äɣil
阿斯腾	astïn	布拉	bula	额格尔	ägär
阿斯塔纳	astana	哲尔格	jirq	呼兰	qulan
托克	toq	必特克	bitik	额齐奇	äčkü

续表

音译汉字	回语词	音译汉字	回语词	音译汉字	回语词
鄂	ov	布鲁尔	bürür	库克色尔格	kök širaq
阿斯	as-	哈朗归	qarangɣu	固勒扎、固尔扎	ɣolja
阿斯提	astï	乌鲁	ulu	阿尔噶	arqar
都洼	dua	雅图库	yätkü-	塔呼	toḥi
塔喇	tala	古哲什	ɣučïsï	库什	quš
纳喇奇	näričä	玉古尔	yülgür-	西林	širin
阿勒玛	alma	乌鲁木齐	urumčï	雅伊拉克	yaylaq
穆图拉克	mutlaq	哈勒	qara-	塔里木	tarïm
克勒底雅	käldiya	哈勒密勒，转音为哈密	qamïl	伊密什	yämiš
恩楚鲁克	unčuluq	察克	čoɣ	孔郭尔郭	qongruɣu
乌	u	额密什	ärmiš	齐克	čiɣ
阿克玛	aqma	库尔勒	körlä	鄂象	otun
鄂布当	obdan	博罗布	bolup	奎裕	köy-
鄂勒氏	öldi	拉布	lap	托郭拉克	toɣraq
雅尔	yar-	和什	qoš	巴克	baɣ
额克里	ägril-	察特	čät	特勒克	täräk
喇克	-raq	巴尔楚克	barčuq	塔勒	tal
萨纳	sana-	喀勒喀勒	qalqal	哈喇塔勒	qara tal
丁、阿喇、鄂托喇	-din ara otra	皂洼勒	zawal	裕勒衮	yulɣun
和什	qoš	僧尼木	singlim	巴勒滚	bulkun
托扑	top	珠	-čï	乌朱玛	üjmä
库察克	qučaq	扛	kim	阿纳尔	anar
库尔	qur	巴巴	baba	巴克	baɣ
拜	bay	汗	han	楚鲁克	čürük
吐尔	tur-	沙，巴什	ša，baš	博斯腾	bostan
托克	toq	阿塔	ata	裕勒	yul-
拜拉克	baylïq	哈鲁	qara-	和罗海	qurut
和卓	hoja	衮得	gunda	巴里克、伯列克	balïq

续表

音译汉字	回语词	音译汉字	回语词	音译汉字	回语词
楚留克	čuqluq	舒帖	šota	伯里叶克	bäliq yaq
伊勒噶齐	yilqiči	贝拉	buyla	伊兰、伊拉	yilan
特勒伯	täläbä	哈布	qap	阿里克	ariq
察臣	sač	塔噶尔	tagar	海里玛	härma
哈什	qaš	察克玛克	čaḥmaq	图尔	tur-
博尼	boyunï	皮雅勒	piyalä	僧格尔	singar-
都鲁	doli	索郭	soɣi	齐尔拉	kirlä
布古斯	buɣuz	超	sal	苏宁阿喇	sunïŋ ara
阿萨尔	asar	雅木勒克	yämlik	古木	gum
鄂尔多	orda	吉拉木	giläm	库勒	köl
策特尔	čadir	阿汁	aš	达里雅	därya
勒木丕，波斯汤	bostan	皮什	fiš-	哈喇库勒	qara köl
沙哈尔	šähär	阿勒屯	altun	库勒	köl
恰特	känt	哈什	qaš	库勒	köl
图什	tuš-	哈喇哈什	qara qaš	克齐克	käčik
傲尔他克齐	ortaqči	玛尔占	märjān	塔喀克	taqaq
塔木	tam	库穆什	kümüš	提骞	tikän
和罗	ḥuli	堪齐	kančï	齐克齐	čiqči
科布鲁克	köbrük	古古尔	gügür	勒沁	lačin
洋	yängi	硕尔	šurä	库什	quš
呼都克	quduq	坚珠	kijanču	昌	čang
沙尔，萨尔	šähr	塞尔勒克	sïrlïq	布克色木	bu qïsïm
木纳耳	munar	雅伊氏	yaydï	托克三	toqsun
得布特尔	däptär	牌租	pärz	连木	näm
鄂克	oq	爱	ay	齐木	čim
阿特	at-	裕勒都斯	yulduz	虎木	qum
雅克玛	yaɣma	阿氏尔干	adïrɣan	硇什达尔	nöšüdür
叶尔	yär	奇里什	kiliš	鲁克	-luq

续表

音译汉字	回语词	音译汉字	回语词	音译汉字	回语词
喀资干	qazɣan	塔什	taš	都伯	döbä
韦特特尔	oy tätür	乌什、乌赤	uč	阿喇勒	aral
赛	say	绰尔噶，却尔噶	jilɣa	密勒	-mil
楚勒	čöl	木素尔	muz	塔克	taɣ
奢勒	šola	阿克苏	aq su	喀克	qaq
布伊，雅哈	boy，yaqa	吐尔番	turpan	乌什噶克塔克	učqaq taɣ
塔里木	tarïm	喀提里什	qatïlïš	阿喇	ara
亮格尔	längär	提斯	tiz	布伊	boy
空格斯	kongäs	塔木根	tämkin	呼木什、虎木什	qomuš
鄂喇	ora	特尔墨楚克	tärmäčük	伯得、伯德	bidä

二、对音分析

（一）析出音段

首先经过统计，去除存疑者，该字词对照表出现过的音译汉字共计147个，分别是：“裕、赤、伯、什、托、古、斯、克、三、逊、明、察、爱、雅、奇、里、乌、沙、喇、巴、尔、鲁、齐、洋、查、盘、库、纳、英、勒、木、松、玉、屯、腾、色、赫、哈、楞、喀、干、他、楚、赛、陇、固、璊、布、伊、塔、鄂、提、都、洼、奇、玛、穆、图、拉、底、恩、当、氏、博、额、萨、丁、和、扑、拜、吐、哲、必、朗、归、密、特、皂、僧、尼、珠、扛、汗、卓、噶、臣、多、策、波、汤、恰、傲、科、呼、得、衮、舒、帖、贝、皮、索、郭、超、吉、汁、占、堪、坚、塞、牌、租、叶、资、韦、奢、亮、空、昌、连、虎、硇、绰、却、素、苏、番、根、墨、达、骞、德、西、林、孔、象、奎、朱、列、兰、沁、成、期、推、毕、扎、硕、格。”

将对音材料的音段全部析出，并把音译汉字放入《方言调查字表》的声母体系中去，最后得到一份更简练的音段对照表。

表 2　音段对照表

帮母	波 bo；巴 ba,bu；布 b,bo,bu,bö,bü,p；拜 bay；毕 b；必 bi；伯 bä,ba,bi；贝 buy；博 bo
滂母	颇 pu；扑 p （敷母：番 pan）
並母	牌 pä；皮 pi,fi；盘 pa
明母	明 ming；木 mu,m；穆 mu,mü；密 mï,mi；璊 man；玛 ma,mä；墨 mä
端母	多 da；都 du,do,dö；当 dan；丁 din；底 di；氐 di,dï； 得 dä,da；德 dä
透母	他 ta；推 tö；塔 ta,tä,to；汤 tan；吐 tu；托 toq,to,t,tu； 帖 ta；彖 tun
定母	图 t,tu；达 da,dä,dü；屯 tun,tün；特 ti,t,tä,tü,di； 提 tï,ti；腾 tïn,tan
泥母	尼 li,nï；纳 na,nä,la；硇 nö
来母	罗 lo,lu,li,ru；鲁 lu,ru,rü,ra,li；里 li,ri,rï,r,ril；拉 la,lï,lä,ra,lan；林 rin；兰 lan；朗 rang；陇 r,rung；列 lï；楞 räng； 勒 l rï lä ra lï la rä；连 nä；亮 lä；喇 ra,la,ri
精母	资 z；租 z
清母	骞 kän；沁 čin
从母	齐 či,čï,č,ki；皂 za；萨 sa,šä
心母	西 ši；斯 s,z,š；三 san,sun；逊 san；索 so；塞 sï；素 z；苏 su；赛 say；僧 sing sin
邪母	松 čong
知母	哲 ji,čï；卓 ja
彻母	超 sal
照母（庄）	扎 ja
穿母（初）	楚 ču,čü；策 ča；察 ča,čä,čo,sa,ja
床母（崇）	查 ja
审母（生）	沙 ša,šä；色 sa,si,ši,zï
照母（章）	朱 j；汁 š；占 jān；珠 čï ču
穿母（昌）	昌 čang；赤 č；绰 ji
审母（书）	舒 šo；奢 šo；硕 šu

续表

禅母	成 čïn；什 š,šü,sï,č；臣 č
日母	耳 r；尔 r,rä,l,ru,ra
见母	古 ɣu,gu,gü,qu；固 gu,ɣo；干 käng,ɣan,qan；根 kin；吉 gi； 郭 ɣi,ɣu,ɣ；格 gä,ga,q ；归 ɣu,ɣuy；扛 kim；坚 kijan；衮 gun,ɣun； 噶 gi,qi,ga,qa,ɣa,qar
溪母	科 kö；库 ko,kö,kü,qo,qu；奎 kö；堪 kan；空 kon；孔 qon； 恰 kän；克 q qu k kä g ḥ ɣ qï；却 ji；喀 qa
群母	奇 ki,kü,qi,čä；期 ki
疑母	雅 yä,ya；鄂 o,ö,ov；玉 yü,yu,ü；傲 o；额 i,ä,är
晓母	呼 hu,ḥi,qu,qo；虎 qu,qo；海 hay,hä,qay；赫 qï ；哈 qa,hä
匣母	和 qo,qu,ho,hu ；汗 han
影母	阿 a ；洼 ua,wal ；乌 u,ü ；爱 ay ；伊 yi,y,yä；恩 un；英 yan(g)
喻母（云）	韦 oy
喻母（以）	裕 ü,ö,yu,y；洋 yangi ；叶 yä,ya

（二）回语辅音和汉语声母

王力先生的《汉语语音史》根据徐孝的《重订司马温共等韵图经》、兰茂的《韵略易通》、无名氏的《字母切韵要法》、樊腾凤的《五方元音》以及现代北方话的音系，构拟了明清时期北方话的音系。中古全浊音声母到近代已经消失，合并到相应的清音声母中，也就是汉语语音史上著名的“浊音清化”，王力先生认为近代汉语声母系统包括：p 帮、p^h 滂、m 明、f 非、v 微、w 吴、t 端、t^h 透、n 泥、l 来、ɽ 日、ts 精、ts^h 清、s 心、tʂ 照、$tʂ^h$ 穿、ʂ 审、tɕ 见（齐撮）、$tɕ^h$ 溪（齐撮）、ɕ 群（齐撮）、k 见、k^h 溪、x 晓、j 影。[①]

回语 26 个辅音字母，对音中出现了 23 个，不包括唇齿浊擦音 v、舌叶浊擦音 ž、齿间浊擦音 ḍ。其中，舌根鼻音 ŋ 只出现在词中和词尾，不出现在词首，汉语中的 ŋ 是鼻音韵尾而非辅音，因此没有辅音与之对应。舌尖浊颤音 r 也常常出现在词中和词尾，汉语中与之对应的是韵母 ɚ，而非日母字 ɽ。

可以看到，字音之间存在着规律性的对应关系：双唇浊塞音 b 对应帮母 p，双唇清塞音 p 对应滂母 p^h，双唇鼻音 m 对应明母 m，双唇浊擦音 w 对应吴母 w，唇

① 王力：《汉语语音史》，北京：中国社会科学出版社，1985 年，第 390 页。

齿清擦音 f 对应滂母 p^h（仅一例），舌尖浊擦音 d 对应端母 t，舌尖清塞音 t 对应透母 t^h，舌尖浊擦音 z 对应精母 ts，舌尖鼻音 n 对应泥母 n，舌尖边音 l 对应来母 l 和泥母 n，舌尖颤音 r 对应来母 l，舌叶浊塞擦音 j 对应照母 tʂ，舌叶清擦音 š 对应审母 ʂ，舌面浊擦音 y 对应影母 j。舌根浊塞音 g 和小舌浊擦音 ɣ 都对应见母 k，舌根清塞音 k 对应溪母 k^h，小舌清擦音 h 对应晓母 x，小舌清塞音 q 对应溪母 k^h、晓母 x，汉语里根本没有小舌部位的语音，译音时对应的只能是发音部位相近的 k^h 和 x。舌尖清擦音 s 对应穿母 $tʂ^h$、心母 s，舌叶清塞擦音 č 对应清母 ts^h、心母 s、照母 tʂ、穿母 $tʂ^h$。

回语辅音和汉语声母之间，虽然发音不完全一致，但主要根据发音部位、发音方法选择相同或者相近的音，这一点验证了聂鸿音先生的观点："番汉对音用于考察辅音的发音部位是最可信的。"① 大部分音素之间呈现出一对一的关系，也有一对多或多对一的情况存在，如见母 k 对辅音 g 和 ɣ，溪母 k^h 对辅音 k 和 q，即便如此，依然遵循着某种规律。g 和 ɣ 是浊音，k 和 q 是清音，也就是说，回语辅音中没有送气不送气之别，但有清浊之分，不同民族对语音的感知差别是不同的，用汉语的不送气音记录回语的浊音，用送气音记录清音，属于不同发音方法的替代。

（三）回语元音和汉语韵母

回语元音系统和汉语韵母相比十分简单，仅包括 8 个基本元音。

跟回语元音 a 对音的有：ya 叶；ba 伯；ba 巴；pa 盘；ma 玛；da 多、得、达；ta 他、塔、帖；na 纳；la 拉、喇；ra 拉、鲁、勒、喇、尔；za 皂；sa 萨、察；ja 扎、查；ča 策、察；ša 沙；sa 色；ga 格、噶；qa 噶、喀、哈；ɣa 噶；ya 叶、雅。

跟回语元音 ä 对音的有：bä 伯；pä 牌；mä 玛、墨；dä 得、德；tä 塔；dä 达、特；nä 纳、连；lä 拉、勒、亮；šä 萨、沙；čä 察；rä 尔；gä 格；kä 克；hä 海、哈；yä 伊、叶、雅；ä 额。

跟回语元音 o 对音的有：bo 波、布、博；do 都；to 塔、托；lo 罗；so 索；čo 松；šo 奢、舒；ɣo 固；ko 库；o 傲、鄂；qo 虎、呼、和、库；oy 韦。

跟回语元音 ö 对音的有：bö 布；dö 都；tö 推；nö 硇；kö 科、库；ö 鄂、裕。

跟回语元音 u 对音的有：bu 巴、布；mu 穆、木；ru 罗、鲁、尔；su 苏；šu 硕；

① 聂鸿音：《番汉对音简论》，《固原师专学报》1992 年第 2 期，第 75 页。

ɣu 古、郭、归；gu 固、古；qu 古、科、克、呼、和；yu 玉、裕；u 乌。

跟回语元音 ü 对音的有：bü 布；dü 达；tü 特；rü 鲁；šü 什；gü 古；kü 库、奇；ü 裕。

跟回语元音 i/ï 对音的有：bi 必、伯；pi,fi 皮；mï,mi 密；di,dï 氐；tï,ti 提；ti,di 特；nï 尼；li 罗、里、鲁、尼；lï 拉、列、勒；ri 里、喇；ši 西；sï 塞、什；ji 哲、绰、却；si,ši,zï 色；či 齐；čï 哲、珠、齐；gi 吉、噶；ɣi 郭；qï 克、赫；ki 奇、期、齐；qi 奇、噶；ḥi 呼；i 额；yi 伊。

汉语韵母和回语元音的对应，受回语自身语音特点的影响，对译汉字以单韵母居多。回语只有 8 个基本元音，本民族固有语言系统不包括复合元音。因此，两者之间的对音无法反映汉语复合韵母的音质差异和概貌，汉语的韵母也无法准确地表示回鹘文前后元音的细微差别。跟回语元音 a 对音的主要是汉语“麻沙”韵 a，[①] 跟回语元音 ä 对音的主要是汉语“乜邪”韵 e，跟回语元音 o 对音的主要是汉语“梭波”韵 o，跟回语元音 u 对音的主要是汉语“姑苏”韵 u，跟回语元音 i/ï 对音的主要是汉语“衣期”韵 i。汉语韵母和回语元音 ö/ü 的对应不够整齐，有时舌位高低、前后及嘴唇圆展只需满足其中一项，便可对音。遇到汉语声韵不相拼的情况，通常改变韵母的圆展，如“kümüš = 库穆什（ü = u）”。

（四）对音讨论

回汉对音分析，可从两个角度来看：一是以回语语音为参照点考察汉语的语音特点，一是以汉字音为参照点考察回语的语音特点。目前，根据掌握的材料只讨论前者。

1. 入声韵的问题

通过对音可以看到入声韵的消变。从历时角度来看，近代后期的韵尾系统跟现代普通话完全一致了，与前期不同之处是 -m 韵尾消失（即“闭口韵”消失），-p,-t,-k 韵尾完全消失。就 15 世纪的《高昌馆杂字》和 18 世纪的《西域尔雅》中同一词的不同音译来说，也可以看到这一现象的发生。

① “麻沙”韵等名称源自王力先生对近代韵母系统的整理，下同。王力：《汉语语音史》，北京：中国社会科学出版社，1985 年，第 395 页。

表 3 《高昌馆杂字》与《西域尔雅》音译对比

回语词	《高昌馆杂字》	《西域尔雅》	回语词	《高昌馆杂字》	《西域尔雅》
at 马	额	阿特	sač 发	撒尺	察臣
tam 墙	丹	塔木	üč 三	玉尺	裕赤
qum 沙	坤	虎木	yulduz 星	允秃思	裕勒都斯
oq 箭	傲	鄂克	toqquz 九	土库思	托古斯
taɣ 山	塔	塔克	yemiš 果	者密失	伊密什
bitig 文	必的	必特克	kümüš 银	苦木失	库穆什
sarïq 黄	撒力	色勒克	bäš 五	必失	伯什
kök 青	渴	库克	quš 鸟	库失	库什
kiyik 兽	克叶	期伊克	taš 石	塔失	塔什

同一词的对音，《西域尔雅》和《高昌馆杂字》所选用的音译汉字截然不同，各自呈现出一致性。除了选字的规则不同外，它们之间的差异也暗含着语音变化的规律。如上表所示，第 1 列回语词的音节末尾是 -t，-m，-q，-ɣ，-g，-k，《高昌馆杂字》没有特定的音译汉字与之对应，《西域尔雅》以“特、木、克”对音；第 2 列回语词的音节末尾是 -č、-z、-š，《高昌馆杂字》以“尺、思、失”对音，《西域尔雅》以“臣、赤、斯、什”对音。

祁宏涛认为：“在《高昌馆杂字》中，凡是处在一个音节末尾的塞音如 -b，-p，-d，-t，-g，-k，-q，-ɣ 等音都没有译出，是因为处于词尾的塞音弱化，很可能是一种有势无声的状态。处在一个音节末尾的擦音和塞擦音不弱化。”①通过对比发现，直到 18 世纪，回语词音节末尾的 -q，-ɣ，-g，-k 丝毫没有弱化，每一个词的词尾都有一个音译汉字与之对应。那么，15 世纪的《高昌馆杂字》音节末尾的 -q，-ɣ，-g，-k 更不会发生弱化。《高昌馆杂字》-č、-z、-š 组的词尾对音证明了其音译并不忽略词尾音。

入声韵 -p、-t、-k 尚存导致了《高昌馆杂字》在音译时的“有声无字”。在《广韵》中，“的”拟音为“tiek”，“力”拟音为“li̯ək”，“渴”拟音为“k^{h}ɑt”，“叶”拟音为“ɣiep”，它们都曾是入声字，到《中原音韵》时期（14 世纪）入声韵消失。

① 祁宏涛：《〈高昌馆杂字〉研究》，中央民族大学博士论文，2013 年，第 192 页。

但实际情况并非如此一致，入声韵的消失有一个渐进的过程，在不同地区也有不同的表现。《西域尔雅》已完全没有入声韵存在，但在《高昌馆杂字》（15 世纪初）所使用的高昌、哈密等地的汉语方言中，入声字还存在。

2. 鼻音韵尾 -ŋ 的失落

从表 2 的音段对照表可以看到：用“当”对“dan”，用“丁”对“din”，用“腾”对“tïn,tan”，用“亮”对“län”，用“空”对“kon”，用“孔”对“qon”，用“松”对“čo”，这些汉字读音中鼻音韵尾 -ŋ 似乎集体失落。宕、梗两摄字不带鼻韵尾是唐、宋时期汉语西北方音的普遍现象，敦煌唐代汉藏对音《千字文》、11 世纪的回鹘汉对音《玄奘传》以及 12 世纪的夏汉对音《番汉合时掌中珠》等文献都可以提供此类例证。《西域尔雅》的音译汉字受西北方音影响，以上可作为一条证据。

3. 浊音清化

中古全浊音声母到近代已经消失，合并到相应的清音声母中，也就是汉语语音史上著名的“浊音清化”。龚煌城认为“从对音资料考察，中古汉语的浊塞音与浊塞擦音，不分声调，均变成送气的清塞音与清塞擦音，浊擦音则变成清擦音”。《西域尔雅》的回汉对音所显示的规律与此一致。我们知道，回语辅音分清浊，如果汉语里仍有浊音字，通过对音可以体现出来。但表 2 中的并、定等全浊声母字却跟回语的 p-、k- 对应，说明汉语中全浊声母变为送气清音。

三、结语

以上主要整理了《西域尔雅》的回汉对音资料，分析了回语辅音与汉语声母、回语元音与汉语韵母的对音条例。判断一份对音材料表音的精确度，可以从三个角度考察：[①] 第一，从对音材料的编纂目的来看，专供学习语言的材料优于一般性的音译。《西域尔雅》的词语多是从《西域同文志》的地名中摘录的，这些音译汉字具体由何人于何时何地校准并固定下来，尚待进一步考证。第二，从对音的方向上看，双向对音的材料优于单向对音。《西域尔雅》中只有音译汉字，没有民族语，属于单向对音的情况。第三，从原语和译语的声韵类数目来看，译语声韵类多的材料优于声韵类少的。回语

① 聂鸿音：《番汉对音简论》，《固原师专学报》1992 年第 2 期，第 73 页。

的元音过于简单，无法体现汉语的韵母系统。综合来看，《西域尔雅》作为一份对音材料存在种种缺憾。

然而，在《西域尔雅》中尝试运用番汉对音法，一是因为《西域尔雅》问世以来鲜少受到学界研究，其文献语言学价值未被讨论；二是近古音译材料由于所反映的汉语读音过于晚近，一直没能在学界引起足够的注意。两相结合，研究这份 18 世纪末的对音材料，展现了回语和汉语之间声韵系统的对音，字音之间存在着规律性的对应关系，所体现的语音现象符合历时演变的基本情况。

第六章

清代“译音对勘”资料研究

《兼满汉语满洲套话清文启蒙》的满汉对音
——兼论清代满汉对音的几个侧面

竹越孝
（日本神户市外国语大学 神户）

【提要】《兼满汉语满洲套话清文启蒙》一书为清代流行的满语会话教材之一，此书用满文对汉字进行了标音，对研究清代北京话语音有着极为重要的价值。其对音系统的最大特点为"不分尖团"，这一点与《清文鉴》等规范性文献的情况显然不同，正确反映出当时北京音的情况。但同时可以看出，此书的满汉对音系统遵从规范式的对音亦很多。我们由此可以肯定，编写此书的一个目的是供满语母语者为学习汉语发音而使用，另一个目的是提出"用满文表示汉字音"的一种规范。

【关键词】《兼满汉语满洲套话清文启蒙》；北京话；满文；尖团音

清政权迁都北京（1644）以后，满洲旗人随着逐渐被汉化，其母语也就随之演变成为汉语。清朝的历代皇帝对此情况感到可叹，多次发敕令鼓励满洲旗人积极地学习满语。同时，满语亦是清代的公文用语，清代的公文一般先用满语写成"正文"，然后再以汉语作为"副文"添加，这种文书形式一般称为"满汉合璧"。清朝政府为了能培养出更多的翻译官员"笔帖式"（满文转写 bithesi），在北京陆续出版了各种满语词典与教材。

清朝政府为提出用满文表示汉字音的规范，刊刻了《御制增订清文鉴》（1771 年）、《钦定清汉对音字式》（1772）等文献并公布其标准，此后满汉对音系统即逐渐统一起来。但此二书发布之前，满汉对音的方式尚未稳定，各种文献中使用了不同对音方式，因此这些文献反映出了当时的实际语音情况。本文所介绍的《兼满汉语满洲套话清文启蒙》一书是在《清文鉴》等规范性对音出现之前刊刻的文献，同时亦是现存唯一的有标音的满汉合璧会话教材，对清代北京话语音研究有着极为重要的价值。本文将此书与《清文鉴》等规范性文献进行对比，从而描写出清代北京话的实际面貌与满汉对音的一个侧面。

一、《清文启蒙》与《兼满汉语满洲套话清文启蒙》

《清文启蒙》全名《满汉字清文启蒙》，满文名“manju nikan hergen i cing wen ki meng bithe”[①]，序文末尾有“雍正庚戌孟春之朔日”的记载，即1730年。该书是清代流传最广、版本最多的满语教材之一。

该书每卷卷首题有“长白舞格寿平著述，钱塘程明远佩和校梓”字样，可知该书作者为舞格（字寿平），校梓者为程明远（字佩和）。序言有如下记载：

> 《清文启蒙》一书，乃吾友寿平先生著述，以课家塾者也。其所注释汉语，虽甚浅近，然开蒙循序，由浅入深，行远自迩之寓意焉。况牖廸之初，非此晓畅之文，亦难领会。诚幼学之初筏，入门之捷径也。予尝目睹先生以此课蒙，而稍能颖悟者，学不匝月，即能书诵，且音韵笔画莫不明切端楷。一读不致错误，大有正本清源之义，更见功效捷速之妙。久欲请稿刊刻，以为初学津梁，而先生不许曰：此本庭训小子，设法而作，所注皆系俚言鄙语，粗俗不文，付之梨枣，不无诒诮乎。予力请再三，始获校梓，其于初学之士，大有裨益云。雍正庚戌孟春之朔日，作忠堂主人程明远题。

由此可知，该书原本是舞格在私塾教授满语时所编纂的类似于教学小册的教科书，其后程明远再三请求，才得以出版。

《清文启蒙》全书共四卷，每卷篇目及大致内容如下：

卷一：“满洲十二字头单字联字指南”，“切韵清字”，“满洲外单字”，“满洲外联字”，“清字切韵法”，“异施清字”，“清书运笔先后”。本卷主要是对满语音韵体系的介绍，尤其详细列举了“满洲十二字头”中每个字头所组成的音节，并且还对发音方法和发音部位进行了简单的描写。此外，“清书运笔先后”一篇还详细介绍了满文的书写法。

① 本文据 Möllendorff 的规则来转写满文。

卷二："兼汉满洲套话"。卷首有单独的序文，正文内容是满汉对译的会话文，且包括书信文，共 51 条。其汉语部分非常口语化，且有大量北京话词汇。

卷三："清文助语虚字"。本卷列举了满语的"助语虚字"，即名词格尾以及动词的各种形态变化。另外，行文中使用了"已然""未然""将然"等术语对动词的形态变化进行解释。

卷四："清字辨似"，"清语解似"。其中，"清字辨似"主要是对字形及语音相近的满文进行辨别列举；"清语解似"是对意义相近的满语词汇进行辨别列举。

以上各卷的内容分布为：卷一为文字和音韵，卷二为会话，卷三为语法，卷四为类字、类词。可见《清文启蒙》作为一部影响深远的综合性满文教材，无论是满语史研究、汉语史研究方面，该书都是一部不可或缺的重要文献。

《清文启蒙》的现存版本颇丰，池上二良先生曾将此书的版本系统分为三类，即：第一类为雍正时期的原刻本；第二类为乾隆时期的重刻本；第三类为仅从四卷本中选取第二卷《兼汉满洲套话》而编纂成书的版本。本文所介绍的乾隆二十六年（1761）刻本《兼满汉语满洲套话清文启蒙》一书属于第三类，这一刊本在现存满汉合璧会话教材中有唯一的特征，即用满文对汉字进行了标音，对研究清代北京话语音有着极为重要的价值。

《兼满汉语满洲套话清文启蒙》满文名"manju nikan gisun kamciha manjurara fiyelen cing wen ki meng bithe"①，不分卷，四册，全 80 页，大小为 27.8 厘米 ×15.5 厘米。四周双边，半页匡郭 22.0 厘米 ×12.1 厘米。版心白口，上边有黑鱼尾，鱼尾下有页数记载：第一册自第 1 页至第 19 页；第二册自第 20 页至第 40 页；第三册自第 41 页至第 62 页；第四册自第 63 页至第 80 页。第 80 页有如下刊记：

abkai wehiyehe	i	šahūn meihe aniya niyengniye	ri	uju-i biya-de.（80a）②
乾　隆	[属]	辛　巳　年　春		第一-[属]月-[位]

可见此书的刊刻年代为乾隆辛巳年（1761）。此书收藏于日本东洋文库、大阪大学图书馆与中国中央民族大学图书馆等。

此书每半页五行，每一行由满语（用满文），汉字对音（用满文）与汉语（用汉文）

① 题签的书名为《兼满汉字满洲套话清文启蒙》，满文名"manju nikan hergen kamciha manjurara fiyelen cing wen ki meng bithe"。

② 下例逐词翻译中［ ］内表示语法术语略称：［属］为属格（Genitive）；［位］为位格（Locative）。

三种部分而构成，原文如下：

（满语）manju bithe hūlara niyalma oci. urunakū hergen tome gemu getukeleme saci acambi.

（对音）fan žu du man jeo šu di žin bi ding dz dz du g'ai dang ming be jy dao

（汉语）凡 如 讀 滿 洲 書 的 人 必 定 字 字 都 該 當 明 白 知 道（1a）

卷首有序文，正文内容是满汉对译的会话文，且包括书信文，共51条。竹越孝将此版本的满文转写为罗马字，加之以满语部分的逐词翻译、满汉双语索引，及满文标音索引等。①

此书在版面上有比较明显的字体风格差异，大致可以分为前二册与后二册的不同。但第二册的情况有些复杂，我们可以暂时将此称为甲、乙两类风格，如下表所示。

表1 《兼满汉语满洲套话清文启蒙》的字体风格分布

	第一册	第二册					第三册	第四册
甲类	1—19	20—26		31		38—40		
乙类			27—30		32—37		41—62	63—80

本文将对《兼满汉语满洲套话清文启蒙》一书的满汉对音系统进行初步的描述。柯蔚南先生曾介绍了此书的几种语音、词汇特点，并与反映南北官话的西方文献进行对比，由此考察此书的基础方言问题。② 其结论是，此书的基础方言为明清的南方官话（standard southern Míng/Qīng Guānhuà）、北方的共同语（northern koiné varieties）与首都一带的北方方言（local northern dialects of the capital area）的混合体，他认为，此书所反映的18世纪北京话的实际情况就是如此。本文并不反对柯蔚南先生所提出的结论，但清代满汉对音文献种类颇丰，并可以分为几种系统，基础方言这一问题需确定此书所表示的对音系统的性质之后才可以讨论，仅靠一种对音材料而判断当时北京话语音系统可能会有问题。因此，本文着重与《御制增订清文鉴》（1771年）、《钦定清汉对音字式》（1772年）等规范性文献的对音情况进行对比，从而提出《兼满汉语满洲套话清文启蒙》一书在清代满汉对音研究与清代北京话研究上的价值。

① 竹越孝：《兼满汉语满洲套话清文启蒙：翻字、翻译、索引》，神户市外国语大学研究丛书49，神户市外国语大学。

②South W. Coblin. (2003). A sample of eighteenthe century spoken Mandarin from North China. *Chahiers de Linguistique - Asie Orientale*, 32 (2).

二、《兼满汉语满洲套话清文启蒙》的满汉对音

下面我们介绍一下《兼满汉语满洲套话清文启蒙》（以下简称《满洲套话》）一书用满文表示汉字音的情况。如上所述，此书是一种会话教材，其汉语部分非常口语化，因此其价值之一为可以观察到当时汉语虚词的发音。如“了、着、过、啊、么、吗、呢”等字在一般韵书里出现不多，我们据此书可以知道当时这些词怎样发音，这种虚词的语音变化情况如何等问题。使用此书探讨当时虚词的语音问题已有几种研究，所以本文暂不涉及此方面讨论。

在此首先想提出的是，有些语音现象往往与非语言本身的因素有关，并与文献的编写过程亦有关，因此，我们先涉及“避讳”与“内部差异”这两种问题，然后再描述声母与韵母的对音特征。

（一）避讳

北京音 -i 韵母在《满洲套话》一书中基本上用“-i”来表示，但只有来母 li 音用“lii”来表示，如下：

里 lii，理 lii，利 lii/li，力 lii，哩 lii，离 lii，粒 lii，礼 lii，俐 lii，立 lii。

此外，北京音的 -in 韵母在此书中基本上用“-in”来表示，但只有零声母的 in 音用“yen”来表示，如下：

因 yen，饮 yen，音 yen，阴 yen，隐 yen。

以上两种特殊对音是由避讳所导致的：“lii”避讳乾隆皇帝（在位 1736—1795 年）的名字“弘历 hong li”中的“li”；“yen”避讳雍正皇帝（在位 1723—1735）的名字“胤祯 in jen”中的“in”。《御制增订清文鉴》（以下简称《清文鉴》）的对音情况亦是如此。在《钦定清汉对音字式》（以下简称《对音字式》）一书中有关记载云：

① lii 礼、里、理。按：高宗纯皇帝庙讳下一字用 lii 字恭代。（4a）

② yen 音。按：世宗宪皇帝庙讳上一字用 yen 字恭代。（18a）

可见此书的编写者充分意识到了当时的避讳原则。此外，清代有些文献也不使用“hiowan”这一对音，此现象是由于避讳康熙皇帝（在位 1662—1722 年）的名字“玄烨 hiowan yei”中的“hiowan”而出现的[①]，但在《满洲套话》中可以看到“眩

①《圆音正考》（1743 年）中有如下记载：“团音 siowan：此团音字敬避，俱用尖音。”（21b）。

hiowan”这一对音。

（二）内部差异

如前文所述，《满洲套话》一书在版面上有明显的字体风格差异，此差异反映在满汉对音的内部异同。在此书中对北京音 -iao 或 -ao 的满文对音各有两种，即“-iyao/-iyoo”与“-ao/-oo”。这种“-iyao/-ao”类和“-iyoo/-oo”类的分布与版面的差异有关，我们对“了”“教”“叫”“小”“老”等字的满文对音分布进行调查，其结果如下。

表 2 “了”“教”“叫”“小”“老”等字的满文对音分布

汉字	对音	出现分布（无线为甲类版面，划线为乙类版面）
了	liyao (68)	1a5, 1b4, 1b5, 2a4, 2b5, 3a1, 3a4, 3b1, 3b3, 4a2, 4b4, 5a4, 6a2, 6a3, 6a5, 6a5, 6b1, 6b2, 6b2, 6b3, 7a3, 7a4, 7b2, 7b4, 8a2, 8a2, 9a3, 9a5, 9b1, 9b5, 10a2, 10b4, 11a4, 13a5, 13b2, 14a3, 14b3, 15b1, 15b1, 15b2, 15b4, 16a2, 18a2, 18a5, 19a5, 19a5, 19a5, 19b1, 20a3, 21b5, 22a1, 22a2, 22a4, 23a3, 24a2, 24a3, 24b3, 25a4, 26a1, 26b4, 31a2, 31a5, 34a4, 40a4, 40a4, 40b1, 40b1, 40b2
	liyoo (137)	12a4, 17a5, 17b1, 27a4, 27a5, 28a1, 28b3, 28b4, 29b2, 29b4, 30a1, 30b4, 32a1, 32a4, 34b3, 36a3, 36b1, 36b2, 36b2, 36b3, 37a4, 37b1, 37b4, 41a2, 41a2, 41a3, 41b1, 41b2, 41b2, 41b4, 44a2, 44a3, 44b2, 45b3, 45b4, 45b4, 45b4, 45b4, 45b5, 46b4, 46b4, 46b4, 48b2, 49a2, 49a3, 49a3, 49b2, 49b5, 50a1, 50b3, 50b5, 51b5, 52a4, 52b1, 52b4, 53a2, 53b2, 53b2, 53b3, 53b5, 54a1, 54a2, 54a3, 54a5, 54b3, 54b3, 54b4, 54b4, 54b5, 55b1, 55b1, 56a3, 56a3, 56a4, 56b2, 56b3, 57a2, 57a4, 57a4, 58a4, 58b1, 59b2, 59b5, 60b1, 60b2, 60b3, 60b5, 61a3, 61b2, 61b3, 61b4, 61b5, 62a2, 62a3, 62b2, 62b3, 62b4, 62b4, 63a3, 63a5, 63b1, 63b3, 64a4, 66a3, 66a4, 66a5, 68b1, 69a5, 69b2, 69b4, 69b5, 70a3, 70a5, 71a1, 71a3, 71a4, 71b5, 72a1, 72a1, 72a3, 72a4, 72b2, 73b3, 73b4, 74a4, 74a5, 75a4, 75a4, 76a5, 76b1, 77a4, 77b3, 78b1, 78b2, 78b4, 79b2, 79b2
教	giyao (3)	2a3, 2a4, 31a4
	giyoo (3)	34a4, 34a5, 35a1
叫	giyao (14)	3b2, 4a1, 4a2, 7a1, 7b1, 8a4, 8b3, 8b5, 10b3, 13b1, 13b2, 39b1, 39b3, 40a2
	giyoo (20)	29b1, 34b3, 44a1, 44a1, 46b1, 46b2, 48b3, 50a4, 52a2, 55a2, 57a5, 58a1, 63a1, 64b4, 66b3, 66b5, 69b2, 70a1, 76b5, 78a4
小	siyao (2)	25a5, 25a5
	siyoo (15)	26a3, 30a1, 43b1, 44b2, 47a3, 51a2, 51b3, 52b1, 56a1, 60a1, 60b1, 65a3, 65b2, 76b1, 76b1
老	lao (2)	40b3, 75a4
	loo (6)	41a2, 41a3, 42a1, 66a2, 79a3, 79b1

除了少数例外，“-iyao/-ao”类主要分布于甲类，“-iyoo/-oo”类主要分布于乙类这一倾向相当明显。在《清文鉴》一书中这些字均用“-iyao/-ao”。康熙时期的满汉词典《新刻清书全集》（1699 年）所收录的《清书对音叶字》这一篇中仅见“-iyoo/-oo”类，未见“-iyao/-ao”类，可见“-iyoo/-oo”类反映的是旧的规范或传统式对音，而“-iyao/-ao”类反映了新的规范。同时我们可以推测，至少两人以上参与了《满洲套话》的编写。

（三）声母

1. 尖音与团音

所谓“尖团合流”是指尖音（齿音精组细音）与团音（牙喉音见组细音）混淆不分，合流同音的现象，其合流时期与合流过程为近代汉语音韵史上的重要论点之一①。《满洲套话》满汉对音的最大特点是“不分尖团”这一现象。《清文鉴》《对音字式》等规范式文献明显区别尖团音，即尖音以“j-, c-, s-”字母来表示，团音以“g-, k-, h-”来表示。但在《满洲套话》中不仅有以“j-, c-, s-”字母表示团音的例子，还有以“g-, k-, h-”字母表示尖音的例子，如下所示。

（1）以“j-, c-, s-”字母表示团音的例子

① j-：己 ji，给 ji，技 ji，记 ji，及 ji，既 ji，几 ji，计 ji，纪 ji，寄 ji，吉 ji，忌 ji，见 jiyan，简 jiyan，竟 jin，敬 jin，境 jin。

② c-：其 ci，岂 ci，弃 ci，祈 ci，乞 ci，谦 ciyan，轻 cing。

③ s-：现 siyan，闲 siyan，系 si，虚 sioi，许 sioi，嫌 siyan，贤 siyan，向 siyang，响 siyang，幸 sin。

（2）以“g-, k-, h-”字母表示尖音的例子

① g-：嚼 giyao，捷 giyei，接 giye，节 giye，借 giye，就 gio，酒 gio。

② k-：睄 kiyoo，悄 kiyoo，趣 kioi，取 kioi。

③ h-：笑 hiyao/hiyoo，些 hiye，泄 hiye，写 hiye，信 hin。

上例中“以 g-, k-, h- 字母表示尖音”的例子可以视为由“过度修正”（hypercorrection）所导致，可见此书中尖团音的区别已完全混乱，此时期尖音与团音合流而成为同音。在《大清太祖武皇帝实录》（1636 年）的满汉对音中已然可以看

① “尖音”“团音”这一名称始于《圆音正考》（1743 年）。一般认为，乌扎拉氏文通在此书的后序（1830 年）中已表明尖团音的合流。

到团音的舌面音化、心母与晓母的合流，但《清书千字文》（1685 年）等文献却严格保持尖团音的区别，因此得知 17 世纪尖团音的合流尚未完成。《满洲套话》一书的以上状态可以视为 18 世纪中叶尖团音完全合流的确实证据。

2.si, ši 与 sy

在《满洲套话》中，北京音 si, xi, shi 的满文对音情况相对具有一贯性，如：si 音用“sy”来表示；xi 音用“si”来表示；shi 音用“ši”来表示。以上情况基本与《清文鉴》相同，至于 shi 音，虽然“ši”占绝对优势，但有些字用“sy”来表示，如下：

是 ši/si，什 ši，使 ši，时 ši，实 ši，十 ši，失 ši，识 ši，世 ši，食 ši，士 ši，示 ši，试 ši，施 ši，侍 ši，拾 ši；事 sy/ši，师 sy。

上例中对“事”用“sy”共有 67 例，“ši”仅有 1 例。“师”共有 8 例，全部是“sy”。其原因未详，但“事、师”均为庄组字这一点值得注意。

（四）韵母

1. 入声字的文白异读

北京音的“文白异读”现象集中于中古时期有 /-k/ 韵尾的宕、江、曾、梗与通摄的入声字。宕江摄入声字中念 -üe, -o, -uo 韵母的为文读音，念 -ao, -iao 韵母的为白读音；曾梗摄入声字中念 -e, -o 韵母的为文读音，念 -ei, -ai 韵母的为白读音；通摄入声字中念 -u 韵母的为文读音，念 -(i)ou 韵母的为白读音。下面分别介绍《满洲套话》的满汉对音情况。

（1）文读音 -uo、白读音 -ao，基本上都用“-o”来表示，如下：

薄 bo，莫 mo，托 to，落 lo，乐 le/lo，作 dzo，昨 dzo，错 dzo，索 so，着 jo，卓 jo，桌 jo，酌 jo，若 žo/žu，或 ho/he，活 ho，惑 ho。

这种“-o”可以视为表示文读音 -uo。《清文鉴》亦同样用“-o”来表示。

（2）文读音 -üe，白读音 -iao：有些例子用“-iyo”来表示，有些例子用“-iyoo/-iyao”来表示，如下：

觉 giyo，确 kiyo，学 hiyo，药 yo；略 liyoo，较 giyao，嚼 giyao，脚 giyoo；壳 keo。

以上例子中，“-iyo”可以视为表示文读音 -üe，“-iyoo/-iyao”可以视为表示白读音 -iao。《清文鉴》对这些字一贯用“-iyo”来表示，如“略 liyo，嚼 jiyo，脚 giyo，壳 kiyo”，可见该书遵从文读音。此外，在《满洲套话》中“-iyo”这一对音与山摄入声字的“-iowei/-yuwei”有些距离，如“决 giowei，缺 kiowei，月 yuwei”。

（3）文读音 -e/-o，白读音 -ei/-ai：除了少数例外，基本上用“-e”来表示，如下：

得 de，特 te，勒 le，则 dze，各 ge，隔 ge，客 ke，刻 ke，恶 e，额 e，白 be，百 be；窄 dza。

这种“-e”可以视为表示文读音 -e/-o。《清文鉴》的记载亦是如此，均用“-e”来表示。

（4）文读音 -u，白读音 -(i)ou：除了少数例外，基本上用“-u”来表示，如下：

福 fu，服 fu，复 fu，腹 fu，读 du，毒 du，独 du，录 lu，足 dzu，速 su，粟 su，俗 su，叔 šu，属 šu，褥 žu，屋 u；肉 žeo，六 lio。

以上例子中，“-u”可以视为表示文读音，“肉 žeo，六 lio”表示白读音。《清文鉴》对这些字均用“-u”来表示，如“肉 žu，六 lu”。

总之，就《满洲套话》对入声字的处理而言，遵从文读音的例子占优势，这一情况与《清文鉴》等的规范性对音文献是相类似的。

2.-iye, -iyei 与 -iyai

据八思巴字对音资料得知，元代蟹摄二等牙喉音字有 /-iai/ 音，而假摄三等字与部分入声字有 /-ie/ 音，到了清代前者合流于后者，现代北京音同是 -ie 音。在《满洲套话》中蟹摄二等字用“-iyai”“-iyei”或“-ai”来表示，假摄三等字与部分入声字基本上用“-iye”来表示，但亦有些字用“-iyei”来表示，如下：

①皆 giyai，懈 hiyei/hiyai；戒 g'ai。

②帖 tiye，捏 niye，借 giye，嗟 giye，接 giye，节 giye，且 ciye，切 ciye，些 hiye，写 hiye，泄 hiye，歇 hiye；别 biye/biyei，咧 liye/liyei，结 giye/giyei，捷 giyei。

《清文鉴》的情况与上例有所不同，对于蟹摄二等字用“-iyai”来表示，对于假摄三等字与部分入声字用“-iyei”来表示。可见《满洲套话》中“-iye”这一对音为当时口语音的表现。

3. -ao 与 -oo

如上所述，北京音 -iao 或 -ao 字在《满洲套话》中的满汉对音有内部差异，“-iyoo/-oo”有出现于乙类版面的倾向。但有些字不论甲类、乙类都一贯使用“-oo”来表示，如下：

报 boo，保 boo，饱 boo，抱 boo，跑 poo。

显然此种情况限于唇音字。在《清文鉴》中这些字均用“-ao”来表示，但该书《部院》

条中偶尔可以看到“-oo”的例子，如“报房 boofang”“宝源局 boo yuwan gioi”，可见同样是“boo”。产生这种现象的原因可能是，唇音和圆唇元音都有 [+LABIAL] 这一音系特征，因此 b、p 与 oo 共现利于协同发音。

4. -in 与 -ing

北京音 -ng 韵尾在《满洲套话》中基本上用“-ng”来表示，但 -ing 韵母字有时用“-in”来表示，如下：

定 ding/din，领 ling/lin，敬 ging/jin，京 ging/gin，竟 jin，景 gin，境 jin，行 hing/hin，幸 hin/sin。

在《清文鉴》中 -ng 韵尾一贯用“-ng”来表示。满语本身原来不存在 /-n/ 与 /-ŋ/ 之别，初期满汉对音文献中偶尔见到 -n、-ng 不分之例[①]。由此可以看出，与其他元音相比，拥有 /i/ 这一前高元音的时候 -n 尾与 -ng 尾更不容易区分。

三、总结

1761 年刊行的《兼满汉语满洲套话清文启蒙》一书为现存唯一的有标音的满汉合璧会话教材，此书反映出《御制增订清文鉴》《钦定清汉对音字式》等规范性文献公布之前的满汉对音情况，其特点总结如下。

（1）对音系统的最大特点为“不分尖团”，这一点与《清文鉴》等的情况显然不同，正确反映了当时北京音的情况。

（2）对入声字的处理，虽大部分与《清文鉴》相同，但出现了个别反映白读音的情况，这可能受到了当时北京实际读音的影响。

（3）对蟹摄二等字与假摄三等字的处理应该反映了北京话的特点，而不同于《清文鉴》。

（4）但我们同时需要指出，此书与规范性文献亦有很多共同点。尤其从遵守“避讳”的规则这一点来看，此书的满汉对音系统不是完全依据当时的实际发音，遵从规范式的对音亦很多。我们由此可以推断，编写《满洲套话》一书的一个目的是供满语母语者为学习汉语发音而使用，但另一个目的是提出一种“用满文表示汉字音”的规范。

① 如《大清太祖武皇帝实录》（1636 年）一书有“教场 gio can”“忠经 jung gin”等例。

（5）尽管不能确定此书完全反映了北京话时音，但其作为一个重要的文献，值得我们参考与挖掘。特别是在满汉对音的方式尚未稳定的时期，此书就对汉字进行了逐字对音，让我们得以了解 18 世纪中叶的语音情况，因此尤为珍贵。

清代的满汉对音是研究清代北京话语音的最重要的资料之一。现存文献极为丰富，本文只不过介绍其中一个文献的情况进行简单的描述而已。但我们通过考察得知，清代满汉对音资料并不均质，其性质各不相同，包含着各种面貌与层次。有关学者和研究机构今后如能进一步地合作与交流，以满汉对音为中心的北京话研究环境就会更加充实，研究的水平也会不断得到提高。

满文《圣正等觉大毘卢遮那佛所赞至尊救度佛母颂》译注暨对音研究

胡进杉

（台北故宫博物院 台北）

【提要】《圣正等觉大毘卢遮那佛所赞至尊救度佛母颂》是一部依据藏文再翻译的满文佛典，本文除将其逐句译注外，并以其为例，探讨满文佛经翻译时，处理佛学专有名词的一些规则。整体来说主要也是采用音译和义译，藏文原典中义译的佛学名词，满文大都改为音译，而其对音的方式，并不是依据梵语，而是仿自蒙语，甚至直接借用蒙文译词，但在咒语以及该经的梵语经题，则新创满文阿哩嘎哩字母予以转写，构成了满文佛典翻译的一大特色。

【关键词】清文全藏经；同文韵统；阿哩嘎哩字母

一、前言

翻译是文化交流的重要手段，某一个族群通过翻译把自己的文化传播到另一个族群，同样的，后者也用它来滋养自身的文化，如是翻译促进了彼此的相互了解，也提升和扩展了各自文化的内涵。我国历来一直不间断地翻译其他文化的典籍，吸取它们的思想，增补以至创新本身的文化，这些翻译过来的文献无疑是以属于印度的文化为大宗，在印度文化中又以佛教思想为主，上万卷的《大藏经》即是最佳的写照，都直接或少部分间接翻译自梵文原典，并经过历代大德的演绎和发明，使佛教思想成为传统文化的三大主流之一。

再者，我国自古以来是由多民族组成的国家，一些境内的少数民族也创造了自己的文字，他们也用本民族的文字翻译其他兄弟民族的书籍，由于信仰的相同，佛教典籍成为一个普遍交流翻译的目标。乾隆五十九年译印完成的《清文全藏经》（俗称《满文大藏经》），即是一套总集七百多部满文佛典的大藏经，它所依据的母本有的出自

《汉文大藏经》，有的源于《藏文大藏经》，本文要讨论的《圣正等觉大毘卢遮那佛所赞至尊救度佛母颂（enduringge ten i wesihun eme be unenggi hafuka amba birudzana fucihi i maktaha maktacun.）》①，则是其中一部依据藏文原本而翻译的满文佛经，其藏本的经题为《རྗེ་བཙུན་སྒྲོལ་མ་ལ་ཡང་དག་པར་རྫོགས་པའི་སངས་རྒྱས་རྣམ་པར་སྣང་མཛད་ཆེན་པོས་བསྟོད་པ་གསུངས་པ》，略称作《礼赞二十一度母暨利益经སྒྲོལ་མ་ལ་ཕྱག་འཚལ་ཉི་ཤུ་རྩ་གཅིག་གིས་བསྟོད་པ་ཕན་ཡོན་དང་བཅས་པ》，编在〈甘珠尔（བཀའ་རྒྱུད）〉的“十万怛特罗（རྒྱུད་འབུམ）”，是属于“事续（བྱ་བའི་རྒྱུད）”类的经典。

“度母”又作“救度母”，全称“圣救度母”或“至尊救度母”，藏名“སྒྲོལ་མ”，梵名“tārā”②，汉文音译为“多罗菩萨”，密宗奉为佛母，是藏传佛教最著名的女神之一，她由观音菩萨的眼睛所化现③，因能止息众生的种种烦恼，救度众生脱离生死苦海，故谓之“度母”④；而其度化众生的详细德能，从其108名号，更可窥见一斑，如能洞察一切事物，降伏一切恶魔，激发众生善根，使众生广受利益，具有生长三世诸佛的智慧，消除病魔厄难，能护持修行者等等⑤。藏传佛教认为度母的幻化之身不可胜数，主要有二十一相及绿度母、白度母等。此二十一度母，虽身色不同，但其造型基本一致，即一头两臂，溜肩蜂腰，高乳丰臂，束高髻，余发披于身后，头部略为左倾，脸型俊秀圆满，头戴宝冠，耳饰大环。上身赤裸或着半袖紧身衣，袒胸露腹，臂戴钏镯，下身着长裙，结跏趺坐于覆莲台座上，身躯呈s型，腰肢纤细，仪态万方，有头光与身光。⑥但因教派或修习仪轨的不同，度母也有多头多臂或显现忿怒相的造型。二十一度母名号顺序如下表。

① 故宫博物院：重印本《满文大藏经》，北京：紫禁城出版社，2002年，第58函第35页上第31行至第36页下第17行。本文满文采用穆麟德夫（G.P.von Mollendorff）罗马字母标音法标音。

② 梵文此字有带领度过（carrying across）、拯救者（saviour）、保护者（protector）及瞳孔（the pupil of the eye）诸义。Monier Willian.(1987). *Sankrit English Dictionary*(P.443). Delhi.

③ 依汉译佛典的记载，有一次观音菩萨在世尊面前，入普光明多罗三昧，以三昧力，从其面轮右目瞳中放大光明，由光明化现度母，见代不空译：《佛说大方广曼殊室利经》〈观自在菩萨授记品〉，《大正藏》，第20册，第450页；而藏传佛教则说度母是由观世音菩萨的眼泪而化现，《度母本源记》说：观音菩萨在无量劫前，救度无数众生脱离了生死轮回，可是有一天菩萨用慧眼观察六道，发现受苦受难的众生并未减少，顿生忧愁，双眼流出泪来，泪花变成莲花，莲花又化现成绿度母，接着又化现出二十一尊度母，齐声告观音菩萨：“汝心勿忧闷，我誓为汝助，众生虽无量，我愿亦无量。”从此诸度母每天广度百万众生，声名广传十方，受诸佛灌顶与赞叹。参见阿罗·仁青杰博、马吉祥：《藏传佛教圣像解说》，西宁：青海人民出版社，2013年，第112页。

④ 不空译：《佛说大方广曼殊室利经》〈观自在菩萨授记品〉，《大正藏》，第20册，第450页。

⑤ 诺布旺典：《唐卡中的绿度母》，北京：紫禁城出版社，2009年，第72—80页。

⑥ 王尧、陈庆英主编：《西藏历史文化辞典》，拉萨：西藏人民出版社，1988年，第70页。

梵文	藏文	满文	蒙文	汉文
1.Pravīra？ -tārā[1]	མྱུར་ཞིང་དཔའི་སྒྲོལ་མ	Hūdun baturu doobume aitubure eme	Türgen baγatur dhar-a eke	尊者速勇救度母
2.Candrakānti？ -tārā	སྒྲོལ་མ་ཟླ་མདངས་མ	Bolori biyai boconggo doobume aitubure eme	Saran önggetei dhar-a eke	大善秋月救度佛母
3.Kanakavarṇa-tārā	སྒྲོལ་མ་གསེར་མདོག་མ	Aisin boconggo doobume aitubure eme	Altan önggetei dhar-a eke	大慧金色救度佛母
4.Uṣṇīṣa-tārā	གཙུག་ཏོར་སྒྲོ ལ་མ	Giyolonggo doobume aitubure eme	Usniγa dhar-a eke	灌顶尊胜救度佛母
5.Hūṃsva-ranādinī-tārā	སྒྲོལ་མ་ཧཱུྃ་སྒྲ་སྒྲོགས་མ	Hūng jilgangga doobume aitubure eme	Huu-un daγun-i daγurisqaγči dhar-a eke	虚空吽音救度佛母
6.Vijaya-tārā	རྣམ་པར་རྒྱལ་བའི་སྒྲོལ་མ	Ilan jalan be umesi etehe doobume aitubure eme	Teyin böged ilaγuγsan dhar-a eke	能胜三界救度佛母
7.Aparājita-tārā	སྒྲོལ་མ་གཞན་གྱིས་མི་ཐུབ་པ	Gūwa de anaburakūdoo-bume aitubure eme	Busud-a ülü čidaγdači dhar-a eke	能摧恶敌救度佛母
8.Mārasūdana- tārā	སྒྲོལ་མ་བདུད་འཇོམས་མ	Ari ibagan be gidara doobume aitubure eme	Simed-i ebdegči dhar-a eke	能摧怨魔救度佛母
9.Varada-tārā[2]	སྒྲོལ་མ་མཆོག་སྩོལ་མ	?	Siddi-yi öggüči dhar-a eke	最胜摄授度母
10.Śokavinodana-tārā	མྱ་ངན་སེལ་བའི་སྒྲོལ་མ	Kasacun be geterembume doobume aitubure eme	Qasalang-i arilγaγči dhar-a eke	涅盘寂灭救度佛母
11.Jagadvaśī?-tārā	འགྲོ་བ་འགུགས་པའི་སྒྲོལ་མ	Ergenge be hukšebure doobume aitubure eme	Amitan-i bökeyilgegči dhar-a eke	慑伏世间救度佛母
12.Maṅgalot-pādana-tārā	བཀྲ་ཤིས་སྐྱེ་བའི་སྒྲོལ་མ	Hūturi fengśen bahabure doobume aitubure eme	ÖlĴei üiledüγči dhar-a eke	能生吉祥救度佛母
13.Pācaka-tārā	སྒྲོལ་མ་སྨིན་བྱེད་མ	Badarame wembure doobume aitubure eme	Bolbasuraγuluγči dhar-a eke	如火炽盛救度佛母
14.Kruddhakālī-tārā	སྒྲོལ་མ་ཁྲོས་མ་ནག་མོ	Fehereme jindara doobume aitubure eme	Kilingtei qar-a dhar-a eke	颦眉威相救度佛母
15.Mahāśanti-tārā	ཞི་བ་ཆེན་མོའི་སྒྲོལ་མ	Amba miyambure doobume aitubure eme	Amurlingqui dhar-a eke	大柔善救度佛母
16.Rāgan-isūdana-tārā	ཆགས་པ་འཇོམས་པའི་སྒྲོལ་ མ	Hūng seme buyen be gete-rembure doobume aitubure eme	Tačiyangγui-yi daruγči dhar-a eke	明咒吽声救度母
17.Sukha-tārā	བདེ་བ་སྦྱིན་པའི་སྒྲོལ་མ	Jirgacun be bure doobume aitubure eme	Amuγulang-i öggügči dhar-a eke	度脱衰败救度佛母
18.Sita-vijaya-tārā	སྒྲོལ་མ་རབ་རྒྱས་མ	Ilan oron be eteme col-goroko doobume aitubure eme	Teyin böged ilaγuγsan čaγan dhar-a eke	能动三界救度佛母

① 本表二十一度母之梵、藏、满、蒙、汉文名号，参见第三辈章嘉呼图克图着、罗文华编：《诸佛菩萨圣像赞》，北京：中国藏学出版社，2008 年，第 208—228、420—422 页。

② 此尊满文名号待考，梵文等名号见 Martin Willson, & Martin Brauen. (2000). *Deities of Tibetan Buddhism*(P.126, P.318). Boston.

续表

梵文	藏文	满文	蒙文	汉文
19.Duḥkhadahana-tārā	སྡུག་བསྔལ་བསྲེགས་པའི་སྒྲོལ་མ	Jobolon be mayambure doobume aitubure eme	J̌obalang-i tülegči dhar-a eke	焚灭诸苦度母
20.siddhida-tārā	དངོས་གྲུབ་སྩོལ་བའི་སྒྲོལ་མ	Eiten doro be bahabure doobume aitubure eme	Siddhi öggügči dhar-a eke	成就一切救度佛母
21.Paripūrṇa-Tārā?	ཡོངས་སུ་རྫོགས་པའི་བྱེད་སྒྲོལ་མ	Wesihun sain doro mutebuhe doobume aitubure eme	Oγuγata tegüskegči dhar-a eke	吉祥圆满救度佛母

自十一世纪中叶阿底峡大师（Atiśa，982-1054）将度母的信仰引进藏区，很快便为各教派所接受，也在信仰藏传佛教的蒙藏地方广为传播。于传统的藏区，作为度母信仰主要经典的本经，是初入寺院的年轻僧众读诵的第一篇经文，也是俗家学校学童的必背课文。此外，大多数的寺院每个月都会举行一次或多次二十一度母法会，诵持二十一度母礼赞经及度母真言，不少藏族家庭每个月也会请喇嘛来住所举行一次二十一度母仪轨，尤其当迁居、兴业或添丁时更会举行这一仪轨[①]。因此，直至今日本经也成为蒙藏寺院日常课诵的经典[②]。

二、正文

本经之藏文原本采用台北版《西藏大藏经》（即德格版复印本）的版本[③]。全文计经首经题、礼敬文、经文、经尾经题四部分，无译跋，译者不详。经文全部为偈颂体，每四句一颂，每句八个音节，全文共27颂，前21颂分别礼赞二十一度母，颂其名号与德能；后6颂叙述念诵者应有的态度，礼赞的时间和次数，以及所获得的利益，如能消除一切罪业，超脱诸恶趣，得七俱胝佛灌顶，往生诸佛刹土，去除鬼魅、瘟疫、毒物之侵害，求子得子，求财得财等。满文本中藏本原有的梵、藏经首经题并未译出，正文之偈颂体则以长行形式翻译，不押韵，经文之末附有绿度母咒一则。

梵文佛典的翻译，以汉译为例，文中的人名、地名或专门术语，有三种译法，一是义译，

① 吉布：《唐卡中的度母、明妃、天女》，西安：陕西师范大学出版社，2006年，第76页。

② 噶举书院：《ཀ་ཚང་ཆོས་སྒྲུབ་ཞལ་འདོན་ཕྱོགས་བསྒྲིགས་བཞུགས་སོ།（噶玛噶举僧侣早晚课诵本）》，2012年，第53—58页；胡雪峰、嘉木扬·凯朝、额利布格仓：《བོད་རྒྱ་སོག་གསུམ་ནང་བསྟན་ཉིན་རེའི་ཞལ་འདོན།（藏汉蒙对照佛教日诵）》，北京民族出版社，2000年，第23—54页。课诵本除本经经文外，其后并附有〈救度佛母七支供养颂〉及〈绿度母回向诵〉。

③ 台北版《西藏大藏经》是德格版《藏文大藏经》的复印本，A.W.Barber主编，1981年由台北南天书局出版，本经编号No.438，收录于第16册，第389/84.3-390/86.6页。

即用汉语本有的相应字词把梵文原义翻译出来，如观音、大势至；二是用音译，即玄奘法师所说的"五不翻"①，即用汉语与原典字词相应的读音翻译，如曼殊师利、佛陀，尤其是咒语；三是音义合译，即在音译的字词附加该语词属性的字义，如须弥山、舍利子、舍卫国等。

其次，以藏文佛典为例，也是义译、音译、音义合译三种译法。早在九世纪初，赞普赤德松赞(ཁྲི་ལྡེ་སྲོང་བཙན，798—815 在位)就命印藏佛教大师制定了翻译梵文佛典的规则，义译的规定："翻译佛经时，如果不打乱梵文的次序，译成藏文后，意义和词句结合得很好，而且通顺，则不要打乱原文的次序。如果打乱原文的次序而通顺易懂，对于偈颂体，每首译成四句或六句均可，在一颂内部，亦可打乱次序，以求尽量通顺；对于散文，只要符合原文原义，都可打乱次序，以求在意义和词句上尽量易懂和通顺。"音译的规则："一个梵文音，与多种藏文词语相对应的，应根据上下文创立最恰当的词语。像 gautama 中的 gau 这个音，与'词语''方向''地''光''金''牛''善趣'等多种词语相对应；又像 kausika，它与'持吉祥草''喜莲''枭''宝顶'等相对应，翻译起来，牵涉到很多种意思，译文用一个词语把它们全部包括进去又办不到，只译一个意义又没有充足的理由，这样就不要翻译，而保留梵文的原样(音译)。对于可以做多种解释的词语，翻译时不能只按一种理解翻译，而要做到全面对应。"音义合译的规定："翻译地方、动物、花卉、草木等的名称，对那些译出来可能使人误解的，或者语句不顺，以及实际上是否准确尚无把握的，可以在所译名称前面冠上'地方'或'花'等(类名)，表明是那一类事物的名称，而保留梵文的原样。"如"多罗树"(ཤིང་ཏ་ལ)、"伽耶国"(ཡུལ་ག་ཡ)就是采用这项规则，但是专有名词的翻译，藏文多以义译和音译为多，而音义合译较少。②

至于蒙文佛典的翻译，第三辈章嘉呼图克图若必多吉（རོལ་པའི་རྡོ་རྗེ，1716—1786）在主持北京版蒙文《丹珠尔》的翻译时，于其所著的《贤者之源（merged γarqu-yin oron）》书中，总结了以往蒙文佛经的翻译经验，认为译师应摒弃名利私欲，以虔敬之心推敲每一字词之义，遇有疑惑，当请教贤者，把握住每一句藏语的关键内容，用

① 五不翻，是玄奘法师所提出的翻译理论，即将梵文译成汉文时，遇五种情形不进行义译，而保留其原音，进行音译。此五种情形为：一、秘密故不翻，陀罗尼是；二、多含故不翻，如"薄伽梵"，含六义故；三、此无故不翻，如"阎浮树"；四、顺古故不翻，如"阿耨菩提"，实可翻之，但摩腾已来存梵音故；五、生善故不翻，如"般若"尊重，"智慧"轻浅，令人生敬，是故不翻。见《大正藏》第 54 册，No.2131，法云：《翻译名义集》，第 5 页。

② 胡进杉：《藏文〈声明要领二卷(སྒྲ་སྦྱོར་བམ་པོ་གཉིས་པ)〉之研究》，《政治大学民族学报》1997 年第 22 期，第 169—85 页。

蒙语中广泛流行、能够打动人心和鲜明易懂的词语来翻译。诗文偈颂之诗句可以调整，散文体则视一段话的内容和意思，如有必要，可颠倒其顺序，以求通顺易懂。有时如果按藏语直译显得冗长而累赘时，在不损及内容的前提下可略作删减，如果不增添词语，则难以表达其内容时，可增添词语充分表达其义。翻译偈颂韵文时，要译得优雅、意赅、易懂，并长短相宜，注意押头韵。①

从上述三种语文的翻译来看，梵文佛典专有名词的翻译，不外义译、音译、音义合译，归结起来是义译和音译两种。《清文全藏经》作为我国最后一部翻译编辑完成的佛典总集，其在翻译时，势必借鉴参酌其先前的《汉文大藏经》《藏文大藏经》和《蒙文大藏经》的译法，就本经来说，也不超出义译、音译和音义合译。比对所依据的藏文原典，专有名词极少部分是采义译，如下文。

（1）སྤྱན་རས་གཟིགས་དབང་ཕྱུག，观自在，是梵文 avalokiteśvara 的义译，满文译作 jilan i bulekušere toosengga，义为用慈悲洞鉴世间的自在者。

（2）སྒྲོལ་མ，救度母，是梵文 tārā 的义译（汉文音译多罗），满文作 doobume aitubure eme，义为能拯救解脱之母。

（3）སྐད་ཅིག，瞬间、一念顷，是梵文 kṣana 的义译（汉文音译刹那），满文作 dartai andan，顷刻、一瞬间。

（4）ཕ་རོལ་ཏུ་ཕྱིན་པ，到彼岸，是梵文 pāramitā 的义译（汉文音译波罗蜜多），满文作 cargi dalin de ak ū naha，到达了彼岸。

（5）དེ་བཞིན་གཤེགས་པ，如来，佛的名号之一，不住生死涅槃，由如实道来成大觉，故曰如来，梵文 tathāgata 的义译（汉文音译多陀阿伽度），满文作 ineku jihe fucihi，本来而来的佛。

（6）མྱ་ངན་འདས，为 མྱ་ངན་ལས་འདས་པ 之略称，是梵文 nirvāṇa（汉文音译“涅盘”）的义译，满文有二种译法，一种义译 gasacun ci duleke。མྱ་ངན 忧苦，ལས 从，འདས་པ 已超脱，མྱ་ངན་འདས 超脱忧苦，又译作寂灭；满文 gasacun，忧苦，ci，从，duleke，已超过。但在〈救度佛母七支供养颂〉却采用音译 nirwan，蒙文也作 nirwan。

除此之外，其他都是音译或音义合译，由于对音系统的不同，从藏文翻译过来的满文佛典的音译，可分为三类，即专有名词的音译、咒语的音译和经题的音译。

① 宝力高：《蒙古文佛教文献研究》，北京：人民出版社，2012 年，第 192—193 页。

（一）专有名词的音译

藏文佛典对梵文原典的专有名词，大部分采用义译的方式，满文佛典于翻译时，又将其改成音译或音义合译，列举如下。

（1）ལྷ་མིན，又作ལྷ་མ་ཡིན，非天。梵音作 asura，汉文音译为“阿修罗”。天龙八部之一，也是六道之一。原为古印度神话中的一种恶神，因常与天神战斗，故后世亦称战场为“修罗场”，满文音译作 asuri，蒙文也作 asuri。

（2）བསམ་གཏན，定、禅定、静虑。梵音作 samādhi，汉文音译为“三摩地”。心不散乱，不染烦恼，心境专注，亦称决定、择定，由此之因，生起一切正量智慧之果，故谓静虑或禅定。① 满文音译作 samadi，蒙文也作 samadi。

（3）རྒྱལ་བའི་སྲས，又作 རྒྱལ་སྲས，佛子，菩萨的异名。菩萨全称菩提萨埵 བྱང་ཆུབ་སེམས་དཔའ，藏文义译“觉勇识” 梵音为 bodhisattva。满文音译作 bodisadu，蒙文作 bodisadw-a。

（4）བརྒྱ་བྱིན，直译为“百施”，汉译佛典作帝释、帝释天，佛教护法神之一，为忉利天之主，居须弥山顶之善见城。梵音为 kauśika，汉文音译为“憍尸迦”。满文作 hormosda，同蒙文 qormosda。

（5）ཚངས་པ，藏文本义为“洁净、清净”，此处指天神，又作 ཚངས་པ་ཆེན་པོ，大梵天、大梵天王。为婆罗门教和印度教的创造神，形象为四头四手，分持吠陀经典、莲花、匙子、念珠或钵，坐骑白天鹅。佛教产生后，被吸收为护法神，为释迦牟尼的右胁侍，亦为色界初禅天之王。② 梵音为 brahman，汉文音译为“梵摩”。满文作 esrun，仿自蒙文的 eserw-a 。

（6）དབང་ཕྱུག 又作 དབང་ཕྱུག་ཆེན་པོ，大自在天，是东方的护法神。梵音为 maheśvara，汉文音译为“摩醯首罗”。满文音译作 mahašuri，蒙文作 makisuwari。

（7）འབྱུང་པོ，藏文本义为“动物、生物”，又作魔鬼、魑魅，梵音为 bhūta，汉文佛典音译为“部多”。满文音译作 budi，蒙文作 budi。

（8）དྲི་ཟ，食香，以香为食故又名寻香，天神之一类，又称为天界乐师。梵音为 gandharva，汉文佛典音译为“乾闼婆”。满文音译 g'andari，蒙文作 γandari。

（9）གནོད་སྦྱིན，施碍，鬼类之一种，梵音为 yakṣa，汉文佛典音译为“药叉”或“夜叉”。满文音译作 yakca，蒙文作 yaqča。

① 土登尼玛：《藏汉佛学词典》，成都：四川民族出版社，1993 年，第 1721 页。
② 王沂暖：《藏汉佛学词典》，西宁：青海民族出版社，1986 年，第 373 页。

（10）རི་རབ，为 རི་རབ་ལྷུན་པོ 的略称，妙高山，或作妙光山、善积山，佛家所说器世间金轮地基上形成的高山。形势优美故妙，为群山之王故高。山之东面银质，南面琉璃，西面赤晶，北面黄金。四面天空及海水，各呈各方宝物光彩，山没入海中八万四千由旬，高出海面亦八万四千由旬。①梵音为 sumeru，汉文音译作"须弥"或"苏迷卢"。满文音译作 sumiri，蒙文作 sümir。

（11）འབིགས་བྱེད，本义穿孔，又是山名，位于印度南方海边，峰顶非常尖锐，又名喇枚夏山（ཏྲ་མི་ཤ་རི）②，梵音作 vindhya，汉文译作"宾陀山"。满文作 gelaša，仿自蒙文的 geleše。

（12）བསྐལ་པ，大时、长时，一个计算漫长年代的单位名。梵音为 kalpa，汉文音译作"羯腊波"或"劫波"，略作"劫"。满文音译作 g'alab，蒙文作 γalba。

（13）མིའམ་ཅི，人非人，一种人首畜身，非人非神的怪物；佛书又说是天龙八部化作人形在佛前听法，似人而非人，故名。梵音为 kiṃnara，汉文音译作"紧那罗"。满文音译作 ginari，蒙文作 ginari。

（14）གཟུངས 咒语、真言。密乘修法中，用以守护行者心意远离庸俗境界，策励本尊及其眷属的一种有严密结构的若干字音③，梵音作 dhāraṇī，汉文音译作"陀罗尼"。满文音译作 tarni，蒙文作 tarni。

（15）དབང་བསྐུར，藏文本义为"授权"，是印度古代国王即位时举行的仪式，即国师以四大海之水，灌国王顶，表示授权并祝福，故又名"灌顶"，佛教密宗仿之将其作为传授弟子密法的一种仪式，举行了这种仪式，弟子才有权修习所传授的口诀。④梵音为 abhiṣeka。满文音译作 abisik，蒙文作 abisig。

（16）རྣམ་པར་སྣང་མཛད，大日如来、明照佛，为五方佛之一。梵音为 vairocana，汉文佛典音译作"毗卢遮那"。满文音译作 birudzana，蒙文作 biruzan-a。

（17）ཉན་ཐོས，声闻，听闻佛之教言，悟解四谛之理，断除见思之惑，而入于涅槃之出家者。梵音 śrāvaka。满文音译作 šarwag'a，蒙文作 sErwang。

（18）རང་རྒྱལ，本义自胜，指不依阿阇黎教言，独自观察缘起法而觉悟者，谓之独觉，梵音 pratyeka，汉文佛典音译作"辟支迦"。满文音译作 bradig'a，蒙文作

① 张怡荪：《藏汉大辞典》，北京：民族出版社，1993 年，第 2680 页。
② དུང་དཀར་བློ་བཟང་འཕྲིན་ལས《དུང་དཀར་ཚིག་མཛོད་ཆེན་མོ》，北京：中国藏学出版社，2002 年，第 1545 页。
③ 张怡荪：《藏汉大辞典》，北京：民族出版社，1993 年，第 707 页。
④ 王沂暖：《藏汉佛学词典》，西宁：青海民族出版社，1986 年，第 306 页。

bratiγabut。

（19）བྱང་ཆུབ，义为觉，指对佛教教理的觉悟。梵音 bodhi，汉文佛典音译作“菩提”。满文音译 bodi，蒙文作 bodi。

（20）འོད་དཔག་མེད་པ，无量光佛，为西方极乐世界的教主。梵音为 amitābha ，汉文佛典音译作“阿弥陀”，满文音译作 abida，为使词义更加显明，后加一佛字 fucihi，蒙文作 amidab-a。

从以上满文音译的例子，发现满文的对音，与梵文对照并不很准确，分成下面几类说明。

1. 满文同一元音对译梵文不同之元音

（1）i 对译 a：asuri、mahašuri、budi、g'andari、ginari

（2）i 对译 e：sumiri、bradig'a、abisik

（3）i 对译 u：sumiri

（4）i 对译 ī：tarni

（5）i 对译 ai：birudzana

（6）a 对译 ā：samadi、tarni、šarwag'a

（7）u 对译 ū：budi

（8）u 对译 a：bodisadu、mahašuri

（9）u 对译 o：birudzana

2. 同一辅音对译不同之辅音

（1）d 对译 dh：samadi、bodisadu、 g'andari、bodi

（2）d 对译 t：bodisadu

（3）t 对译 dh：tarni

（4）b 对译 bh：budi、abisik

（5）b 对译 p：bradig'a

（6）b 对译 v：birudzana

（7）g’ 对译 g：g'andari

（8）g’ 对译 k：g'alab、šarwag'a

（9）g 对译 k：ginari

（10）c 对译 ṣ：yakca

（11）dz 对译 c：birudzana

若参考附录 4 与 5 的满文和梵文音位表，除音位相同者 g' 对译 k、d 对译 t、b 对译 p 之外，其他的只是相近音，满文无长元音，多用短元音对音，如 a 对译 ā、i 对译 ī 、u 对译 ū，无复元音，也用短元音对音，如 i 对译 e、i 对译 ai、u 对译 o；辅音方面，不送气音对送气音，如 b 对译 bh、d 对译 dh；清浊对音 t 对译 dh、g' 对译 g 外，其他的音位相差较远。另外，满、梵音节数目也不同，主要是三音节对译四音节，如 abisik 对译 abhiṣeka、abida 对译 amitābha ；与原音不相应，如 hormosda 对译 kauśika、esrun 对译 brahman、gelaša 对译 vindhya。但若比较蒙文的音译，大部分相同，如 asuri、samadi、hormosda、budi、g'andari、yakca、g'alab、ginari、tarni、bodi、nirwan，其他的发音也极相似，论其原因不只满语、蒙语同属阿尔泰语系，地理环境相似，两族人民往来非常频繁，语汇相互借用本属自然，且蒙古族较早接触佛教，也翻译编辑了《蒙文大藏经》，因此乾隆于翻译《清文大藏经》伊始，就谕令工作人员“将藏经所有蒙古文字、汉字两种悉心校核，按部翻作清文”①。故佛学专有名词的音译，并不是依据梵文，而是大多借用蒙文的音译，或是参酌蒙文再音译。兹将上文所举的例子列表如下，以便比对。

梵文	藏文	蒙文	满文	汉文
asura	ལྷ་མིན / ལྷ་མ་ཡིན	asuri ②	asuri	非天
samādhi	བསམ་གཏན	samadi	samadi	禅定
bodhisattva	རྒྱལ་སྲས / བྱང་ཆུབ་སེམས་དཔའ	bodisadw-a	bodisadu	佛子 / 菩萨
kauśika	བརྒྱ་བྱིན	qormosda	hormosda	帝释天
brahman	ཚངས་པ / ཚངས་པ་ཆེན་པོ	eserw-a	esrun	梵天 / 大梵天
maheśvara	དབང་ཕྱུག/ དབང་ཕྱུག་ཆེན་པོ	makisuwari	mahašuri	大自在天
bhūta	འབྱུང་པོ	budi	budi	魑魅
gandharva	དྲི་ཟ	γandari	g'andari	食香 / 寻香
yakṣa	གནོད་སྦྱིན	yaqča	yakca	药叉 / 夜叉
sumeru	རི་རབ / རི་རབ་ལྷུན་པོ	sümir	sumiri	须弥山
vindhya	འབིགས་བྱེད	geleše	gelaša	宾陀山
kalpa	བསྐལ་པ	γalba	g'alab	劫
kiṃnara	མིའམ་ཅི	ginari	ginari	人非人 / 紧那罗

① 中国第一历史档案馆：《乾隆朝上谕档》，北京：档案出版社，1991 年，第 281—283 页。
② 表中蒙文主要参见卓日格图：《汉藏蒙对照佛教词典》，北京：民族出版社，2003 年。

续表

梵文	藏文	蒙文	满文	汉文
dhāraṇī	སྔགས	tarni	tarni	咒 / 陀罗尼
abhiṣeka	དབང་བསྐུར	abisig	abisik	灌顶
vairocana	རྣམ་པར་སྣང་མཛད	biruzan-a	birudzana	大日如来 / 毗卢遮那
śrāvaka	ཉན་ཐོས	sErwang	šarwag'a	声闻
pratyeka	རང་རྒྱལ	bratiɣabut	bradig'a	独觉
bodhi	བྱང་ཆུབ	bodi	bodi	觉 / 菩提
nirvāṇa	མྱ་ངན་ལས་འདས་པ	nirwan	nirwan	涅槃
amitābha	འོད་དཔག་མེད་པ	amidab-a	abida	阿弥陀佛

（二）咒语的音译

不同的语文，由于字母多寡和音位的不同，靠原有的字母来对音别的语文，往往只能达到近似值，如要准确对音，最完善的方法就是针对所要翻译语文字母的音位，根据自己语文的字母和拼缀特性，创造一套音位完全一致的专用字母。关于佛典咒语的音译，汉文虽然也创造了不少的新字和译法，如在字下加“引”表长音，“二合”表复辅音等方法，但毕竟汉梵语系不同，且历代以来并没有一套公订的梵语对音的汉字，加以古今音韵及译师口音的不同，以致同一个梵文，却有不同汉字的音译，如《心经》经尾的咒语“gate gate pāragate pārasamgate bodhi svāha”①，姚秦·鸠摩罗什译作“竭帝、竭帝、波罗竭帝、波罗僧竭帝、菩提、僧莎呵”②，唐代玄奘译作“揭帝、揭帝、般罗揭帝、般罗僧揭帝、菩提、萨婆诃”③，宋代施护译作“誐帝（引）、誐帝（引）、播（引）啰誐帝（引）、播（引）啰僧誐帝（引）、冒提、莎（引）贺（引）”④。三位大师的对音并不完全一致，因此要从汉译佛典中的音译准确回复到原来的梵语，是较为困难。

但同属于译自梵文的藏文佛典，没有这种缺陷，其原因主要有二。首先藏文也是拼音文字，字母又是仿梵文而创制；其次藏族僧侣很早就创造了一套专为标写梵文咒语的藏文“阿哩嘎哩（ཨ་ལི་ཀཱ་ལི）”字母，又名“咒文（སྔགས་ཡིག）”，标写梵文的16个元音和34个辅音，此套字母至晚不迟于814年完成的《声明要颂二卷》，因为书中已用“阿

①叶阿月：《超越智慧的完成》，台北：新文丰出版公司，1990年，第16页。
②《大正藏》，第8册，第847页。
③《大正藏》，第8册，第848页。
④《大正藏》，第8册，第852页。

哩嘎哩 ”字母标写梵文语汇。[①] 十六世纪，为了将《藏文大藏经》翻译成蒙文，蒙古学者阿尤什·固什（ayuši güüši）奉第三辈达赖喇嘛之命，仿藏文“阿哩嘎哩”字母创造了蒙文的“阿哩嘎哩”字母，解决了在佛经翻译过程中常常遇到的用蒙文字母难以准确标音梵文字母读音的难题。[②]

乾隆时期大量地翻译满文佛典，高宗感于汉语切韵字母之学，虽出西域，但西域之音无穷，汉文之字有数，其有音而无字者十之六七，等韵之图，或记以虚圈，或竟为空格，使人上下左右连排模拟而求之，非心悟者弗能得也。又汉典咒语，原取印度本音，然辗转翻译，或古今音殊，遂使缁流持诵，迥非西僧梵韵。[③] 因此命第三辈章嘉呼图克图参酌藏文和蒙文阿哩嘎哩字母而制订一套音写梵文字母的满文“阿哩嘎哩”字母，其具体内容见于乾隆十五年（1750）刊印的《同文韵统》一书，其满梵阿哩嘎哩字母对照表见该书第 241—249 页，而满文“阿哩嘎哩”字母的字头、字中、字尾的拼缀法，请参阅拙文《第三辈章嘉呼图克图及其创制的满文经咒新字》的附表一、二[④]。

依据这个表，将满文本经中的咒语说明如下。

（1）图 1 hūṃ 转写 ཧཱུྃ（hūṃ）；

（2）图 2 tu ttā ra 转写 ཏུཏྟཱ་ར（tuttā ra）；

（3）图 3 phaṭ 转写 ཕཊ（phaṭ）；

（4）图 4 tu re 转写 ཏུ་རེ（tu re）；

（5）图 5 oṃ tā re tu ttā ra tu[5] re /sowā hā 转写 ཨོཾ་ཏཱ་རེ་ཏུ་ཏྟཱ་རེ་ཏུ་རེ་སྭཱ་ཧཱ（oṃ tā re tu ttā ra tu re svā hā）；

（6）因本经咒语较短，因此再举图 6《圣如来佛所出白伞盖无能胜大回遮尊贵能成就总持陀罗尼 enduringge ineku jihe fucihi i giyolo ci tucike šanyan sarangga yaya de gaibušarakū ambarame bederebure wesihun mutebure sere gebungge toktobun tarni.》之一则咒文[⑤] 为例。

藏本原文[⑥]：

①《声明要颂二卷》又名《语合二章》，见台北版《西藏大藏经》第 51 册，第 386/262.1—394/319.7 页。
② 宝力高：《蒙古文佛教文献研究》，北京：人民出版社，2012 年，第 291 页。
③ 清高宗：《御制同文韵统序》，见清章嘉活佛《同文韵统》，新文丰出版公司，1993 年，第 3—7 页。
④ 胡进杉：《第三辈章嘉呼图克图及其创制的满文经咒新字》，《中国藏学》1996 年第 1 期，第 105—128 页。
⑤ 此经简称《白伞盖仪轨经》，见《清文全藏经》第 58 函，第 44 页上第 2—15 行。
⑥ 台北版《西藏大藏经》第 18 册，台北：南天书局，1991 年，第 236/433.3—4 页。

ཏདྱ་ཐཱ། ཨོཾ་ཨ་ན་ལེ་ཨ་ན་ལེ། ཁ་ས་མེ་ཁ་ས་མེ། བཱི་ར་བཱི་ར། སཽ་མྱེ་སཽ་མྱེ། ཤཱནྟེ་ཤཱནྟེ། དཱནྟེ་དཱནྟེ། བི་ཥ་དེ་བི་ཥ་དེ། བཻ་རེ་བཻ་རེ། དེ་བི་བཛྲ་
དྷཱ་རི་བནྡྷ་བནྡྷ་ནི་བཛྲ་པཱ་ཎི་ཕཊ། ཨོཾ་ཧཱུྃ་དྲཱུྃ་ཧྲཱིཿཥྚོ་ཕཊ་སྭཱ་ཧཱ། ཨོཾ་བཛྲ་པཱ་ཎི་བནྡྷ་བནྡྷ་བཛྲ་པཱ་ཤེ་ན་མ་མ་སརྦ་དུཥྚ་བི་གྷཱཾ་བི་ནཱ་ཡ་ཀཱཾ་ཧཱུྃ་
ཧཱུྃ་ཕཊ་ཕཊ་སྭཱ་ཧཱ།

（tadya tha. oṃ a na le a na le. kha sa me kha sa me. bī ra bī ra. sau mye sau mye. śānte śānte.dānte dānte. biṣa de bi ṣa de. bai re bai re. de vi bajra dhā ri bandha bandha ni bajra pā ṇi paṭ. oṃ hūṃ drūṃ hrīḥ ṣṭo phaṭ svā hā. oṃ bajra pā ṇi bandha bandha bajra pā śe na ma ma sarva duṣṭa bi ghāṃ bi nā ya kām hūṃ hūṃ phaṭ phaṭ svā hā.）

满文译文：

tadya tha. om a na le a / na le. kha sa me kha sa me. bei / re bei re. so me so me. śā nte / śā nte.dā nte dā nte. bi sa de / bi sa de. bī re bī re. de vi / ba jra dhā ri.ba ndha ba ndha ni / bajra pā ṇi paṭ. oṃ hūṃ / hūṃ① druṃ ṣṭoṃ phaṭ svā hā.（hūṃ druṃ ba ndhin phaṭ.mimbe / karmame tuwakiyakini sowā hā②） oṃ ba / jra pā ṇi. bandha bandha ba / jra bā śe na.ma ma sa rva / du ṣṭaṃ bi nā ya kām / hūṃ hūṃ phaṭ phaṭ svā hā.

经比对，此咒满文和藏本文句有极少数不同，其余大体一致。在对音方面：bī ra 满文本作 bei re，sau mye 满文本作 so me，bai re 满文本作 bī re，pā śe 满文本作 bā śe 外，绝大部分的对音是准确无误的。

图 1

图 2

图 3

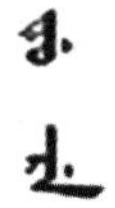
图 4

图 5

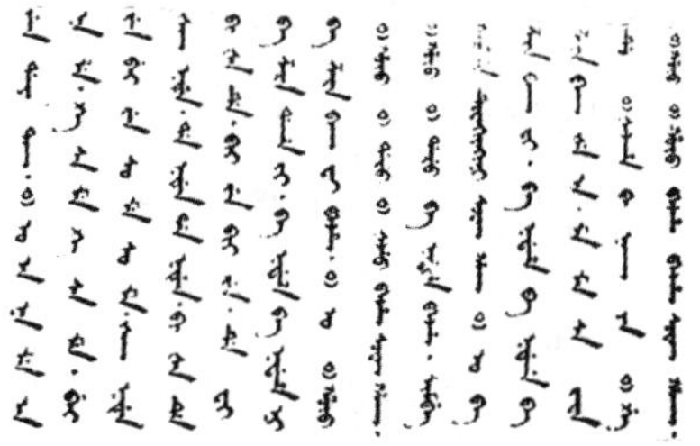
图 6

① 满文多此字。
② 满文本多括号内二句。

（三）经题的音译

《清文全藏经》所收录的经典，若是从藏文翻译的，在经首往往列有三种经题，首先是梵文经题，以"梵语云（enetkek gisun de）"开始，次列藏文经题"唐古特语云（tanggūt gisun de）"或作"图伯特语云（tubet gisun de）"①，三为满文经题"满语云（manju gisun de）"，除满文经题为义译外，梵、藏经题皆用满文"阿哩嘎哩"字母标音②。由于藏本之经题本经并未翻译，因此举它经之例说明如下。

1. 梵文经题

（1）图 7 为满文《妙轮上乐王秘密不思议大教王经 gungge erdemungge kurdun wesihun sebjengge fucihi somishūn gūnime akūnarakū fulehe i han i nomun》的梵文经题③，其罗马拼音为 enetkek gisun de（梵语云）. śirī ca kra / saṃ va ra gū hya a / ci ndya da ndra rā ja. 译藏本梵文经题ཤྲཱི་ཙ་ཀྲ་སཾ་བ་ར་གུ་ཧྱ་ཨ་ཙིནྟ་ཏནྟྲ་རཱ་ཛ（śrī ca kra saṃ va ra gu hya a cinta tantra rā ja④），而正确的梵文为 śrī（吉祥）cakra（轮）saṃvara（守护）gūhya（秘密）acintya（不可思议）tantra（本续）rāja（王）。可见满文本经题 śirī 误多加 i，ndya、da、ndra 三个字原本的 t 都误写成字形相似的④，但也改正了藏本经题 gu 和 cinta 的错误。

（2）图 8 为满文《吉祥尸陀林庄严殊特本续经 gungge erdemungge dzag' ara sambara i dandara han šamšana i miyamigan umesi ferguwecuke sere nomun.》的梵文经题⑤，其罗马拼音为 enetkek gisun de（梵语云）.śrī ca kra saṃ / vara tan tra rā ja ad bhu ta śamā / sā ni a laṃ ka ra nā ma. 译藏本梵文经题 ཤྲཱི་ཙ་ཀྲ་སཾ་བ་ར་ཏནྟྲ་རཱ་ཛ་ཨདྦྷུད་ཤྨཱ་སཱ་ན་ཨ་ལཾ་ཀཱ་ར་ནཱ་མ（śrī ca kra saṃ va ra tantra rā ja adbhuta śmā sā na a laṃ kā ra nā ma⑥），而正确的梵文为 śrī（吉祥）cakra（轮）saṃvara（守护）tantra（本续）rāja（王）adbhuta（希有）śmasāna（尸陀林）alaṃkāra（庄严）nāma（名号）。其中 śmā 满文本经题误作 śamā，na 误作 ni。

（3）图 9 为满文《白伞盖仪轨经》的梵文经题⑦，其罗马拼音为 enetkek gisun de（梵语云）.ā rya ta thā ga / to ṣṇī ṣa si ta ta ba tre / a ba rā ji ta ma hā bra / tyaṃ gi ra ba ra ma si ddha nā / ma dhā ra ṇi. 译藏本梵文经题 ཨཱརྱ་ཏ་ཐཱ་ག་ཏོ་ཥྞཱི་ཥ་སི་ཏཱ་ཏ་པ་ཏྲེ་ཨ་པ་རཱ་ཛི་ཏ་མ་ཧཱ་པྲ་ཏྱཾ་གི་ར་པ་ར་མ་སི་དྡྷ་ནཱ་མ་དྷཱ་ར་ཎི

① 清初称西藏为"图伯特"或"唐古特"。
② 胡进杉：《满文〈圣除尽一切恶趣顶髻尊胜佛母平安陀罗尼经〉译注》，《法光学坛》2004 年第 8 期，第 21—52 页。
③《清文全藏经》第 72 函，第 131 页上第 15—17 行。
④ 台北版《西藏大藏经》第 16 册，台北：南天书局，1991 年，第 251/391.1 页。
⑤《清文全藏经》第 72 函，第 124 页上第 3—5 行。
⑥ 台北版《西藏大藏经》第 16 册，台北：南天书局，1991 年，第 268/508.5 页。
⑦《清文全藏经》第 58 函，第 37 页上第 23—26 行。

（ārya ta thā ga to ṣṇī ṣa si tā ta pa trā a pa rā ji ta ma hā pra tyaṃ gi ra pa ma si ddha nā ma dhā ra ṇī[1]），而正确的梵文为 ārya（圣）tathāgata（如来）uṣṇīṣa（顶髻）sitātapatrā（白伞盖）aparājita（无能胜）mahā（大）pratyaṃgira（回遮母）parama（最胜）siddha（成就）nāma（名叫）dhāraṇī（陀罗尼）。其中 si tā ta pa trā 满文本经题误作 si ta ta ba tre，即第一个 tā 的长音，满文误作短音 ta，pa 误作 ba，trā 误作 tre，aparājita、pratyaṃgira 和 parama 的 pa 均误作 ba，最末的 ṇī 长音满文作短音 ṇi。

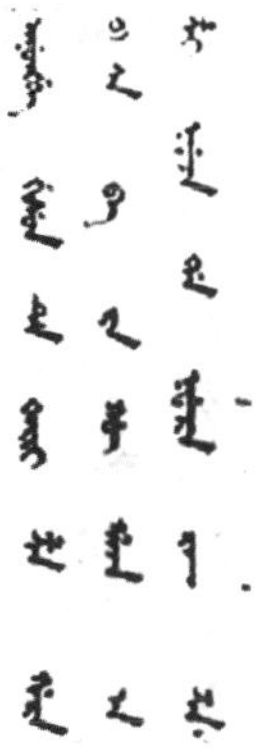

图 7

图 8

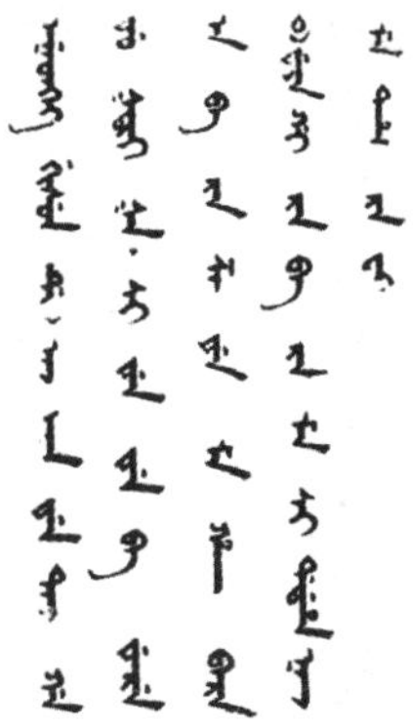

图 9

2. 藏文经题

藏文经题的对音，《同文韵统》也制定一个满藏对照表[2]，来对译藏文的三十个字母。因满文本经未译出藏本的经题，因此举其他译自藏文经典的例子说明如下。

（1）图 10 满文《圣修行愿经（wesihun yabun i forobun）》的藏文经题[3]，其罗马拼音为 tanggūt gisun de（藏语云）. mcoggi sjonbii smuelame. 译藏本藏文经题 མཆོག་གི་སྤྱོད་པའི་སྨོན་ལམ[4]（mchog gi spyod pavi smon lam.）并不遵照满藏对照表的对音来翻译，还沿用满文固有的字母，作发音相似的音译。

（2）图 11 满文《成妙乐吉祥偈经（elhe jirgacun be bahabure irgebun）》的藏文经题[5]，其罗马拼音为 tanggūt gisun de（藏语云）.bdeleksu jurbii tsksu bandba. 译藏本藏文经题 བདེ་ལེགས་སུ་འགྱུར་བའི་ཚིགས་སུ་བཅད་པ[6]（bde legs su vgyur bai tshigs su bcad pa），满文也是

① 台北版《西藏大藏经》第 18 册，台北：南天书局，1991 年，第 235/422.7 页。
② 章嘉活佛：《同文韵统》，台北：新文丰出版公司，1993 年，第 251—256 页。
③《清文全藏经》，第 108 函，第 273 页下第 10 行。
④ 台北版《西藏大藏经》第 20 册，台北：南天书局，1991 年，第 464/533.5 页。
⑤《清文全藏经》第 108 函，第 277 页上第 23 行。
⑥ 台北版《西藏大藏经》第 19 册，台北：南天书局，1991 年，第 324/516.7 页。

采用原有字母作音译。

（3）图 12 为满文《白伞盖仪轨经 》的藏文经题[①]，其罗马拼音为 tanggūt gisun de（藏语云）.pakba debšin šekbei / dzugdor nai jiongwei g'arbojiyan žanji / mitubba cir dokba cinbo cogdu jyubpa / šeijanvei zung. 译藏本藏文经题 འཕགས་པ་དེ་བཞིན་གཤེགས་པའི་གཙུག་ཏོར་ནས་བྱུང་བའི་གདུགས་དཀར་པོ་ཅན་གཞན་གྱིས་མི་ཐུབ་པ་ཕྱིར་ཟློག་པ་ཆེན་མོ་མཆོག་ཏུ་གྲུབ་པ་ཞེས་བྱ་བའི་གཟུངས[②]（vphags pa de bzhin gshegs pavi gtsug tor nas byung bavi gdugs dkar po can gzhan gyis mi thub pa phyir zlog pa chen mo mchog tu grub pa zhes bya bavi gzungs.）也未按照《同文韵统》的满藏对照表字母译写，仍旧以原字母音译。

图 10

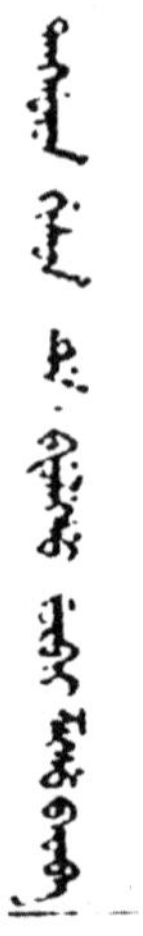
图 11

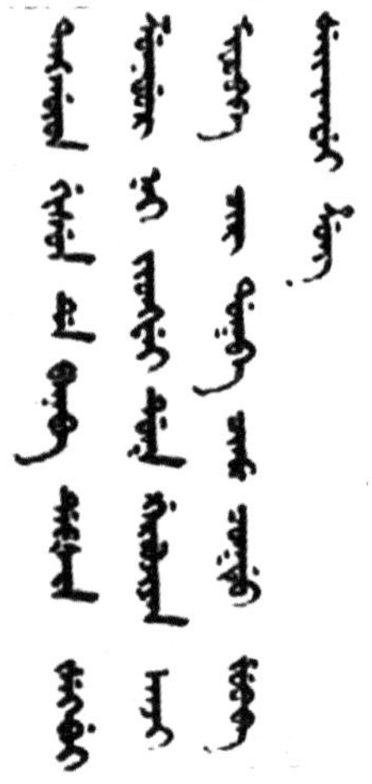
图 12

（四）结论

从上述分析来看，关于满文佛经的对音问题，以本经并参酌其他经典为例，可归纳以下几点结论。

（1）佛典的翻译，满文如同其他语文一样，翻译方式为义译、音译和音义合译，主要是音译、义译二种。

（2）现存的满文佛典并非梵文原典的直接译本，而是依据汉文或藏文佛典重新翻译的再译本，本经则为藏本的再译本。

（3）佛学专有名词的翻译，藏文佛典以义译为主，满文佛典虽据藏本，但大都将

①《清文全藏经》第 72 函，第 37 页上第 27—30 行。

② 台北版《西藏大藏经》第 18 册，台北：南天书局，1991 年，第 235/422.7 页。

其改为音译，但其对音的方式，并不是依据梵语，而是仿自蒙语，甚至直接借用蒙文译词。

（4）乾隆时期满文佛经的翻译达到高峰，不只数量最多，译法更是考究，为了准确的翻译经中的咒语，特命第三辈章嘉呼图克图仿照藏文和蒙文“阿哩嘎哩”字母，创造一套满文“阿哩嘎哩”字母，其音韵对应与使用方法全载于乾隆十五年刊印的《同文韵统》一书。这套字母原为翻译咒语而设，但也推及梵文经题和藏文经题的翻译。

（5）满文“阿哩嘎哩”字母所翻译的藏本梵文经题和咒语，或由于依据的版本不同，偶尔会出现些微的字词不一致，但基本上是非常准确的，因此与其说是音译，倒不如说是原文的“转写”。因为这套字母有些是新造而且字形非常相近，字母的拼缀也较复杂，尤其部分字母和原有的字母字形相同，但音位不一致，实际运用时，难免混淆而出现笔误，如 b 与 p、t 与 d，以及元音的长短等。此外，既是转写，本该一字母对一字母，但偶尔也会出现音译的现象，如 sowā 音译 swā 等。

（6）在创制满文“阿哩嘎哩”字母时，也设计了一套对译藏文的转写字母，但从已考察的一些佛典藏文经题来看，除了《积光圣母之陀罗尼（eldengge gebungge enduringge eme i tarni.）》的藏文经题依据这套字母转写外①，大都仍用原有的满文字母作音译。

三、附录

（一）全文译注

1. 经题②

རྒྱ་གར་སྐད་དུ། ན་མཿཏཱ་རཱ་ཨེ་ཀ་བི་ཤ་ཏི་སྟོ་ཏྲ་གུ་ཎ་ཧི་ཏ་སཱ་ཀ།③

梵语：南无多罗耶喀温夏替思透特啦沽纳西大萨喀

བོད་སྐད་དུ། སྒྲོལ་མ་ལ་ཕྱག་འཚལ་ཉི་ཤུ་རྩ་གཅིག་གིས་བསྟོད་པ་ཕན་ཡོན་དང་བཅས་པ།

藏语：礼赞二十一度母暨功德利益经

2. 礼敬语

རྗེ་བཙུན་མ་ འཕགས་མ་ སྒྲོལ་མ་ ལ་ ཕྱག་འཚལ་ལོ།།

① 胡进杉：《谈中国少数民族文献的翻译——以〈清文全藏经〉为例》，见《中国少数民族文学与文献国际学术论坛论文集》，成都：四川大学文学院，2018 年，第 15—42 页。

② 经首的梵、藏文经题，满文本均未译。

③namaḥ（敬礼）tārā（度母）ekaviṃśati（二十一）stotra（赞颂）guṇa（功德）hita（利益）sāka（一并），即“敬礼赞颂二十一度母暨功德利益经”。

至尊母 圣母 度母 于 敬礼

oṃ enduringge ten i wesihun eme de hengkilembi.

唵 圣 至尊 母 于 礼拜

“唵，敬礼至尊圣母！”

按：礼敬文，本经甚为简略，日常课诵本则较长：“ན་མོ་ཨཱརྱ་ཏཱ་ར་ཡེ། འཕགས་པ་སྤྱན་རས་གཟིགས་དབང་ཕྱུག་ཐུགས་རྗེའི་གཏེར་ལ་ཕྱག་འཚལ་ལོ། །པོ་ཏ་ལ་ཡི་གནས་མཆོག་ན། །ཏཾ་ཡིག་ལྗང་གུ་ལས་འཁྲུངས་ཤིང་། །འོད་དཔག་མེད་པས་དབུ་ལ་བརྒྱན། །དུས་གསུམ་སངས་རྒྱས་འཕྲིན་ལས་མ། །སྒྲོལ་མ་འཁོར་བཅས་གཤེགས་སུ་གསོལ། །ལྷ་དང་ལྷ་མིན་ཅོད་པན་གྱིས། །ཞབས་གཉིས་པདྨོ་ལ་བཏུད་དེ། །འཕོངས་པ་ཀུན་ལས་སྒྲོལ་མཛད་མ། །སྒྲོལ་མ་ཡུམ་ལ་ཕྱག་འཚལ་ལོ། །ཨོཾ་རྗེ་བཙུན་མ་འཕགས་མ་སྒྲོལ་མ་ལ་ཕྱག་འཚལ་ལོ། །”① 义为“敬礼圣多罗母，敬礼圣大悲藏观自在菩萨，布达拉山之最胜境，从蓝色当字所生，以无量光佛作为顶饰，三世诸佛的事业母，启请度母暨眷属齐降临，您是天及非天的冠冕，向您的莲足敬礼，能解脱一切烦恼之母，度母我敬礼，唵，至尊母圣母度母我敬礼。”满文译作：“na mo ā rya tā ra ye.enduringge jilan i bulekušere toosengga gusin i isan de hengkilembi.budala alin i wesihun bade niowanggiyan taṃ gergen ci banjinjifi.abida fucihi be ujui ninggugude hukšehe ilan forgon i fucihi i weilen be mutebure eme.doobume aitubure eme gucu giyajan suwaliyame enggelenjireo.enduri asuri sei ujui miyamigan be.umuhun i šun ilhai fejile hujubume. eiten yadara mohoro ci ukcabure eme.doobume aitubure eme de hengkilembi. oṃ enduringge ten i wesihun eme de hengkilembi.”②

3. 正文

甲、礼赞二十一度母

①礼赞尊者速勇救度母

ཕྱག་འཚལ་སྒྲོལ་མ་མྱུར་མ་དཔའ་མོ། །སྤྱན་ ནི་ སྐད་ཅིག་ གློག་དག་ འདྲ་མ། །

敬礼 度母 速 勇 眼 呢 刹那 电 如同

འཇིག་རྟེན་གསུམ་མགོན་ ཆུ་སྐྱེས་ ཞལ་ གྱི། །གེ་སར་ བྱེ་བ་ ལས་ ནི་ བྱུང་མ། །

世间 三 怙尊 莲花 面 之 蕊 千万 从 呢 生起之母

doobume aitubure hahi baturu dartai andan i talkiyara gese yasangga.

救度的 急 勇 刹那 的 电 如同 有眼

ilan jalan i akdacun i šun ilhai dere. ferguwecuke jilha ci tucike eme de hengkilembi.

① 宝力高：《蒙古文佛教文献研究》，北京：人民出版社，2012 年，第 23—25 页。
② 参见台北故宫博物院藏藏满蒙汉四体合璧《绿像救度佛母赞》。

三 世 的 可信赖 的 莲花 面 神奇的 花心 从 生起 母 于 礼拜

“敬礼急速勇猛的救度佛母，眼睛如刹那的闪电晃耀；莲花般的面容为三世界所依赖，您从神妙的花蕊中生起。”

②礼赞大善秋月救度佛母

ཕྱག་འཚལ་སྟོན་ཀའི་ ཟླ་བ་ ཀུན་ཏུ། །གང་བ་ བརྒྱ་ ནི་ བརྩེགས་པའི་ ཞལ་ མ།།

敬礼 秋之 月 完全 盈满 百 呢 堆叠的 面 母

སྐར་མ་སྟོང་ ཕྲག་ ཚོགས་པ་རྣམས་ཀྱིས། །རབ་ཏུ་ཕྱེ་བའི་ འོད་ རབ་ འབར་ མ།།

星 千 组 群 诸 以 极 开创的 光 极 光耀 母

tanggūsu jibsiha bolori biya gubci badarame jaloka gese cirangga.

数百 堆叠的 秋 月 全 兴盛着 满了 如同 颜色的

borhoho mingga usiha oron i isan ci umesi colgoroko genggiyen eldengge eme de

堆积的 千 星 辰 之 群 从 很 超越的 清明 光华 母 于

hengkilembi.

礼拜

“敬礼如上百个秋月聚集，圆满遍照容颜的度母；您发出清洁明量的光辉，超过数千星辰合在一起的光芒。”

③礼赞大慧金色救度佛母

ཕྱག་འཚལ་ སེར་སྔོ་ ཆུ་ ནས་ སྐྱེས་ ཀྱི། །པདྨས་ཕྱག་ ནི་ རྣམ་པར་ བརྒྱན་ མ།།

敬礼 黄蓝 水 从 生 的 莲华手 呢 完全 装饰 母

སྦྱིན་པ་ བརྩོན་འགྲུས་དཀའ་ཐུབ་ ཞི་བ། །བཟོད་པ་བསམ་གཏན་སྤྱོད་ཡུལ་ཉིད་མ།།

布施 精进 难行 寂静 忍辱 禅定 行境 母

muke de banjiha sohon lamun boconggo <u>šu ilhai</u> gala be saikan miyamiha.

水 于 生长 黄 蓝 彩色 莲花 手 把 好好地 装扮了

fulehun kicen dosobun nesuken. kiricun <u>cib sere</u> samadi yongkiyaha eme de hengkilembi.

施 勤勉 耐得住 温良 忍耐 悄然 三摩地 全备了 母 于 礼拜

“敬礼如金蓝色莲花的度母，手持莲花作为装饰；布施、精勤和温顺，忍耐、寂静、禅定皆齐全。”

④礼赞灌顶尊胜救度佛母

ཕྱག་འཚལ་དེ་བཞིན་གཤེགས་པའི་གཙུག་ཏོར། །མཐའ་ཡས་རྣམ་པར་རྒྱལ་བར་ སྤྱོད་ མ། །

敬礼 如来之 发髻 无边 完全 胜利 行 母

མ་ལུས་ ཕ་རོལ་ཕྱིན་པ་ ཐོབ་པའི། །རྒྱལ་བའི་སྲས་ཀྱིས་ ཤིན་ཏུ་ བསྟེན་ མ། །

无余 到彼岸 得的 佛子 助词 非常 依止 母

ineku jihe fucihi i giyolonggo.jecen akū fuhali etehe yabungga

如来佛 的 有顶 边 无 全然 得胜 行的

funcen akū cargi dalin de akūnaha be baha. geren bodisadu buyeme hukšehe eme de

无余 到彼岸 把 得了 众 菩萨 爱着 顶戴的 母 于

hengkilembi.

礼拜

“敬礼发髻上装饰了如来佛，具有无量胜行的度母；一切德智皆已达到究竟的彼岸，您是诸菩萨爱戴的佛母。”

⑤礼赞虚空吽音救度佛母

ཕྱག་འཚལ་ ཏུཏྟཱ་ར་ ཧཱུྃ་ ཡི་གེས། །འདོད་ དང་ ཕྱོགས་དང་ ནམ་མཁའ་གང་ མ། །

敬礼 怛啰吽字以 爱欲 及 方 及 虚空 遍满 母

འཇིག་རྟེན་ བདུན་པོ་ ཞབས་ཀྱིས་ མནན་ ཏེ། །ལུས་པ་ མེད་པར་འགུགས་པར་ནུས་ མ། །

世间 七种 足 以 压住 遗留 无 招引 能母

tarni i ṭu ttā re hūṃ sere hergen i buyen dursun untuhun ilan oron de jalukiyafi.

咒 之 都怛啰 吽 所谓 字 以 爱欲 形态 虚空 三 位置 于 满足

nadan hacin i jalan be bethe i fehume.meleburakū dahabume mutere eme de hengkilembi.

七 种 之 世界 把 脚 以 踏着 无遗漏 招降着 能 母 于 礼拜

“敬礼以都怛啰吽咒音，遍满欲界、色界和虚空三处的度母；您的脚踩踏着七世界[①]，将他们无遗漏地都招降。”

⑥礼赞能胜三界救度佛母

ཕྱག་འཚལ་བརྒྱ་བྱིན་ མེ་ལྷ་ ཚངས་པ། །རླུང་ལྷ་ སྣ་ཚོགས་ དབང་ཕྱུག་ མཆོད་ མ། །

敬礼 帝释 火神 梵天 风神 种种 自在天 供养 母

① 七世界或七世间，指六道众生世间，再加上中有世间共七世间；另一说是欲界五趣，另加色界、无色界共七个。贺文宣、窦存琦：《藏汉对照常用合称词词典》，西宁：青海民族出版社，1987年，第397页。

འབྱུང་པོ་ རོ་ལངས་ དྲི་ཟ་ ནོམས་དང་། །གནོད་སྦྱིན་ ཚོགས་ཀྱིས་ མདུན་ ནས་ བསྟོད་ མ། །

部多 起尸 食香 诸 及 施碍 群 助词 前面 从 赞颂 母

hormosda esrun tuwa i enduri edun i enduri mahašuri sei uhei jukteme.

帝释 梵天 火神 风神 大自在天 等的 一齐 供祀

budi buceli g'andari i jergi.yakca isan i gungneme maktara eme de hengkilembi.

部多 短命鬼 干闼婆 之 等 药叉 群 之 恭敬着 称赞的 母 于 礼拜

“敬礼帝释、梵天、火神，风神、大自在天等共同奉祀的度母；所有的部多、短命鬼、干闼婆等鬼众，和药叉众也恭敬着赞诵您。”

⑦礼赞能摧恶敌救度佛母

ཕྱག་འཚལ་ ཏྲཊ་ ཅེས་བྱ་ དང་ ཕཊ་ ཀྱིས། །ཕ་རོལ་ འཁྲུལ་འཁོར་རབ་ཏུ་འཇོམས་ མ། །

敬礼 特啰胝 名为 及 发 以 对方 诡计 极 摧毁 母

གཡས་བསྐུམས་ གཡོན་ བརྐྱངས་ ཞབས་ཀྱིས་ མནན་ཏེ། །མེ་ འབར་ འཁྲུག་པ་ ཤིན་ཏུ་ འབར་ མ། །

右 收缩 左 伸展 足 以 压制 火 燃 骚动 极 炽燃 母

tarni i traṭ sefi phaṭ seme cargici faidaha hūlibun be fuhali efuleme.

咒 之 特啰胝 名叫 发 云云 从对面 施法术的 迷惑 把 全然 毁坏着

ici bethe be bargiyafi hashūngge be saniyame fehufi.tuwai gūrgin badaraka eldengge eme de

右 脚 把 收缩 左的 把 伸着 踏 火的 火焰 兴盛了 光辉 母 于

hengkilembi.

礼拜

“敬礼名叫特啰胝的度母，您用发的咒音摧毁敌方施法的蛊惑；您卷缩右脚伸展左腿踩踏着大地，身上散发炽盛的火焰。”

⑧礼赞能摧怨魔救度佛母

ཕྱག་འཚལ་ཏུ་རེ་ འཇིགས་པ་ཆེན་མོ། །བདུད་ཀྱི་ དཔའ་བོ་ རྣམ་པར་འཇོམས་མ། །

敬礼 都哩 大怖畏母 魔 之 勇士 完全 摧毁 母

ཆུ་སྐྱེས་ ཞལ་ ནི་ ཁྲོ་གཉེར་ ལྡན་མཛད། །དགྲ་བོ་ ཐམས་ཅད་མ་ལུས་ གསོད་ མ། །

莲花 面 呢 怒纹 有 作 敌 一切 无余 屠杀 母

tarni i tu re i amba gelecuke horonggo. kecu ari ibagan be biretei gidame.

咒 之 都哩 之 大 可怖 可怕的 残暴的 鬼怪 把 普遍 镇压

šu ilhai cira jilihangga feheren gubci bata be gisabure eme de hengkilembi.

莲花的 面孔 有怒气的 眉心 全部 敌 把 杀净的 母 于 礼拜

“敬礼威严可怖的都哩度母，您把残暴的鬼怪完全镇压了；莲花面孔的眉心现出忿怒的皱纹，所有的仇敌都被您全数杀尽。”

⑨礼赞最胜摄授度母

ཕྱག་འཚལ་ དཀོན་ཆོག་གསུམ་ མཚན་ ཕྱག་རྒྱའི། །སོར་མོས་ ཐུགས་ཀར་ རྣམ་པར་ བརྒྱན་ མ། །

敬礼 三宝 名号 手印的 以手指 于胸口 完全 装扮 母

མ་ལུས་ ཕྱོགས་ཀྱི་ འཁོར་ལོ་བརྒྱན་པའི། །རང་ གི་ འོད་ ཀྱི་ ཚོགས་རྣམས་ འཁྲུག་ མ། །

无余 方 的 轮 装饰的 自己 的 光 的 群 诸 震惊 母

ilan boobai be iletulehe galai temgetu.simhun be niyaman i teisu saikan miyamiha.

三宝 把 表明了 手的 印 指 把 心 的 相当 好好地 装扮了

dere hošo ci colgorofi kurdun i yangselaha.beye i elden burgašame jergišere eme de

方 隅 从 超越 轮 以 文饰了 身 的 光 缭绕着 光彩夺目 母 于

hengkilembi.

礼拜

“敬礼有标志三宝手印的度母，您把手指安放在胸口；超越四方四隅以轮为饰，您的身光缠绕光彩夺目。”

⑩礼赞涅槃寂灭救度佛母

ཕྱག་འཚལ་ རབ་ཏུ་ དགའ་བ་ བརྗིད་པའི། །དབུ་རྒྱན་ འོད་ ཀྱི་ ཕྲེང་བ་ སྤེལ་ མ། །

敬礼 极 喜悦 焕发的 头饰 光 的 鬘 散布 母

བཞད་པ་རབ་བཞད་ ཏུཏྟ་ར་ ཡིས། །བདུད་དང་ འཇིག་རྟེན་ དབང་དུ་མཛད་མ། །

笑 大笑 都怛啰 以 魔 及 世间 威慑 母

umesi urgun ambalinggū fujurungga. ujui miyamigan i elden sireneme kūwarafi.

极 喜 壮丽的 有丰彩 头的 饰物 的 光 绵延着 包围

injeme ambarame injeme tarni i tu ttā ra i ari ibagan jalan be toose de bargiyaha

笑着 大笑着 咒 的 都怛啰 以 鬼怪 世界 把 权力 于 控制

eme de hengkilembi.

母 于 礼拜

“敬礼庄严极喜悦丰采的度母，头饰的光芒绵延围绕；大笑着用都怛啰的咒音，把鬼怪世界都控制住。”

⑪礼赞慑伏世间救度佛母

ཕྱག་འཚལ་ ས་གཞི་ སྐྱོང་བའི་ ཚོགས་ རྣམས། །ཐམས་ཅད་ འགུགས་པར་ནུས་མ་ཉིད་མ། །

敬礼 大地 守护的 群 诸 一切 招引 能 母

ཁྲོ་ གཉེར་ གཡོ་བ་ ཡི་གེ་ ཧཱུྃ་ གིས། །ཕོངས་པ་ཐམས་ཅད་ རྣམ་པར་ སྒྲོལ་ མ། །

怒 纹 摇动 字 吽 以 厄难 一切 完全 解脱 母

<u>ba na</u> be karmara geren ejete be.bireme dahabume mutere hūsungge.

地方 把 保护的 众 主们 把 一概 招降着 能的 有力的

jilihangga fehiren aššalame hūṃ hergen i eiten gacilabun ci ukcabure eme de hengkilembi.

有怒的 眉心 微动着 吽 字 以 一切 窘迫 从 解脱 母 于 礼拜

“敬礼对地方的保护神众，有能力招降的度母；您攒蹙忿怒的眉纹，用吽声解脱一切的困窘。”

⑫礼赞能生吉祥救度佛母

ཕྱག་འཚལ་ཟླ་བའི་རྩེ་མོས་ དབུ་བརྒྱན། །བརྒྱན་པ་ ཐམས་ཅད་ ཤིན་ཏུ་ འབར་ མ། །

敬礼 以月尖 头饰 装饰 一切 非常 炽燃 母

རལ་པའི་ ཁྲོད་ན་ འོད་དཔག་མེད་ལས། །རྟག་པར་ཤིན་ཏུ་ འོད་ནི་ མཛད་མ། །

发辫的 中间 无量光 从 常 非常 光 呢 作 母

<u>arganaha biyai ujui miyamigan</u> i yangselaha ele gilmarjame elden badaraka.

月芽的 头饰 以 装扮的 所有 闪耀着 光 旺盛了

<u>ujui funiyehe</u> i dorgi <u>abida fucihi</u> ci jecen akū elden be enteheme eldembure eme de

头发 的 中 阿弥陀佛 从 边 无 光 把 长久 照耀的 母 于

hengkilembi.

礼拜

“敬礼有月芽头饰的度母，您身上的饰物闪耀着炽盛的光芒；头发中的阿弥陀佛，永远照射无量的光明。”

⑬礼赞如火炽盛救度佛母

ཕྱག་འཚལ་ བསྐལ་པ་ཐ་མའི་ མེ་ ལྟར། །འབར་བའི་ ཕྲེང་བའི་ དབུས་ ན་ གནས་ མ། །

敬礼 劫 末尾的 火 如 燃烧的 鬘的 中心 于 安住 母

གཡས་བརྐྱང་ གཡོན་བསྐུམ་ ཀུན་ནས་ བསྐོར་ དགས། །དགྲ་ ཡི་ དཔུང་ ནི་ རྣམ་པར་ འཇོམས་ མ། །

右 伸展 左 收缩 普遍 旋转 以喜 敌 的 军 呢 完全 摧毁 母

g'alab i dubei forgon i tuwa i gese. badarambume kūwaraha dulimbade bifi.

劫 的 末端的 时节 的 火 的 如同 扩散着 包围的 在中央 住了

ici bethe be saniyame hashūngge be bargiyame urgun i šurdeme. bata i feniyen be fuhali

右 脚 把 伸展着 左的 把 收缩 喜 以 旋转着 敌 的 队 把 全然

gidara eme de hengkilembi.

战胜的 母 于 礼拜

“敬礼如劫末火焰的度母，您安住在熊熊的火团中；右腿伸展左腿收缩欣喜而盘坐，能战胜所有的敌军。”

⑭礼赞颦眉威相救度佛母

ཕྱག་འཚལ་ ས་གཞིའི་ ངོས་ ལ་ ཕྱག་ གི། མཐིལ་གྱིས་ བསྣུན་ཅིང་ ཞབས་ཀྱིས་ བརྡུང་ མ། །

敬礼 大地的 表面 于 手 的 掌 以 打 且 足 以 打 母

ཁྲོ་ གཉེར་ སྤྱན་མཛད་ ཡི་གེ་ ཧཱུྃ་ གིས། །རིམ་པ་ བདུན་པོ་ རྣམས་ནི་ འགེམས་ མ། །

怒 纹 眼 作 字 吽 以 层级 七种 诸 呢 摧毁 母

biretei amba na i ninggu de. falanggū i forime bethe i fehuteme.

普遍 大 地 的 上头 于 手掌心 以 打击着 脚 以 频频踩踏着

horonggo feheren i yasangga hūṃ hergen i nadan jergi haksan be meijebure eme de

严厉的 眉心 的 有眼 吽 字 以 七 等级 险阻 把 击碎的 母 于

hengkilembi.

礼拜

“敬礼掌心拍击地面的度母，您的双足频频踩踏着大地；现出带有怒眉严厉的眼神，以吽声击碎七重的险阻。”

⑮礼赞大柔善救度佛母

ཕྱག་འཚལ་ བདེ་མ་ དགེ་མ་ ཞི་མ། །མྱ་ངན་འདས་ ཞི་ སྤྱོད་ཡུལ་ཉིད་མ། །

敬礼 安乐母 善母 柔和母 涅槃 寂灭 行境 母

སྭཱཧཱ་ ཨོཾ་ དང་ ཡང་དག་ ལྡན་པས། །སྡིག་པ་ཆེན་པོའི་ འཇོམས་པ་ ཉིད་མ། །

莎诃 唵 与 以真实 具有 罪 大的 摧毁 母

jirgacun hūturingga nesuken i jergi yabungga.gasacun ci duleke <u>cib sere</u> sebjen.

安逸　有福分的 温良　的 等　德行　　怨　　从 超越 悄然 乐

tarni i sowā hā oṃ suwaliyame unenggi yongkiyara jakade.amba sui jobolon be

咒 的 莎 诃 唵 一并着　真实　全备的　因为 大 罪 灾祸 把

mayambure eme de hengkilembi.

使消灭的　母 于 礼拜

“敬礼安逸有福具温良德行的度母，您已超脱一切愁苦安住寂静的乐境；莎诃唵三咒音完全具备，因此能消灭大罪与灾祸。”

⑯礼赞明咒吽声救度母

ཕྱག་འཚལ་ ཀུན་ནས་ བསྐོར་ རབ་ དགའ་བའི། །དགྲ་ ཡི་ ལུས་ ནི་ རབ་ཏུ་འགེམས་ མ། །

敬礼　普遍 旋转　极 喜的 敌　的 身体 呢　极 击碎 母

ཡི་གེ་ བཅུ་པའི་ ངག①་ནི་ བཀོད་པའི། །རིག་པ་ ཧཱུྃ་ ལས་ སྒྲོལ་མ་ཉིད་མ། །

字 十的　诸 呢 安排的 明　吽 从 解脱 母

gubci akūname šurdere amba urgun i. bata i beye be garlame meijebume.

普遍 详尽　旋转的 大 喜 以　敌 的 身 把　破坏着 击碎着

juwan hergen i tarni banjibufi. ulhicun hūṃ jilgan i doobure eme de hengkilembi.

十　字　的 咒　编辑　灵性　吽　声 以 使度的 母 于 礼拜

“敬礼以普遍回旋的大欢喜，摧毁击碎敌人的身躯；编排十字的真言咒语②，用具灵性的吽声度脱众生。”

⑰礼赞度脱衰败救度佛母

ཕྱག་འཚལ་ ཏུ་རེ་ ཞབས་ནི་ བརྡབས་པས། །ཧཱུྃ་ གི་ རྣམ་པའི་ ས་བོན་ཉིད་མ། །

敬礼 都哩　足 呢　敲打 吽 的　相的 种子 母

རི་རབ་ མནྡ་ར་ དང་འབིགས་བྱེད། །འཇིག་རྟེན་ གསུམ་རྣམས་གཡོ་བ་ཉིད་མ། །

须弥 曼荼罗　及 宾陀山 世间 三 诸　摇憾 母

tarni i tu re i bethe fahame fehufi hūṃ durungga fulehe hergen i

咒 的 都哩 的 脚　掷着　踩　吽　有形态　根　字　的

---

① 四体本作 སྔགས（咒）。

② 此十字为 oṃ tā re tu ttā re tu re sowā hā，为绿度母和二十一度母共有的咒语。参见中国藏语系高级佛学院研究室编：《藏密真言宝典》，北京：宗教文化出版社，2002 年，第 321—332 页。

sumiri mandara gelša ilan jalan be acinggiyame mutere eme de hengkilembi.

须弥 迈达拉 宾陀 三 世界 把 撼动着 能的 母 于礼拜

“敬礼用有着都哩咒文的双足踩踏，具有种子字吽形象的度母；须弥山、迈达拉山[①]、宾陀山[②]的三山世界，您都能完全撼动。”

⑱礼赞能动三界救度佛母

ཕྱག་འཚལ་ལྷ་ ཡི་ མཚོ་ ཡི་ རྣམ་པའི། །རི་དྭགས་ རྟགས་ཅན་ ཕྱག་ ན་ བསྣམས་ མ། །

敬礼 天 的 海 的 形状的 野兽 相 有 手 于 执持 母

ཏཱ་ར་ གཉིས་བརྗོད་ ཕཊ་ ཀྱི་ ཡི་གེས། །དུག་རྣམས་ མ་ལུས་པ་ ནི་ སེལ་ མ། །

怛啰 二 诵 发 的 以字 毒 诸 无余 呢 消灭 母

dergi abkai omo i durungga gese. gurgu i temgetungge be gala de jafame.

上 天的 池 的 有形态 如同 兽 的 有标记的 把 手 于 拿着

tarni i tā ra juwenggeri hūlafi phaṭ hergen i eiten ehe horon be geterembure eme de

咒 的 怛啰 二次 读 发 字 以 一切 恶 毒 把 除尽的 母 于

hengkilembi.

礼拜

“敬礼如天池形象的度母，您手中拿着神兽的标记；诵二次咒语怛啰，以发字咒音灭尽一切毒恶。”

⑲礼赞焚灭诸苦度母

ཕྱག་འཚལ་ལྷ་ ཡི་ ཚོགས་ རྣམས་རྒྱལ་པོ། །ལྷ་ དང་ མིའམ་ཅི་ ཡིས་ བསྟེན་ མ། །

敬礼 天 的 群集 诸 王 天 及 人非人 助词 依止 母

ཀུན་ནས་ གོ་ཆ་ དགའ་བའི་ བརྗིད་ ཀྱིས། །རྩོད་ དང་ རྨི་ལམ་ ངན་པ་སེལ་ མ། །

普遍 铠甲 喜的 威严 以 争辩 及 梦 恶 消灭 母

abkai aiman be uherilehe dergi hān.enduri ginari sade uhei hukšebuhe.

天的 部落 把 统一了 上 王 神 紧那罗 于等 一齐 使顶戴了

① 印度一圣山名，据《毗湿奴往世书》的记载，天神与阿修罗受毗湿奴的指点，搅拌大海，使藏于海底的不死之药甘露浮出水面，以便食用，于是众神和阿修罗在梵天和大蛇神的说明下，连根拔起迈达拉山，当作搅拌棍。参见 Robert Beer 著，向红笳译：《藏传佛教象征符号与器物图解》，台北：台北时报文化出版社，2007 年，第 268—269 页。

② 须弥、迈达拉、宾陀是南瞻部洲的三座大山。

urgun icangga beki uksin be etufi.temšen jaman ehe tolgin be mayambure eme de

喜 顺适 坚固 铠甲 把 穿 争斗 争吵 噩 梦 把 使消灭的 母 于

hengkilembi.

礼拜

“敬礼统一天众的圣王度母，诸神紧那罗共同顶戴您；穿起喜悦舒适坚固的铠甲，把一切争斗噩梦皆消灭。”

⑳礼赞成就一切救度佛母

ཕྱག་འཚལ་ ཉི་མ་ ཟླ་བ་ རྒྱས་པའི། །སྤྱན་ གཉིས་པོ་ ལ་ འོད་ རབ་ གསལ་ མ། །

敬礼 日 月 丰盛的 眼 二 于 光 极 明亮 母

ཧ་ར་ གཉིས་བརྗོད་ ཏུཏྟ་ར་ ཡིས། །ཤིན་ཏུ་ དྲག་པོའི་ རིམས་ནད་ སེལ་ མ། །

喝啰 二 诵 都怛喇 以 非常 凶恶的 疫疠 消灭 母

genggiyen šun gehun biya i jalu badaraka gese.juwe yasa de genggiyen elden

明亮 日 光亮 月 的 盈满 兴盛 如同 二 眼 于 明亮 光

jerkišeme.

耀眼

tarni i ha ra juwenggeri hūlafi tu ttā ra i nimecuke geri nimeku be geterembure eme de

咒 的 喝啰 二次 读 都怛喇 以 利害 瘟疫 病 把 能消除的 母 于

hengkilembi.

礼拜

“敬礼如日月光明辉煌的度母，您的双眼闪烁着耀眼的光芒；读诵二次喝啰咒语，用都怛喇咒音消除恶疾瘟疫。”

㉑礼赞吉祥圆满救度佛母

ཕྱག་འཚལ་ དེ་ཉིད་ གསུམ་རྣམས་བཀོད་པའི། །ཞི་བའི་ མཐུ་ དང་ ཡང་དག་ ལྡན་ མ། །

敬礼 自性 三 诸 安置的 寂静的 力 及 真实 具有 母

གདོན་ དང་ རོ་ལངས་ གནོད་སྦྱིན་ ཚོགས་རྣམས། །འཇོམས་པ་ ཏུ་རེ་ རབ་མཆོག་ ཉིད་མ། །

魑魅 及 起尸鬼 药叉 群 诸 摧毁 都哩 极 最上 母

ilan da banin be banjibu manggi.nesuken <u>cib sere</u> hūsun unenggi yongkiyafi

三 本 性 把 使生出 之后 温良 静 力 真实 全备

dabkara hutu buceli yakca sabe eteme gidara.tarni i tu re ten i wesihun eme de

作祟的 鬼 短命鬼 药叉 把等 胜着 压制 咒 的 都哩 极 的 尊贵 母 于

hengkilembi.

礼拜

“敬礼能生长三本性的度母，真实备足了温良寂静和力量；胜利压制了作祟鬼、短命鬼和药叉，发出最尊崇的都哩咒音。”

乙、功德利益

① རྩ་བའི་ སྔགས་ཀྱིས་ བསྟོད་པ་འདི་ དང་། །ཕྱག་འཚལ་བ་ནི་ ཉི་ཤུ་རྩ་གཅིག།

根本的 咒 以 赞颂 此 及 敬礼 呢 二十一

ལྷ་མོ་ ལ་ གུས་ ཡང་དག་ ལྡན་པའི། །བློ་ལྡན་ གང་ གིས་ རབ་ཏུ་བརྗོད་པས།།

天母 于 恭敬 真实 具有的 智者 凡 助词 极 说 以

fulehe tarni i ere maktacun be dabume. toobume aitubure eme i orin emu hengkin.

根 咒 以 此 称赞 把 包括在内 度着 救护的 母 的 二十 一 叩拜

enduringge eme de yaya <u>hing sere</u> urse unenggi gūnin i gingguleme hūlame.

圣 母 于 凡 诚心 众人 真实 心 以 敬谨着 朗诵着

“根本咒以及此赞颂，敬礼救度母诵二十一次；凡诚心信持圣母者，应以真实心恭敬 朗诵。”

② སྲོད་ དང་ ཐོ་རངས་ ལངས་པར་བྱས་ནས། །དྲན་པས་ མི་འཇིགས་ ཐམས་ཅད་རབ་ སྦྱིན།།

黄昏 及 清晨 起来 后 以念 无畏 一切 极 给予

སྡིག་པ་ཐམས་ཅད་ རབ་ཏུ་ ཞི་བ། །ངན་འགྲོ་ཐམས་ཅད་ འཇོམས་པ་ཉིད་ དོ།།

罪 一切 极 止息 恶趣 一切 摧毁 正是 也

erde yamji gungneme dorolofi jalbariha de. othai eiten gelecun ci doobumbi.

早 晚 恭敬着 行礼 祷祝了 于 即 一切 畏惧 从 使度过

eiten <u>sui erun</u> mayame geterefi.eiten <u>ehe banjin</u> ci bahafi ukcame.

一切 罪孽 消灭着 洗净 一切 恶趣 从 获得 脱开

“每日早晚恭敬行礼祷祝，立即度过一切畏惧；并洗净消灭了一切罪孽，得以脱离一切恶趣。”

③ རྒྱལ་བ་ བྱེ་བ་ཕྲག་བདུན་རྣམས་ ཀྱིས། །མྱུར་དུ་དབང་ནི་བསྐུར་བར་འགྱུར་ལ།།

佛 七俱胝 诸 助词 速 灌顶 将 且

འདི་ ལས་ ཆེ་བ་ ཉིད་ ནི་ འཐོབ་ ཅིང་། །སངས་རྒྱས་གོ་འཕང་མཐར་ཐུག་ དེར་ འགྲོ།།

此 比 超过 正是 呢 获得 且 正觉 地位 究竟 于彼 走

nadan jirun fucihi hūdun bulekušefi. uhei gosime abisik bukini.

七 十兆 佛 快速 洞鉴 共同 怜爱着 灌顶 要给

ereci colgoroko wesihun be bahambime dubentele fucihi i doro be bahaci ombi.

比此 超越 尊贵 把 获得 且 终于 佛 的 道 把 当获得

“请七十兆佛迅速观照，一起怜爱赐予我灌顶；令我来生比此生更尊贵，且最终获得佛的果位。”

④དེ་ ཡི་ དུག་ ནི་ དྲག་པོ་ཆེན་པོ། །བརྟན་ གནས་པའམ་ གཞན་ཡང་འགྱུར་བ།།

它 的 毒 呢 凶猛 大 坚实 存在 或 另外变成

ཟོས་པ་དང་ནི་འཐུངས་པ་ཉིད་ཀྱང་། །དྲན་པས་ རབ་ཏུ་སེལ་བ་ཉིད་ཐོབ།།

食 及 呢 饮 也 以念 极 清除 获得

aikabade ebderere kokirara ehe horonggo jaka.ergen bisire ergen akū adali akūngge.

设若 危害的 残害的 恶 可怕的 物 生命 有 生命 无 相同 没有的

eici jeke eici omiha erinde. enduringge eme be jondome uthai geterembumbi.

或者 吃了 或者 饮了 于时 圣 母 把 常提起 即 除净

“若有可怕危害的毒物，不论有生命或无生命；或是食用或饮用时，常忆念圣母都可立即消除。”

⑤གདོན་ དང་ རིམས་ དང་ དུག་ གིས་ གཟིར་བའི། །སྡུག་བསྔལ་ ཚོགས་ནི་ རྣམ་པར་ སྤོང་ཏེ།།

魑魅 及 疫疠 及 毒 以 折磨的 痛苦 群 呢 完全 舍离

སེམས་ཅན་ གཞན་པ་ རྣམས་ ལ་ ཡང་ དོ། །གཉིས་ གསུམ་ བདུན་དུ་ མངོན་པར་ བརྗོད་ན།།

有情 其他 诸 于 亦 也 二 三 七 于 认真 诵 若

hutu geri kokirakū nungneku de darubure jobolon gasaha ci jailabume ukcabufi.

鬼 瘟疫 伤害的 侵害 于 常病的 灾害 灾难 从 使躲避 使脱开

gūwa ergengge i jalin inu uttu mutebumbi.embici juwe ilan nadan mudan hūlame ohode.

其他 生灵 的 为 也 如此 能成 或者 二 三 七 次 读着 设若

“因魔鬼瘟疫之侵害，为远离其所生的病痛及灾难；或为解救其他生灵之故，应诵此赞二、三、七[①]遍。”

⑥བུ་ འདོད་པས་ ནི་ བུ་ ཐོབ་འགྱུར་ཞིང་། །ནོར་ འདོད་པས་ནི་ ནོར་ རྣམས་ཉིད་འཐོབ།།

子 欲以 呢 子 得将且 财富欲以呢 财富诸仅得

འདོད་པ་ཐམས་ཅད་ ཐོབ་པར་འགྱུར་ཏེ། །བགེགས་ རྣམས་མེད་ ཅིང་ སོ་སོར་ འཇོམས་ འགྱུར།།

欲望一切 得 将 障碍诸无 且各别摧毁将

juse bahaki seci juse bahambi.ulin bahaki seci ulin bahambi.

众子 欲得 众子 得 财富 欲得 财富 得

eiten gūniha songkoi bahambime.heturen akū teisu teisu mutebumbi.

一切 所想的 依照 得 且 阻碍 无 各自 能成

“若希望得子就会得子，想求财富就有财富，一切愿望都能如意获得，毫无任何阻碍。”

4. 尾题

བཅོམ་ལྡན་འདས་མ་ སྒྲོལ་མ་ ལ་ ཡང་དག་པར་རྫོགས་པའི་སངས་རྒྱས་ཀྱིས་ བསྟོད་པ་ གསུངས་པ་རྫོགས་སོ།།

薄伽梵母 度母 于 正等觉 助词 赞颂 所说 终 也

enduringge ten i wesihun eme be unenggi hafuka amba birudzana fucihi i maktaha

圣 极 的 尊贵 母 把 真实 通晓的 大 毗卢遮那 佛 的 颂扬的

maktacun yongkiyahab.

赞词 终

“圣正等正觉大毘卢遮那佛所赞至尊救度佛母颂 终”

5. 咒语

niowanggiyan doobume aitubure eme i tarni.oṃ tā re tu ttā re tu re sowā hā.

绿 使度着 救护的 母 的 咒

“绿度母陀罗尼：唵答阿呼都答答阿呼都呼娑诃。”

---

①“二、三、七”的意义有多种说法：1.“二”指希望求得子女者，应该举行两次度母坛城仪轨，“三”指欲求财宝者，应该举行三次度母坛城仪轨，“七”指只要能举行七次度母坛城仪轨者，所有的愿望都能满足；2.“二”指修持者应具备敏锐学识及坚强信愿两种条件，“三”指每天晨昏各礼赞三次，再加上日间一次，共七次诵持；3.修持者具福德、智慧两种资粮，每天举行三次仪轨，共诵咒七次，连续三七二十一天；4.“二”指日间及夜间，“三”指日夜分别举行三次法会，连续举行七日，读诵真言四十二次。参见吉布：《唐卡中的度母、明妃、天女》，西安：陕西师范大学出版社，2006年，第93—94页。

②满文尾题所据的藏文经题为 རྗེ་བཙུན་སྒྲོལ་མ་ལ་ཡང་དག་པར་རྫོགས་པའི་སངས་ཀྱིས་རྣམ་པར་སྣང་མཛད་ཆེན་པོས་བསྟོད་པ་གསུངས་པ་རྫོགས་སོ།།（正等正觉大毘卢遮那佛所赞至圣救度佛母颂 终）。

（二）满文音位表

满文有七个元音：

（1）后低展唇元音 a；

（2）展唇央元音 e；

（3）前高展唇元音 i；

（4）后次低圆唇元音 o；

（5）后高圆唇元音 u；

（6）后次高圆唇元音 ū；

辅音 29 个，其中的 k’、g’、h’、ts’、ts、dz、ž、sy、c’y、jy 十个为特定字母，主要来拼写汉语等借词，其辅音音位表如次[①]：

发音部位	发音法									
	塞音		塞擦音		擦音		鼻音	颤音	边音	半元音
	清		清		清					
	不送气	送气	不送气	送气	不送气	送气				
双唇	b	p							m	
唇齿					v	f				
舌尖前			ts	ts’	dz	sy				
舌尖中	d	t					n	r	l	
舌尖后			jy	c’y	ž	š				
舌面前			j	c		s				
舌面后										y
舌根	g’	k’				h’	ng			
小舌	g	k				h				

① 本表主要参酌安双成：《满汉大辞典》，沈阳：辽宁出版社，1993 年；羽田亨：《满和辞典》，台北：学海出版社，1974 年编制而成 。

（三）梵文音位表

梵文共有 16 个元音，其中 10 个单元音（5 个短元音、5 个长元音）、4 个复元音、2 个合成音。两个合成音，包括 aṃ，短元音 a 加上特殊鼻音（anusvāna）ṃ 或 ṅ；aḥ，短元音 a 加上气音（visarga）ḥ。元音音位表如下。

元音 发音部位	单元音		复元音	
	短	长	短	长
喉音（guttural）	a	ā		
颚音（palatal）	i	ī	e	ai
舌音（lingural）	ṛ	ṝ		
齿音（dental）	ḷ	ḹ		
唇音（labial）	u	ū	o	au

梵文有33个辅音，再加上kṣ一个合成音，共34个辅音，与16个元音构成50个梵音，其辅音音位表如下[①]。

发音部位	发音法													
	塞音				塞擦音				擦音		边音	颤音	半元音	鼻音
	清		浊		清		浊		清	浊				
	不送气	送气	不送气	送气	不送气	送气	不送气	送气						
喉音	k	kh	g	gh					h					ṙ
颚音					c	ch	j	jh	ś				y	ñ
舌音	ṭ	ṭh	ḍ	ḍh					ṣ					ṛ
齿音	t	th	d	dh					s		l	r		n
唇音	p	ph	b	bh									v	m

① 本表参考下列诸书制成：
李武忠：《梵巴文读音示例》，参见清章嘉活佛：《同文韵统》，台北：新文丰出版公司，1993 年，第 528—540 页。
R.Antoine S.J. 著，梅乃文译：《梵文文法》，载《世界佛学名著论丛》第 6 册，台北：华宇出版社，1985 年，第 1—2 页。
Edward Delavan Perry.(1969). *A Sanskrit Prime*(PP.2-3). New York:Columbia University Press.

清代欧洲诸语言词典、学习书籍中的注音方式——音节结构的处理

田野村忠温 著 冯玥 译

（大阪大学 大阪）

【提要】 给外语注音时面临的问题之一是，有的外语发音由于音节结构的原因无法通过简单的汉字组合来正确地表达。本文通过分析《暎咭唎国译语》、五种西洋馆译语（拉丁语、德语、葡萄牙语、法语、意大利语的词汇集）、《华英通用杂话》、《华英通语》最初三个版本等，梳理 18 世纪到 19 世纪清朝编纂的欧洲诸语言词典和学习书籍是如何处理这一问题的。

【关键词】 汉字注音；音节结构；西洋馆译语；《华英通用杂话》；《华英通语》

一、引言

用汉字给外语注音时面临的问题之一是，有的外语发音由于音节结构的原因无法通过简单的汉字组合来正确地表达。本文拟描述 18 世纪到 19 世纪清朝编纂的欧洲诸语言词典和学习书籍是如何处理这一问题的[①]。

在欧洲诸语言中，有许多含有在汉语中找不到的辅音连缀的音节，也有在汉语中没有出现的尾辅音的音节。给这些音节用汉字注音的方式有两种。一种是简单的方式，即调整原词的音节结构，将其转换为与汉语语音系统相匹配的发音，再用通常的汉字连

① 本文论述的多半基于笔者的几篇日文论文，关于本文省略的详细信息请参见田野村忠温：《新出資料〈華英通語〉道光本と中国初期英語学習書の系譜——附論 福沢諭吉編訳〈増訂華英通語〉》，《大阪大学大学院文学研究科紀要》第 58 卷，2018 年，第 165–222 页。田野村忠温：《中国初期英語学習書における英語発音の漢字表記——流音の知覚と表記》，《大阪大学大学院文学研究科紀要》第 59 卷，2019 年，第 221–272 页。田野村忠温：《注音の“切”、“合”、小字》，内田庆市、田野村忠温編著《〈華英通語〉四種——解題と影印》，大阪：关西大学出版部，2020 年，第 59–67 页。田野村忠温：《北京故宮博物院蔵〈華夷訳語〉丁種本第 1 類の分析——西洋館訳語の編纂とドイツ語の名称の問題を中心に》，《待兼山論叢》第 54 号文化動態論篇，大阪大学大学院文学研究科，2020 年，第 1–32 页。田野村忠温：《〈暎咭唎国訳語〉の編纂者と編纂過程》，《大阪大学大学院文学研究科紀要》第 61 卷，2021 年，第 125–174 页。

接将其注音；另一种是以某种办法保留原词的音节单位而注音的高精度方式。

二、将原词的音节结构汉化的注音

将欧洲语言的发音转换为可以按照汉语语音系统发音的形式，再将其用通常的汉字连接注音的这一方式，也经常出现在现代大众的外语自学书中。例如，将英语单词 play 注音为"普雷"、将英语单词 meet 注音为"密特"。[①] 这里，CCV 型单音节词 play 和 CVC 型单音节词 meet 均被当作汉语的二音节 CV CV 来注音。将 stops 写为"斯道普斯"的注音，是将 CCVCC 型的单音节表示为汉语的四音节 CV CV CV CV。每种情况都是通过在辅音之后添加元音以创建独立的音节，来消除辅音连缀或闭音节。另外，CVC 型单词 fall 的发音也会注音为"否"。这意味着通过省略尾辅音 /l/，仅使用 CV，也可以消除闭音节。以上所有注音示例都分解了原词的音节，并将其转换为一系列汉语的音节。当然，如果原词的发音很简单，则不必进行这种转换，例如，duty 这样的 CV CV 型的二音节词可以保留其音节结构，注音为"丢踢"等。但是，总的来说，这是一种放弃了忠实于原词发音的注音方式。

通过这种方式注音的欧洲语言词汇集中最早的是英语词汇集《暎咭唎国译语》，它是 18 世纪中叶编纂的《华夷译语》丁种本（稍后描述）之一。例如，这本书在"土星"这一词条（天文门 6）中，添加两个元音到 Neptune 这个二音节译词，而注音为"聂比都呶"这四个音节[②]。另外，在"朋友"这一词条（人物门 51）中，译词 friend 是省略了末尾的辅音，被注音为"啡嗹"。

19 世纪在广东出版的广东英语的词汇集（现在统称为《红毛番话》）中[③]，也有着同样的注音。例如，在《红毛番话贸易须知》（富桂堂，出版年份未知）中，"三"（生意数目门 1a）和"做"（言语通用门 4b）的单音节译词 three、make 分别用两个音节"地理"和"觅忌"来注音。前者是在音节头的辅音连缀之间添加了元音，而后者则是在尾辅音之后添加了元音。另外，跟《暎咭唎国译语》相同，"朋友"（人物

---

① 注音的例子是基于王慧编著：《去美国，临时急需的999句应急英语》，上海：华东理工大学出版社，2016 年。

②Neptune 是误译。它是海王星，土星的英文名称是 Saturn。在《暎咭唎国译语》中，行星名的翻译混乱。

③ 内田庆市、沈国威编收录了几种《红毛番话》的影印。详见内田庆市、沈国威编：《言語接触とピジン——19 世紀の東アジア》，东京：白帝社，2009 年。

俗语门 3a）的译词 friend 的注音"父嗹"也是省略了末尾的辅音。

如上所述，将原词的音节汉化的简单注音方式一直被使用到现在。附带说明一下，注音者实际上并不是有意识地分解原词的音节并进行调整，只不过是以汉语为母语的注音者按照原词发音的知觉来注音而已。上述的内容是关于原词发音与注音之间的相互关系的语音学分析。

三、保持原词音节结构的注音

在具有汉字注音的欧洲语言词典和学习书籍中，有些以保持原词的音节结构的方式来进行注音。主要的著作将按照成书年代的顺序来进行叙述。

（一）西洋馆译语五种——小字和合成字

注音质量最高的是 18 世纪编纂的欧洲五种语言（拉丁语、德语、葡萄牙语、法语、意大利语）的词汇集。各词汇集每册的开头都有"西洋馆"这个编纂组织名，所以统称为"西洋馆译语"。乍一看，旧词汇集的注音质量最高是一件不可思议的事情，但是根据笔者的推测，有一方面是因为西洋馆译语的注音是由西方人进行的（稍后讨论）。

要想了解西洋馆译语的注音，首先需要了解西洋馆译语是什么。

1.《华夷译语》丁种本和西洋馆译语

五种西洋馆译语和之前看到的《暎咭唎国译语》一样，属于 18 世纪中叶编纂的所谓《华夷译语》丁种本。1931 年，德国学者福克司（Walter Fuchs）在北京故宫博物院发现了许多《华夷译语》丁种本的抄本[①]。这是多达 42 种语言、方言的词汇集，其中除了亚洲的诸语言外，还包含了英语在内的六种欧洲语言的词汇集。故宫博物院藏的《华夷译语》丁种本在那之后很长一段时间没有公开，无法轻易地用于研究，但是近年来全部都作为故宫博物院编影印出版了[②]。

根据笔者的观察，故宫博物院编所收录的词汇集，可以根据译词注音的方式分为表 1 所示的三类。[③]

①Walter Fuchs.(1931). Remarks on a new "Hua-I-I-Yü". *Bulletin of the Catholic University of Peking*, No. 8, 91-97.

② 故宫博物院编：《故宫博物院藏乾隆年编华夷译语》全 18 卷，北京：故宫出版社，2018 年。

③ 但是，以《西天真实名经》为题的梵语词汇集例外地缺少译词的注音，因此不属于这三类。

表 1　故宫博物院藏《华夷译语》丁种本的三类

<table>
<tr><th></th><th>注音方式</th><th>收录词汇</th><th colspan="2">词汇集</th></tr>
<tr><td>第 1 类</td><td>（1）按照译词的音节注音（使用小字、合成字）
（2）统一用字</td><td>大幅度增补乙种本《西番译语》的词汇，其词目在所有的词汇集中基本通用（约 2100 词）</td><td>《西番馆译语》（藏语）
《拉氏诺话》（拉丁语）
《额呼马尼雅话》（德语）
《播呼都噶礼雅话》（葡萄牙语）
《弗喇安西雅语》（法语）
《伊达礼雅话》（意大利语）</td><td>西洋馆译语（后五种）</td></tr>
<tr><td>第 2 类</td><td>使用小字来表示尾辅音等</td><td rowspan="2">大多照原样使用或进行调整《华夷译语》乙种本的词汇（约 7—1200 词）
《嘆咭唎国译语》跟乙种本《西番译语》相同</td><td colspan="2">《暹罗番书》
《缅甸番书》
《苏禄番书》</td></tr>
<tr><td>第 3 类</td><td>用通常的汉字连接注音</td><td colspan="2">《西番译语》9 种（藏语方言等）
《嘆咭唎国译语》（英语）
《琉球语》等多数</td></tr>
</table>

《嘆咭唎国译语》属于第 3 类，用通常的汉字连接来进行注音。属于第 1 类的六种词汇集（藏语和欧洲五种语言的词汇集）注音的方式精密统一，收录的词汇也较多。藏语词汇集在正文中没有书名的记载，但每册的开头都有“西番馆”这一编纂组织名，因此这里称为《西番馆译语》。第 1 类词汇集的词目和注音方式很可能是被《西番馆译语》的作者所规定，之后在西洋馆译语中基本上被沿袭。

第 2 类和第 3 类的区别有不透明的因素，因为在只有简单的开音节的语言中，这个对立会被中和。但是，要确认第 3 类词汇集中记录的所有语言的音节结构是很困难的，所以这里根据注音中是否使用小字这一基准简单地进行分类。作为另一种分类方法，可以将第 1 类以外的类型汇总为第 2 类，而将表中的第 2 类和第 3 类作为其下位类，但对于本文的研究目的没有来说实际的区别。

2．西洋馆译语的注音

《华夷译语》丁种本第 1 类词汇集的注音是以明确音节单位的形式进行的。《西番馆译语》和西洋馆译语有所不同，这里以西洋馆译语为中心进行叙述。五种西洋馆译语的注音方式都统一。

图 1 是德语词汇集的“星”这一词条（天文门 4）。汉语词目写在中央，上面是德语译词，下面是其注音[①]。

① 关于《华夷译语》中的词目和译词之间的关系会有讨论的余地。但是，因为属于第 1 类的 6 种词汇集的汉词几乎完全一致（《嘆咭唎国译语》的汉词跟第 3 类的 9 种《西番译语》几乎完全一致），翻译无可置疑地是以汉词为起点进行的，而不是逆向进行的。因此笔者认为将汉词看作词目才是恰当的理解。

图 1 德语词汇集的“星”的词条

注音是从右向左写的，译词 Sterne 的第一音节 [ʃter] 是在表示 [te] 这个音节的“德”字的上下分别加上表示辅音 [ʃ] 和 [r] 的小字“斯”“呼”而被注音的①。第二音节 [ne] 的注音是“讷”这一字。在本文的引用中，逆转文字顺序，并且为了便于印刷，将小字的位置也进行改变，写成“^{斯}德$_{\text{呼}}$讷”这样的形态。

西洋馆译语中用于明示音节的方法之一是，用这样的小字来表示某个音节的开头及末尾的辅音。德语词汇集中的“星”以外的词条示例如下。

道 Stras ^{斯德}喇$_{\text{斯}}$（地理门 53）

黄 gelb 格$_{\text{勒补}}$（采色门 102）

问 fragen ^{弗}喇根（人事门 499）

在表示音节核心的汉字的上下写小字中，“补”表示 [p] 或者 [b]，“德”表示 [t] 或者 [d]，“弗”表示 [f]，“斯”表示 [s] 或者 [ʃ]，“勒”表示 [l] 的各个辅音。②

用于明示音节的另一种方法是使用两个字一体化的合成字。合成中使用的第二个字是“爱”“傲”“安”“昂”四个字，前两个字分别表示把双元音 [ai]、[au] 的后半部分 [i]、[u] 加在第一个字的发音上、后两个字分别表示把 [n]、[ŋ] 的辅音加在第一个字的发音上。

呼 [re]＋ 爱 [(a)i] → ⿰呼爱[rei]

喇 [ra]＋ 傲 [(a)u] → ⿰喇傲[rau]

费 [fi]＋ 安 [(a)n] → ⿰费安[fin]

① 由字母 r 所表示的语音多种多样，在德语内部也不一样。这里的 [r] 是作为总括表示多样 r 音的宽式音标来使用。

②“道”的译词 Stras 不是误记。“^{斯德}喇$_{\text{斯}}$”的注音表示着 [ʃtras] 的发音（注音末尾的小字“斯”表示 [s] 这个辅音）。如果给现代德语 Straße 注音的话，即为“^{斯德}喇塞”（“塞”表示 [se] 这个音节）。

鲁 [lu]+ 昂 [(a)ŋ] → 鲁昂[luŋ]

举德语词汇集中的两个例子如下。

烟 Rauch 喇傲赫（天文门 8）

暗 finster 敷安斯德呼（天文门 16）

用一个合成字表示反切的记法，传统上被称为“切身”[①]。第 1 类合成字与之相似，但在全部读第一个字所表示的音节，第二个字不使用韵母而只使用其中一部分这一点上，与本来的切身字不同。

《西番馆译语》中不使用合成字，“爱”“傲”“安”“昂”如同下例用小字表示（表示尾辅音 [m] 的“穆”也同样）。

七 བདུན་ 都安（数目门 387）

这个“都安”（表示 [dun] 的音节）相当于合成字的“都安”，而在西洋馆译语中 [dun] 实际上是用“吞”字来表示的。

西洋馆译语中引入合成字的目的，根据笔者的推测，是为了减少小字。《西番馆译语》中大写的注音字基本上表示简单的开音节。[②] 如果根据那个方式，例如注音 [plants] 这个音节的话，就成为“伯拉安特斯”。但是，欧洲语言中有很多这样复杂的音节。于是通过用一个字表示 [lan]，注音为“伯兰特斯”，减少小字的使用，而不能用一个汉字表示的同一类型的音节，例如把 [fin] 利用合成字注音为“敷安”。笔者估计基于这样的考虑，才规定了以“爱”“傲”“安”“昂”为第二个字的合成字的记法。[③]

通过使用小字和合成字，可以将用单个汉字或者汉字连接无法表达的外语音节作为一个音节来注音。在《暎咭唎国译语》中，Neptune 这两个音节的译词以“聂比都㕷”

① 参见孙伯君：《西夏新译佛经陀罗尼的对音研究》，北京：中国社会科学出版社，2010 年。孙伯君：《“华夷译语”汉字注音法考源》，《北方民族大学学报（哲学社会科学版）》2020 年第 2 期，第 122—127 页。

② 参见施向东：《新出故宫本〈西番译语〉的若干特点初探》，载第四届中国西南地区汉藏语国际研讨会（The University of Washington）会议论文，2016 年。施向东：《清抄本〈西番译语〉藏汉对音译例研究》，《民族语文》2019 年第 4 期，第 3—14 页。

③ 虽然西洋馆译语的方式可以减少小字的使用，但注音字的种类会大幅度增加。例如，为了注音 [pan]、[tan]、[kan]、[san]、[lan] 这些音节，需要分别使用不同的专用字。在《西番馆译语》中，它们是由另外需要的表示 [pa]、[ta]、[ka]、[sa]、[la] 的大字和小字的“安”组合而成来注音的，不需要依靠新的注音字。

的四个音节注音，如果用西洋馆译语的注音方式来写的话，就成了“聂比都呶”①。

3. 西洋馆译语的注音者

笔者推测，西洋馆译语的注音都是由西洋人进行的，因为几乎看不到暗示注音是由中国人进行的。例如，音节数和音节边界的误认、/l/ 和 /r/ 的混同、辅音后面的元音插入、响度小的尾辅音的漏写等，如果是由不懂该语言的中国人注音的话，这些现象本应频繁发生，但文中极为少见。

另外，尽管字母 r 所表示的语音根据语言而不同，而且根据音韵环境也不同，但是其始终被视为相同的语音，这一事实也值得关注。在现代通俗的外语自学书中，例如德语 Reise（旅行）的第一音节在不同的书中，被声母不同的“海”“赖”“艾”等字所注音，音节末尾的 r 用“尔”等表示或省略。葡萄牙语的 r 在词头是以 [x] 为声母的字、在词中尾是以 [l] 为声母的字来注音的。法语的 r 一律以 [x] 为声母的字来注音，意大利语的 r 作为 [l] 来注音。这种多样的注音是该语言的发音和中国人语音知觉的反映。与此相对，西洋馆译语中 r 的音，不管其语言之间以及语言内的语音差异如何，完全统一地并且不省略地用带有口旁的来母字注音。这意味着现代外语自学书的注音是在个别语言的同位异音次元上进行的，而西洋馆译语的注音是在超越了个别语言音素的“跨语言音素”的次元上进行的。如果词汇集的译词是用易读的字书写的话，即使不通晓各语言，也会依靠 r 的拼法进行统一的注音。但是在西洋馆译语的译词中，认识该词才可以辨认更多的字。如果是中国人看了译词后注音的话，应该会出现极多

① 在确认了第 1 类词汇集中的注音法后，现在可以订正以往研究中使用的西洋馆译语的书名错误。各词汇集的正确书名分别是《拉氏诺话》（拉丁语）、《额呼马尼雅话》（德语）、《播呼都噶礼雅话》（葡萄牙语）、《弗喇安西雅话》（法语）、《伊达礼雅话》（意大利语）。

误解多的是葡萄牙语和法语词汇集的书名。葡萄牙语词汇集在题签上错误地写着“播都噶礼雅”（缺少表示 [r] 的“呼”），虽然有时会被使用，但正确的是词汇集正文中所写的“播呼都噶礼雅”。法语词汇集中，由于正文、题签的书名写法都不合适，因此有时写成“弗喇安西雅”，有时以“弗安喇西雅”的字序来写，从来没有被正确地写过。但是，因为用“喇”和“安”两个字的合成来表示 [ran]，而在前面的辅音 [f] 则用“弗”来表示，所以写成“弗喇安西雅”才正确。“弗喇安西雅”和“弗安喇西雅”是本来就不能作为第 1 类的注音来读的记载。

另外，无论哪一个词汇集的题签上都写着《～语》的书名。但是，可以确切地说在词汇集编纂时所写的只有正文中的书名，即《～话》。题签上的书名有可能是后人所写的，不可完全信赖。虽然笔者还未得到直接查阅《华夷译语》丁种本抄本的机会，福克司写道，“近来所有的本子均被重新装订为统一的大小”（Walter Fuchs: 1931）。既然如此，题签被重新制作的可能性并不小。据春花、李英、郭金芳（《论清乾隆年编<华夷译语>》，故宫博物院编：《故宫博物院藏乾隆年编华夷译语》第 1 卷，北京：故宫出版社，2018 年，第 1—36 页。）所述，《华夷译语》丁种本原藏在军机处方略馆，之后被转移到了 1925 年成立的故宫博物院。抄本可能是在从那时到福克司“发现”的期间内被重新装订的。

由于误读而引起的注音错误，但是找不到这样的事例。[①]

（二）《华英通用杂话》——“切”和“合”

《华英通用杂话》上卷（1843 年，道光二十三年）是鸦片战争后，英国人罗伯聃（Robert Thom）为从事对西贸易的中国人撰写的英语学习书。该书出版的目的是为了普及正统的英语，以取代当时通行的广东英语。罗伯聃几年后因病早逝，该书的下卷没有出版。

1.《华英通用杂话》的注音

在《华英通用杂话》中的英语注音中，在注音的左边加上小字“切”或“合”。“合”有时写作“合念”。在图 2 所示的“圆月”这一词条（日常口头语 19b）中，译词 full moon 中 full 的注音“弗力”加上“合”、moon 的注音“慕因”加上“切”。

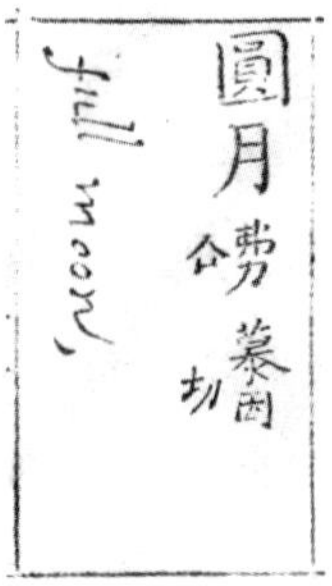

图 2 《华英通用杂话》中“圆月”的词条

“切”是类似于反切的注音方式，意思是第一字所表示的音节的开始部分和第二字所表示的音节的结束部分相拼而得到的音节。例如，根据卷首的凡例（1a ~ 2b），附加了“切”的“乃因”是 nine、“弗儿”是 for、“非由”是 few 的注音。凡例说明“与汉文、满文（的反切）无异”，但《华英通用杂话》的“切”至少与汉语的反切不同，并不一定是第一个字的声母和第二个字的韵母组合在一起。例如，将 moon 注音为“慕因”时，第一字“慕”使用的是整个音节，第二字“因”不使用韵母，而只使用韵尾 /n/。

凡例说明的通过“切”的音节合成有三种，即把“因”“儿”“由”作为第二个字的三种类型。其中，以“儿”来表示英语音节末尾 /r/ 的事例占压倒性多数，接着

① 也并不是完全没有看起来像是中国人语音知觉反映的错误。例如，把 [l] 和 [n] 或尾辅音 [m] 和 [ŋ] 混同而注音、像辅音之后有元音一样来注音等。但是，这种错误极少，不能过度评价。笔者推测，综合考虑，西方人注音的可能性相对较高。

是表示 /n/ 的“因”的例子有若干，而“由”只是用来表示 few、nephew、refuse 等词中接在 /f/ 后面的 /juː/。

但是在正文中，也能极少看到把凡例中没有列出的汉字作为第二字的“切”的例子。例如，把 consul 的 con 部分作为“各安”的“切”（日常口头语 40b）、把 thigh 作为“口特挨”的“切”（同 35b）来注音。

为了表示无论是单独的汉字还是“切”的方式都无法表达的音节（即粗略地说，以 /n/、/r/ 以外的辅音结束，或是包含连续辅音的音节），所用的是一口气连读多个字的“合”这一方式。这是（因为凡例中的解说不明确[①]，根据笔者的理解叙述的话）表示将某个字的声母加到前一个字所表示的音节后面，或者加到后一个字所表示的音节前面而得到的音节。例如，加上“合”的“示必”表示 sheeP、“滑的”表示 whaT、“密及”表示 maKE、“必连”表示 Plain、“士该”表示 Sky。这里加点的字表示只有声母发音。

在凡例（2b ~ 11b）的不完全说明（仅说明了用“合”来表示尾辅音的事例，而没有涉及辅音连缀这一情况）中，列出了“合”的注音中所使用的汉字，以及它们所表示的英语辅音如下。

“必”/p/、/b/	“密”/m/	
“非”、“弗”/f/、/v/[②]		
“口特”/θ/、/ð/		
“的”/t/、/d/	“士”/s/、/z/	“力” /l/
“示”/ʃ/	“治”/tʃ/、/dʒ/	
“及”/k/、/g/		

但是，正文中用于表示辅音连缀的汉字更加多样，例如 /k/、/g/ 的表示除了“及”之外还使用了“各”“刻”“记”“加”等字。

也有字数多的“合”，“爹必力”表示 taBLE（生意数目门 5a）、“嘚呤及”表示 DrinK（凡例 3b）、“士的列的”表示 STreeT（凡例 8a）。这些注音附加了“三字合”“四字合念”这样的标示。

① 凡例（2b）中，只说明了“以首次字均撮其头韵紧些合念做一声，不可以二声间断”。
② 这不是用“非”表示 /f/，用“弗”表示 /v/，两个字在 /f/ 的注音和 /v/ 的注音中都使用。似乎有前元音之后用“非”、后元音之后用“弗”这样的使用倾向，但并没有明确的区分使用根据。

另外，"合"的注音中只表示辅音的汉字，也作为读整个音节的普通注音来使用。比如，在表示 PIgeon 的"必春"（生意数目门 11a）、表示 MILItary 的"密力答哩"（日常口头语 26a）中，"必""密""力"各作为直接读出来的字使用。如后所述，注音字用法的这种二义性大大损害了《华英通用杂话》注音的逻辑性和有用性。

《暎咭唎国译语》的"聂比都呶"，如果用《华英通用杂话》的方式来写的话，即为"聂比都呶"。
合 切

2.《华英通用杂话》的注音者

"切"和"合"在《华英通用杂话》的所有词语、例句中被以高精度附加，包括非母语者难以认定音节的情况在内，注音的表示稳定，错误也极少。看上去像是作者罗伯聃独自进行了注音。

但是，笔者认为并非如此。值得关注的是，虽然 /l/ 和 /r/ 的发音看起来是分开写的，但是混淆的例子很多；/r/ 的表示中口旁的使用与中国传统的注音法相吻合；规定了专用的音译字"⿰口特"来表示 /θ/、/ð/，却又常常作为 /t/、/d/ 来注音；可以看到在辅音连缀间，知觉到有接近后续元音的元音事例（例如，在 Green 和 Grievance 中，与拼音 g 对应的注音使用"记"、在 Grass 和 geoGraphy 中使用"加"）；注音中响度小的尾辅音遗漏的例子随处可见等各种事实。这些事实暗示《华英通用杂话》中的译词基本上是由中国人注音的。

首先，中国人根据罗伯聃的发音，以普通汉字连接的形式记录下来，然后罗伯聃再加上"切""合"的表示，这就是笔者推定的《华英通用杂话》的注音过程[①]。

3."切""合"的问题点

《华英通用杂话》中"切"和"合"的注音也有问题。

第一，"切"和"合"的表示混乱，不统一。例如，four 有时被注音为"佛儿"的"切"（生意数目门 2a），有时也被注音为"⿰口佛儿"的"合"（同 1a）。horse 被注音为"哈儿士"，"哈儿"的旁边加了"切"、"儿士"的旁边加了"合"（同 12b），而 coarse（和 horse 只有头辅音不同）却被注音为"哥儿士"的"三字合"（同 7a）。另外，nine 既被注音为"乃因"的"切"（同 2a），又被注音为"乃咽"的"合"（同 1a）。

不过，根据笔者的理解，产生这样的混乱也是不无道理的。因为"切"和"合"

① 音译的本体与"切""合"的笔迹一致，但那只是誊写的结果。在《华英通用杂话》中，除了扉页的书名之外，汉字都是用一贯的笔迹，即楷体书写的。

的意思没有明确规定，所以在有些条件下两者之间会模糊。但是，如果根据凡例的说明和示例来说的话，"儿"和"因"都用于"切"的注音，"合"表示是错误的。

第二个更严重的问题是，"合"的注音法包含了注音的多义性这个原理上的缺陷。例如，将 C_1V_1 和 C_2V_2 这两个音节连续通过"合"来进行一音节化时，其结果有成为 $C_1V_1C_2$ 的可能性和成为 $C_1C_2V_2$ 的可能性。实际上，因为用于声母表示的汉字种类有一定程度的限制（如之前提到的"必""非""的""士""力""及"等），如果把握了其整体倾向，就可以大致推测出用"合"合成的音节。

但是，在将两个或两个以上的用来表示声母的汉字通过"合"拼起来时（例如，feel 的"非力"〈凡例 9b〉、表示 silk 的"士力及"〈凡例 3b〉、表示 fields 的"非力的士"〈日常口头语 36b〉），看了其注音也无法知道应该发哪个字的韵母。也就是说，即使单从音节结构来考虑，"非力"可以读作 /fi:l/ 和 /fli:/ 两样，"士力及"可以读作 /sɪlk/、/slɪk/、/slkɪ/ 三样，"非力的士"可以读作 /fi:ldz/、/fli:dz/、/fldi:z/、/fldzi:/ 四样，而无法得知这些注音中哪个发音是正确的。事实上，作为英语发音，/slkɪ/、/fldi:z/、/fldzi:/ 是不可能的，但是如果没有把握关于英语音节结构制约的话，这些是无法得知的。

因此，虽然为了正确表示英语的发音，"合"与"切"一起被详细地写入，但实际上是经常无法读出的、有用性低的注音。而使用西洋馆译语注音方式的话，/sɪlk/ 和 /slɪk/ 就分别被注音为"$士_{力及}$"、"$^{士}力_{及}$"，这些注音就没有解释的多义性。

（三）《华英通语》道光本——小字

《华英通语》是中国人编纂的初期英语学习书，有几个版本。最初的版本是大阪大学附属图书馆收藏的郑仁山《华英通语》（1849 年，道光二十九年），下文中称为"道光本"①。道光本是以《华英通用杂话》为基础而编纂的。

在《华英通语》道光本中，英语注音的一部分汉字像下面这样被小写。《华英通语》的注音是基于广东话中汉字的发音。此后为了简化记述，将省略门名的表示。

灯 lamp $口廉_{布}$（29a）、肥 fat $咈_{地}$（66a）、睇见 look $碌_{忌}$（80a）、

牛肉 beef $啤_{乎}$（14a）、六 six $昔_{时}$（1a）、大衫 coats $葛_{的时}$（8a）、

①《华英通语》道光本和之后的两版，以及《华英通用杂话》的影印收录在内田庆市、田野村忠温编著中。参见内田庆市、田野村忠温编著：《〈華英通語〉四種——解題と影印》，大阪：关西大学出版部，2020 年。

下午 afternoon 鸭$_{\text{乎吋}}$暖（7b）

小字的汉字在很多情况下可以看作只表示发音其声母。这一点上，是和《华英通用杂话》中的“合”具有同样目的的注音法。而且，虽然用“合”来注音，组合起来的汉字有产生读法多义性的缺陷，可用小字来注音没有这一问题。[①]

但是，《华英通语》道光本中小字的使用并不是一贯的，我们不仅看到极多难以区分是大字还是小字、忘记小写等事例，还看到小字也被用于其他。比如，上面列举的 afTERnoon 的注音中，之所以用小字写着“吋”，可能是为了表示这个音节没有重音，发音弱。

以下的例子表明同一个小字会有两种读法。这里的“尢”是基于字形类似的简便代用书写，实际上是“厘”的缩略字体。

清早 early 靴$_{\text{尢}}$（7b）、山地 hill country 希$_{\text{尢}}$ 斤地$_{\text{尢}}$（54b）

这里小写的“尢”（即“厘”）共出现三次，只有 hiLL 的注音“希$_{\text{尢}}$”中的“尢”表示只发声母，剩下的“尢”小写应是没有重音的表示。这样一来，学习者看了小写的“尢”，无法明确该如何发音。

因此，注音中的小字本来应该能有效使用，但《华英通语》道光本由于其不一贯和两义的使用，小字只能实现极为不充分的效果。小字的使用在下面继续讨论的《华英通语》咸丰五年本和咸丰十年本中也被继承，但情况是一样的。

（四）《华英通语》咸丰五年本——“合”的复活

子卿《华英通语》（1855 年，咸丰五年），称为“咸丰五年本”，是对《华英通语》道光本进行了大幅度改变的著作。在序文中所记载的作者名字“子卿”，可能不是实际存在的人物的真名。

《华英通语》咸丰五年本恢复了道光本废止的“合”的注音法。[②] 至少表面上是这样的。

咸丰五年本为了将辅音 /r/ 和 /l/ 的发音区分开来，导入了在英语的注音中从来没被使用过的注音法。也就是说，r 音常常通过在来母字前加上“儿”（或者被当作其

① 但是，《华英通语》道光本的注音法并不能无条件地说是优于《华英通用杂话》，因为在道光本的注音中没有显示音节的单位。例如，在“甲$_{\text{乙}}$丙”这种形式的注音中，不知道“$_{\text{乙}}$”属于前后哪个音节。不过，这可能并不会成为英语学习上的问题。

②《华英通语》道光本中也有少数像“nine 乃$_{\text{合}}$因”（1b）一样加上“合”的例子，不过这只是《华英通用杂话》中注音的残留。

异体字的“倪”）形成的两字组合被表示。而且，像《华英通用杂话》一样，常常在两个字的下面加上小字“合”，见下文。

袍 robe（37a）儿笠[合]、右 right 倪礼[合]特（123a）、朋友 friend 父儿连[合]（14a）

来母字前添加“儿”的目的可以确定是为了加强 r 音，即强调其像元音音色这一特征。这个 r 音的注音法在以后的英语学习书中也被反复使用。虽然在不同的学习书中，“而”和“胡”等汉字代替“儿”被使用，但原理是共通的。

但是，“儿”“倪”和来母字组合中“合”的表示并不一贯，缺少“合”的例子也很多，见下文。

租 rent 倪嗹（122b）、干 dry 拿倪礼（123b）、绉纱 crape 咖儿笠（33b）

其中也有在与 /r/ 无关的发音注音中使用“合”表示的例子，但极少，可见下文。这有可能是作者当初想更广泛地使用“合”，但中途放弃了。

铺主 shopkeeper 梳押[合]刼巴（17a）、十一月 November 攞威[合]唔孖（24b）

因此，《华英通语》咸丰五年本中的“合”，即使是模仿了《华英通用杂话》，也基本上是专门针对 r 音的注音法。而且，加上“合”表示的“儿”并不是表示独立的辅音，而是表示后面的来母字不用 /l/ 而用 /r/ 读，从国际音标（IPA）的角度来解释的话，是类似于承担附加符号的功能。正因为如此，咸丰五年本没有“三字合”“四字合”的例子。需要注意的是，《华英通用杂话》和《华英通语》咸丰五年本的“合”在外形上是共通的，但在功能上不能等同。

（五）《华英通语》咸丰十年本——“合”的再废止

子芳《华英通语》（1860 年，咸丰十年），称为“咸丰十年本”，是《华英通语》咸丰五年本的增订版。本书的作者名也可能不是真名。

《华英通语》咸丰十年本在序文中，陈述了纠正咸丰五年本的注音错误的宗旨。但是，实际上咸丰五年本的注音未必得到改善。特别是咸丰十年本的作者，似乎无法理解咸丰五年本的作者费意表示的 /l/ 和 /r/ 的发音区别，一律将“儿”字和“合”的表示一起删除，例如把前面举出的注音变成如下。

袍 robe 笠（38a）、右 right 礼特（122a）、朋友 friend 父连（53a）

“合”的表示，通过以《华英通用杂话》为起点的以上四本英语学习书来看，它首先在《华英通用杂话》中是为了表示英语复杂音节的发音而使用的，但在《华英通语》道光本中废止了此方式，而选择使用小字的方法来达到同样的目的。之后在咸丰五年

本中为了区别 /l/ 和 /r/ 的发音又重新使用“合”这一方式，但因咸丰十年本的作者不理解其目的而再次被废止。

四、结语

以上概述了 18 世纪到 19 世纪的欧洲诸语言的词典、学习书籍在注音时是如何处理原词的音节结构。

《华英通语》之后出版的 19 世纪英语相关书籍中的注音法各种各样。既有把发音作为普通的汉字连接来表示的，也有把只发音声母的汉字小写，或者像唐廷枢《英语集全》（1862 年，同治一年）那样在汉字旁边加上“、”来表示发音声母的（例如，用“士布零”来表示 SPring，卷之一 7a）。作为中国人编纂的第一本英语词典而为人所知的邝其照《字典集成》（1868 年，同治七年），是根据西方人的英华辞典（表示汉语发音，但不表示英语发音）编纂而成的，缺少英语发音的表示。

在中国出版的真正的英语词典中，最开始表示发音的应是《商务书馆华英音韵字典集成》（1902 年，光绪二十八年）。正如英语书名 *Commercial Press English and Chinese Pronouncing Dictionary* 表示的那样，这本词典的特征在于发音的表示。它采用美国的标音方式，例如把 lexicon 的发音写为“leks′-e-kun”、把 pronunciation 的发音写为“pro-nun-se-a′-shun”。文中通过使用拼音文字罗马字和连字符，可以明确地表示英语的音节结构。虽然今天仍在通俗的外语自学书中使用汉字进行注音，但在正式的外语学习的上下文中，可以说是以《商务书馆华英音韵字典集成》为转折点，用于表示发音的文字也从汉字转变成了罗马字和音标符号。

《华西初级汉语课程》音系相关的几个问题①

倪博洋
（南开大学 天津 300071）

【提要】启尔德《华西初级汉语课程》是其刚来成都一个月内记录的汉语口语会话。从编纂体例看，该书是对说话人即时会话的记载，音系性质为知识分子中的口语雅音。启尔德特意指出，传教士不能学习下层人民的语音、词汇、语法。由于其记载的音系性质特殊，使用的转写系统含混，因而全书的声韵系统与当代成都方言存在文献与语言等多个层次的差异，需要具体解释。

【关键词】启尔德；《华西初级汉语课程》；四川官话；西南官话

《华西初级汉语课程》（*Chinese Lessons for First Year Students in West China*，以下简称《汉语课程》）是启尔德（O.L.Kilborn，1867-1920）编纂的一部会话课本。该书出版后在汉语学界反响不大，直到2010年才由四川大学华西医院在搜集该院史料的过程中于加拿大多伦多图书馆偶然发现，并被四川人民出版社改名为《民国四川话英语教科书》，于2015年影印出版（2018年再版）。之后学界才对其产生一些关注，如刘羽佳（2015）、范常喜和刘羽佳（2015）探讨了启尔德的教学理念；袁雪梅、周泳玲（2014）与范常喜、刘羽佳（2016）介绍了其音系，并进一步与现代成都话作了对比。总的来看，这些研究对该书音系梳理较为全面，但对于其文献体例与编纂过程还没有进行全面考察，因而一些问题如该书反映的音系性质、转写所反映的音值、与当代成都话的矛盾等还有可进一步研究的空间。

① 本文受“南开大学文科发展基金”（ZB21BZ0329）资助。

一、《华西初级汉语课程》的教学理念与编纂体例

(一)《汉语课程》的教学理念

启尔德于1891年来华，1892年抵川，其年即在成都开设了福音医院。根据其妻于当年夏天不幸患霍乱去世的记载来看（郑尚维、石应康，2007：6—7），启尔德很可能是年初就已到成都。《汉语课程》于1917年出版，据其赴成都已过了25年。

启尔德这部著作最明显的特点就是应用性强。其读者对象是初次来华需要从头学习语言的传教士。启尔德在序里说，其时传教士一般在来华的头两年学习语言，两年之后就被安排部分传教任务。因而他们越快习得汉语（四川话），越能尽早胜任传教工作。所以其教材的内容编纂与学习策略都以迅速习得汉语为中心。据其书前言①，启尔德的教学理念如下。

（1）听、说的重要性要超过读、写。作者指出听说读写的难度按顺序递增，尤其是学习写作之前要经过漫长的思考，而过于执着学习汉字甚至会影响到对口语的掌握。故而作者的意见是通过日常会话牢固掌握口语是汉语习得的第一要务，其背后的主要目的还是为了使传教士能迅速投身到传教工作。但值得注意的是，启尔德指出，所谓口语是知识分子所说的话，绝大多数文盲口中存在大量的词、短语和发音形式，应该尽量避免学习使用。（Undoubtedly there are many words and phrases and pronunciations in use by the most illiterate，which we well to avoid，especially in dignified language. 启尔德，1917/2018：前言第2页。）而读书人口中存在的一些规范化的读书音也应该极力分别。启尔德同样指出，在书面语与口语的声调存在区别时，其会选择第二种形式。这样启尔德无形之中侧面记录了成都话的三个层次：

a. 读书音；

b. 知识分子口语；

c. 文盲 / 普通人口语。

启尔德心中理想的交流工具是第二个层次。

（2）讲究选择、对待老师的方式。启尔德认为要以老师的口语为权威，并要在一定时间内换老师，这样才可以判断不同老师教授的内容哪些是词典的、哪些是口语

① 原序为英文，本文有时采用汉译后转引的形式行文。

的，即上面说的 a 层与 b 层。对待老师要友善得体，但当老师不能规律地教学时，则要坚决辞退。启尔德提到“I mean those found in the conversations that we hold every day with servants，teachers，coal merchants and many others,—all of whom we may adopt as our teachers of Chinese”（启尔德，1917/2018：前言第 2 页①），表面上看仅仅是指要不拘身份，“转益多师”，但有趣的是其中出现了“teachers”与“teachers of Chinese”两个概念，其区别是“teachers”指的是有一定文化的知识分子，他们会通过正式教学形式（见该书课文第一节）授课。而所谓“teachers of Chinese”则是泛称所有能帮助传教士提高汉语水平的中国人。比较第一点可以看出，当二者产生矛盾时，要以前者“teachers”为准。

（3）对于不同的内容采取不同的学习方式。对于学习汉语的不同阶段或者不同内容，启尔德根据自身的实践提供了经验。比如一开始应该选择合适的字典，启尔德简单地比较了鲍康宁、钟秀芝、卫三畏、苏慧廉编写的词典，并提出购买建议。但启尔德并没有涉及词典学或者语言学的学理讨论，只是简单地以使用目的（阅读圣经）、内容多寡、价格高低等因素加以推荐。对于声调的学习，则不应直接询问某个字的调类，而是朗读这个字的不同调值，直到被老师承认。这一点有点像田野调查程序。学习汉字则应买三部汉语的约翰福音圈点阅读，并抓住和老师互动的机会模仿老师的书写等。这样就产生了一个问题，即尽管启尔德提到《西蜀方言》，但其更推荐苏慧廉（William. Edward.Soothill）的词典，启尔德在序中交代“然后为了日常参考可以使用钟秀芝的《西蜀方言》，或者使用鲍康宁或卫三畏的词典，这是更丰富的版本。我更偏向后者，因为它汉字数量更多”。按，苏慧廉并没有来过四川，而这里所谓的“苏慧廉的字典”可能指的是“《四千常用汉字学生袖珍字典》”（*The Student Four Thousand* 字 *and General Pocket Dictionary*），但该字典并没有依据四川方言编写，而且该字典既号称共 4000 字，那么与《西蜀方言》的 3977 字②相比，占不到优势。如此一来，启尔德为何舍弃钟秀芝而推荐苏慧廉呢？要解决这一问题就需继续考察其教材的编纂过程。

综上来看，启尔德固然是一位伟大的医生，但其对于汉语教学则完全是应用性、体悟性的，他的著作缺乏理论与系统，对于教学内容也只是以自己的学习体悟为主观依据来编排。当然，这种体悟可能暗合了汉语教学的某些方针与宗旨，未必就不适用；

① 原书页码与影印本的实际页码不一致，这里以原书页码为准。
②《西蜀方言》“出版说明”中记载的“字头”+“无字词”。

不过我们更关心的是该教材反映出来的应用性质对它的体例有什么影响，而这种影响又如何反映出其记载的音系性质。

（二）《汉语课程》的编纂体例

《汉语课程》的编纂体例较为简单，体现为“课文 + 重点词汇”的经典教学形式：

（1）教材结构上，共收三十二篇课文，以第一篇第一句为例，每篇课文由以下几个部分组成。

①正文句子： 同教书先生说话

②句子译文： Conversation with the teacher

③罗马字注音： TUNG^2 GIAO^1 SHU^1 SIEN^1 SEN^1 SHO^2 HWA^4

④逐字注释： With teach books teacher speak words

⑤重点词语及音释： 教书 GIAO1SHU1 to teach；lit.，to teach books

并非每节课都由这些内容组成。前一百个句子（不同篇目课文的句子序号相连）有完整五部分，前两百个句子没有第四部分逐字注释，两百之后的句子没有第三、第四两部分。一篇课文中会包含两种形式，如第四课课文“请老婆子”的第 100 句“你有铺盖没得”比第 101 句“有铺盖”多了第四部分（启尔德，1917/2018：43）；第九课课文“安置家具”的第 200 句“把棹子抬进来”比第 201 句“搁在这里”多了第三部分，第五部分重点词语被替换成普通的词语解释。可以看出，这种同一篇章内不同形式的安排是作者有意编纂的结果。易言之，作者在出版之前对自己的课本作了全面的审核。

（2）教材形式上，该教材最显著的编写形式就是课文均为二人日常会话形式，比如，第十一课“买轿子”。

> 王长兴，我要买一乘轿子
>
> 先生要买二孤轿，吗，三丁拐
>
> 两样都要
>
> 我给你说一下，你去讲价
>
> ……

引文标点遵循原书，不符合今天标点习惯，下文同。从呼语来看全篇课文便是由“先生”与“王长兴”的相互问答构成课文内容。从内容来看，这些对话涉及雇佣工、做家务、买东西等，生活气息浓，逻辑连贯，可以认为是作者对于真实对话的“实录”，而非自己杜撰的内容。

（3）教材内容上，该教材记录的是单一方言点的知识分子口语音。启尔德在序言中提及，一方面其根据成都、重庆入声派阳平的情况，将教材的所有第五调派入第二调；一方面又提醒读者，要根据自身的工作地点，将书中记载的声韵调“转换”（alter）成当地方言形式。那么启尔德记载的是什么方言呢？之前学者预设其为成都方言，并没有进行论证，因而产生两个问题：一是启尔德记载的是否一定是成都话；二是由于书中记录了不同人物的日常对话，是否会有其他方言夹杂其中。

从启尔德的行程来看，前文说过其在赴四川不久就到了成都，可见接触最多的就是成都话。课文别有内证，请看第二课“请伙房”的相关对话。

进来

贵姓，姓王

给外国人煮过饭，没有

煮过

帮过那一个

帮过成都的李先生

帮过他好久

帮过他两年

明确提到了“成都”的李先生，说明这位来应聘的“伙房”（即前文的“王长兴”）在成都有较丰富的工作经验（“帮过他两年”），无论他是否是本地人，都理应受到成都话的影响。可见启尔德记录的就是成都口语。从记录对象来看，启尔德记载的对话涉及以下几个人物——先生、师母、伙房（王长兴）、打杂（赵兴顺）、老婆子（杨嫂）。先生当为教启尔德汉语的老师，其与师母显然是说成都话；王长兴见上文；赵兴顺“有徐掌柜举荐我”（第三课 73 句），至少已经在成都有一定的工作经验；杨嫂“在北门上铜丝街坐”（第四课 86 句），则在成都有固定房产。而根据前文提及的启尔德拒绝底层人口语习惯的教学原则，可以确定该书记载的就是较为纯正的成都话。

总结来看，启尔德并没有提出系统的教学方法，其坚持的最主要的教学理念就是从自身体验出发，坚持口语第一位，并向其他学生推荐学习读书人所操的"庄重的"口语。其教学理念深深影响了教材的编写体例，使其教材呈现日常性、会话性、单一口语性的特点。这是我们展开研究的基础。

二、《华西初级汉语课程》的编纂过程

我们再进一步考察启尔德教材的编纂过程。前面说过该教材的课文全是日常会话，除了第一课是为了方便学生而汇集上课所需的口语外——这也是启尔德应用性思想的反映，其他课文的特点是每篇课文围绕一个行为进行连贯的对话，如第十一课"买轿子"就是围绕先生派王长兴买轿子这个日常行为展开对话。先生告诉王长兴所需轿子的详细款式，包括"竹竿子""杵皮"等部件要"上颜色，搓油"等细节，最后又提到如何与掌柜讲价。这些熟悉当地事物、富有生活气息的对话显然不是启尔德臆想出来的。我们可以认为启尔德当时就在现场并参与、记录了这些对话，只不过为了保持四川话的纯正，并没有记录和自己相关的部分。启尔德在序言中提及"唯一学习汉语口语的方式就是说话。要和老师、厨师、苦力、保姆以及陌生人去说话，和路上来往的旅人说话，和田里的农民说话，和茶楼酒肆中的客人说话，仔细听他们的评论，尽量选择来源不同的字和句子，方便时做笔记，回去后复习"。前文提及启尔德是根据自己亲身体验来制定教学方针，那么可以反推这些课文其实就来源于启尔德学习汉语时的笔记。所谓"和老师、厨师、苦力、保姆以及陌生人去说话"，指的也就是课文中出现的先生、师母、王长兴（厨师）、赵兴顺（苦力）、杨嫂（保姆）这些人物，其职业与人物的对应非常整齐。启尔德又提到初学者在使用课本时可以从任意一课开始学习，之所以如此说明，正因为这些课文都只是启尔德的日常会话记录，不具备普通汉语会话教材难度由小到大、循序渐进的特点。另有一处内证说明当时启尔德在场，在第五课课文"喊伙房买东西"中，先生令王长兴去市场买蔬菜水果，其中买蔬菜的部分涉及如下对话。

菜有那几样

我们四川的菜多

有洋芋、红苕、豌豆、黄豆、玉麦、（苞谷）、红萝卜、白萝卜、葱子、芹菜、

青菜、白菜、莲花白、黄瓜、冬瓜、南瓜、茄子、撇南

王长兴、可以卖一本账簿子、记账

从前后文及语气判断，这段话是先生与王长兴的对答。但有趣的是第二句“我们四川的菜多”，如果只是先生与王长兴两个人交流，显然不会说出这样一句台词，因为对两个四川本地人来说，“我们四川的菜多”不符合会话交流原则中的量的原则——提供了不必要的额外信息。而如果启尔德在场则很正常，因为对于外国人来说，这句话属于新消息。从交际目的来看，王长兴先对在场的启尔德做了铺垫与说明，然后再一一具体提及有什么蔬菜，这就非常自然。

那么这些会话材料又是启尔德何时记录的呢？从序言来看，启尔德提及来华传教士学习汉语的时间只有一两年，这些会话材料很有可能就是他来中国之初的记录。为了进一步证明这一点，我们这里详细列出课文的标题与涉及的人物。

第一课	同教书先生说话	涉及人物：学生、先生
第二课	请伙房	涉及人物：先生、王长兴
第三课	请打杂	涉及人物：先生、赵兴顺
第四课	请老婆子	涉及人物：师母、杨嫂
第五课	喊伙房买东西	涉及人物：先生、王长兴
第六课	扫地	涉及人物：？、赵兴顺
第七课	洗地	涉及人物：？、赵兴顺
第八课	撓灰	涉及人物：？、？
第九课	安置家具	涉及人物：？、？
第十课	堆箱子	涉及人物：？、赵兴顺
第十一课	买轿子	涉及人物：先生、王长兴
第十二课	坐轿子	涉及人物：先生、王长兴
第十三课	坐轿子出远门	涉及人物：先生、王长兴
第十四课	上路	涉及人物：先生、王长兴
第十五课	换银元	涉及人物：先生、王长兴
第十六课	换银子	涉及人物：先生、王长兴
第十七课	擦灯	涉及人物：？、赵兴顺
第十八课	洗碗	涉及人物：？、王长兴

第十九课　厨房　　涉及人物：？、王长兴
第二十课　摆棹子　　涉及人物：师母、王长兴
第二十一课　摆饭　　涉及人物：？、王长兴
第二十二课　弄蛋　　涉及人物：？、？
第二十三课　煮稀饭　　涉及人物：？、？
第二十四课　送信　　涉及人物：先生、赵兴顺
第二十五课　提灯笼送人　　涉及人物：先生、赵兴顺
第二十六课　买柴　　涉及人物：？、王长兴
第二十七课　买炭　　涉及人物：先生、王长兴
第二十八课　洗衣裳　　涉及人物：？、赵兴顺
第二十九课　熖衣裳　　涉及人物：？、赵兴顺
第三十课　睡房　　涉及人物：？、赵兴顺
第三十一课　洗澡房　　涉及人物：？、赵兴顺
第三十二课　喂牛　　涉及人物：？、赵兴顺

由于没有明确写出这些句子出自何人之口，所以我们只能从“请问，先生，一样买好多”（第五课 112 句）这样的呼语中反推人物。所以当没有这种明确的呼语时，人物就只能阙疑。从标题来看，这些课文可以分为三部分，即第一课为第一部分，记录的是学生与先生的对答，没有情节逻辑，只是所有课堂用语的汇总。第二课到第四课为第二部分，内容为先生家招募雇工。其余为第三部分，记录了主家与雇工们的互动。从第三部分来看，其事件有明显的延续性，比如第十一课到第十四课分别记录了买轿子、雇人抬轿子、出门等事件。而第十七课到二十三课又都涉及厨房细节。这样可以揣测一些人物阙疑的课文。比如第六课到第十课都是主家教雇工如何打扫家务，那么根据第六、七、十课的人物赵兴顺，可以反推八、九课的人物也应该是赵兴顺。同理第二十二、二十三课所涉及人物则应是师母与王长兴。

笔者进一步考察课文内容，发现这些课文都创作于启尔德初来成都的时候，文中提及的内容如下。

王长兴，今天可以出城买柴（第二十六课 770 句）
要同我一路到陕西街（第二十五课 736 句）

我们要走东大街，总府街，回去（第二十五课 756 句）

前一句提到先生住在城里，后两句提到地名“陕西街”与“总府街”，这些是成都的著名古街，可以看出对话所在地点。另外，第二部分在请雇工时，先生或师母还特意问了一些问题，内容如下。

给外国人煮过饭，没有（第二课 17 句）
给外国人打过杂，没有（第三课 63 句）
帮过外国人没有（第四课 87 句）

特意点出外国人，很有可能是因为启尔德初到成都时是与汉语老师一起居住的，招雇工的一个重要目的就是照顾启尔德，所以在先生招雇工时启尔德也能在场记录会话。而第十一课“买轿子”中，先生要买“二孤辂”与“三丁拐”两种，或许也是为启尔德预备的，所以启尔德能记录下他与王长兴在乘轿出门时的对话——因为他当时在另一乘轿子上。又由于课文具有明显的时间延续性，我们可以看到第三部分的所有篇章，都是主家指导雇工如何工作。易言之，这些事件发生的时间极其集中，否则很难想象有经验的杂役在一年半载之后仍需要主家说明他们的工作职责与方法。综上，推测这些对话均发生在一个月内较为合适。

而从史料来看，启尔德妻子在当年夏天不幸逝世，在妻子过世这段时间内，启尔德显然不会再有闲情逸致来记录其他人的生活会话。那么总结上述分析，启尔德这部教材反映的真实音系面目就是，其在学习汉语时记录的初到成都一个月内的生活对话，亦即 1892 年春天成都城区“庄重的”口语。

由此就可以解决前面提出的问题，为什么启尔德在序里提到《西蜀方言》却没有推荐，原因可能就是他的课文编纂时间要早于《西蜀方言》的出版，而《西蜀方言》出版后，启尔德早就过了语言关，已经不再有使用需求，故而他可能对《西蜀方言》极其陌生。虽然苏慧廉的字典出版在后，但苏氏的名声更为响亮，且标题（四千字）已经点出了自己著作的特点，所以启尔德推荐了苏慧廉的著作，尽管其“收字多”的理由未必能说服钟秀芝。

三、《华西初级汉语课程》声母的转写系统与特殊音系现象

范常喜、刘羽佳（2015）曾介绍过该书的语音系统，但只限于简单地列出声韵母。为了更好地与当代成都方言做比较，我们按照与中古音类的严格对应重新列出其声韵母，并讨论其转写问题。

（一）《汉语课程》的转写系统

首先要简单介绍一下该书的罗马字转写。范常喜、刘羽佳指出根据该书序言，其转写系统用的是中国教育协会 (The Educational Association of China) 于 1904 年公布的《官话罗马字标准方案》（*The Standard System of Mandarin Romanization*，下随文简称为《标准方案》）。然而考察该序言原文，启尔德只说自己用的系统是“标准的”（standard），没有提到该书。另外，从整个系统来看，尽管启尔德与《标准方案》大体相似，但也有一些不同。一是音类分合不一，比如《标准方案》在确立“是”“事”“思”的罗马字转写形式时，由于“事”在方言中或者卷舌与“是”同音，或者平舌与“思”同音，故其采用了三种形式，即“shị 是，sị 事 and szị 思.”（Educational Association of China，1904: 6）这种思路有些类似历史比较法，因而该书具有一定的综合音系性质。启尔德则将这三个字分别标作是 shï、事 sï、思 sï，只有两种形式。二是在一些具体的音值上也有区别。如启尔德标“国”作 gweh/gwe，《标准方案》则写作 gwoh（Educational Association of China，1904: 51）。再如《标准方案》列出了各方言区的转写，如“脚”《标准方案》标准音记为 gioh，“四川”（包括成都与重庆两种形式）记作 djio（Educational Association of China，1904：18），启尔德记作 gioh（少数）/gio（多数）。根据前文我们认为启尔德的课文是记载自己初来成都时的日常会话，时间上早于《标准方案》。所以这种矛盾有两种解释，一是启尔德在《标准方案》问世后，根据《标准方案》的系统修改了自己的记音。二是《标准方案》问世前已经有“标准的”记音方案流行，《标准方案》也只是在此基础上再次改进。从《标准方案》序言看，其至少在 1902 年和 1904 年有两次修改过程。由于基于同一个或近似的系统，故《标准方案》与启尔德的教材转写相近。无论哪种可能，都提示我们不能简单地用《标准方案》系统套用启尔德的教材。《标准方案》拼写系统代表的音值还须考察。

（二）《汉语课程》的声母转写系统

下面我们以中古声类为纲，列出启尔德所有的转写形式。本章在涉及转写与音标标音时，用"[ ]"区别后者。由于该课本收字极少，所以有些声类会出现一些特殊形式的特字，这些特字有以下三种情况。

一是不具有参考价值。比如"玻"原为滂母字，启尔德转写作 b，与帮、並（仄）相同，但今天大部分官话方言区"玻"声母都是读 [p]，滂母又没有其他的 b 形式，故此类字我们不再单列一行。

二是虽然这些特字具有一定价值，但仍然不容易看出规律。比如《汉语课程》中"杷" ba^1，今天成都话读 [pha^2]。前者可能是因为两个阳平字"枇杷"连读，"杷"字按变调规律要读为阴平，传教士们只知其变调，不知其本调。再如"抖"，《汉语课程》与今天的成都话声母都是 [th]，与中古音及今天其他方言不同。尽管这类字需要格外注意，对于四川（成都）话的语音史构建及系属判断或具价值，但不能因此扰乱整体的音类分布环境。

三是虽然这些字比较零散，但是可以从其他声类的特字中看出共同规律。这种情况或是因为收字太少，或是拼写法的问题，比如下面提到的对应卷舌音的 g。这类字我们认为虽然零散，但其背后体现的仍然是较为系统的语音或拼写规律，故也列在表中。①

表 1 《汉语课程》声母转写表

中古声	转写	例字	出现环境	成都方言
帮	b	芭 ba^1 不 bu^2 摆 bai^3 变 $bien^4$	任意	p
滂	p	朴 pu^2 片 $pien^4$ 坡 po^1 泡 pao^4	任意	ph
並	p	婆 po^2 皮 pi^2 盆 pen^2 棚 $peng^2$	古平声	p
並	b	白 be^2 抱 bao^4 簿 bu^4 杷 ba^1	古仄声	ph
明	m	买 mai^3 磨 mo^4 麦 me^2 明 min^2	任意	m
非	f	法 fa^2 夫 fu^1 粉 fen^3 放 $fang^4$	任意	f
敷	f	麸 fu^1 费 fei^4 翻 fan^1	任意	f
奉	f	饭 fan^4 房 $fang^2$ 逢 $fung^2$	任意	f
微	w	微 wei^2 晚 wan^3 未 wei^4 问 wen^4	任意	u

①"成都方言"一列主要来自杨时逢（1984），并参考北京大学中文系（2003）、四川方言调查工作指导组（1960）。

续表

中古声	转写	例字	出现环境	成都方言
端	d	多 do^{1} 对 dui^{4} 耽 dan^{1} 答 da^{2}	任意	t
透	t	拖 to^{1} 套 tao^{4} 踏 ta^{2} 烫 tang^{4}	任意	th
定	t	台 tai^{2} 提 ti^{2} 头 tou^{2} 堂 tang^{2}	古平声	th
定	d	地 di^{4} 大 da^{4} 动 dung^{4} 读 du^{2}	古仄声	t
泥	l	南 lan^{2} 难 lan^{2} 嫩 len^{4} 那 la^{3}	今洪音	n
泥	n	念 nien^{4} 年 nien^{2}	今细音	ȵ
来	l	路 lu^{4} 来 lai^{2} 了 liao^{3} 笠 li^{2}	任意	n
知	dj	猪 dju^{1} 站 djan^{4} 竹 dju^{2} 转 djwan^{3}	elsewhere	ts
知	g	置 gï^{4}	今支思韵	ts
彻	ch	抽 chou^{1} 揣 chan^{3} 搋 chwai^{1}	elsewhere	tsh
彻	ts	撑 tsen^{3}	曾梗摄	tsh
澄	ch	茶 cha^{2} 锤 chue^{2} 陈 chen^{2} 除 chu^{2}	古平声	tsh
澄	dj	桌 djo^{2} 赵 djao^{4} 阵 djen^{4} 撞 djwang^{4}	古仄声	ts
澄	ts	橙 tsen^{2}	曾梗摄	tsh
娘	l	拿 la^{2} 奶 lai^{3}	今洪音	l
娘	n	你 ni^{3}	今细音	ȵ
精	dz	挤 dzi^{3} 灶 dzao^{4} 将 dziang^{1} 则 dze^{2}	任意	ts/tɕ
精	g	浆 giang^{1} 荐 gien^{4} 椒 giao^{1} 揪 giu^{3}	今细音	tɕ
清	ts	搓 tso^{1} 擦 tsa^{2} 千 tsien^{1} 请 tsin^{3}	任意	tsh/tɕh
清	ch	取 chü^{3}	今细音	tɕh
从	dz	作 dzo^{4} 字 dz^{4} 杂 dza^{2} 净 dzin^{4}	古仄声	ts/tɕ
从	ts	层 tsen^{2} 情 tsin^{2} 齐 tsi^{2} 才 tsai^{2}	古平声	tsh/tɕh
心	s	索 so^{2} 西 si^{1} 信 sin^{4} 相 siang^{1}	任意	s/ɕ
心	hs	些 hsie^{1}	今细音	ɕ
邪	s	袖 siu^{4} 随 sui^{2} 像 siang^{4}	任意	s/ɕ
邪	hs	徐 hsü^{2}	今细音	ɕ
庄	dj	抓 djwa^{1} 找 djao^{3} 装 djwang^{1}	elsewhere	ts

续表

中古声	转写	例字	出现环境	成都方言
庄	dz	侧 dze^{2} 绉 dzung^{4}	非低元音	ts
初	ch	叉 cha^{1} 插 cha^{2} 铲 chwan^{3} 窗 chwang^{1}	elsewhere	tsh
初	ts	楚 tsu^{3}	非低元音	tsh
崇	ch	柴 chai^{2} 床 chwang^{2}	古平声	tsh
生	sh	使 shï^{3} 晒 shai^{4} 师 shï^{1}	elsewhere	s
生	s	梳 su^{1} 数 su^{4}	非低元音	s
章	dj	者 dje^{3} 真 djen^{1} 折 dje^{2} 掌 djang^{3}	elsewhere	ts
章	g	纸 gï^{3} 只 gï^{3} 指 gï^{3}	今支思韵	ts
昌	ch	车 che^{1} 出 chu^{2} 厂 chang^{3} 秤 chen^{4}	任意	tsh
船	ch	船 chwan^{2} 乘 chen^{2}	古平声	tsh
船	sh	实 shï^{2} 顺 shwen^{4} 绳 shwen^{2}	任意	s
书	sh	书 shu^{1} 试 shï^{4} 说 sho^{2} 声 shen^{1}	任意	s
禅	sh	常 shang^{2} 拾 shï^{2} 睡 shui^{4} 晨 shen^{2}	任意	s
禅	ch	城 chen^{2} 成 chen^{2}	古平声	tsh
日	r	然 ran^{2} 热 re^{2} 软 rwan^{3} 日 rï^{2}	elsewhere	z
日	Ø	而 er^{2} 二 ir^{4}/er^{4}（异读）	古支思韵	Ø
见	g	过 go^{4} 矩 gü^{3} 肩 gien^{1} 结 gie^{2}	elsewhere	k/tɕ
见	dz	揭 dzie^{2} 决 dzue^{2}	今细音	tɕ
溪	k	开 kai^{1} 口 kou^{3} 客 ke^{2} 空 kung^{1}	今洪音	kh
溪	ch	去 chü^{4} 起 chi^{3} 轻 chin^{1} 撬 chiao^{4}	今细音	tɕh
溪	ts	牵 tsien^{1}	今细音	tɕh
群	g	具 gü^{1} 柜 gwei^{4} 轿 giao^{4} 共 gung^{4}	古仄声	k/tɕ
群	ch	期 chi^{1}	今平声细音	tɕh
群	ts	钳 tsien^{2}	今平声细音	tɕh
疑	ng	我 ngo^{3}（例外） 硬 ngen^{4} 熬 ngao^{2}	今洪音开口	ŋ
疑	n	严 nien^{3} 酽 nien^{4} 牛 niu^{2}	今细音	ȵ
疑	y	眼 yen^{3} 元 yuen^{2} 玉 yü^{4}	今细音开口	Ø
疑	w	瓦 wa^{3} 五 wu^{3} 外 wai^{4} 鹅 wo^{2}	今洪音合口	Ø

续表

中古声	转写	例字	出现环境	成都方言
影	ng	谙 ngan² 挨 ngai¹ 安 ngan¹ 按 ngan⁴	今洪音开口	ŋ
影	ø	衣 i¹ 一 i² 倚 i³ 意 i⁴	今 i 元音	ø
影	y	要 yao⁴ 鸭 ya² 音 yin¹ 约 yo²	今细音	ø
影	w	枉 wang³ 稳 wen³ 喂 wei⁴ 屋 wu²	今洪音合口	ø
喻	ø	以 i³ 胰 i²	今 i 元音	ø
喻	y	芋 yü⁴ 有 yiu³ 圆 yuen² 舀 yao³	今细音	ø
喻	w	为 wei² 位 wei⁴ 王 wang²	今洪音合口	ø
晓	f	呼 fu¹	今 u 元音	x/f①
晓	h	花 hwa¹ 海 hai³ 黑 he² 喊 han³	今洪音	x
晓	hs	晓 hsiao³ 歇 hsie² 向 hsiang⁴ 兴 hsin⁴	今细音	ɕ
晓	s	乡 siang¹ 轩 süen¹	今细音	ɕ
匣	f	壶 fu² 胡 fu²（异读）	今 u 元音	f
匣	h	荷 ho² 害 hai⁴ 糊 hu² 或 hwe²	今洪音	x
匣	hs	学 hsio² 行 hsin² 现 hsien⁴ 嫌 hsien²	今细音	ɕ
匣	s	现 süen⁴（异读）	今细音	ɕ

由于《汉语课程》注音字数有限，所以表中某些音系地位只有一两个例字；某些理论上应该出现的音值没有出现，如群母平声细音的 ch 声母，表中的“期”其实是归入溪母的例外，但大体能够反映出一个完整的声母系统。表中“出现环境”一列要稍作解释。

①“古支思韵”指《中原音韵》中的“支思韵”，“今支思韵”指当代普通话中读 ɿ/ʅ 的韵。二者的区别是，“古支思韵”包括今读 er 音字，而“今支思韵”中的一部分字《中原》仍在“齐微韵”。

②“任意”指没有任何分化条件，“elsewhere”指去掉其他分化条件的其他环境。亦即有些声母存在“elsewhere”与其他条件对立时，彼此一定是互补的，可以视为一个语音层次，如初母是否卷舌；当出现“任意”与其他条件对立时，存在最小对比对，

① 杨时逢（1984）记录的成都话 fu ≠ xu，北京大学中文系（2003）、何婉和饶冬梅（2014）、四川方言调查工作指导组（1960）记录的 fu、xu 已经混淆。

（可以理解为其他条件是“任意”的子集），说明或者是不同层次，或者是词汇扩散尚未完成，如心母无论是否腭化都包括细音字。

从上表可以看出，《汉语课程》与当代成都官话声母大致能够对应，但又有所不同。首先需要确认的是，二者之间的参差，究竟是拼写问题，还是语音问题。

总结上表，启尔德共使用了 21 个声母，含单拼字母 19 个，双拼字母 6 个。

表 2 《汉语课程》声母转写字母总结表

b	p	m	f	w
d	t	n	s	l
dz	ts			
dj	ch		hs	r
g	k	ng	h	y

以上只是大致归类，没有严格按照其代表的实际音值的发音部位与发音方法排列。与今天成都话的实际读音相比，可以总结出启尔德的声母转写规律如下：

①浊音代表不送气清音，清音代表送气清音，如：b[p]、t[th]、dz[ts]。

②y、w 与 ø 分布互补，可以归纳为一个音位 ø，y 和 w 记录的应该是略带摩擦的 [j]、[w]。y、w 的区别是 y 不出现在单元音音节 i 前，如以 i^3、胰 i^2，但 w 出现在 u 前，如屋 wu^2、五 wu^3，不过这只是拼写问题，未必就代表实际语音，“五”的摩擦程度就比“以”高。

③ dz 与 ï 相拼时省去元音，只拼为 dz：子 dz^3、字 dz^4、自 dz^4。《汉语课程》所注精止开三的字组中，清母字未见，心母字标作 sï，精母标为 dz，并不平行。但精母也有 dzï 的标法，比较字 $dzï^4$（27 页）—字 dz^4（8 页），说明两种标法并没有语音差异。《官话罗马字标准方案》中“子”的“标准转写”与“四川方言”两栏都标作 dzị（Educational Association of China，1904：28），说明这是启尔德的独创。如果一定要从语音上加以解释，似乎可以认为“子”类音声母为清不送气塞擦音，在启尔德这种非母语者听来就像相配的浊音。而 dz 与 ɿ 发音部位相近，很容易听成自成音节的 dz。①

④ dj 与 ch 的拼写规则并不平行，庄初升、阳蓉（2014）认为“dj、ch 实际上拼

① 汉语舌尖元音究竟是一个独立的元音，还是“音节首音（onset）的结果”（马秋武，2008：90），学界还有争议，这里不一一讨论。

写两类字母，与洪音相拼的是 [tʂ][tʂh]，与细音相拼的是 [tɕ][tɕh]”，稍有不妥。dj 从不与细音相拼：*djiV。不送气的 [tɕ] 在《汉语课程》中用 g 表示，请比较句 gü^{4}—去 chü^{4}。

⑤正因为对 dj 拼写规则理解错误，庄初升、阳蓉（2014）对于 g 表示的音值，解释上也产生了偏差。该文指出“有些字母的字音可能是拼写错误或不当，如：尖 gien^{1}[꜀kiɛn꜄]、荐 gien^{4}[kiɛn꜄]、浆 giang^{4}[kiaŋ꜄]（另一处记为 dziang^{4}）、只纸指 gï3[꜂kʅ]、置 gï^{4}[kʅ꜄]”。实际上这几个 g 的国际音标注音都有问题，尖、荐、浆的声母即是前面说到的 [tɕ]。只、纸、指、置的声母则是 [tʂ]。《汉语课程》里不存在 *djï 音节，凡 [tʂʅ] 类音都标作 gï。但送气的 [tʂhʅ] 拼作 chï 而不是 khï。这样所谓“拼写错误或不当”其实只是拼写法的不同规则。也由此在启尔德的系统中存在以下不平行的状况：

a. g 表示 [k]/elsewhere、[tɕ]/_i、[tʂ]/_ï 三个声母，而 k 只表示 [kh]。

b. dj 只表示 [tʂ]，而 ch 表示 [tʂh]/elsewhere、[tɕh]/_i 两个声母。

c. sh、s、hs 只分别表示 [ʂ][s][ɕ]。

进一步列表对比如下。

表 3 《汉语课程》特殊声母转写比较表

	舌尖元音	细音	洪音
g	+	+	+
k	-	-	+
dj	+	-	-
ch	+	+	+
sh	+	-	-
s	-	-	+
hs	-	+	-

表 3 中加底纹表示两类发音部位相同的符号如 g、k 出现环境有区别。之所以如此，可能是因为欧洲的一些语言如德语中，j 字母实际读音接近 [j]，这样“dji”类音节就既不容易拼出，又容易与“di”混淆，所以要避免与 i 类音拼合。由此可以看出启尔德采用的拼写方案欠缺系统性，容易在判断实际音值时产生混乱。至少可以说《汉语课程》与今天成都话声母的一部分差异与语音无关。

以上讨论了声母拼写法的几个特殊之处，重新归并相关音位，可以得到该书反映的二十三个声母系统。

表 4　《汉语课程》声母系统表

p	ph	m	f	
t	th			l
ts	tsh		s	z
tʂ	tʂh		ʂ	
tɕ	tɕh	ȵ	ɕ	
k	kh	ŋ	x	ø

与袁雪梅、周泳玲（2014）的归纳相比，多了 tɕ-、tɕh- 两个塞擦音，袁雪梅、周泳玲（2014）认为是“用一套符号来记录两套系统”，实际存在这两个音值，故不再讨论。

（三）《华西初级汉语课程》的几个特殊声母现象

袁雪梅和周泳玲（2014）、范常喜和刘羽佳（2016）都对比过该书声母系统与当代成都话声母，袁雪梅和周泳玲（2014）并进一步认识到该书的读书音性质。这里只简单介绍声母与今天成都话的几个差异。

（1）《汉语课程》反映的腭化问题。《汉语课程》反映的格局是精组细音未腭化，而见组细音绝大多数腭化。但是有两个现象值得注意，一个是精组有零散但平行的腭化现象，见下文。

精：浆 $giang^{1}$　荐 $gien^{4}$　椒 $giao^{1}$　揪 giu^{3}

清：取 $chü^{3}$

心：些 $hsie^{1}$

邪：徐 $hsü^{2}$

这批例字反映了当时口语中精组已经有腭化倾向。但是其他未腭化的细音字究竟是口语如此还是某种雅音的面貌还有待考察。而稍晚的《西蜀方言》中这批特字都没有腭化，详见下文。

精：浆 $tsiang^{1}$　荐 $tsien^{4}$　椒 $tsiao^{1}$　揪 $tsiu^{3}$

清：取 ts‘$ü^{3}$

心：些 sie^{1}

邪：徐：未收

《西蜀方言》的记录与1904年出版的《标准方案》相同。其中的矛盾难以用语音史发展来解释。因为这批材料在杨时逢等人1940年的调查中也是tɕ，如取tɕ‘y（杨时逢，1984：19），这样只能构拟tɕ-→ts-→tɕ-的回头演变，但是《汉语课程》还有另一回头音变现象，其见组细音字有以下例子。

见：揭dzie^{2} 决dzue^{2}

溪：牵tsien^{1}

群：钳tsien^{2}

晓：乡siang^{1} 轩süen^{1}

匣：现süen^{4}

虽然例字不多，但出现环境可以预测：[+软腭]→[+舌尖]/_[+high,+front]，仍然可以视作一种系统的语音现象。一般来说，见组细音字要么腭化，要么保持原舌根音，归入精组则是有条件的，往往涉及音类的重新调整，如“女国音”中见组与精组细音完全合并后出现了舌尖音的语音变体。而《汉语课程》中的这批见组细音字在尖团有别的音系格局下进一步归入精组，究竟是实际语音如此，还是另有原因，值得深思。这几个特字在《西蜀方言》与当代成都话中的读音如下。

表5 《汉语课程》声母特字比较表

	揭	决	牵	钳	乡	轩	现
《汉语课程》	dzie^{2}	dzue^{2}	tsien^{1}	tsien^{2}	siang^{1}	süen^{1}	süen^{4}
《西蜀方言》	chie^{5}	chüe^{5}	ch‘ien^{1}	ch‘ien^{2}	shiang^{1}	shüen^{1}	shien^{4}
当代成都话	tɕie^{2}	tɕye^{2}	tɕhiɛn^{1}	tɕhiɛn^{2}	ɕiang^{1}	ɕyɛn^{1}	ɕiɛn^{4}

《西蜀方言》与成都方言都是腭化的读法。从时间来看，这两项材料都比《汉语课程》晚。如果我们设立以下两个前提，即①这批特字在《汉语课程》中发生了k→tɕ→ts的音变，②《汉语课程》《西蜀方言》与当代成都话是同一音系的直线发展，那么只能推出这批字发生了tɕ→ts→tɕ的回头音变这个结论。而构拟回头音变往往是较为危险的。《汉语课程》与《西蜀方言》相差只有数年时间，是否在这几年之间这批字就已经变化了，引人深思。再引入其他传教士材料则更能说明问题。《标准方案》收录有各方言的音节比较表，四川一栏选用的正是成都话①，上述特字只收入了一个

① 如果有两种形式，则第二种为重庆话。

“决”，标音为“djụe”，也是腭化声母，而精组字都没有腭化：绝“dsụe”。（*Educational Association of China*，1904：18、29）1857 年出版，1864 年发表第二版的艾约瑟《汉语官话口语语法》有如下记载，“在北京以及西部省份的发音中，ts 和 k，以及 s 和 h，在有些情况下是无法区分的，但是这并不影响声母数量，因为这种情况只发生在元音 i 和 ü 之前”（艾约瑟，1864/2015：40），所谓“西部省份的发音”，“西部官话以四川首府成都话的发音为标准”（艾约瑟，1864/2015：10），可以看出比艾约瑟与钟秀芝早 30 年的成都话就已经（开始？）不分尖团了。结合前面提到的精组腭化现象，请看两批见精组特字在各阶段中的发展。

表 6 《汉语课程》见精组特字发展构拟表

	早期阶段	《汉语课程》	《西蜀方言》	现代方言
精组特字	*ts-	tɕ-	ts-	tɕ-
见组特字	*tɕ- ＜ *k-	ts-	tɕ-	tɕ-

如果认为以上材料是线性的发展，那么这两批特字横向看是回头音变，竖向看则是交叉演变，音变方向极为复杂，不符合“语音演变无例外”的假设。如在见组特字 ts-→tɕ- 的同时，为何精组特字还能发生 tɕ-→ts-，缺乏语音条件。由此我们认为根据启尔德对成都话层次划分的说明，解决这一矛盾最简单的办法就是将这几部著作记录的现象视为两个音系层次。

表 7 成都音系层次表

音系层次	代表材料	音系特点
雅音	《汉语课程》《西蜀方言》	分尖团
俗音	《汉语官话口语语法》（？）、成都方言	不分尖团

那么这两批特字也就可以较圆满地解释了其特点是都属于常用字，精组特字腭化是因为俗音词汇随着日常频繁使用，不断渗透进雅音层。而正是因为俗音层向雅音层逐渐渗透，启尔德记录的“发音人”受俗音口语影响，对于已经腭化的少数常用字无法分清原属的音类，而其又要维持尖团有别的雅音格局，所以将一些腭化字人为读成尖音。这样这批原属见组的字类就被类推到精组，从而发生历史语言学中的过度类推现象，如下例字。

“先” $ɕiɛn^{1}{}_{(俗)}$：$siɛn^{1}{}_{(雅)}$ = “现” $ɕiɛn^{4}{}_{(俗)}$：？

此外这批特字有的有异读形式，如“浆” $giang^{4}$（127 页）—$dziang^{4}$（248 页）、

“青”tsin^1（51 页）—chin^1（107 页）、“向”siang^4（93 页）—hsiang^4（146 页）、现 hsien^4（38 页）—süen^4（38 页）等。这种异读既可看成不同发音人发音不同，也可看成同一发音人在不同形式间游移，其不是语音史的词汇扩散，而是不同层次的渗透。《西蜀方言》偶尔也有这种过度类推，如“节”的一对异读：tsie^5/ke^5，但例子极少。当代京剧演员在念“上口字”时偶尔也存在类似的过度类推，（史震己，2018）其与《汉语课程》的特字都源自发音人出于“正音”观念矫枉过正，可以作为辅证。

（2）《汉语课程》记录的卷舌音问题。《汉语课程》记录了一套系统的卷舌音，袁雪梅和周泳玲（2014）、范常喜和刘羽佳（2016）都根据甄尚灵（1988）对《西蜀方言》的研究认为是当时成都口语的实录。然而曾晓渝（2018）认为“《西蜀方言》以四川官话文雅口语音为基础。《西蜀方言》语音系统有入声调、分平翘、分尖团，与成都通俗口语读音有相当距离，体现的是清末成都文雅口语音”。从《汉语课程》的记录来看，知庄章卷舌字最多，只有少数字变为平舌，但这种变化具有规律的语音环境。

知组：曾梗摄：橙、撑

庄组：非低元音：梳、楚、数、师、事、绉、色、生、侧

例外：洒、掺、窗

章组：“儿”韵：儿、二

章组除了“儿”韵均为卷舌音，知庄组除去三个例外，可以总结为一条规则：tʂ→ts-/_[-low]①，但是由于《汉语课程》字数过少，这条规则难以确证，比如咸摄的“掺”似乎是特字孤例，但《西蜀方言》也有类似的例外。从中可以看出，《汉语课程》的卷舌音有自己的音变方向，并非是直接按中古韵书人为折合的某种人造音系特征。肖娅曼（1999）对于成都话的卷舌情况做了详细调查，其指出是否保留卷舌音与性别、年龄、居住城区有关系。从其描写的舌尖音在知庄章三个声类的分布环境看，《汉语课程》只有“橙”字不符合。

（3）《汉语课程》标写的流音与鼻音交涉的问题。《汉语课程》标写来、泥、娘三母为流音 l-，但是今天的成都话是 n-。据笔者调查的市区发音人读为 l-，并据其介绍，发音人周边同龄人及父母辈都读为 l-。故尽管 n-、l- 不构成音位对立，但其实际音值表现在四川方言中仍然有类型意义。

① 具体的规则及论述笔者已有专文待刊。

以上我们只列出了《汉语课程》与今天成都话声母的几个显著差异，可以看出，《汉语课程》的声母面貌比起今天的成都话，在音类分布上稍微存古，但这种“存古”是什么性质，究竟是同一音系的不同语音阶段，还是不同地域或社会方言的呈现，甚至是人造声类与实际语音的差异，还需要与《西蜀方言》进行细致对比。总之，《汉语课程》提供了 19 世纪末成都音系的一种音系，但由于其字数过少，这种音系的细节尚不清晰，性质难以判断。

四、《华西初级汉语课程》的韵母系统与特殊音系现象

（一）《汉语课程》的韵母转写系统

接下来仿照前节声母的体例，列出《汉语课程》的韵母系统。除了前面对特字的处理外，其他体例还要先稍作说明。

一是这里我们选择以摄为单位，部分没有区别作用的韵摄进一步合并。理由见上一章。

二是半元音声母 y/w 归声还是归韵较为麻烦，往往会淆乱开合洪细，如“也” ye^3 声母表已经将 y 视为声母，此处若将其韵母视为 e 就使“出现环境”一栏极为复杂，在“卷舌音”之外需另列出“中古喻母”，与音系的简洁要求不符。这种混乱的原因来自拼写而非语音演变。故下表我们对这批半元音随文处理，不一一说明。

三是有些涉及语音史基础知识，或者有些语音史变化造成的音类上的蕴含关系，我们在“出现环境”一栏省略，不一一说明。比如：“开二洪”“开二细”“开三洪”“开三细”分别指开口二、三等字的洪、细音，而二等字在中古本来都具有 ɯ 介音，三等都具有 i 介音，重纽三等字为复合介音 ɯi，这里暂不讨论。“开二洪”“开二细”“开三洪”“开三细”是后起的演变。

二等洪音：$ɯ \rightarrow Ø/elsewhere$

二等细音：$ɯ \rightarrow i/C\text{牙喉音}\_$

三等洪音：$i \rightarrow Ø/C\left(\begin{matrix}\text{唇齿音}\\\text{卷舌音}\end{matrix}\right)\_V$

三等细音：$i/elsewhere$

这样如“开二细”本来就蕴含着声母条件为牙喉音，故以省篇幅，不再列出。再如《汉语课程》中的舌尖元音不分前后均记作 ï，由于止摄只有三等韵，故中古与其相拼的舌齿音声母只有精、知三、庄三、章四组，端、知二、庄二均不与三等字拼合

（不计类隔）。恰好止摄精组开口字今读为ɿ，知、庄、章开口字今读为ʅ，这样我们用“古舌齿音开”就能很恰当地表示出 ï 在止摄的出现环境。至于声母上的一些不规则的变化，比如非卷舌三等字脱落 i 介音，则在后文讨论。除了洪细，开合也存在这种现象。有些韵摄如通、遇这类独韵韵摄在中古初期可能有开合之别，但后来随着语音演变，全变为合口；有些韵摄如流摄中古初期可能全是合口，后来全部演变为开口。[①]所以下表“出现环境”一栏中的“开合洪细”均以近代官话音为依据。

表 8 《汉语课程》韵母转写表

韵摄	转写	例字	出现环境	成都方言
果	o	搓 tso¹ 荷 ho² 卧 wo⁴ 玻 bo¹	任意	o
假	a	芭 ba¹ 茶 cha² 洒 sa³ 拿 la²	开二洪	a
假	ia	架 gia⁴ 下 hsia⁴ 价 gia⁴	开二细	ia
假	wa	花 hwa¹	合二洪	ua
假	ie	些 hsie¹ 也 ye³	开三细	ie
假	e	者 dje³ 车 che¹	开三洪	e
遇	u	主 dju³ 壶 fu² 路 lu⁴ 梳 su¹	一、三洪	u
遇	ü	举 gü³ 去 chü⁴ 取 chü³ 芋 yü⁴	三等细	y
止	i	皮 pi² 椅 i³ 离 li² 机 gi¹	elsewhere	i
止	ï	置 gï⁴ 使 shï⁴ 师 sï¹ 字 dzï⁴（异读）	古舌齿音开	ʅ
止	ø	子 dz³ 字 dz⁴（异读） 自 dz⁴	古精母开	ɿ
止	er/ir	二 ir⁴ 儿 er²	古日母开	er
止	ei	譬 pei⁴ 费 fei⁴	唇音	ei
止	wei	为 wei² 柜 gwei⁴ 喂 wei⁴ 归 gwei¹	古牙喉音合	uei
止	ui	随 sui² 吹 chui¹ 水 shui³ 睡 shui⁴	舌齿音合	uei
蟹	ai	台 tai² 在 dzai⁴ 海 hai³ 买 mai³	一二开	ai
蟹	i	米 mi³ 齐 tsi² 鸡 gi¹ 底 di³	齐开	i
蟹	ei	煤 mei² 每 mei³ 背 bei⁴	唇音合洪	ei

① 通摄《韵镜》中标东韵为开，冬韵为开合，是否可信尚有争议。（杨军，2007：41—43）遇摄的鱼虞从唐五代西北蕃汉对音看尚有区别。流摄的尤韵在中古初期可能主元音是 u，后来才裂化为 əu，见潘悟云（2000：83—90）列出的诸家构拟表。

续表

韵摄	转写	例字	出现环境	成都方言
蟹	wai	块 kwai^{3} 外 wai^{3} 拐 gwai^{3} 搋 chwai^{1}	一等合	uai
蟹	ui	堆 dui^{1} 岁 sui^{4} 催 tsui^{1} 雷 lui^{2}	舌齿音合	uei
蟹	wei	灰 hwei^{1} 回 hwei^{2}	灰韵牙喉音	uei
流	ou	头 tou^{2} 够 gou^{4} 收 shou^{1} 篓 lou^{3}	今洪音	əu
流	iu	流 liu^{2} 就 dziu^{4} 有 yiu^{3} 揪 giu^{3}	今细音	iəu
流	ung	绉 dzung^{4}	?	ong
效	ao	毛 mao^{2} 找 djao^{3} 熬 ngao^{2} 烤 kao^{3}	今洪音	ao
效	iao	教 giao^{1} 小 siao^{3} 要 yao^{4} 条 tiao^{2}	今细音	iao
宕江舒	ang	忙 mang^{2} 当 dang^{4} 长 chang^{2} 窗 tsang^{1}	今开口洪音	aŋ
宕江舒	wang	筐 kwang^{1} 黄 hwang^{2} 撞 djwang^{4}	今合口洪音	uaŋ
宕江舒	iang	凉 liang^{2} 将 dziang^{1} 样 yang^{4} 讲 giang^{3}	今开口细音	iang
宕江促	o	搁 go^{2} 索 so^{2} 落 lo^{2} 角 go^{2}	今开口洪音	o
宕江促	io	约 yo^{2} 脚 gio^{2} 学 hsio^{2}	今开口细音	io
曾梗舒	en	肯 ken^{3} 冷 len^{3} 成 chen^{2} 称 chen^{1}	一二$_{\text{部分}}$三$_{\text{洪}}$	ən
曾梗舒	in	应 yin^{4} 行 hsin^{2} 名 min^{2} 青 tsin^{1}	二$_{\text{牙喉}}$三$_{\text{细}}$四	in
曾梗舒	ung	棚 pung^{2}	唇音洪	oŋ
曾梗促	e	北 be^{2} 格 ge^{2} 麦 me^{2} 色 se^{2}	一二三$_{\text{庄}}$开	e
曾梗促	we	国 gwe^{2} 或 hwe^{2}	登韵合口	ue
曾梗促	i	熄 si^{2} 籍 dzi^{2} 踢 ti^{2} 逼 bi^{2}	三四非卷舌	i
曾梗促	ï	石 shï^{2} 只 gï^{3} 式 shï^{4}	章组三等	ɿ
曾梗促	y	的 dy^{2}	单字	*
通舒	ung	共 gung^{4} 重 djung^{4} 逢 fung^{2} 通 tung^{1}	一、三洪	oŋ
通舒	iung	凶 hsiung^{1}	三等细音	ioŋ
通促	u	肉 ru^{2} 竹 dju^{2} 谷 gu^{2} 福 fu^{2}	一、三洪	u
通促	ü	玉 yü^{4}	三细	y
深臻舒	en	根 gen^{1} 尘 chen^{2} 枕 djen^{3} 认 ren^{4}	一、三开洪	ən
深臻舒	in	新 sin^{1} 尽 dzin^{4} 银 yin^{2} 今 gin^{1}	三开细	in

续表

韵摄	转写	例字	出现环境	成都方言
深臻舒	wen	滚 gwen^{3} 顺 shwen^{4} 润 rwen^{4} 浑 hwen^{2}	一、三合洪	uən
深臻舒	uin	匀 yuin^{2} 煴 yuin^{4}	三合细	yn
深臻促	i	必 bi^{2} 一 i^{2} 七 tsi^{2} 笠 li^{2}	三开细	i
深臻促	ï	实 shï^{2} 日 rï^{2} 十 shï^{2} 湿 shï^{2}	三开洪	ʅ
深臻促	u	不 bu^{2} 出 chu^{2} 没 mu^{2}	一、三合洪	u
深臻促	ü	橘 gü^{2}	三合细	y
山咸舒	an	难 lan^{2} 班 ban^{1} 南 lan^{2} 站 djan^{4}	一二三开洪	an
山咸舒	ien	鲜 hsien^{1} 免 mien^{3} 拣 gien^{3} 盐 yen^{2}	二三四开细	iɛn
山咸舒	wan	拴 shwan^{1} 惯 gwan^{4} 端 dwan^{1} 软 rwan^{3}	一二三合洪	uan
山咸舒	uen	元 yuen^{2} 圆 yuen^{2} 愿 yuen^{4} 远 yuen^{3}	三四合细	yɛn
山咸促	o	割 go^{2} 脱 to^{2} 盒 ho^{2} 说 sho^{2}	一钝音开/合三卷舌合	o
山咸促	a	法 fa^{2} 擦 tsa^{2} 抹 ma^{2} 煞 sha^{2}	一锐音开/二三洪开	a
山咸促	wa	刷 shwa^{2}	二合	ua
山促	ie	铁 tie^{2} 揭 dzie^{2} 切 tsie^{2} 结 gie^{2}	三四开细	ie
山咸促	ue	月 yue^{2} 诀 dzue^{2}	三四合细	ye
山咸促	e	热 re^{2} 折 dje^{2}	三卷舌开	e
咸促	ia	挟 gia^{2} 箧 hsia^{2} 鸭 ya^{2}	二细、四	ia

我们省略了少数变体如 eng、ing、uo 等，这些变体范常喜、刘羽佳（2016）做过讨论。可以看出《汉语课程》的韵母系统与现当代的成都方言对应较为整齐。但是由于字过少，有些中古音韵地位与韵母的对应没有反映。比如深臻摄入声一、三等今读开口洪音字，如“涩”“虱”“给”“悖”今在成都话读 e 韵母，自成一类入声韵，但《汉语课程》无字，故无法反映在表中。再比如咸摄促声有 ia 韵母，而山摄没有，二摄不平行。实际是因为山摄在《西蜀方言》读 ia 的“瞎”“辖”（均音 shia^{5}）阙音。同理山摄有 ie 韵母而咸摄独阙，也是因为《西蜀方言》咸摄读 ie 的 23 个字《汉语课程》都没有出现。由此也可看出《汉语课程》作为音系整理材料存在的缺陷。

从拼写形式来看，韵母的拼写法比声母更为整齐。总结上表，启尔德全书有 37 个韵母拼写形式，见下表。

表 9 《汉语课程》韵母转写字母总结表

ï	i	u	ü
a	ia	wa	
e	ie	we	ue
ei		wei	ui
ai		wai	
y	io	o	
an		wan	
en	ien	wen	uen
ang	iang	wang	
	in		uin
	iung	ung	
ao	iao	ou	iu
er			

上表由于拼写原因，没有完全按开齐合撮四呼排列。精止开三拼写为 dz 已在声母部分讨论。其他拼写问题如下。

① ui 与 wei 今成都话均读为 [uei]，其分布以声母为条件，不具备音系学上的独立意义。

②字母 e 在启尔德系统中表示多种元音。与一般将山摄三四等写作 ian 不同，启尔德写作 ien，这样与深臻曾梗的主元音形成以下搭配。

表 10 《汉语课程》特殊韵母转写比较表

<table>
<tr><th>音韵地位</th><th>主韵腹拼写</th><th>当代成都话音值</th></tr>
<tr><td>山咸洪音</td><td>a</td><td>a</td></tr>
<tr><td>山咸细音</td><td rowspan="2">e</td><td>ɛ</td></tr>
<tr><td>深臻曾梗洪音</td><td>ə</td></tr>
<tr><td>深臻曾梗细音</td><td>i</td><td>i</td></tr>
</table>

由于洪细介音有别，故山咸摄与深臻曾梗的 e 不会发生冲突。可见在启尔德的拼写系统中，e 是一个跨摄的音位，凡区别特征为 [-back，-low，-high] 的非后中元音均可归纳为 e。尽管未必满足押韵标准（山咸细音 ien 与深臻曾梗洪音 en 不能通押），

但这仍是一个值得注意的音位归纳方案。

③进一步观察韵母表，会发现撮口介音 [y] 在不同的音类中标写不同：单元音韵标为 ü，如玉 yü^4；作韵头时标为 u，如诀 dzue^2。这样与合口介音 [u] 存在以下对立：

CV：橘 gü^2—谷 gu^2

CMV(E)：月 yue^2—或 hwe^2

综上 [u] 与 [y] 两类音值所用的拼写字母有以下错位，见表 11。

表 11　《汉语课程》圆唇介音转写错位表

实际音值	[u]	[y]
主元音拼写	u	ü
韵头拼写	w	u

由此可以探讨第一条提到的为何用以声母为条件分布的 ui 与 wei 来表示同一个韵母 [uei]。在启尔德系统中有三个符号至少表示两种音值：g 既可以表示 [k]，也可以表示 [tɕ]；u 既可以表示 [u] 也可以表示 [y]；复合形式 ui 既可以分析为韵头加韵尾（即洪音，如堆 dui[tuei]），又可以分析为韵头加韵腹（即细音，如匀 yuin[yn]）。那么如果存在一个形式 *gui，理论上也就有两种读音可能：洪音的 [kuei] 与细音的 [tɕy]。所以启尔德为避开这种混乱，分别用 gwei 与 gü 来拼写这两个音节。这种混乱的拼写源于启尔德立法未善，使用拼写符号所表示的音位过多，且较难区别。由此可见，dui 与 gwei 韵母虽然形式不同，但依然只是拼写法的问题。

（二）《汉语课程》的几个特殊韵母现象

厘清由于拼写系统带来的问题之后，我们可以进一步观察《汉语课程》韵母系统反映的音系问题。《汉语课程》与今天成都官话的韵母系统基本一致，其主要音系中值得注意的差异只有助词“的”的读音，《汉语课程》拼作 dy^2，《西蜀方言》与实词“的确”之“的”同拼为 ti^5，但梁德曼、黄尚军（1998：29）调查的助词“的”读音是 ni^1，何婉、饶冬梅（2014）记录的助词“的”是 ne^1，我们调查的发音则是 le^1。后三者可以归为鼻音阴平调组，与前两书的塞音入 / 阳平声调者有显著区别。

此外表中没有表现的《汉语课程》的零星异读表现出相对古老的层次，如范常喜、刘羽佳（2016）提到的后鼻音变体 eng、ing 等。这类变体一定是语音问题而不是拼写有误。因为其只出现在中古后鼻音来源的曾梗摄中，但由于数量过少，难以系联出一个整齐的系统。此外还有一类较系统的异读值得讨论。

这一类系统性的表现就是启尔德所记的入声，虽然派入阳平(少数归入其他声调)，但也有一些字记有 h 尾[①]：吃、得、法、国、脚、没、学、月、铁、时、使、是、师、四。有些学者注意到了这个问题，并作了一些解释。袁雪梅、周泳玲(2014)认为是“H 兼作入声尾”，范常喜、刘羽佳(2015)的讨论较为细致：“《华西汉语》对入声标记并不严格，以 -H 结尾的音节几乎都能找到另一种没有此入声尾的记法，而且无 -H 尾记法的出现次数远多于有 -H 尾的次数。教材中标有入声的例字共 14 个(含误标 5 个)，其他绝大部分入声字均未有 -H 尾标记。”所谓“含误标 5 个”即“时、使、是、师、四”五字。令人好奇的是，这些字都是《中原》中的“支思韵”字，如果真的是“误标”，为何音类会如此整齐。反过来说，如果一种标注形式能反映某一整齐音类的特殊现象，那么其背后应该有某种语音解释。

先要明确的是，虽然启尔德明确提出要记录读书人的口语层次(即前文提到的 b 层)，但由于其并非母语者，而且记录时间较早，所以未必能准确判断这些音系层次。那么该书是否会记录一些其他层次的音系呢？这一点还要论证。

从与音系关系较远的汉字书写系统上看，启尔德或许也受了知识分子的影响。考察全书字形，一些文字如“慢”、“捡”、“冲”(“烟冲”)、“搬”、“争”是明显的手写体。这批字的特点是凡相同文字均有批改，如第一课“请先生漫点说”(19 句)、“请先生漫点念”(24 句)、第十四课“漫点，我给你们说个话”(377 句)都易“漫”为“慢”，不过这类批改并不彻底，如第一课“先生漫走”(36 句)仍作“漫”。说明批注者与作者对该字正确字形的判断产生矛盾。根据该书影印本的序言及页内藏书印可知，此影印底本藏于加拿大多伦多大学图书馆。今按，该书在华西协和大学出版，三年后启尔德即逝世，加拿大多伦多大学图书馆不可能从与启尔德无关的其他中国读者处获得此书。那么既能够用中文批注，又能从四川获得本书并辗转携入加拿大的，很有可能就是启尔德本人。此外这些批注内容除了校改讹字外还有补全脱文。如 123 页 330 句在“可以去喊三个甩手”后面手批补入“两个挑夫”[②]四字，与下文注释正合。

① 原书全拼作大写字母，为方便行文，除引文外一律改为小写。
② 影印本只印出“两个”及“挑”之半体，“夫”字引者以意补。

这类增补最有可能出自熟悉课本内容的作者之手。①

这些批注大都是用俗体字或常用字校改古字或通假字，如“漫”可借用作迟缓之“慢”字，宋赵与时《宾退录》卷二正作“行步缓漫”。而“慢”也非本字，其本谓“轻慢”，作“缓”义当为《说文》“趧，行迟也”之“趧”的借字。本字“趧”因生僻而使用渐少，“慢”“漫”同为假借字产生竞争，之后“慢”逐渐胜出，故《说文》“趧”字下段注云“今人通用慢字”。课文用字与校改者用字不同，很可能反映的就是读书人的用字与市民用字存在一定区别，读书人往往喜欢用所谓“正字”或“通假字”来作为身份或阶层的一种文化象征。《西蜀方言》中“迟”义正作“慢”，也可看出当时成都话中的这两种字形区别。这就说明，在启尔德初来成都时，其学习的汉字是先生教给他的文人书写系统，而随着他与市民不断接触，对于市民的用字就更为熟悉。这样在整理之前的“学习记录”时对一些用字作了统一。

既然连文字系统也存在“文白层次”，那么音系系统也很可能同样存在不同层次区别。由此我们得到启示，既然在讨论教材体例一节中我们能够分出教材中的会话角色，那么不妨将这些特字重新按角色梳理一遍。

表 12 《汉语课程》h 韵尾说话人对比表

例字	注音	页码及说话人	注音	页码及说话人
吃	chïh^2	P20 王长兴 P21 先生	chï	P59 先生 P131 先生……
得	deh^2	P21 先生	de^2	P38 杨嫂 P174 师母……
法	fah^2	P224 先生	fa^2	P247 不详
国	gweh^2	P17 先生 P28 先生	gwe^2	P38 师母
脚	gioh^2	P32 先生	gio^2	P75 师母 P83 师母……
没	muh^2	P17 先生	mu^2	P37 师母 P38 杨嫂……
学	hsioh^2	P28 先生	hsio^2	P38 师母

① 由于是影印本，无法判断这些批改是后来所加，还是印刷前如此。比如“捡”字全书均为批改后字形，之前文字尽数剜去，不可详辨。也有可能这些是作者在校样或印刷底版上的改动。若如此，则可认为是启尔德在二十年后随着对汉语的理解越发深入，选择了市民使用的更通行的字形。

续表

例字	注音	页码及说话人	注音	页码及说话人
月	yueh^{2}	P20 先生 P20 王长兴	yue^{2}	P41 师母
铁	tieh^{2}	P94 说明		
时	shĭh^{2}	P30 先生	shĭ^{2}	P32 先生 P44 师母……
使	shĭh^{3}	P21 王长兴	shĭ^{3}	P44 杨嫂 P164 王长兴……
是	shih^{4}	P12 先生	shĭ^{4}	P11 学生 P39 师母……
师	sĭh^{1}	P16 说明	sĭ^{1}	P38 杨嫂 P40 杨嫂……
四	sĭh^{4}	P20 王长兴	sĭ^{4}	P36 王长兴

表中省略号表示不止一人。

首先需要说明上表中的几个问题。

一是“是”“shih^{4}”的形式，启尔德的拼写系统中，i 与 sh 相拼唯有此例，出现在其他地方的“是”均拼作“shĭ^{4}”。11 页拼作“shi^{4}”，被手批改为“shĭ^{4}”，暂可认为“shih^{4}”为“shĭh^{4}”印刷之讹。

二是表中出现的“说明”，即有些会话中没有涉及的词语，启尔德在下面的注释说明中首次提及并注音，无法分析具体的说话者。

从 h 尾的说话人分布来看有两个特点，第一个特点是去掉“说明”不计，主要集中在“先生”，可以认为是读书人的一种语音特征。例外有“王长兴”出现四次，集中见于 20—21 页。该篇课文完全是先生与王长兴的对答，受语境影响，王长兴带出 h 音也可以理解。另外据课本，王长兴曾“帮过成都的李先生”两年。这位请得起雇工的李先生理应也是中上层士绅。那么王长兴在与中上流阶层接触过程中沾染上他们的语音特点也可以理解。由此我们认为，带 h 尾的音节体现的都是士绅阶层的雅音。而第二个特点则是带 h 尾的音节基本都出现在课本的最前面，或该音节首次出现的地方。到后来，即使是同一人，也会出现不同音节形式，比较“吃”的两种形式都出自先生之口：P21 与 P59。前文提过启尔德指出成都话存在 a 读书音、b 读书人口语、c 文盲

/普通人口语这三个层次，而这三种层次的区别对于外国人来说，只有居住了一段时间并熟练掌握了当地方言才能完全区分。启尔德刚到成都时，从其序言提到的"唯一学习汉语口语的方式就是说话"的学习原则，以及经常做笔记记录会话的学习方法看，他在学习阶段一定会忠实地记录教师口中的一些不具有音系意义的实际音值差异；而随着他对汉语掌握愈发熟练，就能明确分辨出三个层次。可以参考其序言中提到分辨"这""那"不同层次读音的过程。那么可以认为，这些 -h 尾是启尔德对于先生口中 a 层次的记录，而当其能区别 a、b 两个层次时，就开始记录先生口中的 b 层，而最早记载的零星 a 层语音形式忘了作统一处理，这样就在个别词上出现了两个形式。

至于这种 -h 尾究竟代表什么意义，带有 -h 尾的入声字表示的可能是读书音中入声字特有的某种短暂或喉部紧张的发音色彩。而"支思韵"为何也有这种 -h 尾呢？首先要说明启尔德的这种记音方式并非孤例，苏慧廉的《学生四千字字典》（*The Student Four Thousand* 字 *and General Pocket Dictionary*）的记音如：支 $chih^{1}$①、脂 $chih^{1}$、至 $chih^{4}$、豕 $shih^{4}$、氏 $shih^{4}$、矢 $shih^{4}$ 也有 -h 尾。请注意这部著作虽然记录的是北京官话，但夹杂了读书音成分，最显著的是其入声字既派入三声，又用 * 号单独标识，可比较：支 $chih^{1}$—织 $chih^{1}$*。"织"字的 h 尾与表示入声的 * 号重出，显然说明 h 不完全等于"入声"。又何美龄（K.Hemeling）的《南京官话》也有相同的形式：施 $shih^{1}$、纸 $chih^{3}$、翅 $ch‘ih^{4}$。该书反映的是南京官话音，与苏书不同，但支思韵标 h 尾的形式一致，故我们这里暂且将其视为某种实际发音色彩。苏何二书的 -h 尾都出现在舌尖后音 ʅ，这种舌尖后元音据实验分析，发音时"声带的位置会上移"（孔江平，2015：73），可能也会使喉部紧张，从而使母语没有这类元音的外国人在记音时与入声相混淆，无法分清这类音是否带喉塞尾。但《汉语课程》另有"四"舌尖前音带 -h 尾，是否是因为俗音不分平翘舌，导致先生在说话时过度类推，例子太少，难以坐实。但可以认为启尔德的这种规律性记音并非是"误标"。

此外，有些异读虽然在《汉语课程》中只有个别单字，但在《西蜀方言》中能够系联出一个较为系统的层次，背后体现的是能够在今天成都方言找到痕迹或者反映语音史变化的系统音类演变。除此之外，《汉语课程》与当代成都方言共同反映了一些与普通话的差异，如：流摄的特殊韵母 ong，咸摄入声四等读 ia，山咸摄与曾梗摄一

① 支部首表第 5 页无 h 做 chi^{1}，正文 155 页有 h。

等入声分韵等，这就需要结合《西蜀方言》等材料一起分析。

五、《华西初级汉语课程》的声调系统

启尔德在序言中指出华西地区应该共有五个调，大多数地区都保留了五调格局，但一些地区包括成都和重庆，阳平与入声已经合并，所以在课本中只以角标序号的形式记了四个声调。

另外，启尔德在书中还记录了叠词连读变调的情况，不过这种记录是通过个别词的记音反映的，如 256 页 910 句“盒盒”记作 ho^2ho^1，作者特意作了说明“note change of tone in the second he”，但是并没有系统性地揭示连读变调的规律。有些叠词不变调，如 96 页“角角” go^2go^2，梁德曼、黄尚军（1998：130）记载的当代成都方言中“角角”兼具是否变调两种形式。

六、总结

本文从启尔德《汉语课程》的文献性质与编纂过程入手，指出其参考的是四川知识分子的口语雅音。由于转写方案不精密，所以该书记录的音系与当代四川音的矛盾，既有转写问题，也有语体问题。总之，该书在成都语音史上固然有价值，但因为材料零散，性质含糊，需要依靠其他的同时代、同地域材料如《西蜀方言》《汉语官话口语语法》等进行比较研究。

图书在版编目(CIP)数据

"译音对勘"的材料与方法 / 孙伯君,麻晓芳主编. —合肥:黄山书社,2021.12

ISBN 978-7-5461-9833-0

Ⅰ.①译… Ⅱ.①孙…②麻… Ⅲ.①汉语-古音-研究 Ⅳ.①H11

中国版本图书馆CIP数据核字(2021)第224468号

"译音对勘"的材料与方法

YIYINDUIKAN DE CAILIAO YU FANGFA

孙伯君 麻晓芳 主编

出 品 人 葛永波
策 划 孙文波 张向奎
责任编辑 胡 月 张墨农
装帧设计 熙宇文化
责任印制 李 磊
出版发行 黄山书社
地 址 安徽省合肥市蜀山区翡翠路1118号出版传媒广场7层 邮编:230071
印 刷 安徽联众印刷有限公司
版 次 2022年10月第1版
印 次 2024年11月第2次印刷
开 本 787mm×1092mm 1/16
字 数 480千字
印 张 26.75
书 号 ISBN 978-7-5461-9833-0
定 价 78.00元

服务热线 0551-63533706

销售热线 0551-63533761

官方直营书店(https://hsss.tmall.com)

版权所有 侵权必究

本版图书凡出现印装质量问题,请与出版社联系。

联系电话 0551-63533711